Im Auftrag hergestellte Sonderausgabe
Printed in Austria

Die schönsten Sagen aus Österreich

INHALTSVERZEICHNIS

WIEN

STEIERMARK

KÄRNTEN

NIEDERÖSTERREICH

BURGENLAND

TIROL

OBERÖSTERREICH

SALZBURG

VORARLBERG

WiEN

DER STOCK IM EISEN

Daß es ein Lehrbub nicht leicht hat, davon wußte auch Martin Lux ein Liedchen zu singen, der vor vielen Jahrhunderten bei einem tüchtigen Wiener Schlossermeister in der Lehre stand. Die harte Arbeit begann zeitlich am Morgen, der Tag dauerte unendlich lang, und der Meister war streng. Wie sollte da die Jugend zu ihrem Recht kommen! Und der Junge hätte doch für sein Leben gern lang geschlafen, ein wenig gefaulenzt und mit Buben seines Alters nach Herzenslust gespielt und getollt. Daß es unter solchen Umständen nicht immer ganz glatt abging und der Meister den Jungen manchmal gar unsanft bei den Ohren zupfte, ist leicht begreiflich.

Eines Tages schickte der Schlosser den Jungen mit einem Handkarren in die Lehmgrube vor der Stadt, damit er Lehm hole. Fröhlich, dem drückenden Joch der Arbeit ein paar Stunden entkommen zu sein, schlenderte der Bub mit seinem Karren des Weges dahin, ließ sich vergnügt die warmen Sonnenstrahlen auf den Rücken scheinen und fand auch bald vor der Stadt ein paar lustige Altersgenossen, denen er sich zugesellte. In heiterem Spiel mit diesen waren bald Karren und Lehm und Meister vergessen. Dabei verging die Zeit so schnell, daß der Bursche gar nicht merkte, wie die Schatten immer länger und länger wurden und die Dämmerung hereinbrach. Erst als sich seine Spielgefährten auf den Heimweg machten, erinnerte er sich seines Auftrages. Aber nun war es schon zu spät, den Handwagen zu füllen, wenn er vor Torsperre noch in die Stadt kommen wollte. Ängstlich packte er seinen Karren und trabte in höchster Eile stadtwärts.

Als er aber keuchend zum Stadttor kam, war dieses schon geschlossen, und ratlos begann der Junge zu weinen; denn er hatte auch nicht die kleinste Münze im Sack, um den Sperrkreuzer zu bezahlen. Wo sollte er jetzt die Nacht verbringen, und was würde der Meister sagen, wenn er nicht nach Hause käme?

Jammernd rief er aus: „Was soll ich jetzt tun? Ich möchte gleich des Teufels werden, wenn ich nur in die Stadt hinein könnte!“

Kaum hatte er diese Worte gesprochen, als ein lächelndes Männchen in rotem Wams vor ihm stand, von dessen spitzem Hut eine rote Hahnenfeder nickte.

„Warum weinst du denn, Bursche?“ fragte der kleine Mann mit heiserer Stimme.

„Ach“, jammerte Martin, „ich muß noch heute in die Stadt hinein, habe aber keinen Sperrkreuzer, um das Öffnen des Tores zu bezahlen, und außerdem erwartet mich eine tüchtige Tracht Prügel, wenn ich so spät und ohne Lehm nach Hause komme."

Der Teufel – denn der war es, der auf Seelenfang aus ging – beruhigte den Burschen und sagte: „Du sollst den Sperrkreuzer haben, deinen Karren will ich dir mit Lehm anfüllen, du brauchst auch keine Hiebe zu fürchten. Obendrein will ich dir behilflich sein, ein gar kunstfertiger Schlosser zu werden, wenn du auf meine Bedingung eingehst. Deine Seele soll mir gehören, wenn du ein einziges Mal in deinem Leben an einem Sonntag die Messe versäumst."

Da dachte der unvernünftige Bursche, das könne kein so gefährlicher Vorschlag sein; es sei doch nicht so schwer, jeden Sonntag die Messe zu besuchen, er werde sich wohl hüten, dem Teufel in die Hände zu fallen. Also nahm er die Bedingung an und gab dem Männlein, da er nicht schreiben konnte, drei Blutstropfen als Unterpfand. Dafür erhielt er vom Teufel einen neuen, blanken Sperrkreuzer, ließ sich rasch getröstet das Stadttor öffnen und kam mit einem wohlgefüllten Karren des besten Lehms in der Schlosserwerkstatt an, wo er nicht nur keine Hiebe bekam, sondern vom Meister wegen seines Fleißes sogar noch belobt wurde.

Am nächsten Morgen betrat das gleiche Männlein mit dem roten Wams die Werkstatt des Meisters und bestellte einen eisernen Reifen mit einem überaus kunstvollen Schloß zur Stützung des alten Eichenstammes, der als letzter Rest eines früher bestandenen Waldes an der Ecke des Grabens und der Kärntner Straße stand. Aber weder Meister noch Gesellen getrauten sich, die schwierige Arbeit zu übernehmen.

Da schrie der Fremde aufgebracht: „Was, Ihr wollt Meister in Eurem Handwerk sein und seid nicht fähig, ein so einfaches Ding herzustellen, das Euer Lehrjunge ohne weiters fertigbringen wird!"

„Wenn der Lehrbub das Schloß zustande bringt", sagte der Schlosser mißmutig, „dann soll er sofort frei und Geselle sein."

„Meister, es gilt!" rief der freche Bursche, der sich erinnerte, daß ihm das Männchen gestern versprochen hatte, ihm bei seinem Handwerk behilflich zu sein. Richtig verfertigte er in wenigen Stunden Ring und Schloß, ging mit dem Männchen zur Eiche, umgab sie mit dem Reifen und legte das kunstreiche Schloß davor. Der Fremde nahm den Schlüssel zu sich und verschwand spurlos. Seither heißt der Baumstamm und der Platz, wo er steht, „Stock im Eisen".

Der Lehrling wurde nach der Zusage des Meisters freigesprochen und zum Gesellen erklärt. Nach altem Handwerksbrauch begab er sich auf die Wanderschaft, arbeitete bald da, bald dort und gelangte schließlich nach Nürnberg. Bald erwies sich seine Geschicklichkeit auch bei dem Meister, dem er hier seine Dienste anbot. Er verfertigte eine Menge Fenstergitter, die Arbeit einer Woche, in wenigen Stunden und streckte sogar den Amboß zu Gitterwerk, so daß dem Meister unheimlich zumute wurde und er den gefährlichen Gesellen wieder entließ.

Nun wanderte Martin, der es nie verabsäumte, am Sonntag die Messe zu besuchen, in seine Vaterstadt zurück und kam nach einigen Monaten wieder in Wien an. Hier vernahm er, daß der Magistrat einen Schlosser suche, der zu dem kunstvollen Schloß an der Eiche am Graben einen passenden Schlüssel anfertigen könne. Obwohl demjenigen, der dies zustande bringe, das Meister- und Bürgerrecht versprochen war, hatte bisher kein Schlosser es vermocht, einen solchen Schlüssel herzustellen. Da erbot sich der Geselle zu dieser Kunstarbeit und ging gleich ans Werk. Das paßte aber dem Männlein, das damals mit dem Schlüssel verschwunden war, nicht in den Kram. Es setzte sich also unsichtbar an die Esse und drehte, sooft der Geselle den Schlüssel ins Feuer hielt, den Schlüsselbart um, so daß der Schlüssel nicht sperrte. Nun setzte der listige Schlosser den Bart verkehrt an und prellte so den Teufel, der in blinder Wut den Bart wieder verdreht hatte; der Schlüssel kam nun richtig aus dem Feuer. Lachend über seinen gelungenen Streich verließ der Geselle die Werkstatt, während der Teufel erbost und brummend und zischend beim Schornstein hinausfuhr.

Im Beisein der hohen Obrigkeit öffnete Martin hierauf das Schloß und erhielt dafür das Meister- und Bürgerrecht. Freudig aufjubelnd warf er den Schlüssel hoch in die Luft; aber, o Wunder, er fiel nie wieder zur Erde herab.

Nun war Martin Lux Meister in Wien, und der Ruf seiner Kunst und Geschicklichkeit verschaffte ihm bald viele Kunden und einträgliche Arbeit. Viele Jahre lebte er ruhig und zufrieden und vergaß nie, des Sonntags die Messe zu besuchen. Oft bereute er den Leichtsinn seiner Jugend und verwünschte den Pakt, den er in seiner Dummheit mit dem Teufel abgeschlossen hatte. So fromm er auch lebte, der Teufel ließ nicht locker, denn so leicht wollte er eine Seele, auf die er schon jahrelang wartete, nicht aus seinen Krallen lassen. Daher begann er, des Meisters Gewissen durch Reichtum und Wohlleben langsam zu betäuben. Er machte ihn leichtsinnig und gewöhnte ihn an Trunk und Spiel, um ihn allmählich ins Verderben zu ziehen.

An einem Sonntagmorgen saß der Meister im Kreise lustiger Zechgenossen im Weinkeller „Zum steinernen Kleeblatt“ unter den Tuchlauben beim Würfelspiel. Da schlug es zehn Uhr. Rasch legte der Schlosser den Würfelbecher zur Seite und wollte sich erheben, um zur Kirche zu gehen.

„Aber du hast noch Zeit“, riefen da seine Freunde; „in die 11-Uhr-Messe kommst du noch immer zurecht!“ Der Meister ließ sich zurückhalten; man trank und würfelte weiter. Und als die Glocke die elfte Stunde verkündete, meinten die eifrigen Spieler: „Erst um halb zwölf wird die letzte Messe gelesen; du hast immer noch Zeit.“ Wieder ließ er sich überreden und setzte das Spiel fort. Plötzlich schlug es halb zwölf. Schreckensbleich sprang Martin auf, stürzte die Stiege hinauf und lief zur Kirche. Auf dem Stephansfreithof sah er keine Menschenseele, wie ausgefegt war der Platz. Nur ein altes Weiblein lehnte an einem Grabstein, eine böse Hexe, die der Teufel selbst dorthin bestellt hatte.

„Um Gottes willen, liebe Frau“, rief atemlos der Meister, „ist die letzte Messe schon zu Ende?“

„Die letzte Messe?“ tat die Alte verwundert. „Die ist lange vorüber, es geht schon auf ein Uhr.“ Das sagte sie, obwohl sie ganz gut wußte, daß es noch nicht Mittag war.

Da rannte der Meister verzweifelt in den Weinkeller zurück, riß sich die silbernen Knöpfe vom Wams und schenkte sie seinen Freunden zum warnenden Andenken. Jetzt erst begann die Glocke Mittag zu schlagen. Kaum aber war der letzte Schlag verklungen, als sich beim Eingang zur Schenke das rote Männchen zeigte. „He, Meister“, rief es mit heiserer Stimme in den Keller hinunter, „versäume die Messe nicht! Hörst du es nicht zwölf läuten?“ Verstört lief der Schlosser die Stiege empor und zur Stephanskirche hin. Das Männchen aber folgte ihm knapp auf den Fersen, wurde immer größer und wuchs in die Höhe empor. Und als sie auf dem Stephansfreithof ankamen, stand eine rote riesige Gestalt hinter dem armen, betrogenen Sünder, in der Kirche aber erteilte der Pfarrer soeben den letzten Segen. Die Messe war zu Ende.

Und zu Ende war es auch mit dem Schlossermeister Martin Lux. Dem blutroten Riesen wuchsen plötzlich kohlschwarze Hörner und grimmige Klauen. Mit denen faßte er den Meister und flog mit ihm durch die Lüfte davon. Am Abend fand man den zerfleischten Körper des unseligen Mannes am Rabenstein liegen.

Seit dieser Zeit schlug jeder Schlossergehilfe, der nach Wien kam, zum Andenken an den unglücklichen Meister einen Nagel in den Baumstamm, der mitten im Herzen der Stadt steht und nun bald wirklich zum „Stock im Eisen“ wurde.

STOSS IM HIMMEL

Vor vielen Jahren lebte in Wien eine hochmütige, eitle Frau, die für nichts anderes Sinn hatte, als Luxus zu treiben und prunkvolle Gewänder zu tragen. Die besten und teuersten Stoffe mußten ihr vorgelegt werden, aus denen sie die allerschönsten auswählte, um sich daraus Kleider nach der neuesten Mode anfertigen zu lassen. Den ganzen Tag saß sie vor dem Spiegel, ließ den Haushalt von anderen besorgen und kümmerte sich um keine Kirche und keinen Gottesdienst. Ihr einziger Herzenswunsch war, alle anderen Frauen an Putz und äußerem Glanz zu übertreffen.

Einmal ging sie in höchstem Staat an einem Bild der Gottesmutter vorüber. Ihr grenzenloser Hochmut, der Gedanke, die Schönste zu sein, verführte sie zu den spöttischen Worten: „Du mit deinem einfachen Gewand kannst mir nicht einmal das Wasser reichen. Laß sehen, ob du imstande bist, dir so herrliche Kleider zu verschaffen, wie ich sie trage!"

Einen Moment lang schien es der gottlosen Frau, als wende die Heilige Jungfrau empört ihr Gesicht zur Seite, doch hielt sie es nur für eine Sinnestäuschung und schritt mit stolzem Lächeln weiter. Aber schon in der folgenden Nacht erreichte sie die Strafe des Himmels für ihren frevelnden Hochmut. Gegen Mitternacht klopfte ein später Gast an die Tür ihres Hauses. Verwundert erhob sie sich, um nachzusehen, wer mitten in der Nacht bei ihr vorspreche. Da stand, auf einen Stock gestützt, eine alte Bettlerin auf der Schwelle des Hauses. Entrüstet schimpfte die feine Dame über die Frechheit des lumpigen Bettelvolkes, dessen Zudringlichkeit selbst in der Nacht keine Grenzen kenne. Doch die Alte ließ sich nicht abweisen. Stolz hob sie ihren Stock wie ein Zepter empor und sprach mit der Würde einer Königin:

„Du eingebildetes Weib, du bist ja eine Bettlerin gegen mich! Was wollen die armseligen Lumpen besagen, die dort in den geöffneten Kästen aufgehäuft sind! Laß dir einmal meine Schätze zeigen! Ich komme, um dir ein kostbares Kleid anzubieten, wie es keine Königin jemals getragen hat."

„Unverschämte Lügnerin", rief die stolze Frau, „du willst Prachtgewänder besitzen und gehst in Lumpen gehüllt umher! Pack dich fort auf meinem Haus, sonst müßte ich die Hunde auf dich hetzen!"

Ruhig zog die Alte aus einem geflickten Henkelkorb, den sie auf dem Arm trug, ein wundervolles Gebilde hervor und breitete es vor den Augen der erstaunt zurückweichenden Frau aus. Es war ein Prachtgewand aus Samt und Seide, flimmernd von Gold und Edelsteinen. Dazu wies sie noch einen Schleier vor, in dessen Gewebe die Sterne des Himmel eingeschlossen schienen, so strahlte und funkelte das feine Gespinst. Um die Bekleidung zu vervollständigen, lagen noch Gürtel, Haube und ein Paar kostbare Schuhe im Korb, alles von einer Pracht, daß sich keine Fürstin dessen zu schämen brauchte. Als die eitle Dame diese Herrlichkeiten sah, änderte sie plötzlich ihr Benehmen. Nun suchte sie nach den freundlichsten Worten und bat und beschwor die armselige Alte, ihr das prachtvolle Kleid zu überlassen; kein Preis werde ihr zu hoch sein, den jene verlangen wolle.

„Kein Preis zu hoch?" fragte die Alte mit überlegenem Grinsen. „Aber du hast ja nichts mehr, du hast doch dein ganzes Geld schon für Kleider und Tand vergeudet."

„Es ist wahr", meinte erschrocken die Stolze, „aber ich muß das Kleid haben. Ich will alles, was ich besitze, zu Gold machen und es dir geben; laß mir das Kleid!"

„Ich will dir einen Vorschlag machen", entgegnete die Bettlerin nach einigem Überlegen. „Dein Gold brauche ich nicht, ich habe selbst genug davon. Ich will dir das Kleid für drei Tage und drei Nächte borgen, und du gibst mir als Lohn, was in der dritten Mitternacht von dem Kleid bedeckt sein wird."

Die eitle Frau, die den Sinn dieser Worte nicht richtig verstand und überdies glaubte, die Alte rede irr, versprach alles, was die Bettlerin verlangte, nur um ihre Begierde erfüllt zu sehen. So erhielt sie das Gewand. Drei Tage und drei Nächte prunkte sie stolz in dem neuen Gewand, um das sie von den vornehmsten Frauen beneidet wurde; denn nirgends in der ganzen Stadt fand sich ein Kaufladen, der so herrliche Stoffe, so feine Gewebe, so kunstvolle Stickereien angeboten hätte.

So kam die Mitternachtsstunde der dritten Nacht heran. Nun erinnerte sich die Frau des Lohnes, den die Alte für das Kleid gefordert hatte, und begann darüber nachzudenken, was jene wohl mit Ihren Worten gemeint haben könnte. Je länger sie aber nachdachte, desto unheimlicher wurde ihr zumute. Allerlei dunkle Besorgnisse und schreckhafte Bilder drängten sich der Frau auf. Endlich wurde ihr klar, das Kleid müsse höllischen Ursprungs sein. Von Entsetzen gepackt und von tiefer Reue ergriffen, beeilte sie sich, das Prunkgewande vom Leibe zu streifen. Aber wie angegossen saß es fest und spottete jeder Bemühung. Nun versuchte sie, es in Fetzen zu reißen, um es vom Leib zu bekommen – umsonst, der Stoff, in der Hölle gewebt, war nicht zu zertrennen. Dabei kam die Stunde der Mitternacht immer näher heran. Wie von Sinnen rannte die Unglückliche in ihrem Zimmer auf und ab, gekleidet wie eine Fürstin, jammernd wie eine elende Bettlerin.

Da ertönten zwölf Schläge vom Turm; angsterstarrt lauschte die Frau. Kaum war der letzte Schlag verklungen, tat sich die Zimmertür auf, und die zerlumpte Bettlerin schritt über die Schwelle.

„Liebes Schätzlein“, rief sie spöttisch, „du hast mir zum Lohn versprochen, daß mein sein soll, was zu dieser Stunde von meinem Kleid bedeckt ist. Nun bist du es selbst, mein Kind, und daher bist du mein!“

Flammende Röte erhellte das Gemach, an Stelle der Alten stand plötzlich der Teufel vor ihr und streckte lachend seine Klauen nach der armen Sünderin aus. Im Nu verwandelte sich das gleißende Kleid; der rote Samt wurde zu Blut, die Goldstickerei zu rötlichen Flammen, das Silberne der Sterne loderte in feurigen Zungen empor, es knisterte und brannte um den Leib der verzweifelt gegen die Hölle sich sträubenden Frau. Schon wollte der Teufel seine Beute ergreifen, als ein heftiger Stoß die Frau seinen Krallen entriß. Das brennende Kleid fiel herab, in leuchtendweißem Gewand wurde die Reuige, die in letzter Stunde sich bekehrte, gegen Himmel gehoben. Ein Kreuz und ein Bildnis der Heiligen Jungfrau, das unter dem höllischen Gewand auf der Brust der Sünderin geruht, hatten sie vor der ewigen Verdammnis gerettet. Sie gaben der Frau gleichsam „einen Stoß in den Himmel“, damit sie nicht in die Hände des Höllenfürsten falle.

Die ehemals so stolze Frau ging in ein Kloster, wo sie büßend den Frieden der Seele fand und, mit dem Himmel versöhnt, nach vielen Jahren in die ewige Ruhe einging.

DER SCHLOSSHERR VON OTTAKRING

Eine finstere Dezembernacht lag schwer über der Stadt Wien und den Dörfern und Vororten, die sich um die Stadt reihten. Heulend tobte der Sturm die Hänge des Wienerwaldes entlang und stemmte sich wütend gegen die Häuschen der Winzer, die sich in die Bodenfalten duckten. Da soll sich, wie der Chronist berichtet, über dem Dorf Ottakring ein unheimliches Schauspiel zugetragen haben.

Es war nahe an Mitternacht, das schaurige Getöse des Sturms hatte seinen Höhepunkt erreicht und ließ viele Menschen den gewohnten Schlaf nicht finden. Da erhellte sich plötzlich im Westen der Himmel, und die erschrockenen Dorfbewohner sahen zu ihrem maßlosen Staunen in den Lüften langsam einen Leichenzug heranschweben. Vierspännig war der Wagen, in dem der Tote saß. Kein Trauernder gab das Geleit, nur ein mächtiger Ritter stand am Wagen und hütete das Gefährt, das sich langsam der Stadt näherte.

Wer genauer hinschaute, erkannte in dem Toten den Schloßherrn von Ottakring, der vor kurzer Zeit auf geheimnisvolle Weise verschwunden war. Aber noch ehe sich die aufgescheuchten Dörfler von ihrem Schrecken erholt hatten, war der düstere Geisterzug vorübergeglitten. Von einem fernen Turm dröhnten zwölf dumpfe Schläge, und der Spuk in den Lüften zerrann. Mit erneutem Grimm tobte der Sturm gegen die Häuser des Dorfes.

Wer konnte jener Mann gewesen sein, den die Bewohner von Ottakring Jahre hindurch ihren Schloßherrn genannt und dessen Leichenzug sie nun in den Lüften gesehen hatten?

Erst viel später erfuhren sie seine Geschichte. Ein deutscher Feldoberst hatte im Jahre 1457 die starke Festung Marienburg, die dem Deutschen Ritterorden gehörte, den feindlichen Polen verräterisch in die Hände gespielt, nachdem man ihn mit Gold bestochen hatte. Mit dem Judaslohn war er nach Wien geflohen und führte hier ein genußreiches Leben. Als er dann noch die Liebe einer reichen Bürgerswitwe gewann und diese seine Gattin wurde, schien sein Glück fest begründet.

Doch die Marienburger hatten den Verrat ihres ehemaligen Obersten nicht vergessen. Es gelang ihnen, seinen Aufenthalt auszuspüren; sie richteten ein Schreiben an den Stadtrat von Wien, worin sie den Verrat des Mannes schilderten und erklärten, dieser Verräter sei eine Schande für die ganze Stadt Wien. Der Inhalt des Schreibens wurde nach kurzer Zeit ruchbar, was zur Folge hatte, daß man den Obersten bald allseits zu meiden begann. Dieser fühlte die Abneigung, die man ihm entgegenbrachte, und beriet sich mit seiner Frau, was sie dagegen tun sollten. Schließlich faßten sie den Entschluß, Wien zu verlassen und sich in einem der Vororte außerhalb Wiens niederzulassen.

Bald ergab sich die Gelegenheit, ein geräumiges Haus in Ottakring zu erwerben, das der Oberst zu einem stattlichen Schloß ausbauen ließ. Hier verbrachte das Ehepaar nun seine Tage, ohne sich viel um die Gesellschaft oder die Nachbarn zu kümmern. Besucher wurden im Schloß nie gesehen; nur zum sonntäglichen Gottesdienst verließen die beiden ihr Heim.

An einem Sonntag hatte sich der Schloßherr mit seiner Gemahlin wieder auf den Weg zur Kirche gemacht. Auf dem Friedhof in der Nähe der Kirchentür lehnten an einem Grabstein drei Männer und musterten mit scharfen Blikken die ankommenden Kirchenbesucher. Plötzlich rief der stattlichste von ihnen: „Hier ist er!" Im selben Augenblick sprangen die beiden anderen auf den überraschten Schloßherrn zu, entwanden ihm seine Waffen und rissen ihn zu Boden. Bevor sich noch seine Gattin, vor deren Augen sich der Überfall abgespielt hatte, recht zu fassen vermochte, wurde der Schloßherr gefesselt aus dem Friedhof geschleppt. Man hat ihn nie wiedergesehen. Alle Nachforschungen der trostlosen Frau über das Schicksal ihres entführten Gatten waren erfolglos.

Der Leichenzug aber, den manche Bewohner Ottakrings in jener stürmischen Winternacht in den Lüften gesehen, schien den Leuten ein Zeichen dafür, daß der Schloßherr nicht mehr unter den Lebenden weilte.

DER HEIDENSCHUSS

Der furchtbare Ansturm der Türken gegen Wien, die Hauptstadt des Reiches, im Jahre 1529 dauerte nun schon wochenlang. Aber noch war es dem erbitterten Feinde nicht gelungen, eine Bresche in die Mauern zu schlagen und in die Stadt einzudringen, sosehr er auch danach strebte, den Halbmond auf der Spitze des Stephansturms aufzupflanzen. Alle Bewohner der Stadt hatten sich zusammengetan und verteidigten mit allen Mitteln ihre Vaterstadt gegen den hartnäckigen Angreifer.

Eines Tages meldete sich ein Überläufer beim Stadtkommandanten und gab an, daß die Türken, da sie ober der Erde keinen Erfolg aufzuweisen hätten, es nun versuchen wollten, durch unterirdische Gänge, die sie mit Pulverladungen sprengen wollten, in die Stadt einzudringen. Er selbst habe mehrere solcher Stolleneingänge vor den Stadtmauern gesehen.

Die Gefahr, welche der Stadt drohte, wenn sich diese Nachricht bewahrheiten sollte, war riesengroß. Daher ging man sogleich daran, Gegenmaßnahmen zu treffen. Alle Hausbesitzer, die in der Nähe der Stadtmauer ansässig waren, wurden angewiesen, mit Wasser gefüllte Bottiche in den Kellern aufzustellen und ständig beobachten zu lassen, da man am Zittern der Wasserfläche eine durch die Minierarbeit hervorgerufene Erschütterung des Bodens zu erkennen vermeinte. Außerdem wurden Trommeln in die Keller geschafft und kleine Würfel auf das gespannte Kalbfell gelegt, um aus der leisen Bewegung der Würfel auf eine unterirdische Grabarbeit in der Nähe zu schließen.

In einer stürmischen Nacht war der Bäckergeselle Josef Schulz im Kellerraum eines Bäckerhauses, das auf der Freyung an der Ecke der heutigen Strauchgasse stand, vor dem Backofen beschäftigt. Denn in dieser traurigen Zeit der Türkennot waren auch viele Leute aus den Vororten in die Stadt geflüchtet, so daß es emsiger Arbeit bedurfte, um das tägliche Brot bereitzustellen, und der Backofen fast gar nicht erkaltete. Plötzlich sah der Geselle, wie die auf der Trommel liegenden Würfel in zitternde Bewegung gerieten. Mit angespannten Sinnen lauschte er. Als er sein Ohr an den Erdboden preßte, um deutlicher zu hören, vermeinte er, dumpfes Stimmengewirr zu vernehmen und das leise Pochen ferner Werkzeuge zu hören. „Hilf, Himmel", rief er, „die Türken sind unter der Erde schon nahe bis an unser Haus herangekommen", und lief, so schnell ihn seine Beine trugen, um die Wachen und den Kommandanten zu alarmieren, dem es fast nicht glaublich schien, daß sich die Türken schon so weit vorgearbeitet haben sollten.

Sogleich begann man, vom Keller des Bäckerhauses aus einen Gegenstollen zu graben, und traf wirklich nach kurzer Zeit auf den türkischen Minengang. Die Türken wurden im Dunkeln überraschend angegriffen und bis auf einige wenige, die in Gefangenschaft gerieten, niedergemacht. Der türkische Minenstollen aber, in dem schon eine große Ladung Pulver zum Sprengen bereitlag, wurde wieder zugeschüttet.

So war die Stadt durch die Aufmerksamkeit des Bäckergesellen Josef Schulz vor namenlosem Unheil bewahrt geblieben. Das Haus, wo der Heide die Absicht hatte, sein Pulver zu verschießen, hieß von dieser Zeit an „Zum Heidenschuß". Die Bäckerzunft aber, deren Mitglied durch seine Wachsamkeit zur Rettung der Stadt beigetragen hatte, erhielt vom Kaiser verschiedene Freiheiten und durfte alljährlich mit klingendem Spiel und fliegenden Fahnen ihren Bäckeraufzug feiern.

DER LIEBE AUGUSTIN

Das Jahr 1679 mag den Wienern lange im Gedächtnis geblieben sein; denn es brachte wie kaum ein zweites Unheil und Tod über viele Familien. Von Ungarn kommend, war der grausame Würger Pest in die Stadt geschlichen. Anfangs kaum bemerkt, hatte sich die Seuche in kurzer Zeit in fast allen Häusern breitgemacht. Wer konnte, verließ die Stadt; denn die Zahl der Erkrankten stieg von Tag zu Tag, die Todesfälle wuchsen an, manche Leute wurden mitten in den Straßen vom Tod ereilt, so daß zuletzt viele Tote in den Straßen umherlagen. Reiche und Arme, Junge und Alte fielen der würgenden Krankheit zum Opfer. Unaufhörlich fuhren die Leichenwagen, hochbeladen mit Toten jedes Standes und Geschlechtes. Die Stadtknechte lasen auf, was sie fanden, beluden ihre Wagen und leerten sie in die Pestgruben, die man vor der Stadt ausgehoben hatte. Waren die Gruben voll, wurden sie einfach zugeschüttet.

In dieser schweren Zeit lebte in Wien ein lustiger Sänger und Dudelsackpfeifer, der immer fröhlich und guter Dinge war nach dem Grundsatz:

„Lustig gelebt und lustig gestorben
ist dem Teufel die Rechnung verdorben."

Seines unverwüstlichen Humors wegen war er den Wienern lieb und wert, allgemein hieß er nur „der liebe Augustin".

Augustin hielt sich mit Vorliebe im Bierhaus „Zum roten Dachel" am Fleischmarkt auf und gab dort seine Possen und Lieder zum besten. Obwohl in der Pestzeit die meisten Lokale aus Furcht vor Ansteckung von den Wienern gemieden wurden, gab es im „Roten Dachel" stets vollbesetzte Tische; denn Augustins Humor lockte manchen Waghalsigen dorthin, der bei dem edlen Gerstensaft und den heiteren Klängen von Augustins Sackpfeife das tägliche Elend zu vergessen suchte.

An einem klaren Septemberabend aber saß der liebe Augustin trüb und niedergeschlagen in der Schenke, denn heute wollte sich kein Gast zeigen. Wortlos und unwillig stierte er vor sich hin und ließ sich Glas um Glas vorsetzen, um seinen Unmut zu dämpfen. Wankend und höchst unsicher auf den Beinen, verließ er spätabends den Schauplatz seiner früheren Triumphe, um seine vor der Stadt gelegene Behausung aufzusuchen.

Als er über den Kohlmarkt zum Burgtor hinausgetorkelt war, stolperte er und fiel am Rande der Straße nieder, wo er, unfähig, sich wieder zu erheben, liegenblieb und gleich einschlief. Als ein wenig später die Pestknechte mit einer Leichenfuhre an der Stelle vorüberkamen, dachten sie, hier liege auch ein mausetoter Mann, packten ihn und warfen ihn zu den übrigen Toten auf den Wagen. Sie luden ihn dann mit den andern in der Pestgrube ab und fuhren wieder davon.

Augustin aber hatte weder das Aufladen noch das Abladen verspürt, sondern mitten unter den Toten auf dem Wagen und in der Grube weitergeschlafen, als ob er zu Hause in seinem Bett läge. Als ihn dann die Morgenluft ernüchterte und er aus seinem Schlummer erwachte, sah er mit Bestürzung, daß eine Pestgrube voll schauerlicher Leichen seine unheimliche Schlafstätte gewesen war. Da kamen gerade die Pestknechte mit einer neuen Leichenfuhre zu der Grube und gewahrten entsetzt einen Mann zwischen den Toten herumstapfen. Augustin aber rief ihnen laut schimpfend zu: „So helft mir doch! Seht ihr denn nicht, daß ich den Grubenrand nicht erreichen und daher aus dieser verdammten Grube nicht hinausklettern kann?“

Einer von den Knechten aber sagte: „Den haben wir doch gestern für tot auf der Straße aufgelesen und in die Grube geworfen. Hat der Mensch Glück, daß die Grube gestern noch nicht voll war und daher nicht zugeschüttet wurde, sonst hätte es für ihn aus seinem Rausch kein Erwachen mehr gegeben!"

Der liebe Augustin aber wurde ungeduldig. Die Helfer waren ihm zu langsam. „Mit einer Nacht in der Pestgrube habe ich vollauf genug", rief er unwillig, „ich will keine Minute länger hier drinnen bleiben. Rasch, helft mir hinauf!"

Sie zogen ihn aus der Grube, und er ging schimpfend davon. Das Nachtlager unter den Pestleichen hatte keine bösen Folgen für ihn; er blieb gesund, wie er es bisher gewesen war, und bildete weiter den Anziehungspunkt für die Gäste des „Roten Dachel", denen er sein schauriges Abenteuer in zierlichen Versen noch oft zu Gehör brachte, bis er im Jahre 1702 hochbetagt eines natürlichen Todes starb.

DER KEGLER VOM STEPHANSTURM

Neben der Stube des Türmers von St. Stephan befand sich einst eine Kegelbahn, die sich wohl einmal ein Turmwächter eingerichtet haben mochte, um sich mit ein paar munteren Gesellen gelegentlich die Langeweile zu vertreiben. Da aber der Raum beschränkt und die Bahn daher nur kurz war, pflegte man, mit dem Rücken gegen die Kegel gewendet, die Kugel zwischen den Beinen hinausrollen zu lassen.

Nun lebte einmal in Wien ein Schindelmacher, Meister Kunrat, ein Meisterkegler, dabei aber ein wüster Geselle und Saufbold, wegen seines unmäßigen Trinkens der „Ewigtrunk“ genannt. Er war imstande, mit jedem Schub alle neun zu treffen. Eines Abends hatte ihn der Wirt des Gasthauses, wo er bis tief in die Nacht hinein gezecht und gekegelt hatte, des ewigen Gegröles müde, aus dem Hause gewiesen. Schimpfend und fluchend torkelte der Hinausgewiesene die Straße entlang und schwor bei Tod und Teufel, daß er trotzdem noch in dieser Nacht weiterkegeln und alle neun treffen werde, auch wenn er allein spielen müßte. So kam er zur Stephanskirche und stieg unter wüsten Verwünschungen die Wendeltreppe zur Kegelbahn des Türmers empor.

Kaum hatte er mit einem greulichen Fluch die Kugel in die Hand genommen, da fühlte er eine Hand auf seiner Schulter. Sich umwendend, erblickte er einen hageren Mann in langem grauem Mantel, der ihn mit stechenden Blicken ansah, so daß dem einsamen Kegler gar unheimlich zumute wurde.

Fluchend rief er dem Fremden zu: „Was wollt Ihr da? Laßt mich in Ruhe! Oder habt Ihr etwa Lust, mit mir ein Kegelspiel zu machen? Aber ich sage Euch gleich: Bei mir sind es auf jeden Wurf alle neun! Das bringt Ihr wohl kaum zustande."

„Ich halte die Wette", erwiderte der Graue.

Da nahm Meister Kunrat die Kugel, stellte sich mit dem Rücken zur Bahn und warf die Kugel mit mächtigem Schwung durch seine Beine. „Alle neun", rief er mit grölendem Lachen seinem Partner zu; „nun macht es mir nach, wenn Ihr könnt!" Dabei nahm er anscheinend unbemerkt einen Kegel und warf ihn, um den Fremden zu überlisten, beim Turmfenster hinaus.

Sogleich richtete sich der Graurock auf und wuchs zu unheimlicher Größe. „So haben wir nicht gewettet", erklärte er mit dumpfer Stimme, und schaudernd sah Kunrat das blanke Knochengerüst durch den Mantel des Fremden schimmern, „ich bin der Tod und treffe alle neun, auch wo nur acht sind." Damit warf Freund Hein die Kugel in die Kegel, daß alle acht mit unheimlichem Gerassel übereinanderstürzten, als neunter aber sank Meister Kunrat vom Tode getroffen zu Boden. Am andern Morgen fand ihn der Türmer entseelt mitten zwischen den Kegeln liegen.

Noch lange Zeit nach diesem Ereignis mußte jeder Besucher der Kegelbahn auf dem Stephansturm einen Schub tun und ein Vaterunser für die arme Seele des unglücklichen Keglers beten.

DER BASILISK

Eine große Menschenmenge umstand an einem Junimorgen des Jahres 1212 das Bäckergeschäft des ebenso wohlhabenden wie habgierigen Meisters Garhibl in der Schönlaterngasse 7. Das Haustor war geschlossen, gellende Rufe und durchdringendes Geschrei erschallten im Innern des Hauses. Die Menge der Neugierigen wuchs, und einige beherzte Männer schickten sich an, das Tor einzuschlagen, um die Ursache des Lärms zu erfahren, während andere zum Stadtrichter Jakob von der Hülben liefen, um ihm zu melden, daß im Hause des Bäckermeisters etwas ganz Schreckliches vorgehen müsse und die ganze Schönlaterngasse voll aufgeregter Menschen sei.

Inzwischen hatte der Bäckermeister sein Haustor geöffnet und stand nun totenblaß und nach Fassung ringend vor der neugierig sich herandrängenden Menge, die ihn mit Fragen bestürmte, was sich im Haus ereignet habe. Da kam auch schon der Stadtrichter an der Spitze der Scharwache herangeritten, während das Volk ehrfurchtsvoll zurückwich. Mit strenger Amtsmiene fragte er den noch immer vor Aufregung schlotternden Bäckermeister um den Grund dieser verbotswidrigen Ruhestörung.

„Gestrenger Herr Stadtrichter", erwiderte der Meister mit zitternder Stimme, „ein schreckliches Untier hält sich in meinem Haus auf. Als eine meiner Mägde heute früh aus dem Ziehbrunnen Wasser schöpfen wollte und dem Eimer nachblickte, bemerkte sie tief unten ein Glitzern und Leuchten, zugleich aber drang ein so scheußlicher Gestank aus dem Brunnen herauf, daß ihr vor Schrecken und Angst fast die Sinne vergingen. Laut schreiend lief sie ins Haus und berichtete uns ihre Wahrnehmung. Der Lehrjunge erklärte sich gleich bereit, die Sache näher zu untersuchen. Er ließ sich an ein Seil binden, nahm eine Pechfackel in die Hand und stieg in den Brunnen hinab. Er war aber noch gar nicht weit im Schacht unten, als er einen entsetzlichen Schrei ausstieß und die Fackel fallen ließ. Wir zogen ihn rasch aus der Tiefe herauf; der arme Bursche war mehr tot als lebendig. Als er sich wieder ein wenig aufgerappelt hatte, erzählte er mit stockender Stimme, auf dem Grund des Brunnens sitze ein scheußliches Ungeheuer, das halb wie ein Hahn, halb wie eine Kröte aussehe. Es habe einen zackigen Schuppenschweif, plumpe, warzige Füße, trage ein feuriges Krönlein auf dem Kopf und habe mit seinen eigenartig glühenden Augen giftige Blicke nach ihm geworfen und die Krallen drohend emporgestreckt, daß ihm fast das Blut im Leib erstarrt sei und er geglaubt habe, sein letztes Stündlein sei gekommen.

Er wäre sicher im Brunnen gestorben“, schloß der Bäckermeister seinen Bericht, „wenn wir ihn nicht rasch in die Höhe gezogen hätten.“

Während der Stadtrichter ratlos überlegte, was in dieser absonderlichen Sache zu tun sei, die so ganz aus dem Rahmen der gewöhnlichen Fälle herausfiel, über die er sonst zu entscheiden hatte, trat ein Mann aus der umstehenden Menge hervor und wandte sich an den Vertreter der Obrigkeit. Es war der Doktor Heinrich Pollitzer, ein gar gelehrter und in allen Naturerscheinungen bestens bewanderter Mann, der sich nun vom Stadtrichter die Erlaubnis erbat, zum Volk zu sprechen und den merkwürdigen Vorfall zu erklären.

„Hört, ihr Leute“, begann er, „das Tier, das man im Brunnen des Hauses gesehen hat, ist ein Basilisk, ein gar schreckliches Wesen, das aus einem Ei entstanden ist, das ein Hahn gelegt und eine Kröte ausgebrütet hat. Schon der alte römische Schriftsteller Plinius hat uns ein solches Tier beschrieben. Es ist äußerst giftig, schon sein Hauch, ja sein bloßer Anblick ist todbringend. Es muß schleunigst getötet werden. Das kann aber nur auf folgende Weise geschehen: Man muß dem Basilisken einen Spiegel vorhalten. Wenn er sein eigenes scheußliches Bild im Spiegel erblickt, gerät er darüber so in Grauen und Wut, daß er zerplatzt. Wenn sich jemand findet, der dieses gefährliche Wagnis unternimmt“, meinte der Gelehrte zu Garhibl gewendet, „so könnte Euer Haus von dem schrecklichen Tier befreit werden.“

Lautlos hatte die Menge zugehört; der Bäckermeister aber rief: „Wer von euch, ihr Leute, getraut sich, die Tat auszuführen? Er soll es nicht bereuen, ich will ihn reichlich belohnen.“ Aber niemand sagte ein Wort, viele wandten sich um und liefen davon; denn der Aufenthalt bei dem gefährlichen Haus dünkte ihnen nicht recht geheuer.

Plötzlich ließ sich neben Garhibl die entschlossene Stimme seines Gesellen Hans Gelbhaar vernehmen: „Meister, Ihr wißt, ich habe Eure Tochter Apollonia schon lange ins Herz geschlossen; daß Ihr mir deshalb wiederholt gram seid, ist mir nicht unbekannt. Wenn Ihr nun einwilligt, mir Eure Tochter zur Frau zu geben, so will ich für mein Glück selbst das Leben aufs Spiel setzen und dem greulichen Tier zu Leibe gehen.“

Die Angst vor dem Untier war so gewaltig, daß dem Meister selbst dieser Preis nicht zu hoch erschien. Ohne Bedenken gab er seine Zusage.

Ein großer Spiegel wurde herbeigeschafft, dem kühnen Gesellen ein Seil um den Leib geschlungen, und mutig ließ er sich dann langsam in den unheimlichen Brunnen hinab. Es gelang ihm, den tödlichen Blick des Basilisken zu vermeiden und dem scheußlichen Tier den Spiegel vorzuhalten, worauf es vor Wut und Ingrimm über den eigenen häßlichen Anblick mit lautem Knall zerbarst. Wohlbehalten kam der Geselle wieder aus dem Brunnen herauf. Der Bäckermeister aber hielt sein Wort, aus Hans und Apollonia wurde ein glückliches Paar.

Auf den Rat des Herrn Pollitzer füllte man hernach den Brunnenschacht mit Erde und Steinen aus und begrub das Ungeheuer in der Tiefe. Aber noch im Tode übte es seine verderbliche Kraft aus. Einige Leute, die bei der Arbeit mithalfen, wurden von dem giftigen Brodem, der aus der Tiefe drang, betäubt, erkrankten schwer und starben kurze Zeit darauf. Auch der Bäckerjunge, den der Blick des Basilisken getroffen hatte, kam mit dem Leben nicht davon.

Zur ewigen Erinnerung an dieses schreckliche Geschehnis wurde in einer Nische des Hauses Schönlaterngasse 7 ein getreues Abbild des Basilisken angebracht und eine Inschrift darunter gesetzt, die den Vorfall zum Gegenstand hat. Das Haus hieß fortan das „Basiliskenhaus".

Längst ist der Glaube an das gefährliche Untier geschwunden, nur die Redensart besteht noch vom unheilbringenden Basiliskenblick.

DIE SPINNERIN AM KREUZ

Auf der Höhe des Wienerberges, wo der alte Steffl dem aus dem Süden in Wien Ankommenden seinen ersten Gruß entgegenwinkt, dem Scheidenden aber das letzte Lebewohl zuruft, hat frommer Sinn schon vor Jahrhunderten ein schlichtes Holzkreuz errichtet, an dessen Stelle später eine prunkvolle Denksäule aus Stein trat, eines der schönsten Wahrzeichen Wiens, das der Volksmund „Die Spinnerin am Kreuz" nennt. Die Entstehung dieses Namens ist in tiefes Dunkel gehüllt. Um so eifriger hat sich das Volk damit beschäftigt und im Lauf der Zeit einen Kranz bald lieblicher, bald düsterer Sagen um dieses steinerne Denkmal geflochten.

Einstmals hatte ein Ritter mit dem Herzog Leopold dem Glorreichen einen Kreuzzug in das Heilige Land mitgemacht. Seine Gattin, die unter Tränen von ihm Abschied nahm, gelobte, auf der Höhe des Wienerberges an Stelle des dort stehenden Holzkreuzes ein schönes Steinkreuz zu errichten, wenn der geliebte Gatte wohlbehalten in ihre Arme zurückkehre. Um dem Gelübde mehr Wert zu verleihen, beschloß sie, die Kosten für das Kreuz nur durch ihrer Hände Arbeit, durch Spinnen, zu verdienen.

Ein Jahr lang saß sie schon am Rocken und spann; doch unmöglich konnte der Gatte von seiner weiten Fahrt jetzt schon zurückkommen. Da schickte sie heiße Gebete zum Himmel und spann ein zweites Jahr. Nun langten schon viele Kreuzfahrer in der Heimat an, auch Herzog Leopold war darunter, doch der sehnsüchtig erwartete Gatte kam nicht. Vergebens harrte die treue Ehefrau; Tag für Tag, Woche um Woche verstrich, bis das dritte Jahr zu Ende ging. Jetzt wurde der armen Frau bange in ihrer Burg. Sie nahm den Spinnrocken und trug ihn auf die Anhöhe des Wienerberges, um zu Füßen des Gekreuzigten ihre Arbeit fortzusetzen. Von hier aus bot sich ein weiter Ausblick in die Ferne, an dieser Stelle mußte der Gatte vorüberkommen, wenn er überhaupt noch am Leben war. Vom Morgen bis zum Abend saß die emsige Spinnerin am Kreuz und sah sich die Augen müde nach dem heißersehnten Ehemann. Ihre blassen Lippen murmelten manch inbrünstiges Gebet, aber es schien, als ob der Himmel auf sie vergessen hätte.

Eines Abends weilte die arme Dulderin, über ihre Arbeit gebückt, wieder an der gewohnten Stelle und sandte von Zeit zu Zeit einen flehenden Blick nach dem Kreuz, das von wilden Reben umrankt war. Die Sonne verschwand hinter den Wienerwaldbergen, der Abendfrieden senkte sich auf die freundliche Landschaft, in der Ferne aber grüßten aus der Dämmerung die Türme der Hauptstadt herüber. Da wankte ein einsamer Wanderer, auf seinen Stock gestützt, mit müden Schritten des Weges daher. Ein wirrer grauer Bart umrahmte das abgezehrte Gesicht, die hagere Gestalt umhüllte ein abgetragener Mantel. An den Stufen des Kreuzes brach der Erschöpfte stöhnend zusammen. Die Spinnerin blickte dem Fremden teilnahmsvoll ins Gesicht, schärfer prüfte sie seine Züge, dann entrang sich ein freudiger Ausruf ihren bebenden Lippen: „O mein geliebter Gatte, so bist du mir doch wiedergekommen, Gott hat meine Bitten erhört; ihm sei Dank für diese Gnade!"

Als der Heimgekehrte wieder ein wenig zu Kräften gekommen war, erzählte er der mit Tränen in den Augen horchenden Frau, daß er im Feindesland schwer verwundet und gefangen worden sei. Zwei Jahre habe er in elender Sklaverei geschmachtet, bis es ihm gelungen sei, zu entfliehen und unter den bittersten Entbehrungen und Mühen sich in die Heimat durchzuschlagen.

Dankerfüllt über die Rettung und Heimkehr des Ehemannes löste die Rittersfrau ihr Gelübde ein und ließ an Stelle des verwitterten Holzkreuzes eine kunstvolle steinerne Säule errichten, die zum Gedächtnis an die fromme Stifterin den Namen „Spinnerin am Kreuz" erhielt.

So wurde die Denksäule am Wienerberg zum Wahrzeichen inniger Gattenliebe und unverbrüchlicher Gattentreue und schaut als solches noch heute weithin in die Lande.

DAS DONAUWEIBCHEN

Wenn friedlich der Abend verdämmert und der silberne Mond blank am Himmel steht und sein flimmerndes Licht über die Erde ergießt, dann taucht zuweilen eine anmutige Gestalt aus den rastlos hinwogenden Fluten der Donau empor. Ein Blumenkranz schmückte die goldig glänzenden Locken, die sich um ihr liebreizendes Gesicht ringeln, und auch um die weißen Hüften schlingt sich ein zierliches Blumengewinde. Bald läßt sich die wunderliebliche Erscheinung von den silbrig glänzenden Wogen tragen, bald taucht sie unter, um sich anderwärts wieder zu zeigen.

Manchmal entsteigt die Nixe ihrer kühlen Behausung und wandelt im Mondlicht über die taufrischen Wiesen das Ufer entlang, ja, sie scheut sich auch nicht, dem Kreis der Menschen zu nahen oder an einsamen Fischerhütten zu lauschen und sich am friedlichen Dasein der armen Bewohner zu erfreuen. Nicht selten hat es sich zugetragen, daß sie die fleißigen Fischer vor Eisstoß und Hochwasser warnte oder grimmige Stürme vorhersagte, die dem Schiffer auf dem breiten Strom zum Verderben werden können.

So hilft sie dem einen, den anderen aber zieht sie durch ihren verführerischen Anblick und mit lockendem Gesang selbst in das Verderben; sie gießt ihm brennende Sehnsucht ins Herz, daß er auf alles vergißt und ihr in das kühle Naß folgt, das ihm zum Grab wird.

Vor vielen Jahrhunderten geschah es, als Wien noch ein kleines Städtlein war und niedrige Fischerhütten sich den Donaustrand entlangzogen; wo heute prunkende Paläste stehen, da saß an einem frostklirrenden Winterabend ein alter Fischer mit seinem Sohn in einer ärmlichen Stube am lodernden Feuer. Beide Männer waren eifrig an der Arbeit, ihre Netze zu flicken, da Kälte und Frost jede Tätigkeit im Freien unmöglich machten. Sie sprachen von den Gefahren ihres Berufes, und der Alte wußte viel von Wassergeistern und Nixen zu erzählen. „Am Grunde des Donaustromes“, sagte er, „liegt ein großer kristallener Palast, den der Donaufürst mit seiner Frau und seinen Kindern bewohnt. Auf großen Tischen stehen umgestürzt gläserne Töpfe, unter denen die Seelen der Ertrunkenen gefangengehalten werden. Der Alte lustwandelt oft am Ufer des Stromes, aber wehe dem Menschen, der es wagt, ihn anzusprechen. Sogleich ergreift er das freche Menschenkind und zieht es in den brausenden Strom hinab. Seine Töchter, die Nixen, sind gar liebliche Wesen, die es besonders auf hübsche junge Burschen abgesehen haben, die dann, von ihren Lockungen betört, ihr Grab in den Wellen finden. Darum hüte dich, mein Sohn, vor den Nixen, sonst bist du rettungslos verloren. Diese bezaubernden Mädchen nehmen auch oft am nächtlichen Tanz der Jugend teil und tanzen, bis der erste Hahnenschrei sie wieder in ihr nasses Heim zurückruft."

So wußte der Alte dem Sohn gar manches zu erzählen, was dieser zweifelnd mit anhörte; denn ihm war noch nie eine Nixe begegnet. Kaum aber hatte der alte Fischer seine Worte beendet, da öffnete sich plötzlich die Tür der Hütte, und auf der Schwelle stand in zauberhaftem Licht eine holde Frauengestalt in schimmernd weißem Gewand, weiße Wasserlilien in den golden funkelnden Locken.

„Erschreckt nicht!" sagte die erhabene Erscheinung, den Blick ihrer feucht schimmernden blauen Augen fest auf den jungen Fischer gerichtet, „ich bin eine Wassernixe und habe nichts Böses gegen euch im Sinn. Ich komme, um euch zu warnen. Bald wird Tauwetter eintreten, das Eis des Stromes wird krachend bersten, und die ungebändigten Wogen werden sich über die Auen und eure Hütten ergießen. Drum seid auf eurer Hut, flieht rechtzeitig weit ins Land hinein, sonst seid ihr verloren!"

Wie gebannt starrten die beiden Männer nach der Tür, die sich hinter der wunderschönen Erscheinung wieder geschlossen hatte. Sie wußten nicht, ob sie wachten oder träumten. Aber sie hatten doch beide die Nixe gesehen und ihre Worte gehört! Es konnte keine Täuschung sein. Sie glaubten der Warnung des lieblichen Mädchens, erhoben sich rasch und eilten trotz Kälte und Schnee in die Hütten der umwohnenden Fischer, um zu erzählen, was ihnen die Erscheinung gesagt hatte. Und alle folgten dem Rat der ihnen wohlgesinnten Nixe und verließen mit Hab und Gut binnen weniger Stunden ihre einfachen Behausungen; denn sie kannten die Gefahr, die ihnen drohte, wenn die nun durch den Frost gebändigten Wassermassen plötzlich ihre Fesseln sprengten. Wie recht sie getan hatten, zeigt sich bald. Schon nach wenigen Tagen bedeckte ein quirlender, schäumender See die Auen und Felder, und nur die Giebel der Fischerhütten ragten aus der noch immer steigenden Flut. Aber keiner der Hüttenbewohner war ums Leben gekommen; denn alle waren ins Land hinein geflüchtet.

Die Wasser verliefen sich, der Strom kehrte in sein Bett zurück, und alles war wieder wie früher. Alles? Nein, einer war da, der seine frühere Ruhe und Gelassenheit nicht wieder finden konnte. Es war der junge Fischer, dem die liebreizende Nixe mit dem Blick ihrer sanften blauen Augen unstillbare Sehnsucht in das Herz gesenkt hatte. Unentwegt stand ihr Bild vor seiner Seele, begleitete ihn auf allen Wegen, folgte ihm in den Traum. Wenn er am Ufer des Stromes weilte und in die rauschenden Wellen blickte, war ihm, als hörte er lockende Rufe. Am liebsten stieg er in seinen Kahn, fuhr auf dem Donaustrom umher und sah träumerisch dem Spiel der Wellen zu, die ihm gar oft den Leib der geliebten Nixe vorgaukelten. Doch nie ging sein Traum in Erfüllung, und so traurig und beklommen er morgens seine Hütte verließ, so bedrückt kehrte er am Abend in sein Heim zurück.

Aber eines Abends kam er nicht mehr. Ein leeres Boot wiegte sich schaukelnd auf der breiten Wasserfläche, und niemand sah den jungen Fischer je wieder. Schmerzgebeugt saß der greise Vater vor der Tür seiner Hütte und beweinte das Los seines Sohnes, den das Donauweibchen betört und zu sich hinabgezogen hatte in den kristallenen Palast auf dem Grunde des ewigen Stromes.

DER KLAGBAUM

Vor fast siebenhundert Jahren brach in Wien eine schreckliche Seuche aus, die aus dem Morgenland eingeschleppt wurde und rasch um sich griff: der Aussatz, eine Krankheit, die den Menschen aufs höchste entstellte. Man wußte kein Mittel, die gräßliche Seuche zu bannen.

Zur Versorgung der Menschen, die von der Krankheit befallen wurden, stiftete der Pfarrer Gerhard von St. Stephan im Jahre 1267 außerhalb der Stadt auf der heutigen Wieden ein Siechenhaus und eine Kapelle „Zum guten Sankt Hiob“, dem erhabenen Vorbild der Geduld.

Vor der Kapelle stand ein schöner, großer Lindenbaum, von dem manchmal bei Nacht seltsame Klageweisen ertönten. Die Gegend kam dadurch so in Verruf, daß niemand mehr zur Nachtzeit dort vorbeizugehen wagte. Einige Zeit setzten diese Weisen aus, um sich später um so deutlicher zu wiederholen. Nun baten die Bewohner der umliegenden Häuser mit dem Richter an der Spitze den Seelsorger des Spitals, diese „Wehklage“, die ihnen so große Angst einflößte, durch Gebet und Beschwörung zu bannen.

Der würdige Mann versprach ihnen, gegen Abend zum Lindenbaum zu kommen und zu sehen, welche Bewandtnis es mit der Klage habe. Bald nachdem die Dunkelheit hereingebrochen war, kam auch schon der Wächter, den man in der Nähe des Baums aufgestellt hatte, damit er dem Geistlichen das Ertönen der Klage melde, in höchster Erregung angestürzt und brachte die Botschaft, der Baum lasse wieder so seltsame Weisen erklingen, daß sich alle Leute zitternd in ihren Häusern verkröchen.

Der Pfarrer erhob sich, nahm Kreuz und Weihwedel und schritt mit Richtern und Räten zu der schaurigen Stätte. Fröstelnd und pochenden Herzens zog die kleine Schar durch die Nacht zu dem unheimlichen Baum. Als sie näher kamen, hörten sie es deutlich: wimmernde Töne erklangen; kein Zweifel, eine verwunschene Seele hielt hier ihre grausige Klage. Die Begleiter des Geistlichen stockten, allein schritt dieser zu dem spukhaften Baum. Immer lauter schlug der Klageton an sein Ohr, unheimlich fremd und doch wieder menschlich, daß er seine Schritte hemmte, um zu lauschen. Da drang ein Mondstrahl durch das Gewölk und warf sein unsicheres Licht auf eine schattengleiche Gestalt, die unter dem Baum hin und her zu wanken schien. Sogleich erhob der Pfarrer sein Kreuz, sprengte geweihtes Wasser vor sich hin und rief mit bebender Stimme seine Beschwörung: Da verstummte der Klageton, die dunkle Gestalt tauchte neben dem Beschwörenden auf, sie schien ihn zu fassen und verschwand mit ihm hinter dem Kirchlein.

Besorgt harrten die Bürger in sicherer Entfernung auf die Rückkehr des Priesters. Als aber geraume Zeit verstrich, ohne daß er wiederkam, gingen sie bedrückt wieder heim, in der sicheren Überzeugung, das Gespenst habe den Pfarrer mit sich genommen.

Am nächsten Morgen erschien der Geistliche lächelnd in ihrer Mitte und erzählte ihnen, nicht ein Gespenst habe die klagenden Weisen von sich gegeben, sondern ein wackerer Ritter und Sänger, dessen Namen er nicht nennen dürfe, habe unter dem Baum seine Klagelieder über die herrschende Krankheit ertönen lassen. Der Baum sei ihm wegen seiner Einsamkeit als der richtige Ort erschienen, seinen Schmerz über die Leiden seiner Vaterstadt zum Ausdruck zu bringen.

Doch die abergläubischen Leute glaubten den Worten des würdigen Pfarrherrn nicht. Sie meinten, dieser sei mit dem Gespenst im Bund, und nannten das Spital nach wie vor „Zum Klagbaum“, und dieser Name blieb, bis es später aufgelassen wurde. Noch heute erinnert die Klagbaumgasse auf der Wieden an die unheimlichen Weisen des klagenden Baumes.

MEISTER HANS PUCHSBAUM

Durch mehr als ein Jahrhundert hatte sich bereits die Arbeit am Bau der Stephanskirche hingezogen. Nun aber war das stolze Werk fast vollendet. Der schlanke Südturm ragte in seiner ganzen Schönheit himmelwärts, sogar das Langhaus war fertiggestellt. Es fehlte nur mehr der Nordturm. Der Stadtmagistrat hatte ein großes Ausschreiben erlassen, um dem tüchtigsten Baumeister die Arbeit zu übertragen, der den Turm in kürzester Zeit und unter den billigsten Kosten vollenden würde.

Da meldete sich unter vielen anderen Bewerbern auch der Baumeister Hans Puchsbaum und erklärte kurz und bündig: „Ich mache die Arbeit in der Hälfte der Zeit, die andere dazu brauchen." So wurde ihm der Bau übertragen.

Puchsbaum, ein bisher ziemlich unbekannter Meister, hoffte, durch rasche Vollendung eines so gewaltigen Werkes Ehre und Ansehen zu erringen und sich dadurch die Hand seiner geliebten Maria zu erwerben, deren geldstolzen Eltern der einfache und unberühmte Bewerber nicht allzusehr gefallen hatte.

Rasch wurde der Bau in Angriff genommen, rüstig schritt das Werk anfangs vorwärts. Doch schon nach kurzer Zeit gab es Schwierigkeiten und Hindernisse. Die Bauberechnungen wollte nicht stimmen, die Zufuhr des Baumaterials verzögerte sich, und bald erkannte Meister Puchsbaum, daß er mit dem Bau zum angegebenen Termin nicht fertig werden würde. Sorgenvoll stand er oft vor dem angefangenen Werk und suchte einen Ausweg aus seiner schwierigen Lage zu finden. Doch guter Rat war teuer.

Als er eines Abends wieder am Fuße des Turms stand und verzweifelt darüber nachdachte, wie er die Arbeit beschleunigen und sein Versprechen einhalten könne, stand mit einem Male ein sonderbar aussehender Mann in grünem Wams neben ihm und blickte ihn lachend an.

„Du erbarmst mir", begann der Fremde; „denn ich weiß, welcher Kummer dich bedrückt."

„Wer bist du und was willst du?" fragte der Meister erschrocken.

„Wer ich bin", entgegnete der Fremde, „ist rasch gesagt. Man nennt mich den Höllenfürsten, andere nennen mich Teufel, und was ich will, soll dir von Nutzen sein; ich will dir helfen."

Abwehrend streckte der Meister seine Hände aus und rief: „Du Schrecklicher, heb dich hinweg von mir; ich will mit dir nichts zu schaffen haben!"

Der Satan aber setzte grinsend fort: „Wenn ich imstande bin, dir zu helfen, den Turm in weit kürzerer Zeit fertigzustellen, als du versprochen hast, und wenn du dadurch die Hand deiner Geliebten erringst, willst du auch dann auf meine Hilfe verzichten?"

Der Meister begann zu schwanken; die Versuchung war zu groß. „Und was verlangst du für deine Hilfe?" fragte er schließlich den Versucher.

„Nicht viel", entgegnete dieser. „Du darfst nur während der ganzen Zeit des Baues weder den Namen Gottes noch der Jungfrau Maria, noch sonst eines Heiligen aussprechen." Die Bedingungen einzuhalten schien unserem Meister weder schwer noch gefährlich, und er zögerte nicht länger; der Pakt wurde geschlossen.

Von diesem Tag an wuchs der Bau zusehends. Es gab keine Hindernisse und Verzögerungen mehr; alles ging wie am Schnürchen. Nicht nur der Magistrat und alle Zuschauer wunderten sich, auch der Meister selbst war aufs höchste erstaunt, mit welcher Schnelligkeit die Arbeit nun vorwärtsging. Fröhlich dachte Hans Puchsbaum, daß es nun sicher gelingen werde, den

Bau weit vor der gesetzten Frist zu vollenden, und freudigen Herzens dachte er an seine Maria, deren Hand ihm nun gewiß schien. Er hatte im Drang der Arbeit in den letzten Tagen gar nicht mehr an sie gedacht und war um so freudiger überrascht, als er sie heute von der Höhe des Turmes aus, wo er den Fortschritt der Arbeit überwachte, unten am Fuße des Domes über den Platz gehen sah. Sie war es, ganz sicher, es war seine Maria. Aber sie wandte den Blick nicht zu ihm empor. Da rief er aus übervollem Herzen hinunter, sich vorbeugend, daß sie in sehen mußte: „Maria!"

Noch hatte er das Wort nicht zu Ende gesprochen, da schwankte plötzlich das Gerüst, auf dem er stand, ein donnerähnliches Krachen erscholl, und die Balken des fallenden Gerüstes, Schutt und Mauertrümmer des einstürzenden Turmes rissen Hans Puchsbaum in die Tiefe.

Ein hohles Hohngelächter gellte über den Platz, und für einen Moment soll die riesenhafte Gestalt eines grüngekleideten Mannes mit grinsender Fratze über den Trümmern des zusammengestürzten Bauwerkes geschwebt haben. Der Leichnam des Meisters aber blieb verschwunden.

Der Bau des zweiten Turmes wurde eingestellt und niemals weiter fortgeführt.

KÜSSDENPFENNIG

Der Gasthof „Zum schwarzen Adler" in der Nähe des Roten Turmes zu Wien genoß vor etwa vierhundert Jahren den besten Ruf. Der Wirt, Hans Wangler, tat aber auch alles, seine Gäste zufriedenzustellen. Speisen und Getränke ließen keinen Wunsch offen, und die Bedienung wurde von seinem einzigen Sohn Josef und von Marie, einer armen Verwandten des Wirtes, einem hübschen, bescheidenen Mädchen, aufs beste besorgt. So war es kein Wunder, daß es an Gästen niemals mangelte und Reisende aus den fernsten Ländern hier einkehrten. So klein der Wirt angefangen hatte, so wohlhabend war er jetzt. Er sammelte aber auch die Pfennige, und sobald ein Goldgulden beisammen war, lachte ihm das Herz im Leibe. Seinen Sohn Josef dachte er durch eine gute Heirat zu einem der reichsten Bürger Wiens zu machen. Dieser aber wollte von einer solchen Ehe nichts wissen. Er hatte schon lange sein Herz an die liebliche Marie verloren, und das Mädchen war dem hübschen Jungen nicht minder zugetan. Sooft der Vater auf eine reiche Heirat zu sprechen kam, machte der Sohn Ausflüchte, bis er endlich keinen Ausweg mehr sah und den Alten kurzerhand bat, ihm Marie zur Frau zu geben.

Da kam er nun aber schön an. Der Wirt geriet in hellen Zorn und erklärte dem Jungen kurz und bündig, davon könne keine Rede sein. Marie sei wohl ein tüchtiges Mädchen, aber arm wie eine Kirchenmaus und käme deshalb als Schwiegertochter nie und nimmer in Betracht. „Das ist mein letztes Wort", schloß er zornig. „Du heiratest die Tochter des Wirtes ‚Zur grünen Weinrebe', die ist nicht übel und wird eine angemessene Mitgift in die Ehe mitbringen. Marie aber wird je eher, je lieber das Haus verlassen, damit endlich Ruhe wird. Und nun kein Wort mehr über diese Angelegenheit!" Da gab es nun freilich schmerzliche Mienen in dem sonst so fröhlichen Wirtshaus. Mit Tränen in den Augen verrichtete Marie ihre gewohnten Arbeiten und glaubte den Gedanken nicht ertragen zu können, daß ihr Bleiben im Haus nur mehr von kurzer Dauer sein solle.

Es war spät am Abend, die Gäste hatten das Wirtshaus schon verlassen. Da betrat die Schankstube ein einfach gekleideter Mann, der nicht gerade den Anschein erweckte, über einen wohlgespickten Beutel zu verfügen. Ein armseliges Ränzlein, das er über der Schulter trug, verstärkte noch den Eindruck der Dürftigkeit, der von ihm ausging. Der Fremde setzte sich an einen der Tische und sagte: „Bringt mir zu essen und sorgt für ein gutes Bett."

Der Wirt, dem zahlungskräftige Gäste lieber waren als zweifelhafte Gesellen – und für einen solchen hielt er den späten Gast –, meinte mißtrauisch:

„Was Ihr verlangt, ist vorhanden, es fragt sich nur noch, könnt Ihr auch bezahlen?“

„Bezahlen?“ erwiderte der Fremde. „Wer wird gleich vom Bezahlen reden, wenn der berühmteste Arzt auf dem weiten Erdenrund sein Haus betritt! Ich bin Theophrastus Bombastus Paracelsus von Hohenheim, der Name sollte Euch genügen, mir sogleich Euer ganzes Haus zur Verfügung zu stellen. Ich komme aus Salzburg, um hier der leidenden Bevölkerung zu helfen. Gebt mir also Essen und Nachtlager! Ich bin hungrig und sehne mich nach Ruhe.“

Nun aber wurde es dem Wirt zuviel. „Schert Euch zum Teufel, wenn Ihr kein Geld habt!“ rief er erbost. „Auf so hochtrabende Reden halte ich nichts.“

Da mischte sich Marie, der der späte Besucher leid tat, in das Gespräch und sagte zum Wirt, sie wolle aus ihren kleinen Ersparnissen die Zeche für den Fremden bezahlen, wenn er kein Geld habe. Brummend fügte sich der Wirt und ließ dem Gast Essen und Wein vorsetzen und eine bescheidene Kammer für die Nacht anweisen.

Paracelsus wohnte nun schon einige Tage im „Schwarzen Adler“. Tagsüber schlenderte er in der Stadt umher, abends ließ er sich's im Kreise rasch gefundener Freunde wohlergehen und gab manchem Humpen die Ehre. Er traf keine Anstalten, das Gasthaus zu verlassen oder seine schon beträchtlich angeschwollene Rechnung zu bezahlen. Die Miene des Wirtes, der um sein Geld zu fürchten begann, wurde immer finsterer; seine schlechte Laune mußte vor allem Marie entgelten, die keine gute Stunde mehr hatte und mit schwerem Herzen ihre Arbeit tat, da auch der Tag immer näher heranrückte, an dem sie ihr Bündel schnüren sollte.

Eines Tages klagte sie Josef ihr Leid, der ihr Mut und Trost zusprach und sie innig in die Arme schloß. Gerade in diesem Moment kam der Wirt daher, der eben auf dem Weg war, dem unerwünschten Gast die Rechnung zu überreichen. Als er Marie in den Armen des Sohnes erblickte, schrie er sie wütend an: „Nun ist's aber an der Zeit, daß du dein Bündel packst und deiner Wege gehst. Zuerst aber zahle noch die Zeche, die der saubere Gast bisher nicht beglichen hat." Und zum Sohn gewandt, setzte er hinzu: „Und von dir erwarte ich, daß du noch heute um die Hand des Mädchens anhältst, das ich dir zugedacht habe."

Doch Josef erklärte, wenn Marie aus dem Hause müsse, werde er mit ihr gehen; denn er wolle nie und nimmer von dem Mädchen lassen. Der Wirt entgegnete heftig, eine Wort ergab das andere, und der laute Schall der streitenden Stimmen erfüllte das Haus. Plötzlich öffnete sich die Tür der nahe gelegenen Stube des Paracelsus, und der Arzt trat auf die Erregten zu. „Nun, nun", sagte er zu dem erzürnten Wirt, „wer wird denn so hart sein! So gebt doch dem braven Burschen das arbeitsame Mädchen! Sie wird durch Fleiß und Geschicklichkeit ersetzen, was ihr an Geld abgeht."

Jetzt wandte sich der ganze Groll des Wirtes gegen seinen Gast. Er verbat sich jede Einmischung in seine häuslichen Angelegenheiten und rief zuletzt mit zorniger Stimme: „Im übrigen zahlt lieber Eure Rechnung, sonst müßt Ihr sofort mein Haus verlassen wie diese beiden da."

Während Paracelsus den Wirt beschwichtigen wollte und im Gespräch auch einfließen ließ, daß er Gold zu machen verstehe, suchte Marie ihre Barschaft hervor, um die Schuld des Fremden zu bezahlen, da dieser gar keine Anstalten machte, dem Wirt den verlangten Betrag auszufolgen. Doch Paracelsus hielt das Mädel zurück, griff in die Tasche und bot dem Wirt einen kupfernen Pfennig mit den Worten: „Weil Euch gar so sehr um Euer Geld zu tun ist, will ich Euch vorläufig eine Anzahlung geben; den Rest bekommt Ihr in Bälde."

Kaum hatte der Wirt den Pfennig angesehen, als er ihn dem Gast vor die Füße warf. „Wie", schrie er den Fremden an, „das nennt Ihr eine Anzahlung! Mit einem schäbigen Pfennig wollt Ihr eine Schuld von mehreren Goldgulden begleichen? Ihr seid ein ganz unverschämter Lügner und Prahler, der diesen Pfennig ebensowenig zu Gold machen wird, wie mein Sohn dieses Mädchen zur Frau bekommt."

„Wollt Ihr den Schwur, den Ihr soeben getan habt, auch halten?" fragte Paracelsus ruhig den tobenden Wirt.

„So wahr ich hier stehe und lebe!" rief dieser mit knirschenden Zähnen.

„Dann hebt einmal den Pfennig auf und schaut ihn Euch näher an!" entgegnete der Gast und lächelte den beiden jungen Leuten zu, die unruhig dem Wortwechsel zuhörten.

Der Wirt bückte sich und griff nach der Münze, voll Staunen hielt er ein schweres Goldstück in der Hand.

„Ich glaube, meine Rechnung ist damit bezahlt“, meinte Paracelsus, „und Ihr habt nichts mehr von mir zu fordern. Nun haltet aber auch Euer Versprechen und gebt den Kindern Euren Segen! Das Goldstück aber hütet als Andenken an mich!“

Mit diesen Worten wandte sich der Gast, nahm sein Ränzel auf den Rükken und verließ den Gasthof, während ihm der Wirt in stummer Verwunderung nachstarrte. Das junge Paar aber war in höchstem Glück, überzeugt, daß der Vater seinen Schwur halten werde. Immer wieder betrachtete der Wirt den wunderbaren goldenen Pfennig, küßte ihn im Überschwang der Gefühle und umarmte dann die glückliche Marie und seinen Sohn, gegen deren Heirat er nichts mehr einzuwenden hatte.

Die Kunde von diesem Pfennigwunder im „Schwarzen Adler“ verbreitete sich mit Windeseile in der Stadt, und der Strom der Neugierigen, die Näheres wissen und den goldenen Pfennig betrachten wollten, nahm kein Ende. Der Wirt machte ein glänzendes Geschäft. Sooft er aber die goldene Münze aus ihrem Versteck nahm, um sie den Gästen zu zeigen, streichelte er sie liebevoll, und jedesmal, bevor er das wunderbare Goldstück wieder verwahrte, drückte er einen Kuß auf die Münze. So erhielt das Wirtshaus den Namen „Küßdenpfennig“.

Über dem Eingang des Hauses in der heutigen Adlergasse aber wurde ein Bild angebracht, das die Verwandlung des kupfernen Pfennigs in ein Goldstück zeigte und die Inschrift trug:

Der teure Theophrast, ein Alchimist vor allen,
Kam einst in dieses Haus und konnte nicht bezahlen
Die Zech, die er genoß. Er trauet seiner Kunst,
Mit welcher er gewann viel großer Herren Gunst.
Ein sicheres Gepräg von schlechtem Wert er nahm,
Erklärte es als Gold. Der Wirt von ihm bekam
Dies glänzende Metall. Er sagt: Nimm dieses hin;
Ich zahl' ein Mehreres, als ich dir schuldig bin.
Der Wirt ganz außer sich, bewundert solche Sach',
Den Pfennig küss' ich, zu Theophrast er sprach.
Von dieser Wundergeschicht, die in der Welt bekannt,
Den Namen führt dies Haus, zum Küßdenpfennig genannt.

DER BÄRENHÄUTER

In der unglücklichen Schlacht bei Varna im Jahre 1444 hatten die Türken fast das ganze christliche Heer aufgerieben. Unter den wenigen, die dem blutigen Gemetzel entronnen waren, befand sich auch der Landsknecht Georg Thalhammer. Nur der Schnelligkeit seiner Beine hatte er es zu verdanken, daß ihm die Flucht in einen dichten Wald gelang, wo er sich zunächst vor der Wut seiner Verfolger sicher glaubte. Todmüde hatte er sich hinter ein dichtes Gebüsch geworfen und überdachte seine Lage. Sie war verzweifelt. Was sollte er in dieser furchtbaren Wildnis beginnen? Würde er von den blutgierigen Feinden aufgespürt werden, oder sollte es ihm vielleicht doch gelingen, die Heimat wiederzusehen? Wie aber sich Nahrung und Obdach verschaffen ohne Kenntnis der Landessprache, ohne Mittel, fremd und geächtet? Zwischen Hoffnung und Verzweiflung schwankten seine Gedanken hin und her, aber immer aussichtsloser schien ihm schließlich sein Schicksal zu sein.

Da stand plötzlich ein unheimlich aussehender hagerer Mann mit scharfer Hakennase und stechenden Augen vor ihm. Mit raschem Griff faßte der Landsknecht nach seiner Waffe, um sein Leben gegen den vermeintlichen Angreifer mit der Schärfe des Schwertes zu verteidigen. Der Fremde aber rief ihm zu: „Nur ruhig Blut, Geselle! Laß dein Schwert in der Scheide. Du hast vor mir nichts zu befürchten. Ich will dir im Gegenteil dazu verhelfen, ungefährdet in deine Heimat zu entkommen, und dich dort so reich mit Geld und Gut bedenken, daß du in Zukunft ein sorgloses, bequemes Leben führen kannst. Dafür will ich nur einen geringen Gegendienst: nach deinem Tod soll deine Seele mir gehören."

Neue Hoffnung regte sich im Herzen des biederen Landsknechts, als er die ersten Worte des Bösen vernahm; aber die letzte Bedingung seines unheimlichen Helfers erfüllte ihn mit so tiefem Schrecken, daß er ausrief: „Nein, nein, meine Seele verkaufe ich dir nicht; lieber will ich alle Not ertragen, ja hier elend zugrunde gehen als einen solchen Pakt abschließen." Vergebens suchte ihm der Teufel die Heimkehr ins Vaterland und das schöne Leben, das ihm dort winkte, in den lebhaftesten Farben auszumalen. Der Landsknecht blieb hartnäckig bei seiner Weigerung. Da beschloß der Teufel, gelindere Saiten aufzuziehen. Du wirst mir aber trotzdem nicht entgehen, dachte er und sagte zu Thalhammer: „Du sollst sehen, daß man mich zu Unrecht den Bösen nennt. Ich will dir einen andern Vorschlag machen, der dir besser gefallen wird." – „Und das wäre?" fragte der andere. „Du darfst dich zum Dank für meine Hilfe durch drei Jahre weder waschen noch kämmen, noch vom

Schmutz reinigen, auch nicht Haare und Nägel beschneiden, darfst auch nie die Kleidung wechseln, sonst ist deine Seele mein. Im übrigen aber kannst du essen und trinken, tun und lassen, was zu willst; die Mittel dazu werde ich dir reichlich zur Verfügung stellen."

Dieser Vorschlag dünkte Georg weit annehmbarer. Denn, dachte er, habe ich während des ganzen Krieges oftmals ungepflegt in Schmutz und Nässe viele Wochen und Monate verbracht, so werde ich dieses Leben auch noch weitere drei Jahre zu führen imstande sein.

Mit Handschlag wurde der Pakt besiegelt, und im Augenblick sah sich Thalhammer nach Wien versetzt, nachdem der Teufel noch rasch einen Bären gefangen und den Landsknecht in die abgezogene Haut des Tieres gesteckt hatte. Sodann übergab er ihm einen Beutel voll Gold mit dem Bedeuten, er könne davon so viel verbrauchen, als er wolle, der Beutel werde niemals leer werden. Schließlich ermahnte er seinen Schützling noch, den Vertrag in allen Punkten getreulich zu erfüllen, und verschwand.

Thalhammer hielt das Abkommen mit dem Bösen genau ein; er wusch und kämmte sich nicht, ließ Haar und Bart wachsen und ging stets in seine Bärenhaut gehüllt umher. Es war daher auch kein Wunder, daß er nach wenigen Wochen so schmutzig und verwildert aussah, daß fast nichts Menschliches mehr an dieser langhaarigen, schmutzstarrenden Gestalt zu erkennen war. Die Erwachsenen machten einen weiten Bogen um diesen üblen, bärenhäutigen Gesellen, der jedermann mit Furcht und Grauen erfüllte, und die Kinder wurden durch den Ruf: „Der Bärenhäuter kommt" in Angst und Schrecken versetzt, so daß sie schreiend flüchteten.

Wiewohl Thalhammer von seinen Feldzügen her an vieles gewöhnt war, schien ihm sein Zustand anfangs unerträglich. Doch mit der Zeit gewöhnte er sich an die Unreinlichkeit und an das Aufsehen, das er mit seiner Bärenhaut überall erregte. Da er mit Geldmitteln zur Genüge versehen war, ließ er sich an Speise und Trank nichts abgehen, nahm in einer alten Hütte in der Vorstadt Quartier und ließ auch seinen Quartiergeber an seinem guten Leben teilhaben.

Seine seltsame Lebensweise, deren Grund die Leute nicht kannten, brachte ihn bald in den Geruch eines Zauberers und Wahrsagers; von allen Seiten strömten Menschen herbei, um sich von ihm über allerlei Dinge Rat zu holen. Da er sich bei seinen Ratschlägen auf seinen gesunden Menschenverstand verließ, hatte er manche Erfolge aufzuweisen, was zur Hebung seines Rufes noch beitrug.

So lebte Georg Thalhammer getreu seiner Abmachung mit dem Satan, und dieser mußte erkennen, daß er ein schlechtes Geschäft mit dem Landsknecht abgeschlossen hatte. Aber er hoffte, durch ihn auf andere Weise einen Profit zu machen. Als das dritte Jahr zur Hälfte vergangen war, erschien er eines Tages unvermutet bei dem Bärenhäuter und erklärte, er wolle ihm den Rest der bedungenen Frist erlassen. „In kurzer Zeit“, sagte er, „wird ein reicher Wiener Bürger bei dir vorsprechen, um sich deinen Rat in einer Hausstreitigkeit zu holen. Du darfst ihm aber deine Hilfe nur unter der Bedingung zusagen, daß er dir eine seiner drei Töchter zur Frau gibt.“

Der Böse unterrichtete ihn sodann über das, was er dem Bürger zu sagen habe, und gab ihm neuerlich viel Geld, damit er die Habgier des Bürgers reizen könne, wenn dieser vielleicht an dem wüsten Aussehen des Bewerbers Anstoß nehmen sollte. „Du kannst ihm getrost hunderttausend Dukaten zusichern“, meinte der Höllenfürst, „sie werden dir zur Verfügung stehen.“

Als nun am nächsten Tag der in Aussicht gestellte Besuch wirklich erschien und gegen Geld und gute Worte den Rat des Bärenhäuters erbat, ging dieser ganz nach den Weisungen seines teuflischen Ratgebers vor und erklärte: „Ich kann dich wohl beraten, doch tue ich dies nicht gegen Geld; denn davon habe ich selbst genug. Wenn du willst, kann ich dir mit etlichen tausend Dukaten noch aushelfen, mir kommt es nicht darauf an. Meinen Rat aber kann ich dir nur unter der Bedingung geben, daß du mir eine deiner Töchter zur Frau gibst. Wenn dich aber etwa mein übles Aussehen stören sollte, so laß dir gesagt sein, daß dies nur ein kleiner Nachteil ist, der reichlich dadurch aufgewogen wird, daß ich deine Tochter zur reichsten Frau im Lande machen kann."

Der Bürger war durch diesen Antrag aufs höchste überrascht, auch stieß ihn die Häßlichkeit des Bewerbers ab; aber sein Geiz trug schließlich über alle Bedenken den Sieg davon, und er sagte dem Bärenhäuter die Hand jener Tochter zu, die ihn freiwillig wählen würde.

Nachdem sie so handelseins geworden waren, erhielt der Bürger die gewünschte Auskunft und entfernte sich wieder. Thalhammer aber erschien schon am nächsten Tag in der ganzen Scheußlichkeit seines Aufzuges im Haus des Bürgers, um eines der Mädchen zu freien. Seine schmutzstarrende Häßlichkeit erregte bei allen drei Töchtern des Hausherrn tiefe, ungeteilte Abscheu; die beiden älteren weigerten sich entschieden, eine Verbindung mit diesem unflätigen Ungetüm einzugehen. Nur die jüngste Tochter gab endlich, durch vieles Zureden ihres Vaters bewogen, ihre Zustimmung zur Ehe mit dem Bärenhäuter. Die Hochzeit sollte innerhalb Monatsfrist stattfinden.

Während im Hause der nicht gerade glücklichen Braut alle Vorbereitungen zur Feier getroffen wurden, änderte Thalhammer nichts an seinem Aussehen und bot mit seinem schmierigen Äußeren, dem verfilzten Haar und Bart und dem schmutzigen Bärenfell alles eher als das Bild eines festlichen Bräutigams.

Da stellte sich in der Morgenfrühe des Vermählungstages Meister Urian bei ihm ein und sagte: „Nun ist es aber höchste Zeit, daß du dich deiner Braut in einem andern Aufzug als bisher präsentierst."

Er führte ihn zu einem Bach, wusch ihn gründlich ab und rieb ihn mit wohlriechenden Essenzen ein. Dann befahl er ihm, in die Stadt zu eilen und sich einen neuen Anzug sowie Wagen und Pferde zu kaufen, Dienerschaft aufzunehmen und in höchstem Staat beim Haus der Braut vorzufahren, um sie zur Hochzeit abzuholen. Thalhammer führte alles aus, was ihm der Teufel aufgetragen hatte. Höchstes Aufsehen entstand, als plötzlich am Haus der Braut eine prächtige Karosse vorfuhr, der ein feingekleideter vornehmer Herr entstieg, in dem kein Mensch den Bärenhäuter erkannt hätte.

Je mehr sich die Braut über diese unvermutete Verwandlung ihres Bräutigams freute, desto größer wurden der Ärger und die Betrübnis der beiden andern Schwestern. Sie verwünschten ihre Verblendung und verfielen schließlich in Trübsinn, der unter den bösen Einflüsterungen des Teufels mit dem Selbstmord der beiden endete. So hatte der Satan zuletzt doch noch ein gutes Geschäft gemacht.

Georg Thalhammer aber lebte mit seiner schönen Frau noch lange Jahre in Glück und Zufriedenheit in dem Haus am Lugeck, das seit dieser Zeit „Zum schwarzen Bären" genannt wurde.

DIE TOTENMETTE IM STEPHANSDOM

Der Weihnachtsabend des Jahres 1363 war gekommen. Bei traulichem Ampelschein saß der Pfarrherr von St. Stephan, Graf Albrecht von Hohenberg, in seiner warmen Stube und las in einem vergilbten Buch, dessen Inhalt ihn stark fesseln mußte, da er das Stürmen des Nordwinds, der über den Friedhof brauste und an seinen Fenstern rüttelte, ganz überhörte. Sinnend machte er sich nochmals daran, die krausen Buchstaben der alten Pfarrchronik zu entziffern, deren Inhalt ihm so merkwürdig vorkam. Doch es war kein Irrtum. Er hatte richtig gelesen.

„Wen du in der Christnacht erschaust im Gotteshaus, angetan mit dem Sterbegewand, dem löscht der Tod die Lebensleuchte aus, bevor ein Jahr um ist", stand hier geschrieben. Der greise Pfarrer schüttelte den Kopf. Das konnte er nicht glauben; diese Worte mußte wohl ein Mann geschrieben haben, der gern fabulierte.

Doch horch, wie sonderbar! Durch die düstere Nacht, das Brausen des Sturms übertönend, dringt plötzlich ein feierlicher Gesang vom Dom her an das Ohr des lauschenden Greises. Was kann das sein? Jetzt, um diese Stunde eine Beterschar in den Hallen des Domes? Erstaunt tritt der Pfarrer an das Fenster seiner Stube und blickt zur Kirche hinüber. Heller Lichtschein dringt aus den hohen Bogenfenstern des alten Baues. Nun überwindet Hohenberg seine innere Scheu, hüllt sich in seinen Mantel und schreitet mit dem Kirchenschlüssel in der einen, einer Leuchte in der anderen Hand über den verschneiten Friedhof dem Tor des Gotteshauses zu.

Bevor er den Schlüssel ins Schloß steckt, besinnt er sich und betet leise: „Vater im Himmel, verzeih, es ist kein Frevel, daß ich so spät deinem Hause nahe, nur die Pflicht führt mich hierher, dein Heiligtum zu schirmen. Was auch meiner harren mag, ich fürchte es nicht. Gelobt sei Gott!"

Knarrend öffnete sich die Pforte, festen Schrittes trat der Priester ein. Doch erstaunt blieb er stehen, als sein Blick auf die Menge der Beter fiel, die Kopf an Kopf die weite Halle füllten. Auch im Chor saßen viele Leute, kein Plätzchen war frei. Während seine Blicke über die Andächtigen streiften, schien es ihm, als sähe er manches bekannte Gesicht darunter. Und als er schärfer hinblickte, erkannte er hier Klein-Suschen, das doch, wie er wußte, sterbenskrank daheim in seinem Bettchen lag, und dort – war das nicht Frau Margaret, die Wohltäterin der Armen? Da saß ja der alte Klaus, der immer am Stock ging, und neben ihm sein Enkelkind! So erkannte der

Pfarrer neben manchen fremden Gesichtern viele seiner Pfarrkinder, und alle trugen graue Totenhemden.

Als er dann den Blick zu einem Seitenaltar wandte, wo sich eben der Priester segnend seiner Gemeinde zukehrte, sah er erbleichend sein eigenes Bild. In diesem Augenblick dröhnte es vom Turm: Eins. die Stimmen verstummten, der unheimliche Spuk verschwand. Der Pfarrer stand allein mit seiner spärlichen Leuchte im finstern Dom.

Mit wankenden Knien schleppte sich Hohenberg fröstelnd in sein warmes Stübchen zurück. Erschüttert nahm er die Chronik zur Hand und trug sein Erlebnis in das alte Gedenkbuch ein. Sorglich schrieb er die Namen aller derer ein, die er im Dom gesehen hatte, und vergaß nicht, zuletzt seinen eigenen hinzuzufügen.

Ein Jahr war vergangen. Wieder kam die selige Weihnachtszeit, doch diesmal war sie nicht fröhlich in Wien. Der „Schwarze Tod“ war in der Stadt eingekehrt, weder Graf Hohenberg noch die fromme Beterschar, die im Vorjahr den Dom erfüllt hatte, konnten diesmal zur Morgenmette kommen. Die Pest hatte alle hinweggerafft, die der alte Pfarrherr in seiner Chronik verewigt hatte, und mit ihnen noch unzählige andere, deren Namen nirgends vermerkt waren.

MEISTER MARTIN EISENARM

Einst lebte in Wien ein Schmied, Meister Martin, der wegen seiner gewaltigen Stärke in der ganzen Stadt bekannt und berühmt war; man hieß ihn deshalb den „Eisenarm". Der Schmied hatte noch eine andere Eigenart, die dazu beitrug, daß ihn seine Mitmenschen mit besonderen Augen ansahen. Er arbeitete nämlich in seiner Werkstatt tagtäglich, auch an Sonn- und Feiertagen, wiewohl dies gegen jeden Brauch und gegen das Kirchengebot verstieß, aber nur so viel und so lange, bis er vier Groschen verdient hatte. Dann legte er sein Schurzfell ab und sperrte seine Werkstatt zu. Mochte man ihm auch goldene Berge versprechen, nichts konnte ihn dazu bewegen, einen Hammer oder eine Zange in die Hand zu nehmen. Die Wiener hatten sich mit dieser Gewohnheit des wackeren Meisters längst abgefunden, aber sie versäumten es nicht, jeden Fremden, der in der Stadt eintraf, auf das seltsame Benehmen ihres Mitbürgers aufmerksam zu machen.

Als im Jahre 1237 Kaiser Friedrich II. nach Wien kam und sich nach Erledigung der Staatsgeschäfte auch um die Merkwürdigkeiten der Stadt erkundigte, erzählte man ihm unter anderem auch von Meister Martin und seiner seltsamen Gepflogenheit. Kopfschüttelnd vernahm der Kaiser die sonderbare Geschichte und wollte den Mann mit eigenen Augen sehen. So wurde denn Martin an den Hof berufen, wo ihn der Kaiser nicht allzu gnädig empfing; denn er fand es als ganz ungehörig, daß der Schmied auch an den höchsten Feiertagen arbeitete.

„Ist alles wahr, was man von dir erzählt?" fragte er unwillig. Der Meister blickte dem Herrscher offen in die Augen und gestand freimütig, daß es damit seine Richtigkeit habe.

„Warum müssen es gerade vier Groschen sein, die du täglich verdienen willst?" forschte der Kaiser weiter.

„Herr", erwiderte der Schmied, „ich habe mir zum Vorsatz gemacht, jeden Tag so viel zu verdienen, als ich benötige, und mehr als vier Groschen brauche ich nicht."

„Und was machst du mit den vier Groschen?" erkundigte sich Friedrich neugierig.

„Einen verschenke ich", meinte Meister Martin, „einen erstatte ich, einen werfe ich weg und einen verwende ich für mich."

Verwundert hörte der Kaiser diese Auskunft und meinte: „Das ist mir unverständlich; erkläre es mir näher!"

„So hört, mein Herr und Kaiser!" gab der Schmied zur Antwort; „einen

Groschen verschenke ich an die Armen; den zweiten gebe ich meinem Vater zum Lebensunterhalt und erstatte ihm damit das zurück, was er in meiner Jugend, als ich noch nichts verdienen konnte, für mich ausgelegt hat; den dritten Groschen überlasse ich meiner Frau zur beliebigen Verwendung, der ist wahrlich weggeworfen; denn sie braucht ihn zu nichts anderem als zu Tand und Vergnügen; den letzten endlich verwende ich selbst für meine eigenen Bedürfnisse. Ihr seht also, gnädigster Herr, ich finde mit vier Groschen reichlich mein Auslangen, wie ich Euch schon gesagt habe."

„Nicht übel!" meinte der Kaiser, dessen Miene bei den Worten des Schmiedes immer wohlwollender geworden war. „Eisenarm, du kannst gehen und weiterarbeiten wie bisher. Aber sage keinem Menschen ein Sterbenswörtchen von unserer Unterhaltung! Erst wenn du hundertmal das Angesicht deines Kaisers gesehen hast, darfst du darüber sprechen."

Der Schmied versprach, den Willen des Herrschers zu erfüllen, verneigte sich ehrerbietig und ging seiner Wege. Der Kaiser aber ließ seine Räte zusammenberufen und legte ihnen, um ihre Weisheit zu prüfen, folgende Frage vor: „Sagt mir, wie würdet ihr vier Groschen verwenden, von denen der erste verschenkt, der zweite erstattet, der dritte weggeworfen und der vierte verbraucht wird?"

Verlegenes Schweigen entstand in der Runde. Keiner der Räte wußte auf diese Frage eine Antwort zu geben. Da sagte der Kaiser: „Ich gebe euch acht Tage Frist, die Sache wohl zu überlegen; dann aber möchte ich eure Antwort hören."

Doch vergebens bemühten sich die weisen Herren um die Lösung des Rätsels. Keinem gelang es, eine befriedigende Antwort zu finden. Endlich kam einer von ihnen auf die Vermutung, die Frage könnte mit dem Erscheinen des Schmieds vor dem Kaiser in Zusammenhang stehen. Sie suchten also den Meister auf und begannen ihm heftig zuzusetzen. Lange wollte Eisenarm nicht mit der Farbe herausrücken. Als sie ihm aber alles versprachen, was er sich etwa als Belohnung wünschen wollte, sagte er:

„Ich will euch die Deutung der Frage geben, wenn ihr mir hundert Goldgulden bringt."

Das Geld wurde herbeigeschafft und dem Schmied vorgezählt. Dieser nahm jede einzelne Münze, besah sie genau, eine nach der andern, und erzählte sodann, was es mit den vier Groschen für eine Bewandtnis habe. Zufrieden entfernten sich die Herren.

Als die festgesetzte Frist verstrichen war, erschienen die Räte vor dem Kaiser und gaben auf seine Frage die richtige Antwort. Mißmutig erkannte Friedrich, daß die hochweisen Herren aus der rechten Quelle geschöpft haben mußten; denn nur der Schmied war in der Lage, ihnen so genaue Auskunft zu geben. Er ließ daher den Meister zu sich berufen und warf ihm mit zornigen Worten seinen Ungehorsam vor. „Habe ich dir nicht ausdrücklich untersagt“, schloß er mit finsterer Miene, „auch nur ein Wort von unserem Gespräch verlauten zu lassen? Warum hast du mein Verbot übertreten?“

„Das habe ich nicht getan“, erwiderte mit fester Stimme der Schmied; „die Herren brachten mir hundert Goldgulden, und ich habe mir hundertmal das Antlitz meines gnädigen Kaisers besehen, bevor ich Auskunft gegeben habe. Unter dieser Voraussetzung aber durfte ich nach Euren eigenen Worten, erhabener Herrscher, reden.“

Lachend vernahm der Kaiser diese Auslegung seines Gebotes und verabschiedete den schlauen Schmied mit einem ansehnlichen Geschenk. So hatte Meister Martin doppelten Gewinn davongetragen und kehrte schmunzelnd in seine Werkstatt zurück. Die Geschichte vom Meister Martin Eisenarm bildete noch lange, wenn die Leute zusammentrafen, das Stadtgespräch.

SCHABDENRÜSSEL

An Feiern und Festlichkeiten gab es im alten Wien keinen Mangel. So wurde einmal vorzeiten die Hochzeit eines reichen Kaufmannssohnes gefeiert, und Aufzüge und Lustbarkeiten aller Art halfen das Fest verschönern. Spielleute, Gaukler und fahrendes Volk taten das Ihre, um die genußfreudigen Wiener zu unterhalten, und eine Menge von Bettlern suchte Gewinn aus der allgemeinen Festesfreude zu schöpfen. Aber es schien, daß doch nicht jeder von diesen mit der Ausbeute des Tages zufrieden war; denn dort an den Stufen der Peterskirche stand ein buckliger Bettelmann, der zwar den ganzen Tag fleißig seinen Hut hingestreckt und in mitleidheischendem Ton um milde Gaben gefleht hatte, der aber nun mit grimmiger Miene in seinen schäbigen Hut starrte, einige Münzen in seiner zerlumpten Gewandung barg und mit einem Fluch den Hut auf den Kopf stülpte. „Sind doch ein elendes Pack, diese Wiener Kaufleute!" knurrte er unwillig. „Wollen selbst im Überfluß leben, bestehlen und betrügen ihre Mitmenschen, stellen protzig ihren Reichtum zur Schau und denken nicht daran, den andern auch leben zu lassen und einem armen, kranken Mitmenschen ein wenig Festesfreude zu bereiten. Da möchte ich doch lieber den Teufel selbst um ein Almosen bitten als dieses hochmütige, hartherzige Krämersgesindel."

Vor sich hin murrend, wollte er seinen Standplatz verlassen, als er ein kleines hinkendes Männlein in grünem Samtgewand mit schwarzem Hut und roter Feder bemerkte, das sich zu ihm gesellte. Weil der Bettler sah, daß der Kleine in die Tasche griff, erhoffte er eine milde Gabe und sprach den Fremden darum an. Der aber hieß ihn mitkommen, führte ihn in eine stille Seitengasse und zog eine kleine Raspel aus seinen Kleidern hervor. „Du sollst sehen", sagte er, „daß der Teufel wirklich nobler ist als deine Mitmenschen, über die du gerade so geflucht hast. Sieh, da habe ich ein kleines Werkzeug, das mehr wert ist, als mancher schwere Taler und deiner Not ein Ende bereiten wird, wenn du mir Gehör schenkst. Du brauchst dir damit nur über die Lippen zu fahren und dabei zu sagen ›Schab den Rüssel!‹, und sogleich wird dir ein Goldstück vom Mund fallen."

Verwundert hatte der Bettler der Rede des Grünrockes gelauscht, unverwandt betrachtete er die kleine Raspel.

„Versuch es nur einmal!" sagte der Kleine aufmunternd, „du wirst meine Worte bestätigt finden."

Ungläubig nahm der Bettler das Werkzeug in die Hand und tat, wie ihn der Teufel geheißen hatte. Zwar brannten ihm die Lippen von der schabenden Bewegung der Raspel, aber der helle Klang eines glänzenden Goldstükkes, das von seinem Mund auf das Straßenpflaster kollerte, übertönte den brennenden Schmerz. Hastig bückte er sich nach dem Goldstück, dann versuchte er die neue Kunst noch einmal, und wieder klirrte eine goldene Münze zu Boden. Mit glänzenden Augen fragte er den Teufel: „Und wie oft kann man dieses Kunststück wiederholen?"

„Sooft du willst und solange es dein Mund aushält", erwiderte der Teufel. „Diese Raspel hat aber noch eine andere Eigenschaft. Wenn dir jemand zu nahe tritt oder dir Übles will, so brauchst du nur zu sagen ›Schab den Rüssel!‹, sogleich wird die Raspel deinem Widersacher übers Maul fahren, daß ihm Hören und Sehen vergeht. Freilich", fuhr der Grüne fort, „versteht es sich von selbst, daß ich für dieses Wunderwerkzeug auch einiges von dir begehre, denn umsonst ist der Tod. Ich verhelfe dir zu Reichtum und Wohlergehen, und du sollst dein Glück sieben Jahre lang uneingeschränkt genießen. Du darfst aber während dieser ganzen Zeit weder beten noch in die Kirche gehen; nach Ablauf dieser sieben Jahre komme ich wieder und hole mir deine Seele. Sie soll mir gehören."

Unserem Bettler lief zwar eine Gänsehaut über den Rücken, als er diese Bedingung hörte; aber das Reichsein war keine üble Sache, und das Unterlassen des Betens und des Kirchenbesuches sollte ihm auch nicht schwerfallen; denn damit hatte er sich auch schon bisher nicht allzuviel abgegeben. Freilich, seine Seele dem Teufel zu überantworten, schien ihm eine bedenkliche Sache zu sein! Aber, „kommt Zeit, kommt Rat", dachte er und sah sich nach seinem Begleiter um, sein Einverständnis zu dem Vorschlag zu geben. Doch der war verschwunden.

Die Raspel im Hosensack fest umklammernd, lief der Bettler in die nächste Herberge, mietete eine Kammer und strich sich mit den Worten „Schab den Rüssel!" mit der Raspel über den Mund. Plumps, kollerte ein funkelnagelneuer Dukaten zu Boden, und wieder rief der Bettler „Schab den Rüssel!", und abermals war er um ein Goldstück reicher; was tat es, daß jedesmal ein Stückchen Haut von seinen Lippen mitging. Bis zum Abend arbeitete der Bettler unermüdlich wie ein Handwerker und schabte sich einen schönen Haufen Goldstücke vom Mund. Am andern Tag begann er seine Arbeit von neuem, wenn auch seine Lippen gewaltig brannten und sein Mund binnen kurzem einem Rüssel ähnlich sah, der mit Schorf bedeckt war. Er mußte sich ein Tuch vor den Mund binden, wenn er sich auf der Straße sehen ließ, war er die Zielscheibe manchen groben Witzes.

Nach wenigen Wochen war er so reich, daß er sich ein schönes Haus bauen lassen und nach Belieben üppig und in Freuden leben konnte. Viele Abende verbrachte er im Kreise lustiger Zechgesellen im Wirtshaus und ließ dabei gar manchen seiner mit der Raspel erarbeiteten Goldfüchse springen. Wenn einer oder der andere seiner Zechbrüder im Übermut des Gelages ihn wegen seines Saurüssels gar zu arg verspottete, so ließ er ihm mit dem Zauberwort „Schab den Rüssel!“ die Raspel über den Mund fahren, und augenblicklich verstummte der Spötter.

So gingen sieben Jahre dahin. Aus dem zerlumpten, mürrischen Bettler war ein vornehmer Mann geworden, der die ganze Zeit herrlich und im Überfluß lebte, ein prächtiges Haus sein eigen nannte, über zahlreiche Dienerschaft verfügte, die jeden seiner Wünsche und jede Anordnung pünktlich und aufs Wort befolgte, und dem alle Genüsse der Welt offenstanden. Auf diese Weise war der Nachteil des wunden Mundes durch sein gutes Leben reichlich aufgewogen.

Eines Tages saß der reiche Mann, mit sich selbst und der Welt zufrieden, im Lehnstuhl seines wohleingerichteten Wohnzimmers und sprach einem Gläschen freurigen Ungarweines zu. Da öffnete sich die Tür, und das kleine hinkende Männchen im grünen Samtrock betrat das Zimmer. „Was soll's? Was gibt es?“ fragte der Hausherr unwirsch. „Man wende sich an den Kammerdiener!“ – „Deine Zeit ist um“, erwiderte der Grüne, „komm und folge mir!“

Überlegen lachend blickte der Angesprochene seinen unwillkommenen Gast an und sagte: „Was heißt Zeit und dir folgen; für mich heißt's nur immer ›Schab den Rüssel!‹“ Kaum hatte er das Wort gesprochen, da fuhr die Raspel aus dem Sack und dem Teufel übers Maul und raspelte, daß der Kleine stöhnend und jammernd von einem Fuß auf den andern hüpfte. Da half kein Flehen und Bitten, unaufhörlich raspelte die Raspel. Der Teufel hatte nämlich vor sieben Jahren vergessen, sich selbst von dem Schaben der Raspel auszunehmen.

Kniefällig bat er den Herrn Schabdenrüssel, ihn zu schonen und dem schmerzhaften Tun der Feile Einhalt zu gebieten. Aber erst als er seinem Peiniger wutschnaubend zwar, aber feierlich versprochen hatte, auf die Einlösung des Paktes zu verzichten, kam die Raspel zur Ruhe.

Unter Hinterlassung einer mächtigen stinkenden Schwefelwolke fuhr der Satan sodann bei der Tür hinaus, und Schabdenrüssel erfreute sich zeit seines Lebens unangefochten seines Reichtums. So hatte sich der Teufel durch seine eigene Dummheit um eine Seele gebracht, die ihm schon sicher war.

DOKTOR FAUST IN WIEN

Um die Mitte des 16. Jahrhunderts stand auf der Freyung gegen den Tiefen Graben zu ein kleines Häuschen, in dem eine Kellerschenke untergebracht war. Hier verzapfte ein fröhlicher Wirt manch guten Tropfen an seine Gäste, die sich vor allem aus Künstlern und fahrenden Schülern zusammensetzten. Oft mag es wohl nicht bei einem Gläschen geblieben sein, und dann verkündeten lauter Lärm und fröhliches Gelächter, das aus der Schenke auf die Gasse schallte, daß der gute Trunk seine Wirkung nicht verfehlt und die Laune der übermütigen Zecher aufs höchste gestiegen war.

Wieder einmal war eine lustige Gesellschaft in der Schenke versammelt. Fahrende Schüler, leichtlebige Studenten, humorvolle Künstler und wandernde Komödianten saßen einträchtig am Tisch in einer Ecke des düsteren Raumes und sprachen fleißig dem immervollen Humpen zu. Da trat ein Mann in den gemütlichen Kreis, dessen Name im ganzen Land berühmt und allen Anwesenden wohlbekannt war. Es war der hochweise, gelehrte Doktor Johann Faust, dessen seltsame Zauberkunststücke und tolle Streiche dem Doktor der Magie, wie er sich hochtrabend nannte, einen einzigartigen Ruf verschafft hatten. Gewaltiger Jubel erhob sich, als die fröhlichen Zecher den berühmten Mann an ihren Tisch treten sahen. Man rückte zusammen und tat dem neuen Gast alle Ehre an. Es dauerte auch gar nicht lange, da bat man ihn stürmisch, er möge doch einige Zaubereien zum besten geben.

Lächelnd wehrte der Doktor die ungestüm drängenden Tischgenossen ab und griff nach seinem Becher, den der Schankbursche vor ihnen hingestellt hatte, bis zum Rand gefüllt, so daß einige Tropfen überflossen. „Halt, halt, guter Freund", rief Faust, „nicht so voll; es ist schade um jeden Tropfen, der daneben geht. Wenn der Becher noch einmal überfließt, werde ich dich zur Strafe mit Haut und Haar verschlingen."

Über diesen tadelnden Zuruf ärgerte sich der Bursche und schenkte den nächsten Becher so voll, daß sich der Wein über den Tisch ergoß. Da schaute ihn der Doktor groß an, sperrte den Mund weit auf – und der Schankbursche war verschwunden.

„Auf einen festen Bissen gehört ein fester Schluck", meinte Doktor Faust dann seelenruhig, ergriff den daneben stehenden Wasserkübel und leerte ihn auf einen Zug.

Verblüfft hatten die Anwesenden zugesehen, der Wirt aber bat flehentlich, der Doktor möge ihm doch seinen Knecht zurückgeben, er könne nicht ohne ihn sein.

„Was jammert Ihr denn?“ erwiderte ruhig der Zauberer. „Schaut einmal zur Tür hinaus, draußen auf der Stiege hockt er doch!“

Wirklich saß der arme Teufel auf den Stufen, pudelnaß und zitternd vor Kälte. Als er dann zähneklappernd wieder in die Schankstube hereinkam, flüsterte er ängstlich: „Ach, Herr Doktor, ich möchte das nicht nochmals erleben. Ihr seid gewiß mit dem Teufel im Bund!“

„Teufel hin, Teufel her“, rief Faust, „laß dir's zur Warnung dienen und schenke nicht mehr so voll, daß der Wein überfließt!“

Inzwischen hatten sich auch die wackeren Zecher von ihrem Schrecken erholt, und die fröhliche Unterhaltung nahm ihren Fortgang. Das Gespräch drehte sich um den Satan, und wie man sich ihn vorstellen solle. Schließlich erbot sich der Maler Hirschvogel, den Teufel an die Wand zu malen. Übermütig stimmten die anderen zu; der Maler nahm ein Stück Kohle vom Herd und begann, das Bild eines Junkers zu zeichnen in Kleidern von üblichem edelmännischem Zuschnitt; ein kurzes Mäntelchen, zackig wie ein Drachenflügel, fatterte um die Schultern der Gestalt; auf dem Kopf saß ein spitzer Hut mit einer Hahnenfeder, darunter aber grinste eine höhnische Fratze hervor. So wohlgelungen war das Bild und so unheimlich der Anblick, daß die Gäste verstummten und sich ängstlich hinter ihre Becher duckten.

Da erhob sich Doktor Faust und sprach wohlgelaunt: „Hier seht ihr den Teufel an der Wand; ich will ihn euch nun einmal lebendig zeigen.“ Plötzlich wurde es im Raum finster, und das Bild an der Wand begann sich zu regen. Die Kleider nahmen eine feuerrote Farbe an, die Puffen am Wams färbten sich kohlschwarz, Hut und Mäntelchen leuchteten grün, die Feder auf dem Hut schien brennend rot, die Augen aber in dem mauerblassen Gesicht lohten wie freurige Blitze. Und mit einemmal sprang eine grausige Gestalt mit donnerähnlichem Krachen durch die Wand mitten unter die entsetzten Gäste, die laut schreiend die Flucht ergriffen und Hals über Kopf die Stiege hinauf und aus dem Keller drängten.

„Man soll den Teufel nicht an die Wand malen!“ schmetterte Doktor Faust mit donnernder Stimme den Flüchtenden nach und ging sodann seiner Wege.

Nach diesem merkwürdigen Ereignis erhielt die Schenke auf der Freyung den Namen *„Zum roten Mandl“,* der später auf das Haus überging.

DIE SPECKSEITE AM ROTEN TURM

Das Tor am Roten Turm war ein gar wichtiger Punkt der volkreichen Stadt Wien. Hier mündeten die Verkehrsstraßen aus dem fruchtbaren Norden des Landes in die Hauptstadt, hier zogen Hunderte von Wagen und Fußgänger in die Stadt ein, und manchmal mag sich der Strom der Zu- und Abwandernden an dieser Stelle gestaut haben. Fiel der Blick der Ankommenden aber auf das Gewölbe des Tores, so blieb wohl auch mancher stehen und betrachtete verwundert eine aus Holz geschnitzte, der Wirklichkeit täuschend nachgeahmte Speckseite, die, mit einer Inschrift versehen, dort oben hing. Wenn der Wanderer dann die Schrift gelesen hatte, mochte er schmunzelnd seinen Weg fortgesetzt haben. Die Verse aber lauteten:

„Befind't sich irgend hier ein Mann,
Der mit der Wahrheit sprechen kann,
Daß ihm sein' Heirat nicht tät gerauen
Und fürcht sich nicht vor seiner Frauen,
Der mag diesen Backen herunterhauen."

Jahrzehntelang hing die Speckseite unangefochten am Turm, keinen der Vorübergehenden gelüstete es, sie zu beanspruchen; es schien, als fürchteten sich wirklich alle Wiener vor ihren Frauen. Aber eines Tages fand sich doch ein Mann beim Magistrat ein und erklärte, da er unumschränkter Gebieter im Hause sei, habe er das Recht, die Speckseite herunterzunehmen. Diese Schande für die Männer müsse verschwinden. Die Stadträte wußten dagegen nichts einzuwenden und ließen die nötigen Vorbereitungen zur Abnahme der Speckseite treffen. Rasch wurde die Absicht des Helden bekannt, und eine große Menge Volkes fand sich am Roten Turm ein, um Zeuge dieses denkwürdigen Schauspiels zu sein.

Schon war die Leiter aufgestellt, und stolz und selbstbewußt schickte sich der unumschränkte Herr im Hause an, die Sprossen emporzuklimmen, um dieses Schandmal der Männer zu entfernen. Als er mitten auf der Leiter stand, sah er die Trophäe, die er sich holen wollte, genauer, hielt dann inne und stieg die Leiter wieder herab. Zur Menge gewandt, rief er: „Sie ist ganz verstaubt und schmutzig, da muß zuerst jemand hinaufsteigen und sie säubern; denn ich habe mein bestes Gewand angezogen und könnte es mit der Speckseite beschmutzen; ich würde dann zu Hause von meiner Frau tüchtig ausgescholten werden."

Einen Augenblick herrschte noch lautlose Stille auf dem Platz, dann aber brach das umstehende Volk in tosendes Gelächter aus. Der heldenmütige „Herr im Hause“ aber zog sich beschämt zurück und verschwand wortlos unter der Menge.

Die Speckseite aber blieb noch lange Jahre am Tor hängen; es soll sich niemand mehr gefunden haben, der berechtigten Anspruch auf sie erhob. Erst als der Rote Turm fiel, verschwand auch die Speckseite mit der Inschrift – zur Freude aller Ehemänner Wiens.

DIE JUDITH VON WIEN

An einem sonnigen Herbstmorgen des Jahres 1370 betrag Elsbeth, das achtzehnjährige, liebreizende Töchterlein eines biederen Wiener Küfermeisters, der in dem Vorort Wieden sein einträgliches Handwerk betrieb, die Gastwirtschaft des Sebastian Gundtl in der Kärntner Straße, der mit ihrem Vater befreundet war.

Hans, der Sohn des Wirts, der schon längst ein Auge auf das hübsche Mädchen geworfen hatte, war über den unerwarteten Besuch aufs höchste erfreut, meinte er doch, nun ergebe sich einmal die Gelegenheit zu einem ruhigen Plauderstündchen mit der Jungfer; denn darauf hatte er es schon geraume Zeit abgesehen. Aber das Mädchen schien nicht geneigt, sich in ein langes Gespräch einzulassen, sondern tat mit kurzen Worten ihren Wunsch kund: „Einen Wagen nach Wiener Neustadt brauche ich und zwei handfeste Knechte dazu; aber der Vater darf nichts davon wissen; es soll eine Überraschung für ihn werden."

Lächelnd nahm der Wirtssohn ihre Bestellung entgegen und erkundigte sich nach der Art der Überraschung. Aber kurz angebunden erwiderte das Mädchen: „Das wird man zeitig genug erfahren. In einer Stunde möchte ich fahren."

Es dauerte auch nicht länger, so stand der Reisewagen bereit, ein bärenstarker Kutscher saß auf dem Bock, an seiner Seite zwei Knechte des Wirtes. Elsbeth bestieg den Wagen. „Aber seid nur vorsichtig!" meinte Hans zum Abschied. „Ihr wißt, die Straße über den Wienerberg ist verrufen. Dort steht die Teufelsmühle, in deren Nähe Hans Aufschring, den man den Waldteufel nennt, mit seiner Räuberbande sein Unwesen treibt. Laßt Euch nicht etwa einfallen, in der Schankwirtschaft der Mühle abzusteigen oder gar dort zu übernachten. Der Schankwirt soll mit dem Räuber im Bunde stehen, und dieser ist zu allem fähig." Es war auch so, wie Hans sagte. Ganz Wien zitterte damals vor dem schändlichen Mordgesellen. Alle Bemühungen der Behörden, des schlauen Burschen habhaft zu werden, waren bisher vergeblich gewesen. Untat häufte sich auf Untat, und zuletzt fand sich niemand mehr, der auch nur den Versuch wagte, dem Waldteufel endlich sein schändliches Handwerk zu legen.

Elsbeth aber ließ sich durch die Worte des Wirtssohnes nicht abschrecken. Sie wies auch lächelnd sein Angebot, zu ihrem Schutz die Fahrt mitzumachen, ab und meinte, zwei Knechte und der Kutscher genügten vollauf, ihren Schutz zu übernehmen. „Außerdem", sagte sie schließlich, „erzählt man von dem

Waldteufel, Frauen hätten von ihm nichts zu befürchten; im übrigen aber werde ich mich schon in acht nehmen."

Sie ließ Hans gar nicht weiter zu Wort kommen, winkte ihm freundlich zu, und die Fahrt begann. Ohne Zwischenfälle kamen sie an der Teufelsmühle vorbei und langten bei Einbruch der Dämmerung wohlbehalten in Wiener Neustadt an, wo sie eine gute Herberge bezogen. Am nächsten Morgen stand Elsbeth in der Werkstatt des bekannten Waffenschmieds Klingsporner und bestellte einen kunstvollen Lehnstuhl für ihren Vater, der demnächst seinen Geburtstag feiere. „Wißt", erklärte sie, „der Stuhl soll einen doppelten Zweck erfüllen; er soll meinem Vater durch seine Schönheit eine Freude machen, er soll aber auch eine Überraschung bilden durch einen geheimen Mechanismus, der im Sessel einzubauen ist. Dieser soll so beschaffen sein, daß auf einen Federdruck zwei kräftige Arme vorschnellen und meinen Vater nicht mehr loslassen, bis ich komme, ihn aus seinem Ruhesitz zu befreien. Getraut Ihr Euch, Meister, ein solches Werk zu verfertigen?"

Klingsporner, aus dessen Waffenschmiede schon manches Zeugnis seiner Kunstfertigkeit ins Land hinausgegangen war, versprach, in Kürze den gewünschten Lehnstuhl zu liefern, und Elsbeth war damit zufrieden. Als sie sich nach etlichen Tagen um den Fortgang der Arbeit erkundigte, war der Sessel fertig und wurde noch am gleichen Tag wohlverpackt auf den Wagen geladen. Es war schon spät am Nachmittag, als die Rückfahrt nach Wien angetreten wurde. Bei der Teufelsmühle angelangt, ließ Elsbeth das Fuhrwerk halten. „Es wird schon dunkel", meinte sie, „wir wollen hier übernachten."

Der Wagen fuhr in den geräumigen Hof der Mühle, und das Mädchen verlangte vom Wirt, der mit zuckersüßer Freundlichkeit heranscharwenzelte, ein Zimmer für sich und eine Stube für ihre beiden Begleiter. Dem Kutscher trug sie auf, den Wagen vor das Fenster ihrer Stube zu stellen und die Pferde nicht auszuspannen. Den Lehnstuhl mußten die beiden Knechte in ihr Zimmer tragen.

Während Elsbeth hierauf im Schankraum ihr Abendessen verzehrte, trat ein derber, kräftiger Mann herein, der sich, ohne weiter zu fragen, an ihrem Tisch niederließ. Das ist sicher der Waldteufel, dachte die unerschrockene Jungfrau; nun wird sich bald erweisen, ob ein schwaches Mädchen zustande bringt, was vielen starken Männern bisher nicht gelang. Als der Fremde ein Gespräch begann, gab sie freundlich Antwort und stellte sich harmlos und unwissend. Das frische, muntere Wesen des hübschen Mädchens verfehlte seinen Eindruck auf den Mann nicht. Er rückte näher heran, versuchte mitunter auch eine plumpe, vertrauliche Geste, welche in einer Art abgewehrt wurde, die eher noch einzuladen schien, und war auf dem besten Weg, eine Liebeserklärung zu machen. Da brachte Elsbeth das Gespräch auf einen kunstvollen silbernen Becher, den sie in Wiener Neustadt erworben habe, um dem Vater ein Geschenk zu bringen. Nun drang der Räuber so lange in sie, ihm den Becher zu zeigen, bis sie ihm, scheinbar widerstrebend, die Erlaubnis gab, sie in ihr Zimmer zu begleiten, wo sie das Gepäck aufbewahrt habe. Dort lud sie den Waldteufel freundlich ein, auf dem Lehnstuhl Platz zu nehmen, der eben zu diesem Zweck im Zimmer aufgestellt war.

Kaum hatte sich der schwere Mann in den Stuhl gesetzt, als, von einem Federdruck ausgelöst, der geheime Mechanismus zu spielen begann. Eiserne Bänder sprangen vor und umgitterten mit Blitzesschnelle den frechen Raubgesellen, so daß er, an Händen und Füßen gefesselt, sich nicht mehr zu rühren vermochte. Vergebens versuchte er, rasend vor Wut, sich aus der eisernen Umklammerung zu lösen. Es gelang ihm nicht; diesmal hatte er seinen Meister gefunden. Das Mädchen aber eilte zum Fenster, riß es auf und rief ihre Helfer herbei. Diese schleppten den Lehnstuhl mit seinem tobenden Insassen aus dem Haus hinaus und verluden ihn auf den Wagen. Auch der saubere Schankwirt wurde überwältigt und gebunden zu seinem Spießgesellen gelegt.

Wenige Augenblicke später rollte der Wagen auf der nächtlichen Straße der Stadt zu und hielt erst, als man beim Wirtshaus des Gundtl angekommen war. Als der Wirt den frühen Besuchern öffnete, meinte er, in dem Mann im Lehnstuhl einen reichen Viehhändler zu erkennen, der öfter in seiner Schankstube vorgesprochen hatte.

„Nein", erwiderte Elsbeth, „das ist kein Viehhändler, sondern Hans Aufschring, der Waldteufel, den bisher niemand zu erwischen vermochte." Und sie erzählte dem erstaunt aufhorchenden Wirt, wie es ihr gelungen sei, den berüchtigten Raubgesellen zu fangen.

Die Kunde von der klugen und mutigen Tat des unerschockenen Mädchens verbreitete sich schnell in der Stadt, und man konnte sich nicht genug wundern, daß ein junges, zartes Mädchen diesen gewalttätigen Räuber unschädlich gemacht habe, der bisher allen Nachstellungen trotzte.

Hans Aufschring und sein Spießgeselle wurden dem Gericht übergeben, sie verbüßten ihr Verbrechen mit dem Tod. Am 24. Jänner 1371 wurden sie auf dem Hohen Markt hingerichtet.

Elsbeth hieß von nun an im Volksmund, „die Judith von Wien". Sie heiratete bald darauf den jungen Hans Gundtl, und ihre Nachkommen führten noch viele Jahre das Gasthaus „Zum Waldteufel" in der Kärntner Straße, das später nach Wäring übersiedelte und *„Zum wilden Mann"* genannt wurde.

DAS VEILCHENFEST

Als Herzog Otto III., dem die Nachwelt den Beinamen „der Fröhliche“ gab, über die österreichischen Länder herrschte, begannen die Wiener, die schlimme Zeiten hinter sich hatten, ihres Lebens wieder froh zu werden, und allerlei Spiel und Kurzweil bereiteten manch frohe Stunde.

Unter den Lustbarkeiten, die damals gebräuchlich waren, stand das sinnige „Veilchenfest“ obenan. Der Glückliche, der das erste Veilchen fand, bedeckte das Blümlein sorgsam mit seinem Hut und rannte spornstreichs zum Herzog, um ihm die Freundenbotschaft zu überbringen, daß sich dieser liebliche Bote des Frühlings ans Tageslicht hervorgewagt habe. Unverzüglich ließ der Herzog nach altem Brauch den festlichen Zug zum Pflücken des ersten Veilchens einberufen und zog, begleitet von Musik in Gesellschaft fröhlicher Herren und Frauen und gefolgt von einer großen Schar neugieriger Städter, zum Fundort, um das Veilchenfest einzuleiten.

Es war an einem heiteren Vorfrühlingstag des Jahres 1325, als ein schlanker Rittersmann langsam am Fuß des Kahlenberges dahinschritt, die Augen forschend zur Erde gerichtet, als suche sein Blick etwas auf dem Boden, der sich schüchtern mit dem ersten Grün zu bedecken begann. Plötzlich stockte sein Fuß, freudig bückte er sich zur Erde nieder und rief aus: „Ich hab’s. Das erste Veilchen des Jahres blüht vor mir.“ Rasch zog er seinen Hut und legte ihn sorgfältig über das Blümlein, das wie ein Stern neben dürrem Gestrüpp hervorlugte. Schnell eilte der Ritter stadtwärts und stand bald in der Burg, wo er sich bei dem Herzog melden ließ, um ihm die freudige Kunde zu bringen, daß er den ersten Frühlingsboten gefunden habe.

„Gern will ich das heitere Frühlingsfest feiern“, erwiderte freundlich der Herzog, „und ich freue mich doppelt, daß gerade Ihr, Herr Neidhart von Reuenthal, mein lustiger Rat, den glücklichen Fund gemacht habt. Ich will auch meine Gemahlin zu dem frohen Fest mitbringen.“

Unter tiefen Bücklingen entfernte sich Herr Neidhart, erfreut über die huldvollen Worte des Herzogs. Bald bewegte sich ein fröhlicher, jubelnder Zug aus der Stadt gegen den Kahlenberg. Allen voran stolzierte der lustige Rat, Herr Neidhart, an diesem schönen Frühlingstag und aus diesem festlichen Anlaß sich seiner Würde doppelt bewußt. Hinter ihm schritt die Musik mit Trompeten, Posaunen und Pauken, dann kam eine Schar weißgekleideter Jungfrauen, denen im festlichen Schmuck das stolze Herzogspaar folgte. Den Abschluß bildeten in langen Reihen die Ritter und Adeligen, die Bürger und das gewöhnliche Volk. Endlich war man an die Stelle gelangt, wo das

Veilchen seines Pflückers harrte. Dort lag auch der Hut. Neidhart ließ einen Kreis um den Fundort bilden; aller Augen waren auf den Hut gerichtet, der den lieblichen Frühlingsboten bedeckte. Jetzt schritt der Herzog, gefolgt von seinem Rat, an den Hut heran und hob ihn feierlich empor, um das erste Veilchen zu begrüßen. Da schoß jähe Zornesröte in sein Gesicht, wütend warf er dem wie zu Stein erstarrten Neidhart den Hut vor die Füße; denn nicht ein Veilchen war unter dem Hut verborgen, sondern übelriechender Unrat. „Das ist Euer Veilchen, Neidhart", schrie der Herzog erbost; „wahrhaftig, Ihr treibt üblen Scherz mit uns! Wenn Ihr schon meine Person mit solchen traurigen Späßen nicht verschonen wollt, so hättet Ihr doch meine Gemahlin, der Herzogin, diesen Anblick ersparen können!" Mit finsterer Miene wandte er sich ab und schickte sich an, mit seiner Gattin die Fahrt in die Stadt anzutreten.

Neidhart war wie aus den Wolken gefallen, während ringsumher lautes Gelächter erscholl. „Verzeiht, Herr", stieß er mühsam hervor, „mir ist da ein übler Streich gespielt worden. Das kann nur einer meiner Feinde getan haben, einer von den hiesigen Bauern. Aber wenn ich den Kerl erwische, bei Gott, der soll nichts zu lachen haben!"

Verächtlich schritt der Herzog an seinem Rat vorbei, in angeregter Unterhaltung über den Vorfall folgte die Gesellschaft. Die Menge aber, der das erhoffte Fest entgangen war, wollte schimpfend und fluchend dem unschuldigen Opfer zu Leibe rücken, um an ihm ihr Mütchen zu kühlen. Doch Herr Neidhart zog es vor, durch eilige Flucht der Rache des enttäuschten Volkes zu entgehen. Als er sich nicht weiter verfolgt sah, verlangsamte er seine Schritte, in Gedanken den Übeltäter verwünschend, der ihm diese böse Suppe einbrockt hatte. So näherte er sich dem Dörfchen Heiligenstadt, und hier wandelte ihn die Lust an, mit einem Humpen Wein den Ärger und die Schmach hinabzuspülen, die man ihm angetan hatte. Beim Dorfwirtshaus trat eben die Jugend zum fröhlichen Reigen an, in ihrer Mitte aber prangte auf einer Stange – ein Veilchen. Das konnte nur sein Veilchen sein! Zornbebend zog Neidhart einen der Burschen, der ihn nicht kannte, zur Seite und fragte ihn, woher das Blümlein stammte. Da erzählte ihm der Junge lachend, daß eigentlich Neidhart von Reuenthal das Veilchen gefunden habe; zwei Bauern, die er ihm namentlich nannte, hatten ihn dabei beobachtet, während seiner Abwesenheit das Veilchen gepflückt und den Unrat dafür an seine Stelle gelegt.

Neidhart hatte genug gehört. Wie der Blitz fuhr sein Schwert aus der Scheide und zwischen die Bauern hinein, die entsetzt auseinanderstoben. Doch mehrere Leute trugen böse Wunden davon.

Mit dem Veilchen, das er von der Stange gerissen hatte, eilte der Ritter sogleich in die Stadt und drang zu seinem Herzog vor, dem er den Streich der beiden Bauern erzählte sowie die Rache, die er dafür genommen hatte. Lachend hörte der Herzog seinen Bericht und versicherte ihn seiner erneuten Huld. „Ihr werdet Euch aber“, sagte er schließlich, „die Bauern nicht eben zu Freunden gemacht haben!“

„Das will ich auch gar nicht“, meinte Neidhart von Reuenthal darauf, „denn diese Schandtat, die sie mir vor Euren Augen zugefügt haben, kann ich nimmer vergessen.“ Und die Heiligenstädter Bauern waren und blieben auch seine Feinde, wie er der ihrige, bis an sein Lebensende.

DIE „GNAD' GOTTES" AM KAHLENBERG

Vor vielen Jahrhunderten kam ein Mann aus fremden Landen in die Gegend von Wien. Weil ihm das Kahlengebirge mit den Rebenhügeln zu seinen Füßen und dem rauschenden Strom davor so gut gefiel, beschloß er, sich hier niederzulassen. Er hatte als Bergmann in verschiedenen Bergwerken gearbeitet und war fleißig und sparsam gewesen, so daß er auch einiges Geld besaß. Damit erbaute er sich nun ein Häuschen am Hang des Berges und lebte mit seiner jungen Frau, die er vor kurzem geheiratet hatte, glücklich und zufrieden.

Aber die Untätigkeit war nicht nach seinem Geschmack, auch steckte noch immer der alte Bergmann in ihm. Stollen in die Erde graben, nach Erzen suchen, sein Glück probieren, das waren die Gedanken, die ihn fortwährend beschäftigten. „Warum sollten in diesem Berg und seinem blitzenden Gestein keine edlen Erze stecken", dachte er oft; „wer nichts wagt, gewinnt nichts, nur dem Mutigen wird die Gnade Gottes zuteil."

So machte er sich denn daran, den Kahlenberg zu begehen. Aber wo sollte er mit dem Graben anfangen, wo hielt sich das Glück verborgen? Während er suchend über den Berg hinblickte, sah er einen Vogel, der immer wieder an die gleiche Stelle flog. Neugierig ging er hin, blickte in das Gebüsch und gewahrte ein leeres Vogelnest. „Sicher sind die Vöglein schon alle ausgeflogen", rief er, „aber mir soll das ein Zeichen sein; hier will ich mein Werk beginnen. Den Ort aber werde ich die Gnade Gottes nennen, die mich hierher gewiesen hat und mir gewiß auch helfen wird, alle Schwierigkeiten zu überstehen und das ersehnte Glück zu finden."

Er begann zu graben. Es war eine harte Arbeit, die ihn manchen Schweißtropfen kostete. – Wochen vergingen, schwere Wochen, und er hatte bisher nichts zutage gefördert als Erde und taubes Gestein. Sein Weib wollte schon am Erfolg verzagen und meinte, er solle die vergebliche Arbeit einstellen; es sei nur unnütze Plage. Er aber hoffte auf die Gnade Gottes und ließ sich keine Mühe verdrießen.

Bald wurde in der Umgebung bekannt, daß ein Bergmann auf dem Kahlenberg nach Gold grabe, und etliche Männer boten sich an, mit ihm das Glück zu versuchen. Dankend nahm er ihre Hilfe entgegen, mit erneutem Eifer gruben sie weiter. Obgleich die Arbeit nun schneller vonstatten ging, wollte sich noch immer keine Erzader zeigen. Endlich gaben auch seine Helfer den Glauben an einen Erfolg auf, und einer nach dem anderen blieb aus.

Nur er verlor seine Zuversicht nicht und grub weiter im festen Vertrauen auf die Gnade des Herrn.

Drei Monate waren vergangen, und noch immer arbeitete unser Bergmann in seinem Stollen. Da schien ihm eines Tages, als würde das Gestein immer härter und glänzender, als sehe es ganz anders aus als sonst. Aufgeregt nahm er ein Stück zur Hand und betrachtete es im Schein seiner Lampe genauer. Fast konnte er es nicht glauben: er hielt blankes Erz in der Hand, das im Widerschein des Lampenlichtes hell aufstrahlte. Mit freudig pochendem Herzen eilte er ins Freie hinaus und sah hier im Licht der Sonne bestätigt, was er in der Dämmerung des Schachtes noch angezweifelt hatte. Es war wirklich edles, kostbares Metall, was er aus der Tiefe gefördert hatte. Aufatmend sank er in die Knie und dankte der Gnade Gottes, die ihm seinen sehnlichsten Wunsch erfüllt hatte.

So wurde aus dem armen Bergmann ein reicher Bergwerksbesitzer, dem die Arbeiter von allen Seiten zuströmten, fanden sie doch in dem neuen Bergwerk guten Verdienst. Bald erhoben sich am Fuß des Kahlenbergs viele nette Häuschen, die sich die Bergleute von ihrem ersparten Lohn erbauten. Es entstand die Siedlung Kahlenbergerdorf. Das Glück machte aber den reich gewordenen Bergherrn nicht übermütig. Er blieb ein einfacher Mann wie bisher, ließ an seinem Reichtum auch andere teilnehmen, gab willig den Armen und behandelte seine Arbeiter gütig und gerecht, bis er, von allen geschätzt, sein Haupt zur ewigen Ruhe legte.

Das Bergwerk kam nun an einen anderen Besitzer. Er hatte es um viel Geld erstanden, nun sollte es reichlich Zinsen tragen. Von Milde und Wohltun war keine Rede mehr; die Löhne der Arbeiter wurden herabgesetzt, dafür die Arbeit gesteigert, die Gaben an die Armen hörten auf, eine harte Hand machte sich überall fühlbar.

Eines Abends saß der neue Bergherr im Kreis seiner Bekannten beim Wein. Unter ihnen war auch ein alter Mann, der es noch miterlebt hatte, wie der fremde Bergmann durch rastlosen Fleiß und unermüdliche Ausdauer zu seinem Glück gekommen war. „Dein Vorgänger war ein fleißiger Mann", sagte der Greis zu dem neuen Bergwerksbesitzer, „und vertraute fest auf die Gnade Gottes."

„Ach was", polterte der Angeredete, „Gnad' Gottes her, Gnad' Gottes hin, wenn kein Gold im Berg gewesen wäre, so hätte ihm die ganze Gnad' Gottes nichts geholfen."

Das waren böse Worte. Erschrocken zuckten die Männer zusammen, bald zog sich einer nach dem andern zurück. Der Bergherr zechte allein weiter und suchte erst spät seine Behausung auf.

Als die Bergleute am nächsten Tag längst in die Schächte eingefahren waren, schlief er noch immer. Fleißig wie sonst verrichteten die Knappen ihre Arbeit, schlugen das Gestein von den Wänden und schleppten es aus dem Berg hinaus. Aber merkwürdig, heute war es nur taubes Gestein, keine Spur eines edlen Erzäderleins zeigte sich, als ob nie ein solches vorhanden gewesen wäre.

Erschrocken rannte einer der Arbeiter zum Bergherrn, um ihm von ihrer fruchtlosen Arbeit zu erzählen. Ungläubig hörte dieser den Bericht, aber eine düstere Ahnung bemächtigte sich seiner. In aller Eile kleidete er sich an und begab sich zum Bergwerk, wo er wirklich alles so fand, wie es ihm der Knappe geschildert hatte. Da fiel im blitzartig das Gespräch ein, das er am Vorabend im Wirtshaus geführt hatte. Mit dem Ruf: „Die Gnad' Gottes! An ihr habe ich gezweifelt!" stürzte er tot zu Boden.

Von dieser Zeit an fand man kein edles Erz mehr im Berg. Die Stollen verfielen, die Bergleute wanderten aus, und die wenigen, die im Kahlenbergerdorf zurückblieben, mußten sich mühsam als Weinbauern fortbringen.

DIE LÖWENBRAUT

Im Jahre 1590 feierte die Familie Kaiser Maximilians II. im „Schloß Neugebäude“ bei Wien-Schwechat das Geburtsfest einer kleinen Prinzessin. Eine große Zahl von Edelleuten sowie prächtig geputzten Edelfrauen hatte sich im Schloß eingefunden, um dem Geburtstagskind die ergebensten Glückwünsche darzubringen. Kanonendonner leitete die Feier ein, die rauschenden Klänge der Musikkapellen erfüllten den Park und die prunkvollen Räume. Das erst vierjährige liebliche Töchterchen des Schloßverwalters, Berta, trat, als Schutzgeist Österreichs gekleidet, vor die kleine Prinzessin und überreichte ihr mit den untertänigsten Wünschen einen herrlichen Blumenstrauß. Da jubelten die Gäste, Festesfreude lag auf allen Gesichtern.

Plötzlich erscholl ein grimmiges Gebrüll, und zum Entsetzen der Festgäste betrat ein majestätischer Löwe den Saal. Er war, durch den Lärm und das Getöse wild geworden, aus seinem Käfig ausgebrochen, hatte den Garten durchquert und war so in das Schloß gelangt, wo er nun, geblendet von all dem Glanz und Gewoge, verdutzt stehenblieb und das Menschengewimmel anstarrte. Die kleine Prinzessin und mit ihr alle Gäste schwebten in höchster Gefahr. Aber schon waren die Wachen herbeigeeilt, um die gefährliche Bestie niederzuschießen. Da warf sich die kleine Berta schützend vor den Löwen, umschlang mit ihren Ärmchen das gewaltige Haupt des wilden Tieres und rief mit bittender Stimme in den Saal: „Nichts meinem Löwen zuleide tun, nichts tun! Er wird mir brav folgen!“ Und zum größten Staunen aller Anwesenden ließ sich der mächtige Löwe von dem kleinen Mädchen aus dem Saal führen, folgte ihm ruhig zu dem Käfig und betrat freiwillig das enge Gelaß. Alles erschien wie ein Wunder.

Der Vater des Mädchens klärte die sprachlosen Festgäste auf: „Berta ist seit zwei Jahren mit dem Löwen vertraut; er kennt sie und gehorcht ihr immer, zahm wie ein Lämmlein.“ Dankbar für die wunderbare Rettung der Prinzessin, gebot der Kaiser, die kleine Berta möge den Löwen als ihr Eigentum betrachten, und sagte: „Du sollst von nun an den Namen ›Löwenbraut‹ führen.“

Jahre waren seitdem verflossen. Aus dem kleinen Mädchen war eine schöne, sittsame Jungfrau geworden, die Freude und der Trost ihrer Eltern. Die Freundschaft des wilden Tiers und des zarten Mädchens war immer inniger geworden. Oft saß die Jungfrau im Tiergarten und streichelte das zottige Haupt des gewaltigen Löwen, der alle Zeichen des Wohlbehagens zu erkennen gab. Sobald sie aber einen Tag ausblieb, konnte man deutlich seine

Trauer merken ebenso wie seine Freude, wenn sie am anderen Morgen wieder zum Käfig kam.

Nun hatte ein stattlicher junger Mann, ein Hauptmann der kaiserlichen Reiterei, um die Hand der lieblichen Jungfrau geworben, und die Löwenbraut sollte seine Frau werden. Die Eltern waren damit einverstanden, der Tag der Hochzeit wurde festgesetzt. Da gab es denn so viel vorzubereiten, daß Berta oft keine Zeit fand, sich um ihren Löwenfreund zu kümmern. Das Tier aber schien sichtlich traurig darüber, daß es die gewohnten Liebkosungen seiner Freundin entbehren mußte. Endlich kam der Hochzeitstag. Noch einmal wollte die schöne junge Braut den Gespielen ihrer Jugend aufsuchen, um sich für immer von ihm zu verabschieden. Im Brautgewand betrat sie den Käfig, liebkoste das Tier mit Tränen in den Augen und drückte ihre Wagen an seinen grimmigen Rachen. Doch der Löwe blieb traurig, als hätte er geahnt, daß es ihr letzter Besuch sein sollte. Da bemerkte er den Bräutigam der Jungfrau vor dem Käfig, seine Wut erwachte; als gönne er dem Nebenbuhler die traute Gesponsin nicht, stellte er sich vor die Tür des Käfigs, dem Mädchen den Ausgang versperrend. Ein schreckliches Brüllen erscholl, und ehe der Bräutigam zu Hilfe eilen konnte, hatte ein Prankenschlag des Löwen das arme Geschöpf zu Boden gestreckt. Rot färbte sich das Brautkleid vom Blut der Sterbenden.

Sinnlos vor Schmerz und Wut stürzte sich der Hauptmann auf den Löwen und tötete ihn. Weinend nahm er Abschied von der Geliebten, die ihm ein grausames Schicksal am Hochzeitstag entrissen hatte. Kein Trost konnte sein herbes Leid lindern; seine Lebensfreude war dahin.

DIE TEUFELSMÜHLE AM WIENERBERG

Vor langer Zeit, als Wien noch ein kleines Städtchen war, stand an der Straße, die nach Wiener Neustadt führte, auf dem Wienerberg in der Nähe von Siebenhirten eine einsame Mühle. Rechtschaffene Müllersleute waren dort zu Hause und übten in aller Redlichkeit ihr Gewerbe aus. Aber wie es schon geht im menschlichen Leben, so trat auch hier eine Veränderung ein. Der Müller wurde alt und krank und sah sich schließlich genötigt, sein Anwesen zu verkaufen. So kam die Mühle in den Besitz des Ritters Kilian von Drachenfels. Dieser aber war ein wüster Raubgeselle, der die Mühle und die damit verbundene Schankwirtschaft nur zum Schein betrieb, um desto ungestörter seinem räuberischen Handwerk nachgehen zu können. Mit einer Anzahl gleichgesinnter Halunken machte er die Gegend unsicher, und mancher einsame Wanderer, der ahnungslos in der Mühle Herberge suchte, mußte hier sein Leben lassen. Dabei ging der abgefeimte Schurke so heimlich und geschickt zu Werk, daß man dem Übeltäter nicht auf die Spur kam.

Die Gattin des Ritters war eine fromme, herzensgute Frau. Mit Grauen und Entsetzen sah sie, welche Schandtaten ihr Gemahl verübte. Oft bat sie ihn kniefällig, er möge sich von seinen Spießgesellen trennen, keine bösen Taten mehr verüben und ein anderes Leben anfangen. Wenn er seine Sünden bereue und Gott um Barmherzigkeit anrufe, werde es ihm noch möglich sein, der Hölle zu entrinnen, die ihm sonst sicher sei. Eines Tages geriet der finstere Geselle über die ständigen Vorwürfe seiner Gattin so sehr in Wut, daß er die Frau packte und in den tiefen Mühlbrunnen warf, wo sie den Tod fand.

Mit dieser scheußlichen Untat aber war das Maß seiner Sünden voll. Kaum hatte er sich mit teuflischem Grinsen vom Brunnen abgewandt, als sich ein gewaltiger Sturm erhob. Ein gräßliches Heulen toste in den Lüften heran, und der Teufel selbst mit allen höllischen Geistern erschien über der Mühle und holte den Ritter samt allen Schandbuben, um sie der gerechten Strafe in der Hölle zuzuführen.

Die Mühle verödete, kein Nachfolger fand sich, Disteln und Dornen wuchsen im Hof, und ein dumpfes Grauen lagerte über dem verlassenen Haus, so daß die Leute gruselnd ihre Schritte beschleunigten, wenn sie in die Nähe des unheimlichen Baues kamen, der fortan nur mehr die Teufelsmühle am Wienerberg hieß. Man wußte auch zu erzählen, daß der Teufel selbst in der

Mühle hause und den Ritter mit seinen Kumpanen jede Nacht Schlag zwölf Uhr aus der Hölle heraufberufe. Da müßten sie dann, von den höllischen Geistern angetrieben, unter Ächzen und Stöhnen und lautem Gejammer schwere Getreidesäcke herbeischleppen und in den Mühlkasten schütten, die schweren Mühlräder aber setzten sich unter lautem Gepolter von selbst in Gang. Das werde solange geschehen, bis der Leichnam der unglücklichen Rittersfrau aus dem Brunnen geholt und in geweihter Erde bestattet sei. Wer ihre arme Seele erlöse, werde reichen Lohn dafür finden.

So vergingen viele Jahre. Da kam einmal in später Nachtstunde ein junger Ritter, Günter von Schwarzenau, mit seinem Knappen an der Mühle vorbei. Ein grimmiges Unwetter zwang sie, in dem verrufenen Bau Schutz zu suchen. Während draußen der Sturm tobte und unter Blitz und Donner schwere Regenschauer niedergingen, war es in der Mühle totenstill. Mit dem Schwert in der Hand saßen der Ritter und sein Knappe beim Tisch, um wachend den Morgen zu erwarten.

Langsam verstrich die Zeit, und der Ritter hatte Muße, über sein trübes Schicksal nachzudenken. Er fühlte sich todunglücklich. Zwar war er angesehen und wohlgelitten bei jedermann, sein kühner Mut hatte ihm viele Freunde erworben, und seine Feinde fürchteten ihn. Aber er besaß nur eine kleine Ritterburg und nannte nur wenig Land und Leute sein eigen. Aus diesem Grund versagte ihm sein reicher, mächtiger Nachbar, Kuno von Löwenstein, die Hand seiner Tochter, die der junge Ritter herzlich liebte. Auch das holde Mädchen hatte sein Herz dem tapferen Schwarzenauer zugewandt, aber Ritter Kuno wollte seine Tochter nur dem reichsten und mächtigsten Freier zur Frau geben, niemals dem armen Günter von Schwarzenau; es kümmerte ihn wenig, daß die beiden jungen Leute ob seiner Hartnäckigkeit vor Schmerz fast vergingen.

So sann der Ritter traurig über sein großes Leid nach; da schlug die alte Wanduhr schnarrend die zwölfte Stunde. Kaum war der letzte Schlag verhallt, begannen sich die Räder der Mühle mit gewaltigem Gepolter zu drehen. Und schon raste der dem Teufel verfallene Ritter Kilian bei der Tür herein, einen schweren Getreidesack auf der Schulter schleppend. Hinter ihm kamen eilfertig alle seine Knechte, jeder mit einem großen Sack beladen. Klagend und jammernd schritten sie an dem erschrockenen Günter vorüber. Aber augenblicklich faßte sich der Ritter wieder, erhob sein Schwert und rief: „Bei Gott und allen Heiligen beschwöre ich euch, sagt mir, wie ich euch erlösen kann! So wahr mir Gott helfe, ich werde es tun."

Da wurde es mit einemmal grabesstill, und eine Frauenstimme rief laut: „Ritter von Schwarzenau, deine Gottesfurcht und Güte befähigen dich, mich zu erlösen. Mein ruchloser Gatte stürzte mich einst in den Brunnen dieses Hauses; meine Seele kann ihre Ruhe nicht finden, solange der Leib nicht in geweihter Erde ruht. Wenn du mich von dieser Qual erlösest, wird Gott auch meinem Mann gnädig sein, und seine Seele wird zur ewigen Ruhe eingehen. Mache dich furchtlos ans Werk; es wird dir gelingen!“

In diesem Augenblick schlug die Uhr die erste Stunde, und der Spuk war verschwunden, nichts rührte sich mehr. Wie aus einem Traum erwachend, blickte der Ritter um sich und sprach dann zu dem schreckensblassen Knappen: „Du hast gehört, zu welchem Werk ich soeben berufen wurde. Meine Ritterpflicht befiehlt mir, alles zu tun, was zum Segen der armen Menschen dient. Darum auf zur Tat!“

Gleich beim Morgengrauen machten sich beide daran, den Brunnen zu suchen. Sie fanden ihn bald, auch Leitern waren rasch zur Stelle. Mit festem Mut stieg der Ritter in den dunklen Schacht, wortlos folgte der treue Knappe seinem Herrn. Ihren vereinten Bemühungen gelang es in kurzer Zeit, den Leichnam der Rittersfrau aus dem Brunnen zu schaffen. Man brachte die Tote auf den Friedhof und ließ sie in geweihter Erde bestatten. Als der Ritter nach dem Begräbnis den Gottesacker verlassen wollte, hörte er eine Stimme, die ihm zurief: „Hab Dank dafür, du edler Rittersmann, daß du meine arme Seele erlöst hast! Auch mein Gemahl wird von nun an Ruhe finden. Kehre nun in deine väterliche Burg zurück! Dort wirst du auf dem Tisch im Saal einen reichen Schatz finden, auf dem kein Unrecht lastet. Der Vater deiner Braut wird seinen Widerstand aufgeben, und du magst binnen kurzem dein Mädchen als Ehefrau heimführen.“

Wirklich traf alles ein, was die Stimme dem Ritter verheißen hatte. Der Teufelsspuk in der Mühle aber kehrte von dieser Stund an nicht wieder, und heiter und sorglos konnten die Menschen nunmehr an der einst so verrufenen Stätte vorüberwandern.

DER TEUFEL UND DIE BOGNERIN

Der Bognermeister Kaspar Pergauer, der zu Beginn des 16. Jahrhunderts in der Bognergasse, dem Sitz der Pfeil- und Bogenmacher, sein Handwerk ausübte, hätte es gut im Leben haben können; sein Geschäft blühte, die Arbeit machte ihm Freude, und sein Einkommen konnte sich sehen lassen; kein Wunder, daß sich auch ein bescheidener Wohlstand einstellte, der es dem fleißigen Meister erlaubte, sich manchen Genuß zu vergönnen, der anderen versagt blieb. Und da er auch sonst ein gutmütiger, wackerer Mann war, der keinen Wurm zertreten konnte und sich allen Freunden und Nachbarn stets hilfreich erwies, so daß ihm jedermann wohlgesinnt war, wäre alles in Ordnung gewesen, wenn – ja wenn eben nicht noch die andere Hälfte des Meisters, die bessere Ehehälfte, manches Wörtlein mitgeredet hätte.

Kaspars Braut, Ursula, war ein hübsches Mädchen gewesen, als er den Schritt in die Ehe tat, und daß sie sparsam und häuslich war, mußte man ihr als weiteren Vorzug anrechnen. Zwar war sie schon damals mit einem spitzen Zünglein und einem guten Mundwerk begabt, aber das hatte seiner Liebe keinen Abbruch tun können. Es würde sich, meinte er, im Lauf der Zeit abschleifen oder doch nur am richtigen Platz zur Anwendung kommen. Und so hatte er die Warnungen seiner Freunde vor einer Ehe mit Ursula in den Wind geschlagen und für Neid gehalten, was beste Absicht war.

Nun hatte er zum Schaden, den er sich mit dieser Frau zugefügt, auch noch den Spott seiner Freunde zu ertragen. Das Weib schien es als Lebenszweck anzusehen, dem Gatten das Dasein zur Hölle zu machen. Das begann am frühen Morgen, wenn sie die Augen auftat, und endete erst spät am Abend, wenn der Schlaf sich des Meisters erbarmte, indem er der keifenden Frau den Mund schloß, so daß auch der arme Mann endlich seine Ruhe finden konnte. Es half auch nichts, daß Kaspar schwieg und wortlos alles über sich ergehen ließ, was sein Eheweib ihm zu sagen wußte. Sie konnte trotzdem kein Ende finden. Was Wunder, daß der Mann mißmutig und verdrossen wurde, die Gesellschaft seiner Freunde mied, um ihren Neckereien zu entgehen, und auch in der Arbeit keine Freude mehr fand. Wenn früher gar oft ein munteres Lied aus der Werkstatt erschallt war, so schlich der Meister jetzt schweigsam und mürrisch umher und hatte häufig keine Lust, richtig zuzupacken. Bald war sein Haus so verrufen, daß kein Geselle, keine Magd mehr bei ihm in Dienst treten wollte.

Als es die Bognerin eines Abends wieder besonders arg trieb, schlug der

Meister, ohne ein Wort zu sagen, die Tür hinter sich zu und rannte in heller Verzweiflung planlos durch die Gassen, bis er sich plötzlich auf dem Petersfriedhof fand, wo er sich erschöpft an einen Grabstein lehnte. „Ich kann dieses Leben nicht länger ertragen", klagte er vor sich hin, „die Qual nimmt kein Ende, und niemand kann mir helfen, auch der Himmel erbarmt sich nicht meiner Not. Da möchte man wirklich den Teufel um Hilfe anrufen!"

Kaum hatte er diese Worte gesprochen, so schallte ein gellendes Lachen über die Stille des Friedhofes, und im fahlen Licht des Mondes stand eine unheimliche, düstere Gestalt vor dem erschrockenen Bogner, dem der Atem zu stocken drohte.

„Da bin ich, du hast mich gerufen!" krächzte mit heiserer Stimme der Schwarze. „Was willst du von mir? Sprich!" Während der Meister, unfähig, einen Laut hervorzubringen, nur abwehrend die Hände ausstreckte, fügte der Teufel hinzu: „Du möchtest wohl, daß ich deiner Frau andere Umgangsformen beibringe, daß aus dem reißenden Wolf ein zahmes Lämmchen wird? Ich es nicht so?"

„Ja, wenn du das zustande brächtest!" seufzte Pergauer, der sich inzwischen ein wenig gefaßt hatte.

„Es wäre traurig, wenn ich das nicht imstande wäre", sagte der Teufel und warf sich überlegen in die Brust. „Ich mache dir einen Vorschlag: ich zähme dir deine Gattin binnen drei Tagen, und du magst dann mit ihr glücklich sein; aber in deiner Todesstunde komme ich und hole mir deine Seele.Sollte es mir aber, was nicht anzunehmen ist, nicht gelingen, sie innerhalb dieser Frist fromm und sanftmütig wie eine Taube zu machen, so kannst du mich den dümmsten Teufel heißen, der je den Erdboden betreten hat. Der Vertrag ist dann natürlich hinfällig, und ich habe jedes Anrecht auf deine Seele verloren. Deine Sünden wirst du zur Genüge abbüßen, wenn du weiter an der Seite einer solchen Frau hausen mußt."

Der Bogner war damit einverstanden, und der Böse verschwand, wie vom Erdboden verschlungen.

Am nächsten Morgen erschien der Teufel in Gestalt Pergauers im Haus in der Bognergasse, um mit der Zähmung der widerspenstigen Bognerin zu beginnen. Zunächst wollte er in Güte versuchen, sein Ziel zu erreichen. Er trat zum Bett der schlafenden Frau, um sie mit einem Kuß zu wecken. Als Ursula die Augen aufschlug und ihren vermeintlichen Gatten erblickte, fuhr sie wie von einer Natter gestochen in die Höhe und ließ ein kräftiges Donnerwetter auf den verdutzten Teufel niedergehen, den sie einen boshaften Störenfried nannte, der ihr schon bei Tagesanbruch das Leben vergälle. Und in dieser Tonart ging es den ganzen Tag fort. Wie ein Mühlrad arbeitete das Mundwerk der barschen Frau, die den Teufel überhaupt nicht zu Wort kommen ließ. Wenn ihr Ärger aber eine besondere Höhe erreichte, unterstrich sie ihn noch durch ein paar saftige Knüffe und Püffe, und ein helles Klatschen, das einige Male aus dem Haus drang, verkündete, daß auch die Wange des ganz verdatterten Höllenfürsten herhalten mußte. Als der Tag vorüber war, konnte der arme Teufel zwar auf keinen Erfolg, dafür aber auf desto mehr Beulen und ein blaues Auge, das er eingeheimst hatte, hinweisen.

„Mit Liebe ist also in diesem Fall nichts zu machen", meinte der Teufel zu sich selbst und beschloß, der Bognerin am nächsten Tag vernünftig zuzureden. Wirklich schien es am Vormittag, als ob er mit dieser Methode Erfolg haben sollte. Die Frau hörte ihn ruhig an, und der Teufel glaubte schon, sie sehe ihr Unrecht ein. Aber als es Mittag wurde, schlug ihre Stimmung plötzlich um. Eben suchte ihr der höllische Zuchtmeister zu erklären, wie menschenunwürdig und ungerecht die Behandlung sei, die er täglich und stündlich mitmachen müsse, als Frau Ursula plötzlich aufbrauste und ihn zornig anschrie: „Ja, bin ich denn ein Kind, daß du mich hofmeistern und Zucht und Sitte lehren willst?" Und mit wüsten Schmähungen goß sie dem verblüfften Teufel einen Topf mit heißer Suppe, den sie gerade in Händen hielt, über den Kopf, daß er mit verbrühtem Gesicht schleunigst bei der Tür hinausfuhr, um dem nächsten Geschoß zu entgehen.

Als er nach einiger Zeit kleinlaut wieder in die Stube guckte, hatte sich die wütende Frau noch immer nicht beruhigt, und seine Absicht, ihr nochmals mit Vernunftgründen zu kommen, erlitt Schiffbruch. Zu guter Letzt versetzte sie ihm noch einen Fußtritt und warf ihn zur Tür hinaus.

„Hölle, Pech und Schwefel!" fluchte der also mißhandelte Satan ärgerlich vor sich hin. „Soll bei diesem jähzornigen Weib selbst der Teufel den kürzeren ziehen? Das wäre noch schöner! Morgen will ich es mit Gewalt probieren und möchte doch sehen, ob es mir nicht gelingen sollte, dieses kratzbürstige Scheusal zu zähmen. Sie wird schon klein beigeben, wenn sie sieht, daß sie es mit dem Teufel selber zu tun hat!"

Am dritten Tag trat er vor Frau Ursula hin und sprach mit harter Stimme: „Höre Weib! Alle Versuche, in Güte und Liebe und mit vernünftigen Worten dich umzustimmen, sind bisher vergeblich gewesen. Du hast deine Zanksucht und Bosheit nicht abgelegt. Nun ist meine Geduld zu Ende. So befehle ich dir denn, dich von jetzt ab gründlich zu ändern. Tust du es nicht, so kannst du dich auf das Schlimmste gefaßt machen und wirst deine Verstocktheit bitter bereuen."

Hatte der Teufel gemeint, durch diese ernsten Worte der Bognerin heilsamen Schrecken einzujagen und damit sein Ziel zu erreichen, so sollte er sich gründlich getäuscht haben. Denn nun ging der Tanz erst recht los. „Was", schrie sie mit blitzenden Augen, „du hilflose Kreatur willst mir drohen und wagst es, von deiner Geduld zu sprechen. Du sollst sehen, daß meine Geduld jetzt zu Ende ist!" Und sie ging mit einer Heftigkeit auf den Teufel los, daß ihm Hören und Sehen verging und er sich nicht mehr anders zu helfen wußte, als seine wahre Teufelsgestalt anzunehmen, um das rasende Weib von sich abzuhalten. Aber nur einen Augenblick stutzte Frau Ursula, dann sprang sie den Teufel neuerlich an, ergriff ihn bei den Hörnern und riß ihn daran so kräftig hin und her, daß ein Horn abbrach und ihr in der Hand blieb. Der Satan geriet nun ganz außer sich und gab den Kampf auf. Unter höllischem Schwefelgestank und schauerlichem Geheul fuhr er bei der Tür hinaus, während die Bognerin triumphierend das zurückgelassene Teufelshorn schwenkte und ihm grimmige Verwünschungen nachschrie.

So hatte zwar Kaspar Pergauer seine Wette mit dem Teufel gewonnen und seine unsterbliche Seele gerettet, aber seine Ruhe auf Erden endgültig verloren. Denn wenn nicht einmal der Teufel imstande war, die widersetzliche Bognerin zu bekehren, wie hätte es da ein Erdenmensch oder gar erst der arme Kaspar vermocht! Also büßte er viele Jahre lang alle seine Sünden schon auf Erden an der Seite des Weibes, das ärger als der Teufel war, und kam nach dem Tod gewiß geradewegs in den Himmel.

Wie es der Bognerin nach dem Tod erging, darüber schweigt die Geschichte. Der Himmel war ihr sicher verwehrt; zu sehr hatte sie bei Lebzeiten ihrem Mann die Hölle auf Erden bereitet. In die Hölle aber war ihr der Eintritt verboten, da der Teufel, durch den Schaden gewitzigt, nichts mehr mit ihr zu tun haben wollte. So wandelt sie wohl bis zum heutigen Tag in dieser oder jener Gestalt noch auf Erden umher, und so mancher soll ihr im Leben auch schon begegnet sein.

Zum ewigen Gedächtnis an die Auseinandersetzung, die die Bognerin mit dem Teufel gehabt, wurde an der Wohn- und Leidensstätte Kaspar Pergauers in der *Bognergasse 3* in späterer Zeit ein Bild angebracht, das jenen Streit zum Gegenstand hatte. Darunter standen die bedeutungsvollen Verse:

Pestilenz und Not ein Übel ist,
Krieg ein arger Zeitvertreib.
Doch schlimmer als Teufels Tück' und List
Ist, Gott behüt uns! ein böses Weib.

DIE LINDE BEI ST. STEPHAN

Als der prächtige Stephansdom in Wien noch ein bescheidenes Kirchlein war, das vor den Mauern der Stadt stand, ließ der damalige Pfarrer Eberhard vor seinem Pfarrhaus eine Linde pflanzen, die herrlich austrieb und gedieh, so daß der Pfarrer seine helle Freude an dem Baum hatte.

Die Stadt vergrößerte sich, und der Friedhof, der sich rings um die Kirche erstreckte, wurde bald zu klein und sollte erweitert werden. Mit anderen Bäumen wollte man auch die Linde aushauen, um Platz für den Friedhof zu schaffen. Nur mit Mühe gelang es dem Pfarrer, seinen geliebten Baum vor diesem Schicksal zu bewahren. Die Linde aber wurde im Laufe der Zeit ein mächtiger Baum, der in die Studierstube des alten Pfarrherrn hineinblickte und alljährlich zur Sommerzeit den betäubenden Duft seiner Blüten dankbar über seinen Beschützer ausströmen ließ.

Als der Pfarrer hochbetagt auf dem Sterbebett lag, fühlte er tiefe Sehnsucht in sich, noch einmal seinen geliebten Baum blühen zu sehen und den herrlichen Duft seiner wohlriechenden Blüten zu verspüren. Doch es war mitten im Winter; tiefer Schnee lag in den Gassen, und Eisröslein blühten auf den Fensterscheiben; die Linde aber reckte ihre kahlen Äste frosterstarrt zum grauen winterlichen Himmel empor. Vor tiefer Ergriffenheit über das heiße Begehren des Todkranken schluchzten die Anwesenden laut. Da bat der Sterbende mit erlöschender Stimme, man möge doch wenigstens die Fenster öffnen, damit er seine liebe Linde noch einmal sehen könne.

Mitleidig öffneten sie ein Fenster. Da ging ein Ruf des Staunens durch den Raum. Die Augen des Sterbenden aber leuchteten zum letztenmal in freudigem Glanz auf: draußen inmitten von Schnee und Eis stand die alte Linde, über und über bedeckt mit duftenden Blüten, und ein Stück blauer Himmel lachte in das Krankenzimmer herein. Überwältigt von diesem Wunder, sanken alle, die am Bette des Kranken standen, in die Knie. Der Pfarrer aber nahm mit dankbarem Lächeln diesen letzten Liebesgruß seiner Linde an und schloß dann seine Augen zum ewigen Schlummer. Als sich die Knienden erhoben, sahen sie, daß der Wind die Blätter und Blüten des Baumes zum Fenster hereintrieb und ein Blütenmeer das Lager des Toten bedeckte.

Die alte Linde aber stand wieder kahl, wie in Trauer versunken, vor dem Fenster des Pfarrhauses.

DIE BÄRENMÜHLE

Zur Zeit, als der heutige Bezirk Wieden noch unverbaut war – nur einige Sommerhäuser lagen verstreut in den weitausgedehnten Weingärten – und dieses Gebiet bis nahe an den Stadtgraben beim Kärntner Tor heranreichte, soll es nicht selten vorgekommen sein, daß zur Winterszeit hungrige Wölfe, ja selbst Bären in diesem Gelände gesichtet wurden und sich sogar bis an den Wall heranwagten, was unter den Bewohnern dieser Gegend nicht wenig Furcht und Entsetzen erregte. Die Sage weiß zu berichten, daß an einem eisigkalten Winterabend ein mächtiger schwarzer Bär zur Heiliggeistmühle am Wienfluß kam und den Müllermeister, der eben beim Haustor herausgehen wollte, anfiel. Der Müller war ein kräftiger Mann und setzte sich gegen seinen zottigen Angreifer aufs entschiedenste zur Wehr. Doch Meister Petz erwies sich als der stärkere und streckte seinen Widersacher mit einem Tatzenhieb zu Boden. In der Gefahr, von dem Ungetüm zerfleischt zu werden, stieß der Müller gellende Hilferufe aus.

Ein Müllerbursche, der sich im oberen Stockwerk der Mühle gerade über dem Kampfplatz aufhielt, hörte das Geschrei und öffnete das Fenster, um nach der Ursache des Lärms Ausschau zu halten. Da sah er unterhalb des Fensters das wütende Tier, das seinen Herrn zu Boden gerissen hatte, und erkannte augenblicklich, daß schleunigst Hilfe not tat und keine Zeit mehr war, über die Stiege und durch das Haus zum Beistand herbeizueilen. Ohne sich lange zu besinnen, sprang der tollkühne Bursche zum Fenster hinaus und kam gerade auf dem Rücken des Bären wie ein Reiter auf dem Pferd zu sitzen. Mit aller Kraft umschlang er den Hals des Bären und schnürte ihm so lange und so kräftig die Kehle zu, bis der Bär von seinem Opfer abließ, um sich seines neuen Bedrängers zu entledigen. Nun gelang es dem Müller, unter dem Bären hervorzukriechen und mit Hilfe anderer rasch herbeigeeilter Leute dem frechen Eindringling den Garaus zu machen.

Der Müller dankte seinem wackeren Knecht, der ihm durch sein rasches, mutiges Handeln das Leben gerettet hatte, mit bewegten Worten und bot ihm eine ansehnliche Belohnung an. Der Bursche aber bat unter Verzicht auf jeden anderen Lohn nur um die Haut des Bären, die ihm auch gewährt wurde. Er ließ sich daraus einen Pelz machen, den er zeitlebens trug. Daher soll er den Namen „Bärenhäuter" erhalten haben. Der Müller aber ließ ein Bild des Bären anfertigen und das Gemälde über dem Eingang der Mühle aufhängen, die davon den Namen *„Bärenmühle"* erhielt.

STEIERMARK

DAS VENEDIGERMÄNNLEIN BEI KNITTELFELD

Vor langer Zeit, als im Gebirge noch sehr viel Gold versteckt war, das aufsteigende Quellen oder dem Berg entströmendes Wildwasser da und dort an die Oberfläche brachten und unter den Sand der Bäche oder Felder mengten, sah man in den Bergen oft seltsames Volk herumsteigen, das auf geheimnisvolle Weise um solche Plätze wußte, an denen Gold zu finden war. Da diese Leute meistens aus Welschland, und zwar aus Venedig, stammten, nannte man sie Venediger.

Zu einem Bauern aus Landschach bei Knittelfeld kam lange Jahre hindurch ein Männchen, das sich einige Wintertage im Haus aufhielt und beim Abschied für die gewährte Unterkunft stets reichliche Belohnung hinterließ. Da das Männchen auch sonst ein freundliches, bescheidenes Wesen zeigte, war es immer gern gesehen. Man wußte nichts Näheres über den seltsamen Gast, hielt ihn aber wegen seiner Sprache und seines Aussehens für einen Venediger. Seltsamerweise trieb sich der fremde Gast zur Nachtzeit meist hinter dem Hause auf dem Krautacker des Landwirtes herum. Auffallend war auch, daß er stets ohne Gepäck ankam, dagegen jedesmal bei der Abreise ein paar schwer gefüllte Säcke mit sich nahm.

Als einst der Hofhund verendet war, schaffte sich der Landwirt einen andern Hund an, der sehr bösartig und bissig war. Nur den Hausbewohnern tat er nichts zuleide, fremde Menschen aber mußten sich vor ihm sehr in acht nehmen.

Als nun der Venediger wie alljährlich wieder ins Haus kam und seine nächtlichen Gänge antrat, fiel der Hund den Gast an, und er wäre zerrissen worden, wenn ihm nicht der Landwirt auf sein Gebrüll hin zu Hilfe gekommen wäre. Der Welsche verlangte vom Landwirt die Entfernung des bösen Hundes, und als der Bauer das ablehnte, sagte der Besucher, er werde sogleich das Haus verlassen und nie wiederkommen. Tatsächlich reiste er sofort ab und wurde in der Gegend nie mehr gesehen.

Nach vielen Jahren unternahm der Landwirt eine Wallfahrt. Der Rückweg führte ihn durch Venedig. Aufmerksam und staunend besichtigte er die stolzen Häuser und prachtvollen Paläste, die sich seinen Blicken boten. Ein besonders schönes, stattliches Gebäude erregte vor allem seine Aufmerksamkeit, und er dachte stehenbleibend, der Besitzer eines solchen Prunkgebäudes müsse über ungeheure Reichtümer verfügen. Da klopfte ihm jemand auf die Schulter, und als er sich umwandte, sah er einen Unbekannten, der wie ein

Diener gekleidet war und ihn freundlich aufforderte, ihm in das prunkvolle Bauwerk, vor dem er bewundernd stand, zu folgen.

Zögernd schloß sich der Bauer seinem vorausschreitenden Führer an, aber die Neugierde besiegte bald sein anfängliches Mißtrauen, und er stieg mit seinem Begleiter über eine marmorne Treppe in eine prachtvolle Halle empor, die mit herrlichen Bildern und Statuen geschmückt war. Der Diener führte ihn über teppichbelegte Gänge und durch kostbar eingerichtete Räume in ein kleines Zimmer, wo ihn der Herr des Palastes lächelnd begrüßte. Mit höchstem Erstaunen erkannte der Landwirt in ihm den fremden welschen Mann, der sich früher so oft in seinem Haus in Landschach aufgehalten und zur Nachtzeit immer den Krautacker aufgesucht hatte.

Mit höflichen Worten führte der Gastgeber seinen Besucher im Palazzo herum und zeigte ihm alle seine Schätze und Kostbarkeiten. Schließlich lud er ihn zum Mittagessen ein und sagte während des Mahles: „Ihr werdet Euch wundern, wenn ich Euch sage, daß alle meine Reichtümer von Eurem Krautacker stammen. Wenn Ihr alles Gold, das sich noch im Acker vorfindet, auflesen wolltet, brauchtet Ihr Euch nicht mehr so plagen."

Als der Landwirt hierüber seine Zweifel äußerte, setzte das Männlein fort: „So kommt mit mir, ich werde Euch meine Worte beweisen." Er führte den Landwirt in einen abseits gelegenen Raum, in dem sich nur ein großer Spiegel in goldglänzendem Rahmen befand, und erklärte: „Seht einmal in diesen Spiegel hinein, dann werdet Ihr meine Worte bestätigt finden."

Der Landwirt schaute in den Spiegel und sah zu seiner Verwunderung nicht sein Bild im Spiegel, sondern eine stets sich verändernde Landschaft. Zuerst sah er alle Orte, die er auf seiner Wallfahrt berührt, dann erschien die wohlbekannte Stadt Knittelfeld im Spiegel, an ihre Stelle trat sein Heimatort Landschach, und endlich zeigte sich sein eigenes Haus samt Stallungen und Wirtschaftsgebäuden, er sah seine Frau und seine Kinder, seine Wälder und Felder. Das Bild blieb nun ruhig, und er konnte sogar feststellen, daß die Erde seines Krautackers stellenweise stark mit Goldkörnlein durchsetzt war.

Der Gastgeber erzählte dem staunenden Landwirt, daß dieser wunderbare Spiegel ein „Bergspiegel" sei, der seinem Besitzer alles Gold und die geheimsten Schätze, und wären sie auch noch so weit entfernt, anzeige.

Dem Landmann kam das Ganze wie ein Traum vor, und er meinte zweifelnd: „Dies alles scheint mir so wunderbar, daß ich es gar nicht glauben kann."

Da entgegnete der Gastgeber: „Ich will Euch noch einen Beweis von der Wahrheit meiner Worte geben; wenn Ihr wieder nach Hause kommt, mögt Ihr Euch mit eigenen Augen davon überzeugen: Seht Ihr im Spiegel den bösen Hund, vor dessen Zähnen Ihr mich einst gerettet habt?"

Der Landwirt bejahte.

„Erlaubt Ihr mir, ihn von hier auf der Stelle zu töten?"

Der Bauer gab sein Einverständnis und schaute neugierig in den Spiegel, wo man den Hund vor der Haustür liegen sah.

Der Mann nahm eine Pistole und schoß auf den Hund im Spiegel, der nicht die geringste Beschädigung oder einen Flecken des Pulverrauches aufwies. Der Hund aber sprang auf und stürzte sogleich tot zu Boden. Nun wurde dem Landwirt unheimlich zumute, und er wollte je eher, je lieber das Haus des feinen Männleins verlassen.

Der Welsche merkte die Unruhe des Bauern und erkannte seine Absicht. Daher verabschiedete er sich mit freundlichen Worten von ihm und drückte ihm zuletzt noch einen Beutel voll Dukaten in die Hand.

Der Landwirt nahm das Geschenk freudestrahlend entgegen und verließ erleichterten Herzens das Haus, das ihm ebenso wie dessen Herr zuletzt nicht mehr ganz geheuer erschienen war. Als er die Stadt hinter sich hatte, wanderte er rüstig weiter und langte nach mehreren Tagen frohgemut zu Hause an. Hier erfuhr er bald, daß sein Hund vor kurzem von einem unbekannten Täter erschossen worden sei. Als er sich um Tag und Stunde der Tat erkundigte, hörte er erstaunt, daß sie am gleichen Tag und zur selben Stunde geschehen war, wo der Schuß in den Spiegel erfolgte. Nun glaubte er auch das, was ihm der seltsame Venediger über das Gold in seinem Krautakker gesagt und gezeigt hatte. Er versuchte es mit der Ausbeutung des Ackers, hatte aber nur geringen Erfolg, da er sich auf die Scheidekunst nicht verstand, vor allem aber, weil ihm der Bergspiegel zur Auffindung fehlte.

So war es dem Landwirt doch nicht möglich, von seiner harten Landarbeit zu lassen.

Oft und oft dachte er jedoch an das wohlwollende „Venedigermännchen“ und dankte dem Schicksal, keinem hinterlistigen Venediger begegnet zu sein.

DAS NATTERNKRÖNLEIN

Es lebte einmal in der Steiermark ein kleiner Junge, der keine Eltern mehr hatte und so arm war, daß er gar nichts auf der Welt besaß. Er mußte reihum bei den Landwirten essen gehen und zufrieden sein, wenn er das bekam, was vom Mittagstisch der andern übrigblieb, oft waren es auch nur Abfälle. Einmal ging der Bub in den Wald, um Beeren zu suchen. Da traf er eine Frau in schneeweißem Gewande, die ihm ein buntschillerndes Ding hinhielt. Der Bub nahm das dargebotene Geschenk, besah es eine Weile und wußte nicht, was er mit dem glitzernden Gegenstand anfangen solle. Da steckte er ihn hinter das Band auf dem Hut und ging weiter.

Nicht lange darauf traf er ein paar Leute. Sie sahen ihn verwundert an und fragten, warum er denn sein Geld auf dem Hut gesteckt habe. Nun nahm der Junge den Hut ab und fand hinter dem Band einen funkelnagelneuen Kreuzer. Darüber freute er sich und steckte den Kreuzer in den Sack. Aber kaum war der Kreuzer herunten, hing schon wieder ein neuer Kreuzer am Hut, und das ging so fort den ganzen Tag und das ganze Jahr lang, daß der Bub mit dem Kreuzerabnehmen kaum zurechtkommen konnte. Und als ein Jahr um war, hatte er sieben Kornsäcke voll Geld.

So vergingen die Jahre. Aus dem armen Jungen wurde ein reicher Mann, der sich Äcker, Wiesen und Felder kaufte und einen großen Bauernhof besaß. Bald war er reicher als der Graf, der wohl ein großes Schloß, doch kein Geld, dafür aber viele Schulden hatte. Der Graf ärgerte sich immer mehr, als er den Reichtum des anderen sah, und da er bald heraußen hatte, wem der Landwirt sein Vermögen verdankte, dachte er hin und her, wie er sich das Natternkrönlein verschaffen könnte.

Als nun der Bauer mit seinen Leuten eines Tages auf dem Feld mit dringenden Arbeiten zu tun hatte und sein Haus leer stand, schlich der Graf in den Wald, zog dort altes, zerrissenes Bettelgewand an, beschmierte sein Gesicht mit Pech und Ruß und stieg wie ein Dieb in des Bauern Hof ein, wo er alles durchwühlte und durchsuchte, um das heiß begehrte Krönlein zu finden. Endlich hatte er es, hörte aber im gleichen Moment Schritte im Vorraum; da er nicht wußte, wohin mit dem kostbaren Gegenstand, verschluckte er es. Dann sprang er beim Fenster hinaus und lief in den Wald, um das Bettelzeug mit seinen guten Kleidern zu vertauschen, die er im Buschwerk verborgen hatte.

Aber das Krönlein in seinem Leib bewies seine geheimnisvolle Kraft. Sooft auch der Graf seinen schmutzigen Bettelrock vom Leib riß, jedesmal saß er ihm wieder am Körper, und ebenso ging es ihm mit der Hose. Das Krönlein wirkte von innen heraus und erneuerte das, was er vom Leib nahm und wegwarf. So blieb dem armen Grafen denn nichts anderes übrig, als in seinem schmierigen Bettelgewand heim in sein Schloß zu gehen. Da er es natürlich vermeiden wollte, von der Dienerschaft gesehen zu werden, stieg er an einer versteckten Stelle über die Gartenmauer, um unbemerkt in seine Räume zu schleichen. Zum Unglück aber ging gerade der Torwart vorüber, als der Graf von der Mauer sprang. Der meinte, in dem abgerissenen Mann mit dem geschwärzten Gesicht einen Dieb oder Räuber vor sich zu haben, ergriff einen daliegenden Knüttel und begann auf den Grafen einzuhauen. Und nun kam die geheime Kraft des Krönleins auch über den Torwart. Der Prügel war kaum vom Leib des Grafen weg, so mußte er wieder hinfallen, und so prügelte der Wächter, ohne einhalten zu können, immerzu, den ganzen Abend, die ganze Nacht hindurch. Der Graf wurde elend zugerichtet und war bald voll Beulen und blauer Flecke. Endlich wurde ihm totenübel, und er erbrach das Krönlein. Im gleichen Moment konnte der Mann aufhören zu schlagen, und der Graf war imstande, sein Bettelmannsgewand abzustreifen. Aber er hatte genug von dem Krönlein und gab es dem Landwirt wieder zurück.

Nun sollte man meinen, der Bauer habe in Reichtum und Glück ein zufriedenes Leben bis an sein Ende geführt. Dem war aber nicht so. Der Besitz des Krönleins, das ihm Geld herbeischaffte, sooft er nur wollte, machte ihn leichtsinnig und liederlich, und als er einmal die ganze Nacht im Wirtshaus hockte, spielte und trank, verschwand das Krönlein und kam nicht mehr zum Vorschein. Mit dem Landwirt aber ging es von dieser Zeit an bergab, und er wurde so arm, wie er vorher gewesen.

DER DRACHENTÖTER VON MIXNITZ

In sagenhaften Zeiten soll die sogenannte Mixnitzer Kogellucken – die Drachenhöhle genannt – einen ungeheuren Drachen beherbergt haben. Es war ein scheußliches Ungetüm, das dort oben lebte, sah einer riesigen Schlange ähnlich, trug aber einen schuppigen Panzer, an dessen Oberseite zwei zackige Flügel emporstarrten, und war mit vier scharfkralligen Füßen bewehrt. Das Ungetüm richtete viel Schaden in der ganzen Umgebung an, Menschen und Tiere waren ihm schon zum Opfer gefallen, und Furcht und Entsetzen herrschten in der Gegend. Niemand wußte, was man gegen diesen schrecklichen Feind unternehmen sollte.

Nun hatte auch ein Landwirt aus Pernegg, der in der Nähe von Röthelstein am Mixnitzbach einen großen Meierhof besaß, die Gefräßigkeit des Ungetüms zu spüren bekommen. Das Untier verschlang zwei Rinder aus seiner Herde und tötete auch einen Hirtenjungen. Da versprach der Landwirt demjenigen eine große Belohnung, der den Drachen töten und die Gegend von dieser Plage befreien würde. Die Aussicht auf reichen Lohn lockte gar viele an, das gefährliche Unternehmen zu wagen, aber keinem gelang es, das Untier zu töten. Manche verloren schon den Mut, wenn sie das scheußliche Vieh nur von weitem sahen oder sein schauerliches Brüllen hörten, einige versuchten zwar den Kampf, waren aber schließlich froh, wenn sie sich, mit mehr oder weniger gräßlichen Wunden bedeckt, vor den Krallen des Drachens retten konnten, und andere sah man nie wieder; sie waren wohl im Kampf mit dem gräßlichen Untier umgekommen. Das Vieh aber ging nach wie vor seinem Raum nach und verbreitete Angst und Schrecken unter dem Volk. Niemand getraute sich mehr, den Kampf mit dem gräßlichen Drachen aufzunehmen, sogar die Knechte und Mägde verließen den gefährdeten Meierhof.

Da faßte der Ziehsohn des Landwirtes, der auf dem Meierhof arbeitete, den Entschluß, den Drachen zu beseitigen. Da man aber bisher im offenen Kampf gegen ihn nichts ausgerichtet hatte, ersann er eine List und traf in aller Stille seine Vorbereitungen.

Zunächst wollte er das Lager des Drachen auf dem Berg auskundschaften. Dabei entdeckte er, daß sich der Drache eine Rinne vom Berg bis ins Tal herab ausgewälzt hatte, die vollkommen glatt und ohne Steine und Schroffen war. Daraus schloß er, daß der Drache auf der Bauchseite eine weiche, zarte Haut haben müsse, und baute nun auf dieser Erwägung seinen Plan auf, wie er die Gegend von dieser entsetzlichen Plage befreien könnte. Er begab sich in der Dämmerung, als der Wind günstig stand, so daß das Untier seine Nähe nicht zu wittern vermochte, zur Rinne und vergrub eine große Anzahl von Sicheln und Sensen im Boden, und zwar so, daß die Spitzen in der Richtung der Anhöhe, von der das Untier herabkam, aus der Erde herausragten. Dann versteckte er sich seitwärts in einem Gebüsch, um die Wirkung seines Mittels mit anzusehen.

Er brauchte nicht lange zu waren, so hörte er das Ungeheuer, das im Bach seinen Durst stillen wollte, schnaubend und brüllend vom Berg herunterkommen, und bald sah er durch die Zweige des Gebüschs die Augen des Drachen, dessen riesigem Rachen feuriger Dampf entströmte.

Als der Drache zu der Stelle kam, wo die scharfen Spitzen der Sensen und Sicheln aus dem Boden standen, begann er plötzlich schrecklich zu brüllen und zu heulen, daß dem jungen Mann hinter den Stauden angst und bang wurde. Die spitzen, schneidigen Werkzeuge bohrten sich in den weichen Bauch des darüber hinweggleitenden Ungeheuers und rissen schreckliche Wunden. Wenn sich das Tier in seinem Schmerz zurückbäumte und dann wieder nach vorn fallen ließ, griffen die Spitzen neuerlich in die Haut ein und bohrten sich tief in seine Eingeweide. Von rasenden Schmerzen gequält, heulte das Ungeheuer fürchterlich, wälzte sich in seinem Bett hin und her und schlug mit dem riesigen Schwanz und den krallenbewehrten Flügeln so mächtig um sich, daß ganze Bäume geknickt und große Felsblöcke aus dem Boden herausgerissen wurden. Aber je mehr das Untier wütete und tobte, um so tiefer drangen die verborgenen Waffen in seine Eingeweide ein. Tödlich verwundet, ballte sich der Drache endlich zu einem scheußlichen, blutbefleckten Klumpen zusammen und kollerte hilflos ins Tal hinab, wo er unter furchtbaren Zuckungen verendete.

Große Freude erfüllte alle Bewohner der Gegend, als sie erfuhren, daß der fürchterliche Feind nun doch erledigt sei. Von allen Seiten eilten die Leute an die Stätte, wo die ungeheure Mißgestalt verendet in ihrem Blut lag, noch im Tod schrecklich anzusehen, mit ihrem schuppigen Riesenleib und dem entsetzlichen zähnestarrenden Rachen. In einer tiefen Grube wurde der stinkende Kadaver verscharrt, wobei es der Arbeit vieler starker Männer bedurfte, den Riesenleib in die Grube zu wälzen.

Dem klugen, mutigen, jungen Mann aber, der die Gegend von dieser Drachennot befreite, schenkte der Bauer zum Lohn für seine tapfere Tat den Meierhof, und alle Leute im Murtal feierten ihn als ihren Retter und Befreier.

DER BERGGEIST VOM SCHÖCKEL

In den Gegenden am Schöckel, in den Schluchten um Weiz und Passail, besonders aber am Lantsch hat man seit jeher edle Erze im Schoß der Erde vermutet. Von nah und fern, namentlich aus Welschland, wanderten die Leute dorthin, um diesen Schätzen im Innern der Berge nachzuspüren. Nun war in der Nähe von Weiz ein ehrlicher, fleißiger Landwirt wohnhaft, der aus seinem kleinen Bauernhof gerade so viel Nutzen zog, daß er sich mit Frau und Kind ohne Sorgen zwar, aber auch ohne Reichtümer durch das Leben schlug. Er war stets zufrieden und guter Dinge und hätte mit niemandem getauscht. Auch für die unsichere Schatzsuche, die so viele Menschen in ihren Bann zog, hatte er nichts übrig. Anstatt in den Bergen nach Erz zu graben oder zweifelhaften Schätzen nachzulaufen, furchte er lieber mit dem Pflug seine Äcker, um sich auf ehrliche Landmannsweise das tägliche Brot zu verdienen.

Als der Bauer eines Tages wieder auf seinem Acker arbeitete, bemerkte er zwei Fremde, die, vorsichtig umherspähend, am Rand des Waldes dahinschlichen und endlich im Dickicht verschwanden. Er hielt sie für welsche Schatzsucher, war aber durch ihr scheues Verhalten neugierig geworden, was sie vorhaben mochten, und wollte sich daher von ihrem weiteren Tun überzeugen. Also band er seine Ochsen an einen Baum am Ackerrain, schnitt sich einen starken Prügel zurecht und folgte den Spuren der beiden Männer. Er mußte über eine steile Geröllhalde klettern und kam zum Eingang einer Höhle, bei der die beiden Fremden standen und gerade den Sand durch die Finger gleiten ließen, den sie vom Boden der Höhle aufgenommen hatten.

Sie erschraken, als der Landwirt sie anredete, und sahen sich dann bedeutsam an, wobei sie ein paar Worte miteinander wechselten, die der Landwirt nicht verstand. Ohne ihm anscheinend weitere Aufmerksamkeit zu schenken, traten sie hierauf ins Innere der Höhle, wo sich einer von ihnen an einem Seil in die Tiefe ließ, aber nach kurzer Zeit auf ein gegebenes Zeichen von dem zweiten wieder heraufgezogen wurde. Während sie nun miteinander flüsterten, beugte sich der Bauer über den Rand des Abgrundes und versuchte, seine Tiefe zu erkennen. Da stürzten sich die beiden Welschen blitzschnell auf ihn und stießen ihn kopfüber in den Abgrund. Im Fallen hörte er noch das teuflische Gelächter der heimtückischen Gesellen, dann schlug er hart auf und verlor die Besinnung.

Tiefes Dunkel umgab ihn, als er seine Augen aufschlug und sich zu besinnen versuchte. Mühsam erhob er sich und betastete seine Glieder; alle Knochen schmerzten ihn, und in seinem Kopf brummte es, wie wenn ein Kreisel drinnen herumgetrieben würde. Er hatte einen tiefen Sturz getan, war aber ohne größere Verletzung davongekommen; dafür aber drohte ihm hier unten der Hungertod. Seine Lage schien verzweifelt. In seiner Angst, lebendig begraben zu sein, rief er um Hilfe, doch niemand hörte ihn, kein Laut drang an sein Ohr. Da schritt er, sich weitertastend, ins Dunkel hinein, um vielleicht doch einen Ausweg oder einen Lichtstrahl in dieser Finsternis zu finden. Doch nirgends öffnete sich ein Weg ins Freie. Unendlich lang schien ihm der Aufenthalt in der Tiefe schon zu währen, todmüde sank er in die Knie und schickte ein Gebet zum Himmel.

Da schlugen leise, zauberhafte Töne an sein Ohr. In weiter Ferne erglänzte ein Licht und kam langsam immer näher, wurde größer und strahlender. Dann ging der Purpurglanz in sanftes Blau über, und dem Bauern war es, als befinde er sich in einer Zaubergrotte, worin sich ein prachtvoller Regenbogen von einem Ende zum andern spannte. Unzählige funkelnde Sternlein flimmerten an der Decke des Raumes, an dessen Wänden Kristalle und Rubine strahlenden Glanz von sich gaben. Vor sich aber sah der staunende

Landwirt einen weiten See ausgebreitet, dessen silberglänzende Fläche sich in verdämmernder Ferne verlor. Kleine blaue Flämmchen schienen sich zukkend auf der Wasserfläche zu bewegen. Die melodischen Töne verstärkten sich, und das anfangs dämmernde Licht wich allmählich einer blendenden Helligkeit.

Lauschend stand der Bauer da und staunte über die nie gesehene Pracht. Da glitt über das spiegelnde Wasser ein zauberhaft schöner Nachen heran. Über einem rosenroten Kiel erhob sich ein goldener Mast, an dem ein Segel, so blau wie der Himmel, sich wölbte; goldene Ruder schaufelten perlende Tropfen aus der Flut. Je näher das seltsame Gefährt herankam, desto mehr schienen sich die milden Töne zu entfernen, bis sie endlich verklangen. Im Schifflein aber erhob sich von einem Lager aus silbernem Moos ein schlanker, liebreizender Jüngling, die grünlich schimmernden Locken mit einem Kranz von funkelnden, prächtigen Edelsteinen geschmückt; grünglänzende Smaragde hafteten auf dem Mantel, der um seine Schultern hing, rötliche Korallen schmückten den Gürtel, der seine Hüften umgab. Er schwang einen aus einem einzigen länglichen Edelstein gearbeiteten Stab in der Hand. Aus seinem Gesicht leuchtete die Frische herrlicher Jugend, gepaart mit einem Ernst, wie ihn nur die Würde des reifen Alters verleiht.

Es war der Berggeist, der ewig junge, dessen Augen aber schon Jahrtausende gesehen haben mochten. Mit ernstem Blick sah er dem Landmann ins Antlitz und befahl ihm, näher zu treten. „Erdensohn", fragte er, „erkläre mir, was suchst du hier in meinem Reich?"

Mit offenen Worten erzählte der Landwirt, auf welche Weise er hierhergekommen sei, und sagte zum Schluß: „Ich bitte dich um nichts anderes, als mir zu erlauben, daß ich bald heil und gesund meine Frau und mein Kind wiedersehe."

Ungläubig schüttelte der Berggeist seinen Kopf und äußerte: „Ihr Menschen wollt doch von uns immer nur Gold und Edelsteine. So nimm dir denn nach Belieben von den Kostbarkeiten, die du hier siehst, und fülle damit deine Taschen und deine Mütze an!"

Aber dem Landwirt war nicht um Gold oder Edelsteine zu tun, er wiederholte seinen Wunsch: „Ich sehne mich nur nach Weib und Kind; ich brauche kein Gold; denn das tägliche Brot habe ich mir immer durch meiner Hände Arbeit erworben und werde es auch weiter tun."

„Besinne dich, was du von dir weist!" begann der Berggeist zum dritten Mal. „Die Zeit, in der ich mich gnädig zeige, ist bald vorüber."

Aber der Landwirt blieb bei seinem Wunsch. Da wies der Geist auf des Bauern Gewand und rief mit freundlichem Spott: „Du willst nichts von mir, und doch ist dein Gewand bedeckt von meinem Eigentum, und deine Taschen sind voll von Schätzen, die du meinem Boden entnommen hast."

Erschrocken sah der Landmann seine Kleidung an und bemerkte, daß seine Kleidung einen hellen Glanz ausstrahlte und wie von unzähligen Lichtlein besät war. Als er in die Taschen griff, spürte er, daß sie mit nassem Sand gefüllt waren. Er wollte sich darob entschuldigen und meinte, daß ihm das beim Fallen passiert sein müsse. Aber der Berggeist ließ ihn nicht zu Ende reden und sprach mit gütigem Lächeln: „Behalte den Sand und den Schlamm zum Andenken daran, daß du das Reich des Berggeistes gesehen hast. Niemand soll sagen, daß ich einen Menschen, der reinen Herzens ist, unbeschenkt weggehen ließe."

Grüßend winkte er zum Abschied mit seinem Stab, die zauberhafte Musik klang in der Ferne wieder auf, und der Nachen setzte sich in Bewegung. Der Landwirt aber fühlte sich von unsichtbaren Händen emporgehoben und verlor die Besinnung. Als er aus seiner Betäubung erwachte, fand er sich vor der Höhle auf dem Moosboden liegen. Er setzte sich auf und glaubte aus einem schweren Traum zu erwachen. Aber die schmerzenden Glieder, der Sand und Schlamm auf seinen feuchten Kleidern und ein Blick auf den vor ihm gähnenden Eingang zu der unheimlichen Grotte belehrten ihn bald, daß er nicht geträumt habe.

So rasch er konnte, lief er nach Hause und erzählte sein aufregendes Erlebnis. Es dauerte mehrere Tage, bis seine Schmerzen völlig vergangen waren. Seine feuchten Kleider hatte man in der Dachkammer zum Trocknen aufgehängt. Als sich dann seine Tochter daranmachte, sie vom Sand und trokkenen Schlamm zu reinigen, fielen ihr erbsengroße Goldkörner in den Schoß, und auch in den sandgefüllten Taschen fanden sich ganze Hände voll solcher Körner. Mutter und Tochter schlugen vor Verwunderung die Hände über dem Kopf zusammen; der Vater aber sagte: „Das ist ein Geschenk des Berggeistes, weil ich nicht aus Gewinnsucht sein Reich betreten und stets ehrliche Arbeit dem unsicheren Gewinn vorgezogen habe."

Nun war der ehrliche Landwirt reich geworden. Aber er blieb trotz seines Vermögens fleißig und ehrlich wie bisher und machte von dem gewonnenen Schatz keinen üblen Gebrauch, so daß er zum Grundstock seines ferneren Glückes wurde. Den gütigen Berggeist aber behielt er stets in ehrfürchtigem Angedenken.

Es versteht sich von selbst, daß die Kunde von seinem Glück bald in weite Kreise drang; auch machte er selbst kein Geheimnis daraus, sondern erzählte seine Geschichte jedermann, der sie hören wollte. Da kamen nun an die Hunderte von Leuten und stiegen in die Grotte am Schöckel hinab und hofften, den Berggeist zu sehen. Aber der ließ sich nicht blicken. Für alle, die nur Habgier und nackte Gewinnsucht in sein Reich führte, hatte der Berggeist kein Goldkörnlein übrig.

AGNES VON PFANNBERG

Etwa eine Wegstunde südlich von Frohnleiten ragt auf einem Vorberg des Gebirgszuges ein mächtiger Turm gegen den Himmel empor, der viele Jahrhunderte hindurch Sturm und Wetter getrotzt hat. An seinen Fuß schmiegt sich das halb verfallene Gewölbe einer Kapelle, während sich rings im Umkreis eingestürzte Mauerreste, Schutt und Geröll, untermischt mit Dickicht und Dornengestrüpp, den Augen des Beschauers darbieten; das ist alles, was von der stolzen Feste Pfannberg übriggeblieben ist, die von den Söldnern des Böhmenkönigs Ottokar III. im Jahre 1269 zerstört wurde.

Die Herren dieser Burg, die Brüder Bernhard und Heinrich von Pfannberg, waren im Heer des Böhmenkönigs, der damals auch Herzog der Steiermark war, mit vielen anderen Rittern und Herren gegen die Preußen und Litauer zu Felde gezogen. Bald darauf wurden sie mit mehreren anderen steirischen Rittern fälschlich der Untreue und des Verrates gegen König Ottokar bezichtigt und in Gewahrsam genommen. Ende Mai des Jahres 1269 erschienen die Söldnerscharen des Böhmenkönigs vor dem Schloß Pfannenberg und forderten die Besatzung der Burg zur Übergabe auf.

Frau Agnes, die edle, hochgemute Frau Bernhards von Pfannberg, war über die Gefangennahme ihres Ehemannes aus höchste erbittert und zur Gegenwehr entschlossen. Sie lehnte die Übergabe der Feste ab, und die der Herrin treu ergebene Besatzung der Burg empfing die anrückende Feindesscharen mit einem dichten Hagel von Geschoßen aller Art. Ein mehrmaliger Versuch, die Burg im Sturm zu nehmen, kam den Angreifern teuer zu stehen. Sie büßten fast ein Drittel ihrer Leute ein, ohne den geringsten Erfolg zu erringen. Da beschlossen sie, die von allen Seiten umzingelte Burg zu belagern und auszuhungern.

Schon zwei Wochen lang lag der Feind vor der Burg, und es schien, als ob die Belagerung aussichtslos wäre, da sahen eines Tages einige feindliche Söldner einen kleinen Jungen, der an einer steilen Stelle des Burgfelsens lustig herumkletterte. Sie beobachteten ihn längere Zeit und bemerkten, daß er plötzlich in eine Felsspalte schlüpfte und nicht wieder zum Vorschein kam. Es war das Söhnchen des Burgvogts gewesen, das am sonnigen Hang nach Erdbeeren gesucht hatte. Ein wagemutiger Söldner stieg nun bei Nacht den Schloßberg hinan und untersuchte die Felsspalte. Dabei entdeckte er, daß sie durch einen am Ende abgesperrten Gang mit dem Innern der Burg in Verbindung stand. Nun beschloß der feindliche Befehlshaber, sich durch List der Burg zu bemächtigen.

Als die Belagerten am nächsten Tag nach dem Feinde Ausschau hielten, sahen sie mit Staunen und Jubel, daß die Feinde ihr Lager abbrachen und schleunigst davonzogen. Aber sie jubelten zu früh! Während die tapferen Mannen der Burg im Schloßhof bei einem Freudenmahl saßen, das ihnen die Herrin in dankbarer Anerkennung ihrer Treue und Tapferkeit bewilligt hatte, und niemand an neuerlichen Kampf dachte, ja selbst die aufgestellten Wachtposten in sträflicher Pflichtversäumnis sich an der Freudenfeier beteiligten, war das Unheil schon unterwegs. Niemand in der Burg bemerkte, daß sich gegen Mitternacht einzelne Bewaffnete vorsichtig dem Schloßberg näherten und den Hang zu besteigen begannen. Bald war die Felsspalte gefunden, in der das Söhnlein des Burgvogts verschwunden war. Die schwache Eisentür, die den schmalen Zugang ins Innere der Burg abschloß, wurde ohne sonderliche Mühe erbrochen, und ungehindert konnten die feindlichen Söldner bis in den Burghof vorstoßen.

Während ein Teil der eingedrungenen Feinde sich ohne Säumen auf die völlig überraschte Besatzung stürzte, bemächtigten sich die übrigen des Tores und ließen eine andere Schar ein, die im Schutz der nächtlichen Dunkelheit unbemerkt den Berg auf der anderen Seite erstiegen hatte. Ein erbittertes Ringen entspann sich, das damit endete, daß der größte Teil der Verteidiger niedergemetzelt wurde; nur einem kleinen Häuflein, etwa zwanzig Mann stark, gelang es, sich in den festen Turm zu retten und das Tor hinter sich zuzuwerfen.

Als die Feinde in den Burghof eindrangen, hatte sich die heldenmütige Schloßherrin Agnes gerade in einem ihrer Turmzimmer aufgehalten. Ans Fenster tretend, erkannte sie rasch die verzweifelte Lage. Aber an nichts weniger als ängstlichen Jammer oder feige Übergabe denkend, sprang sie mit kampfsprühenden Augen sogleich in die Rüstkammer, bewaffnete sich mit Schild und Schwert und eilte zu den wenigen ihr noch verbliebenen Getreuen. Mit flammenden Worten forderte sie die Männer auf, sich mit ihr einen Weg durch die Schar der Feinde in die Freiheit zu erkämpfen und lieber in mutigem Kampf zu sterben, als sich feige in schmähliche Gefangenschaft zu begeben.

Die Worte der tapferen Herrin, die sich wie eine Kriegsgöttin an die Spitze des Häufleins stellte, versetzte die kleine Schar in helle Begeisterung. Jubelnd stimmten sie ihr zu, das Tor des Turmes flog auf, und wie ein Ungewitter stürmten die tollkühnen Männer, dicht geschart um ihre Herrin, auf den überlegenen Feind ein. Überrascht von dem unvermuteten Anprall, wichen die Söldner unter den Schwertstreichen der verbissen kämpfenden Verteidiger zurück, und es gelang den todesmutigen Kämpfern, sich bis in die Nähe des Burgtores durchzuschlagen. Schon schienen Rettung und Freiheit zu winken, da die siegessicheren Feinde unterlassen hatten, das Burgtor zu schließen, als die mutige Schloßfrau, von einem feindlichen Speer am Schenkel verwundet, mit einem leisen Wehruf zusammenbrach.

Bestürzt sahen die tapferen Kämpfer den Fall ihrer heldenmütigen Herrin. Aber ehe sie sich noch von ihrem Schrecken erholt hatten, waren sie vom Feind umzingelt und fielen trotz tapferer Gegenwehr Mann für Mann dem Schwert zum Opfer, bis auf zwei, denen es glückte, dem gräßlichen Kampf zu entkommen.

Aber auch Agnes von Pfannberg entging dem schimpflichen Los der Gefangennahme. Trotz ihrer Verwundung kämpfte sie weiter. Mit übermenschlicher Anstrengung streckte sie noch zwei der böhmischen Feinde, die sich ihrer bemächtigen wollten, mit dem Schwert zu Boden, bis sie, von einem wuchtigen Hieb getroffen und zugleich von einer feindlichen Lanze durchbohrt, ihre tapfere Seele aushauchte.

Der Kampf war zu Ende. Unter Blut und Leichen der Verteidiger und ihrer eigenen Kameraden feierten die übermütigen Sieger ein üppiges Fest. Alle Vorräte der Burg wurden zusammengeschleppt, alle Keller geplündert, bis zum Morgen dampften die Schüsseln, kreisten die Gläser. Und als die Sonne sich über dem Kampfplatz erhob, gingen sie daran, die Gefallenen zu plündern und den Leichnam der Schloßherrin zu suchen. Denn sie hatten den strengen Auftrag, Pfannberg zu zerstören, die Gattin des Burgherrn aber tot oder lebendig dem Statthalter König Ottokars einzuliefern. Aber trotz allen Suchens fanden sie den Leichnam der Burgfrau nicht. Jene zwei Männer, die dem Blutbad entronnen waren, hatten sich nämlich während des nächtlichen Gelages nochmals unbemerkt in den Burghof geschlichen und den Körper ihrer toten Herrin mit sich fortgenommen.

Bevor die Sieger abzogen, steckten sie die Feste in Brand, und bald lag dort, wo die stolze Burg sich erhoben hatte, nur mehr ein rauchender Trümmerhaufen, nichts als der große Turm blieb erhalten.

Alljährlich in einer Vollmondnacht des Monats Juni zur mitternächtlichen Stunde kann man Pferdegewieher und das Murmeln vieler Stimmen aus den Überresten der verfallenen Burg vernehmen, und es ist, als ob dumpfes Waffengeklirr an das Ohr des lauschenden Wanderers dringe. Und dann erscheint auf vorspringendem Mauersockel eine hohe Gestalt in flatterndem weißem Gewand, das von goldblonden Locken umwallte Haupt mit einem Helm bedeckt. Schild und Schwert erglänzen in ihren Händen, und hinter ihr drängt sich die geisterhafte Schar ihrer Anhänger. Es ist Agnes von Pfannberg, die heldenmütige Verteidigerin der Burg, die da in der Geisterstunde mit ihrem Gefolge Umschau hält in ihrem Heimatland, forschend, ob der Heimatboden frei sei von Feinden und fremden Bedrängern.

AGNES von PFANNBERG

DIE HEXE VON GLEICHENBERG

Im oststeirischen Grenzland ragt auf steil abfallenden Felsen ein mächtiger Bau himmelan, das Schloß Gleichenberg, ein stolzes Mahnmal an siegreiche Abwehrkämpfe, eine warnende Erinnerung an dunkle Zeiten des Aberglaubens.

Vor vielen Jahren war es, da erging sich die gütige Schloßherrin still und besorgt im Hof der Burg. Liebevoll hielt sie in den Armen ein winziges Menschenkind, ihren Sohn, das kraftlos und bleich am Herzen der Mutter ruhte. Eine tückische Krankheit hatte das Kindlein befallen, und keine Pflege, kein Arzt und keine zauberkundige Frau hatten bisher eine Heilung oder Besserung zu bewirken vermocht. In trübe Gedanken versunken, schritt die Burgfrau dahin.

Da wurde sie plötzlich durch ein lärmendes Stimmengewirr in ihrem Nachdenken gestört. Der Vogt und seine Helfer zerrten ein kreischendes junges Zigeunerweib zur Burg, und sooft es im Gehen innehielt, trafen Peitschenhiebe die Schultern der Frau, daß sie schreiend den Weg fortsetzte.

„Eine verdächtige Dirne, gnädige Frau“, rief der Vogt der Herrin zu. „Dieses Zigeunergesindel führt stets böse Taten im Schild.“

Laut weinend stürzte die Zigeunerin der Schloßherrin zu Füßen und flehte um Erbarmen. Mitleidig hob diese das Zigeunerweib auf und tröstete es. Dann sprach sie zu den Männern: „Für diesmal soll Gnade für Recht ergehen!“ Die Männer nahmen den Befehl der Schloßfrau entgegen und gingen davon. Die Herrin aber neigte sich milde zu der Zigeunerin und sagte leise: „Armes Vöglein, hab keine Angst und fliege wieder weiter!“

Dankbar erhob sich die Zigeunerin und warf einen mitleidigen Blick auf das müde, blasse Gesicht des Söhnleins, das die Burgfrau an sich drückte. „Herrin“, sagte sie, „nehmt meinen Dank für Eure Milde und Güte und erlaubt mir, Euch zum Zeichen dafür eine kleine Gabe zu bringen, die wieder rote Rosen auf die bleichen Wangen Eures Kindes streuen soll. Ich weiß einen wundertätigen Trank, der irdische Krankheiten lindert und heilt. Ich will Euch jeden Abend ein Krüglein davon hierher zu diesem Stein schikken.“ Nach diesen Worten verschwand sie im nahen Gebüsch, die Schloßfrau aber blickte mit Tränen in den Augen auf das zarte Knäblein, das leise zu wimmern begann.

Als sie am nächsten Abend zum Stein trat, stand wirklich ein Krüglein mit perlendem Wasser da, das sie ihrem Söhnlein zu trinken gab. Allabendlich wiederholte sich der gleiche Vorgang; vertrauensvoll gab die Schloßherrin ihrem kranken Söhnlein den Zaubertrank. Das ging so viele Wochen. Mit Freude sah die Schloßfrau, wie die Wänglein des Kindes röter und voller, die Glieder stärker und praller wurden; das Gebräu der Zigeunerfrau schien wirklich Wunder zu wirken. Und als drei Monate vergangen waren, saß eine glückliche Mutter beim Stein, und ein munterer Bub spielte vor ihr im Gras. Da teilten sich die Büsche, und das braune Zigeunerweib stand vor der Burgherrin und blickte mit frohem Lächeln auf den fröhlich spielenden Jungen. Überrascht erkannte die Frau die Spenderin des heilsamen Trankes und sprach in mildem Ton: „Komm mit mir, ich will dir's reichlich lohnen, daß du mit deinem Zauberwasser Hilfe gebracht hast." Die Zigeunerin aber schüttelte den Kopf und äußerte: „Nein, gnädige Schloßfrau, meinen Lohn habe ich schon empfangen. Gott schütze Euch und Euer Kind!" – „So nimm doch wenigstens dies zum Andenken", entgegnete die Schloßherrin und nahm vom Hals des Jungen eine goldene Kette mit dem Bild des Knaben, das sie der schwarzlockigen Maid überreichte. „Habt Dank, edle Frau!" sagte diese und verschwand im Gebüsch.

Jahre waren vergangen. Aus dem kleinen Jungen war ein wackerer Ritter geworden, der manchen schweren Kampf bestanden und viele tapfere Taten vollbracht hatte. Wieder war eine stürmische Zeit angebrochen, rebellische Bauern verwüsteten das Land und brachen manche stolze Ritterburg. Aber an den Mauern der festen Burg Gleichenberg rannten sie sich vergebens ihre Schädel blutig. Schließlich stellten sie den Kampf ein und suchten wieder Verzeihung bei ihrem Herrn zu erlangen.

Eines Tages drängte sich ein heller Haufen lärmender und schimpfender Bauern vor dem Burgtor und verlangte, vor den Burgherrn geführt zu werden. In ihrer Mitte schleppten sie ein Zigeunerweib, das sich infolge der erlittenen Mißhandlungen kaum mehr auf den Füßen halten konnte.

„Herr", riefen sie, „wir bringen hier eine Hexe. Sie ist schuld an unserem Unglück und an unserem Unverstand. Sie hat uns behext, daß wir Recht von Unrecht nicht mehr unterscheiden konnten. Sie hat unser Vieh verzaubert und unsere Felder ruiniert. Sie steht mit dem Bösen im Bunde und hat den Tod verdient."

Man fragte sie aus, doch sie leugnete; man schleppte sie in die Folterkammer und wandte die peinliche Befragung an. Da, in ihrer Not und Qual, schrie sie, daß es durch Halle und Schloß gellte: „O edler Herr von Trauttmansdorff, Euch bitte ich in höchstem Leid um Rettung aus dieser Not. Helft mir doch, o edler Herr!"

Der Schloßherr, der soeben mit seinem Gefolge in den Burghof einritt, hörte diesen Notschrei und gebot: „Bringt das Zigeunerweib vor mich!"

Man schleifte sie herbei; sie aber warf sich ihm zu Füßen und flehte: „Herr, erbarmt Euch meiner, nehmt mir die Ketten ab! Ich bin's, der Eure Mutter vor vielen Jahren das goldene Kettlein schenkte!" Sie löste es stöhnend vom Hals und hielt es zitternd dem Ritter hin. Der nahm es entgegen und erkannte erstaunt – sein eigenes Bild.

Erschüttert rief er aus: „O Gott, die Arme! Sie ist's, die mir einst als Knaben das Leben gerettet hat. Schnell, nehmt ihr die Fesseln ab, macht sie frei und gebt ihr zu Essen!" Eilig vollzog man den Befehl des Herrn. Doch es war zu spät. Die Qualen und Mißhandlungen hatten ihre schwachen Kräfte fast zur Auflösung gebracht.

„Edler Herr", flüsterte sie, „laßt mich sterben! Doch zuvor will ich Euch noch den Quell zeigen, der Euch die Kräfte wiedergab, der noch vielen leidenden Menschen zum Heil werden kann. Aber es eilt, ich fühle, wie meine Lebenskraft hinschwindet."

Man trug die Sterbende hinunter ins Tal, wo sie noch den Weg zur Quelle wies. „Diesen Brunnen hat Gott geschaffen", sagte sie mit schwacher Stimme, „zum Segen für Euch und die ganze Menschheit." Nach diesen Worten hauchte sie ihre Seele aus.

Der Brunnen in Gleichenberg aber ist in Wahrheit ein Segensquell geworden für die leidende Menschheit bis zum heutigen Tag.

DIE AUFFINDUNG DES ERZBERGES

Wenn man dem Lauf des Erzbaches talwärts folgt, gelangt man dort, wo der Abfluß des Leopoldsteiner Sees herabrauscht, in einer engen Talschlucht hart an der Straße zu einer grottenartigen Vertiefung im Felsen, aus der dem Wanderer ein unheimlich dunkler Wasserspiegel entgegenblickt. Hier soll es gewesen sein, wo vor vielen tausend Jahren, zu König Davids Zeiten, öfter eine sonderbare Menschengestalt aus der Höhlenflut auftauchte, um sich an der Sonne zu wärmen. Den Bergbewohnern war das seltsame Wesen, das einen schuppigen Fischleib hatte, wiederholt zu Gesicht gekommen. Sie hielten es für einen Wassermann und beschlossen, es bei nächster Gelegenheit zu fangen. Da sie fürchteten, der schlüpfrige Körper der Gestalt würde ihren Händen entgleiten, beschmierten sie einen alten Mantel mit Pech, warfen ihn dem im Schlaf überraschten Männlein über den Körper und hielten es fest. Sodann fesselten sie es an Armen und Beinen und gaben ihm zu Essen und zu Trinken, bis der Kleine, von dem ungewohnten Genuß betäubt, an eine Leine gebunden, mit ihnen talwärts ging.

Als sie aber zu der Stelle gelangten, wo man zum ersten Mal den Erzberg sieht, wurde das Männchen widerspenstig und weigerte sich weiterzugehen. Es sträubte sich mit aller Kraft gegen seine Führer, geriet in Zorn und verlegte sich, als alles nichts nützte, auf Bitten und Betteln; schließlich bot es den Bergbewohnern einen hohen Lohn für seine Freilassung an.

„Laß hören, was du uns bieten kannst!“ meinten die Männer.

Da sagte der Kleine: „So wählt euch selber aus, was ihr wollt. Ich kann euch Goldminen ein Jahr geben, Silberminen auf zehn Jahre oder Eisenminen auf immer. Aber wählet gut!“

Ohne lange zu zögern, riefen die Männer: „Gib uns Eisenminen für immer!“

„Ihr habt gut gewählt“, erwiderte der Wassermann; „seht, dort steht der Berg, der euch Eisenmetall für eine Ewigkeit spenden wird; verwendet es gut zu eurem und eurer Nachkommen Glück und Segen!“ Bei diesen Worten wies er auf den nahen massigen Erzberg.

Da gedachten die Männer zuerst die Ergiebigkeit des Berges zu erproben und erst dann das Männlein in Freiheit zu setzen, wann sie sich von der Wahrheit seiner Worte überzeugt hätten.

Ein halbes Jahr lang bauten sie den Berg ab, an dessen Hängen das rötliche Eisenerz offen zutage lag. Und wirklich, nach dieser Zeit hatten sie so viel reichhaltiges Erz gewonnen, daß sie erkannten, das Männlein habe die Wahrheit gesprochen. Nun säumten sie nicht länger, dem Wassermann die Freiheit wiederzugeben. Sie brachten den Wassermann zu der Höhle, neben der sie ihn gefangen hatten, und versenkten ihn wieder in das dunkle Wasser der Höhle. Da bebten die Felsen ringsumher, das schwarze Gewässer färbte sich blutrot, und eine höhnische Stimme erscholl aus der Tiefe: „Um das Beste habt ihr zu fragen vergessen: um den Karfunkelstein und die Bedeutung des Kreuzes in der Nuß.“ Was das Männlein damit sagen wollte, ist ein Rätsel geblieben. Man meint, daß der Karfunkelstein für die Bergleute das beste und sicherste Grubenlicht sei, das Kreuz in der Nuß aber mit der Verwendung des Kompasses im Bergwerk zusammenhängt.

Der Wassermann zeigte sich von da an nicht mehr, weder in der Grotte noch im Leopoldsteiner See. Der Erzberg aber ist zum ewigen Segen für das ganze Land geworden.

DER HÖLLENTORWART VON MARIAZELL

In der Nähe von Mitterbach bei Mariazell stand vor etlichen Jahren ein kleines Wirtshaus, wo die Holzknechte der Umgebung an Sonn- und Feiertagen zusammenkamen, um sich bei Spiel und Sang zu unterhalten, dabei natürlich auch manch tüchtigen Trunk zu tun und nicht zuletzt nach altem Holzknechtbrauch ordentlich zu raufen. Einer dieser Holzarbeiter war diesem Brauch besonders zugetan; er war wegen seiner Wildheit weit und breit bekannt und hieß deswegen auch der „schreckliche Sepp“. Das Raufen an Sonn- und Feiertagen war ihm geradezu zum Bedürfnis geworden, ebenso wie der Fusel, den er an solchen Tagen in großen Mengen zu sich nahm.

Es war am Feste Christi Himmelfahrt. Scharenweise pilgerten die Leute nach dem Gnadenort Mariazell, um ihre Andacht zu verrichten. Auch der schreckliche Sepp, bekleidet mit einer grauen, grün ausgeschlagenen Lodenjacke, rotem Brustlatz, gamsledernen Kniehose, grünen Strümpfen, groben Nagelschuhen, auf dem Kopf ein grünes Hütchen mit Gamsbart und unternehmend nach vorn gerichtetem Spielhahnstoß – eine Aufforderung an die ihm Entgegenkommenden zum Raufen –, machte sich auf den Weg. Aber nicht die Absicht, die Kirche zu besuchen, führte ihn nach Mariazell, der Wunsch zu raufen trieb ihn an den Wallfahrtsort. „Heute ist Feiertag, heute muß gerauft werden auf jeden Fall und um jeden Preis!“ sagte sich der Sepp und ging von einem Gasthaus zum anderen, um eine Gelegenheit zum Raufen zu finden. Aber alle seine Reden und Herausforderungen zogen nicht, niemand wollte den hohen Feiertag durch eine Rauferei entweihen.

Mit sich und der Welt unzufrieden, weil er seine Rauflust nicht befriedigen konnte, machte sich der Holzknecht zu Mittag auf den Heimweg. „Gerauft muß heute noch werden, koste es, was es wolle, was geht mich der Feiertag an!“ brüllte der Betrunkene und stänkerte alle ihm Entgegenkommenden an, ohne aber den gewünschten Erfolg zu erzielen. „In dem Wirtshaus bei Mitterbach wird es wohl genug Leute geben“, so tröstete er sich schließlich, „da kann ich mich austoben!“ Aber soviel Leute und Kameraden er hier auch traf, keiner wollte sich heute in einen Handel mit ihm einlassen.

„Sepp“, meinten die Holzknechte, „Sepp, der heutige Tag ist doch für eine Rauferei zu heilig. Setz dich nieder und sei ruhig!“

„Nein“, schrie der Sepp wütend, „ich muß heute noch raufen, und wenn's mit dem Teufel selbst wäre!“ Grölend lief er bei der Tür hinaus und begann zu schimpfen, um damit zur Rauferei herauszufordern. Da erscholl vom nahen Wald her ein gellender Jauchzer. „Ha“, rief der Sepp, „da drinnen steckt einer, der mit mir raufen will. Jetzt kann’s losgehen!“ Und unter lautem Rufen eilte er dem Wald zu und verschwand bald im Gebüsch.

Sepps Kameraden schüttelten nachdenklich die Köpfe. Ihnen wollte es gar nicht gefallen, daß der Tag durch eine Rauferei entweiht werden sollte. Sie kannten Sepp und seine Stärke und wußten, daß er nach der Rauferei wieder im Wirtshaus erscheinen und sich mit seiner Heldentat brüsten würde. So warteten sie denn gespannt auf seine Wiederkehr. Aber Stunde um Stunde verstrich, der wilde Sepp kam nicht. Es vergingen Tage und Wochen; Sepp war und blieb verschwunden.

Oft sprachen die Holzknechte noch vom Sepp und rieten hin und her, was ihm wohl zugestoßen sein mochte. Keiner wußte seinen Aufenthalt, nichts war von ihm zu erfahren, seine Hütte blieb verschlossen.

Drei Jahre vergingen. Wieder war das Fest Christi Himmelfahrt, und die Holzarbeiter gingen wie üblich von ihrem Arbeitsplatz im Wald nach Mariazell zum Gottesdienst. Wortlos gingen sie dahin. Als sie in die Nähe der Keusche des schrecklichen Sepp kamen, brach einer das Schweigen und meinte: „Was wohl aus dem wilden Sepp geworden sein mag? Heute sind es gerade drei Jahre, daß wir ihn im Wirtshaus bei Mitterbach zum letztenmal trafen. Ich sehe ihn noch vor mir, wie er eilig in den Wald lief. Noch immer höre ich seine letzten Worte: „Jetzt kann’s losgehen!“

Währenddessen waren sie an die Hütte des Sepp herangekommen und sahen – o Wunder! – den wilden Sepp voll Ruß und Schweiß bei der Hüttentür auf einem Holzklotz sitzen.

„Ja, Sepp", riefen sie, ihn umringend, „wo kommst denn du daher? Wo bist du denn so lang gewesen? Warum hast du gar nichts von dir hören lassen?"

Der Sepp hob abwehrend die Hand und gab durch Gesten zu verstehen, daß er durstig sei und vor allen Dingen zu trinken wünsche. Schnell lief einer der Holzknechte, das Gewünschte zu bringen, und nachdem sich der durstige Holzfäller mit einem tüchtigen Schluck aus dem Wasserkrug gestärkt hatte, begann er zu erzählen.

„Als ich heute vor drei Jahren in den Wald ging, kam mir einer entgegen, von dem ich glaubte, er wolle es mit mir aufnehmen. Ich forderte ihn zum Raufen heraus, aber er packte mich mit ungeheurer Kraft, und zugleich öffnete sich die Erde unter meinen Füßen. Wir sanken beide immer tiefer, bis wir in der Hölle landeten. Hier bedeutete mir mein Überwinder, daß ich zur Strafe für meine Rauflust an dem hohen Festtag in der Hölle den Dienst des Torwarts zu versehen hätte. Zu essen bekam ich genug, aber nichts zu trinken, denn alles Flüssige verdampft wegen der großen Hitze in der Hölle sofort. Auch zum Schlafen ließ mir mein Dienst keine Zeit, weil es ständig zu tun gab. Man sollte nicht glauben, wie viele Leute täglich zur Hölle wandern. Kaum hatte ich eine Partie abgefertigt, war schon wieder eine neue da. Kurz, ich habe während der ganzen drei Jahre kein Auge zugetan. Erst heute wurde ich von meinem Dienst abgelöst, und mein Vorgesetzter erlaubte mir, mich schlafen zu legen. Als ich erwachte, fand ich mich hier in meiner Hütte."

Sepp wusch sich, wechselte sein Gewand und ging sodann mit seinen Kameraden in die Gnadenkirche nach Mariazell. Mit seiner bösen Rauflust aber war es von dieser Stunde an vorbei.

DIE SILBERNEN BUBEN VON ARZBERG

Südlich von Passail am Eingang der Raabklamm liegt das Dorf Arzberg. Nahe des Ortes war lange Zeit ein reicher Silberbergbau im Betrieb, und der Name des Dorfes wird mit der einstigen Erzgewinnung in Zusammenhang gebracht. Die in der Nähe aufsteigenden Gösser Wände, im Innern stark zerklüftet, bergen nach der Meinung der Bevölkerung noch heute reichhaltige Silbererze, die von seltsamen Bergmännchen, den silbernen Buben, behütet werden.

Einst kam ein armer, aber ehrlicher Bergknappe namens Jakob in die Gegend von Arzberg, um hier sein Glück im Bergbau zu versuchen. Er stieg in den umliegenden Bergen umher und kroch alle Felshänge ab, beklopfte die Wände und untersuchte herausgebrochene Felsstücke, um Proben erzhaltigen Gesteins zu finden. Auf seinen Gängen kam er auch in die Gösser Wände und klopfte und hämmerte drauflos; aber nirgends zeigte sich eine der gesuchten Erzadern. Ermüdet von der Arbeit des Tages, legte er sich einmal gegen Abend auf eine kleine Rasenfläche, um ein wenig auszuruhen. Nach kurzer Zeit war er eingeschlafen.

Als er wieder erwachte, ging es gegen Mitternacht, und der Vollmond tauchte die ganze Gegend in magischen Schimmer. Er stand auf und wollte sich eben auf den Heimweg machen, um sein Nachtquartier, das er in der Hütte eines armen Landwirtes aufgeschlagen hatte, zu beziehen, als sein Blick auf einen kleinen Wiesenfleck fiel, der im hellen Mondschein unten im Tale jenseits des Flusses lag. Erstaunt blieb er stehen und beobachtete aufmerksam das seltsame Treiben, das sich vor seinen Augen da unten abspielte. Um besser zu sehen, stieg er schließlich vorsichtig den Hang hinunter und schlich sich, durch das Gebüsch verdeckt, an die Wiese heran. Eine Schar munterer Buben in Bergmannskleidung, die silberhell glänzte, sprang und tanzte auf der ebenen Wiesenfläche im Zwielicht des Mondes umher. Einige pochten mit kleinen Hämmern an den Felswänden herum oder schlugen auf das Gestein, daß die Funken sprühten, andere lasen die losgebrochenen Stücke auf und schafften sie weg, während sie sich dazwischen in neckischem Spiel mit kleinen glänzenden Steinen bewarfen. Das alles vollzog sich so ruhig und geräuschlos, daß den Bergmann ein unheimliches Gefühl beschlich und er sich rasch davonmachen wollte. Aber kaum hatte er einige Schritte getan, als die silbernen Buben ihn bemerkten und mit Steinen nach ihm zu werfen begannen. Er ließ sich aber dadurch nicht aufhalten, sondern setzte eilig seinen Weg fort, obwohl sie ihn mit ihren Steinwürfen bis zum Haus seines Quartiergebers verfolgten.

Am nächsten Morgen erzählte Jakob dem Landwirt sein nächtliches Erlebnis, und dieser teilte ihm mit, was er über die silbernen Buben wußte, und riet ihm, an jener Felswand, an der die Kobolde in der vergangenen Nacht gearbeitet hätten, nach edlem Erz zu schürfen. Der Bergmann befolgte den Rat des Landwirtes, entlieh sich den Wagen, spannte die Pferde vor und fuhr ins Gebirge. Schon am Weg begegnete ihm einer der silbernen Buben, so daß er hoffen konnte, die richtige Fährte zu haben. Tatsächlich hatte er das Glück, auf eine reiche Silberader zu stoßen. Nun war er ein gemachter Mann. Er nahm andere Bergknappen in seine Dienste und begann das Silber bergmännisch abzubauen. Reicher Gewinn war der Lohn seiner eifrigen Arbeit.

Aber das Glück des fleißigen Bergknappen erweckte bald den Neid gieriger Leute. Jakob mußte nämlich einen Teil seines Gewinnes nach dem Recht der damaligen Zeit an den Besitzer der nahen Burg Stubegg, den Grafen von Stubenberg, abliefern. Da sich der Graf im Krieg befand, hatte er es mit dem Verwalter des Gutsbesitzers, einem hartherzigen Bösewicht, zu tun. Dieser suchte Jakob auf jede Weise zu benachteiligen und ließ ihn sogar, als der Bergmann sein Recht wahren wollte, in den Kerker werfen.

Nun gedachte der arglistige Verwalter, sich selbst das ergiebige Bergwerk anzueignen; aber er mußte seine verbrecherische Absicht mit dem Tod büßen. Als er nämlich in den Berg einstieg, um die reichen Schätze an edlem

Erz, die noch dort aufgelagert waren, in Augenschein zu nehmen, lockten ihn die silbernen Buben immer weiter ins Innere des Berges hinein, bis er sich in den dunklen Gängen des Bergwerks verirrte, so daß er nimmer ans Tageslicht kam.

Jakob wurde nach der baldigen Heimkehr des Burgherrn aus der Kerkerhaft entlassen und ließ zum Dank für seine Befreiung und den reichlichen Bergsegen die Kirche zum heiligen Jakob in Arzberg erbauen. Das Bergwerk wurde jahrhundertelang betrieben, bis allmählich die Adern taub wurden und so der Erzbau zum Stillstand kam. Seitdem sah man auch die silbernen Buben nicht mehr.

DER WILDSEE AUF DEM ZIRBITZKOGEL

Dort, wo heute der Wildsee am Zirbitzkogel seine stillen Gewässer ausbreitet, stand vor Zeiten ein Bergkirchlein, in dem die Senner und Sennerinnen der umliegenden Almen an Sonntagen eine Messe hören konnten. Einmal aber geschah es, daß die Burschen und Mädchen in ausgelassener Stimmung in der Kirche ein Trinkgelage abhielten und in ihrem Übermut zum Klang der Glocken und der Orgel in den heiligen Hallen zu tanzen anfingen. Als das wüste Treiben seinen Höhepunkt erreicht hatte, erschien eine unbekannte alte Frau in der Kirche, die ein Gefäß mit Wasser trug. Sie verwünschte das freche Treiben der jungen Leute und begann das Wasser, das ohne Unterlaß dem Gefäß entströmte, in der Kirche auszugießen. Das Wasser stieg immer höher und höher, alle Frevler kamen darin um, und das Kirchlein selbst versank in den Fluten des Sees, der sich an der Stelle bildete, wo die Kirche gestanden war. Nur die Spitze des Kirchturms ragte ein wenig über den Seespiegel empor.

Nach vielen Jahren wurde einem frommen Landwirt die Kunde zuteil, daß das Kirchlein von zwei Stieren, die von einer Kuh auf einmal geworfen und von ihr durch sieben Jahre gesäugt würden, aus dem See gezogen werden könne. Als bald darauf eine seiner Kühe zwei Stierkälber warf, faßte er den

Entschluß, mit ihnen die Kirche aus den Wasserfluten zu heben. Er beauftragte seine Magd, die ganze Milch der Kuh den beiden Stieren zu belassen und die Kuh nie zu melken, weil nach der Prophezeiung den Stieren kein Tropfen Muttermilch entzogen werden durfte.

Die Magd befolgte den Auftrag des Landwirtes bis zum letzten Tag des siebenten Jahres. An diesem Tag vergaß sie darauf und molk die Kuh. Am nächsten Tag wurden die beiden Stiere feierlich zum Wildsee geführt. Eine lange Kette wurde um die Turmspitze geschlungen und mit dem Ochsengespann verbunden. Unter erwartungsvoller Stille des herbeigeeilten Volkes begannen die beiden Stiere ihre Arbeit und das Kirchlein hob sich ruckweise immer mehr und mehr aus dem Wasser. Schon zeigte sich die Schwelle der Kirchentür, und es bedurfte nur mehr eines kleinen Ruckes, um die Kirche ganz aus dem Wasser zu ziehen – da erlahmten die Kräfte der Tiere, da ihnen aus Verschulden der leichtsinnigen Magd am letzten Tag die Milch entzogen worden war.

Langsam sank die Kirche wieder ins Wasser zurück, immer tiefer und tiefer, bis auch die Turmspitze im Wasser verschwand. So ruht sie nun auf dem Grund des Sees, und kein Menschenauge wird sie je wieder erblicken.

Unergründlich tief sind die Wasser des Wildsees, und friedliche Ruhe herrscht zumeist in seinen dunklen Fluten. Manch einer weiß aber von sonderbaren Gestalten zu erzählen, die von Zeit zu Zeit im See ihr Wesen treiben.

DIE SCHLANGENKÖNIGIN BEI JUDENBURG

In einem sonnseitig gelegenen Steinbruch auf dem Weg von Eppenstein nach Kathal im Bezirk Judenburg wimmelte es vorzeiten von Schlangen; darunter sah man eines Tages auch eine weiße, die ein Krönlein auf dem Haupt trug, die Schlangenkönigin. Nur alle hundert Jahre soll die gekrönte Schlange zu finden sein. Ihre kostbare Krone aber, der man geheime Zauberkräfte beimißt, wird von den Bergmännlein im Innern der Erde auf höchst kunstfertige Weise geschmiedet.

In der Nähe des Steinbruches stand eine ärmliche Hütte, die ein Steinbrecher mit seiner Frau und seinem Töchterchen bewohnte. Das kleine Mädchen saß oft vor der Tür der Hütte und aß aus einer Schale seine Milch, in der Brotstücklein eingebrockt waren. Als die Kleine eines Abends wieder ihr Mal hielt, kam, angelockt durch den Duft der Milch, die Schlangenkönigin herbeigekrochen und leckte begierig an der Milch, während das Kind ruhig weiterlöffelte und neugierig dem Tun der Schlange zusah. Nach einiger Zeit aber sagte das Kind zur Schlange, wie die Mutter wohl oft das Kind ermahnt haben mochte: „Du darfst nicht nur die Milch schlecken, du mußt auch Bröcklein essen." Die Schlange freilich kümmerte sich um diese kindliche Mahnung nicht und leckte mit dem spitzen Zünglein weiter nur an der Milch. Da rief die Kleine erbost: „Du willst nicht, da werde ich dir aber helfen!" und schlug der Schlange mit dem Löffel auf den Kopf. Dabei fiel das Krönlein dem Kind in den Schoß; die Schlangenkönigin aber kroch eilends fort.

Die Mutter des Mädchens hatte aus der Ferne noch gesehen, wie das Kind nach der Schlange schlug und wie diese enteilte, und kam entsetzt herbeigelaufen, um zu sehen, ob ihr Töchterlein, das die Gefahr nicht ahnte, der es ausgesetzt war, keinen Schaden genommen habe. Als sie erkannte, daß das Kind unverletzt war, nahm sie es unter Freudentränen auf den Schoß und herzte und küßte es. Das Kind aber plapperte fröhlich, erzählte der Mutter von der Schlange und zeigte das glitzernde Krönlein, das es im Fäustchen hielt. In der Hütte wurde das Mädchen zu Bett gebracht und schlief bald ruhig ein. Die Steinbrecherleute aber betrachteten beim Schein der Kerze mit Erstaunen das schimmernde Gebilde, das ganz aus Gold und Edelsteinen gefertigt war. Plötzlich wurden sie durch ein unheimliches Zischen und Rasseln, das vom Fenster her in die Stube drang, aus ihrer stummen Bewunderung aufgescheucht. Als sie erschrocken die Blicke zum Fenster wandten, sahen sie eine Unzahl von Schlangen, die zischend und züngelnd am Fenster hin und her glitten und mit den Köpfen an die Scheiben stießen. Aufspringend bemerkten sie auch am gegenüberliegenden Fenster Schlangen und wieder Schlangen, die in die Stube einzudringen suchten. Sie mochten wohl das verlorene Krönlein hier gewittert haben und wollten zu ihm hingelangen. Schaudernd sahen die Eheleute ihr Heim von wütenden Schlangen umgeben und wußten nicht, wie sie dieser Belagerung entrinnen sollten. Da kam dem Mann ein rettender Gedanke. Er nahm das Krönlein und warf es durch ein verborgenes Schiebefenster, das er schnell wieder verschloß, ins Freie hinaus. Kurze Zeit hörten die beiden noch das Getöse und Zischen der Schlangen, die von den Fenstern verschwanden, dann trat allmählich Ruhe ein. Trotzdem konnte das Ehepaar infolge des ausgestandenen Schreckens lange keinen Schlaf finden.

Als der Mann am nächsten Morgen vorsichtig die Haustür öffnete und einen Blick ins Freie tat, war nichts Merkwürdiges mehr zu sehen. Nur vor der Tür lag tot eine große weiße Schlange. Es war die Schlangenkönigin, die von ihren Gefährtinnen getötet worden war, weil sie durch ihre Genäschigkeit den höchsten Schmuck ihres Schlangenkönigtums, die Krone, und damit ihre Macht verloren hatte. Es müssen abermals hundert Jahre vergehen, bis die Schlangen wieder zu einer Königin kommen werden.

DER TEUFELSBERG BEI SECKAU

Es war an einem Johannistag, als die Tochter eines reichen Bauern aus der Umgebung von Seckau am frühen Morgen das väterliche Haus verließ und sich auf den Weg machte, um eine Verwandte zu besuchen. Sie wählte eine Abkürzung, die über den sogenannten Gamskogel führte. Als sie etwa die Hälfte der Strecke zurückgelegt hatte, gesellte sich ein altes Weiblein zu ihr, mit dem sie bald in ein eifriges Gespräch kam, so daß sie gar nicht auf den Weg achtete, den sie eingeschlagen hatten. Erst als es schon gegen Mittag ging, bemerkte sie, daß sie vom richtigen Weg abgekommen war. Da sich auch der Hunger fühlbar machte und sie gerade in der Nähe einer schattigen Schlucht waren, beschlossen sie, dort ihr Mittagmahl zu verzehren.

Die Alte ging voran, das Mädchen folgte nach und sah auf einmal, wie das alte Weib vor einer steilen Felswand stehenblieb und dort anklopfte. Da tat sich plötzlich eine bisher unsichtbare Tür auf, durch die das Mädchen mit seiner Begleiterin in eine weite Höhle trat, aus der ihm von allen Wänden Gold und Edelsteine entgegenblitzten. Hohe diamantene Säulen strebten zur Decke des Raumes empor, und überall auf dem Boden lagen Stücke und Klumpen glänzenden Goldes. Verwirrt über den Anblick, der sich da bot, wollte sich das Mädchen mit einer Frage an die Frau wenden. Aber diese war verschwunden. Dafür stand beim Eingang der Höhle ein schmucker Bursche in Jägertracht, der das Mädchen freundlich aufforderte, sich Taschen und Körbchen mit dem herumliegenden Gold und mit Edelsteinen zu füllen. Das Mädchen stopfte die Taschen und das Körbchen, das es am Arm trug, mit dem glänzenden Zeug an und trat dann wieder ins Freie hinaus. Als es sich aber umwandte, waren der hübsche Jüngling und das Tor im Felsen nicht mehr zu sehen; eine glatte Wand ragte hinter ihm auf.

Nachsinnend über diese seltsame Begebenheit, wollte die Bauerntochter ihren Weg fortsetzen, mußte aber zu ihrem Schrecken bald erkennen, daß sie sich in einer gänzlich unbekannten Gegend befand. Spät in der Nacht langte sie wieder in ihrem Vaterhaus ein. Man hatte sie für tot beweint, weil seit ihrem Aufbruch schon viele Monate verstrichen waren.

Die Kunde von diesem wunderbaren Ereignis verbreitete sich rasch und lockte manchen Schatzsucher auf den Berg, ohne daß es aber einem von ihnen gelungen wäre, das geheimnisvolle Felsentor zu finden. Einmal aber kam ein Bursche in das Dorf, dem man ebenfalls die Geschichte erzählte. Er ließ sich genau den Weg beschreiben, fand wirklich die seltsame Schlucht und – o Wunder! – sogar das offene Tor im Felsen. Rasch füllte er in der Höhle seine Taschen mit Diamanten und Gold an und wollte gerade den Rückweg antreten. Aber noch bevor er den Ausgang der Schlucht erreicht hatte, stürzte er tot zu Boden.

Als er nicht wieder im Dorf erschien, machten sich die Leute auf die Suche und fanden ihn schließlich beim Ausgang der Schlucht tot auf.

Seit dieser Zeit nennen die Bewohner der Gegend den Gamskogl den „Teufelsberg"; in der Johannisnacht aber sollen an jener Stelle, wo einst der tote Bursche lag, blaue Flämmchen aus dem Boden züngeln.

DER TEUFEL AUF BURG EHRENFELS IM LIESINGTAL

Auf der Burg Ehrenfels im Liesingtal hauste einst ein mächtiges Raubrittergeschlecht. Die Salzstraße, die sich entlang der Liesing hinzog, und die nahe Heerstraße bei St. Michael gaben den adeligen Schnapphähnen die beste Gelegenheit, ihr räuberisches Handwerk auszuüben. Kaufleute, die mit ihren kostbaren Waren von Östereich nach Italien zogen, wurden ausgeplündert, gefangen genommen, und wenn sie sich nicht mit schwerem Lösegeld loskauften, erbarmungslos gemordet. Ob harmloser Wanderer, ob biederer Landmann, keiner war seines Lebens sicher. Kirchen und Klöster wurden überfallen und ausgeraubt, die Mönche getötet, die Gebäude in Brand gesteckt. Unheimlich verkleidete Gestalten machten die ganze Umgebung unsicher.

Wohl versuchte man wiederholt, das Felsennest auszunehmen, die adeligen Ritter zu fangen und unschädlich zu machen. Aber die Ritter hatten stets eine große Zahl gleichgesinnter Raubgesellen um sich und trotzten auf ihrer uneinnehmbaren Burg hohnlachend allen Stürmen. Jedesmal mußten die Belagerer mit empfindlichen Verlusten abziehen, ohne das geringste erreicht zu haben. Die Raubritter aber wurden immer kühner, dehnten ihre Streifzüge bis ins Enns-, Mur- und Mürztal aus und verübten immer verwegenere Schandtaten.

Am tollsten trieb es der letzte Sprößling dieses grausamen Geschlechts.

Eines Tages saß der wilde Raubgraf mit seinen Söhnen und etlichen Spießgesellen bei Tisch. Gefangene Nonnen und Ritterfrauen, die man gewaltsam entführt hatte, mußten die Speisen auftragen, den Wein kredenzen und sich dabei die widerlichen Huldigungen der wüsten Gesellen gefallen lassen. Der Wein hatte die Gemüter erregt und die Ausgelassenheit auf den Höhepunkt getrieben. Da öffnete sich plötzlich die Tür des Saales, und ein ehrwürdiger Einsiedler trat über die Schwelle. Hohngelächter und gotteslästerliche Fläche empfingen den frommen Mann, der unerschrocken auf die Zechenden zuschritt und sie aufforderte, von ihren Freveltaten abzulassen und Buße zu tun.

„Ja, Buße tun, Buße tun“, brüllte der wütende Raubgraf, „du wirst Buße tun für dein unverschämtes Eindringen und deine frechen Worte!“ Damit befahl er seinen Knechten, den Waldbruder zu ergreifen.

Die Knechte wollten ihres Herrn Befehl ausführen, aber der ehrwürdige Mann hob warnend die Hand. „Ihr werdet mir kein Haar krümmen“, rief er hoheitsvoll, und die Mörderrotte wich scheu zurück. Der Greis aber winkte den unglücklichen Frauen, ihm zu folgen, und verließ mit ihnen den Saal, ohne daß einer der Räuber es zu hindern vermochte. Wie durch geheime Kraft festgebannt, standen und saßen sie herum und waren nicht imstande, die Davoneilenden aufzuhalten. Schäumend vor Wut stieß der Raubgraf die gräßlichsten Flüche aus.

Auf einmal erscholl im Burghof Lärm und Waffengeklirr. Schwarze Gestalten auf feuerschnaubenden Rossen erfüllten den Hof, Männer in glühenden Harnischen schickten sich an, die Burg zu ersteigen. Der Schloßherr und seine Spießgesellen, die auf den Lärm hin zu den Fenstern geeilt waren, gewahrten erbleichend den höllischen Spuk, aber sie sahen sich vergebens nach Rettung um. Unter Donnerkrachen erbebte der Fels, Flammen schlugen ringsum empor, das Höllenheer verschwand und mit ihm der Raubgraf; die Burg aber sank in Trümmer.

Der Teufel mit seinem höllischen Heer hatte die sonst unbezwingliche Raubritterburg eingenommen und zerstört, ihre Bewohner aber mit in die Hölle hinabgerissen. Auch die zahlreichen Gefangenen in den Kerkern und Verliesen fanden bei diesem Zusammenbruch den Tod. Sie können keine Ruhe im Grab finden und irren zu mitternächtiger Stunde gespenstisch zwischen den zerborstenen Mauern umher. Auch den Ritter und seine Gesellen kann man zuweilen sehen. Sie eilen in stürmischen Nächten laut heulend in der verfallenen Burg hin und her.

Die ungeheuren Schätze und Kostbarkeiten liegen noch heute unter Schutt und Mauertrümmern der Burg vergraben. Manchmal bemerkt ein später Wanderer, wenn er bei Nacht vom Liesingtal zur Ruine hinaufschaut, auf den Schloßmauern blaue Flämmchen glühen. Sie deuten die Stelle an, wo die Schätze verborgen liegen. Schon mancher Schatzgräber hat sich die größte Mühe gegeben, das alte Gestein zu durchwühlen und den Schatz des Raubgrafen zu heben, aber bisher ist es noch keinem gelungen.

DIE FEINDLICHEN BRÜDER AUF SCHLOSS SCHIELLEITEN

Zwei Brüder, Radbold und Friedel von Schielleiten – südöstlich von Stubenberg erhebt sich das hochragende Schloß – waren die Herren eines stolzen Besitzes; mit ihnen erlosch das alte Rittergeschlecht der Schielleitner. Brudermord soll sein Ende herbeigeführt haben.

Lange Zeit lebten die beiden Brüder friedlich nebeneinander auf der Burg, obgleich sie von ganz verschiedener Wesensart waren. Radbold, der ältere, war ein finsterer, verschlossener und aufbrausender Charakter, Friedel, der jüngere, ein milder, leutseliger Herr, der bei dem Burggesinde und den Untertanen des Schlosses ungleich beliebter und angesehener war als sein düsterer Bruder.

Radbold verlobte sich mit der schönen Gisela von Herberstein, und viele heitere Feste wurden auf der Burg gefeiert. Das edle Fräulein aber wandte ihre Neigung bald mehr dem liebenswürdigen, fröhlichen Friedel zu. Als Radbold diesen Umschwung der Gefühle im Herzen seiner Verlobten bemerkte, verdüsterte sich sein Gemüt noch mehr, und Eifersucht und Haß auf den Jüngeren begannen in ihm Wurzel zu fassen. Sie steigerten sich bald zu ingrimmigem Zorn, als der ahnungslose Friedel auf einem Jagdritt die Braut des Bruders mit munteren Gesprächen unterhielt und das Fräulein unter fröhlichem Gelächter die Scherzreden ihres Begleiters anhörte. Radbold faßte den Verdacht, der Bruder wolle ihm die Verlobte abspenstig machen, und begann, von tödlichem Haß verblendet, auf Mittel und Wege zu sinnen, den jüngeren Bruder unschädlich zu machen. Er suchte Helfershelfer für seine schändliche Absicht zu gewinnen, aber niemand fand sich, der die Hand gegen den jüngeren Herrn erhoben hätte. Daher beschloß Radbold, die böse Tat selbst auszuführen und den vermeintlichen Nebenbuhler zu töten. Dieser aber war von ergebenen Leuten gewarnt worden und ging dem grollenden Bruder aus dem Weg. Er war der Meinung, dessen Zorn werde sich legen, wenn er eingesehen habe, daß sein Verdacht unbegründet sei.

Eines Abends hielt sich Friedel im Schloßhof auf und machte sich an dem großen Kessel zu schaffen, in dem ein kürzlich erlegter Eber gekocht werden sollte. Prasselnd schlug der Brand am Kessel empor, und kochendes Wasser sprühte zischend in die Flammen. Da nahte sich Radbold von rückwärts leise dem Bruder und warf ihn trotz allen Sträubens mit kräftiger Faust in den Kessel mit siedendem Wasser. Ungehört verhallte der laute Hilfeschrei des Überfallenen. Der junge Schloßherr nahm ein qualvolles Ende.

Gepackt von Entsetzen über seine eigene Tat, verließ Radbold die Stätte seines Verbrechens und schloß sich drei Tage in seinen Gemächern ein. Reue und Verzweiflung ergriffen sein Herz und ließen ihn Tag und Nacht nicht Ruhe finden. Als er wieder zum Vorschein kam, schien er um Jahre gealtert, sein Haar war ergraut, sein Auge erloschen, und schleppend war sein Gang. Er konnte die furchtbare Tat nicht mehr ungeschehen machen, aber sühnen wollte er sie und Buße tun.

Sein Entschluß war gefaßt. Er schenkte das väterliche Stammschloß samt allen Besitzungen dem Templerorden und machte sich, den Leib in rauhes Büßergewand gehüllt, auf den Weg ins Heilige Land. Kein Lebenszeichen von ihm gelangte mehr in die Heimat. Der letzte Herr von Schielleiten blieb verschollen und fand in der Fremde sein Grab.

Aber auch dort soll der Brudermörder keine Ruhe finden. Man erzählt, daß sein Geist als Schlangengespenst nächtlicherweile im Keller der Burg umherwandere. Und wenn ihm freundlich und versöhnend der Geist seines Bruders begegne, fliehe er klagend und jammernd davon. Dann dringe aus den Fenstern der alten Burg ein seltsamer Schein, und man könne einen langen Zug bärtiger Gestalten in weißen, mit rotem Kreuz geschmückten Gewändern durch die Hallen ziehen sehen, die mit dumpfem Gebet und schaurig ernsten Gesängen die Geister der unglücklichen Brüder zu bannen versuchen.

DER MEINEID AUF DEM KÜHBERG BEI NEUMARKT

In der Nähe von Neumarkt liegt der waldige Kühberg, nach dem dort wohnenden Wasenmeister auch Schinderberg genannt. Das Gebiet ist jetzt zur Gänze Eigentum des Marktes; früher gehörte nur ein Teil des Berges den Bürgern, während den Rest des Grundes die benachbarten Bauern besaßen. Da die Bürger aber gern den ganzen Grund haben wollten, suchten sie mit allen Mitteln zu beweisen, daß die Bauern ihren Anteil am Kühberg widerrechtlich erworben hätten und sie selbst die rechtmäßigen Eigentümer seien. Der Streit zog sich in die Länge, bis der Richter zur endgültigen Entscheidung beide Parteien zur Eidesablegung vorlud.

Auf einer kleinen Ebene auf dem Kühberg fanden sich an dem dazu bestimmten Tage Richter und Rat, Bürger und Bauern ein, um hier unter Gottes freiem Himmel den Streit auszutragen. Der Richter erhob sich von seinem Sitz, brachte beiden Parteien ihre bisherigen Angaben nochmals zu Gehör und forderte sie auf, gewissenhaft anzugeben, was sie zum Beweis ihrer Behauptung vorzubringen hätten. Doch sollten sie streng bei der Wahrheit bleiben, da sie alle Aussagen durch einen Eid bekräftigen müßten.

Lange stritten nun Bürger und Bauern hin und her; jeder suchte sein Anrecht auf den strittigen Grund zu beweisen; aber alles Reden und Beweisen nützte nichts, keiner wollte nachgeben, und schließlich stand Aussage gegen Aussage. So forderte der Richter sie zu guter Letzt auf, ihre Aussagen zu beschwören. „Zwei von jeder Partei“, sagte er, „sollen vortreten und für alle den Schwur ablegen; jedem soll freistehen, auf was er schwören will.“

Zwei Neumarkter Bürger hatten sich im Einverständnis mit dem Richter, der es heimlich mit den Marktbewohnern hielt, schon früher verabredet, den Eid für ihre Mitbürger zu leisten. Der eine hatte einen Suppenschöpfer unter dem Hut verborgen, der andere Erde von seinem Garten in die Schuhe getan. Diese beiden traten nun vor und erklärten, den Eid für die anderen ablegen zu wollen. Der erste erhob, ohne wie üblich das Haupt zu entblößen, die Hand zum Schwur und sagte: „So wahr der Schöpfer nahe über meinem Haupte ist, gehört der Grund uns Bürgern von Neumarkt!“ und der andere sprach: „So wahr ich auf meiner eigenen Erde stehe, ist der Grund unser Eigentum!“

Nun wäre die Reihe an den Bauern gewesen, ihre Sache zu beschwören. Aber diese waren viel zu verdutzt über die Schamlosigkeit der Bürger, die sich nicht gescheut hatten, einen Meineid zu schwören, und wurden nachgerade unsicher im Glauben an ihr gutes Recht. Sie getrauten sich daher nicht, den Eid abzulegen; denn, dachten sie, am Ende wären sie doch im Unrecht und hätten dann einen Meineid zu verantworten.

Nur einer von ihnen war so überzeugt von seinem Recht, daß er vortrat und sagte: „Schwören wollen wir nicht, obwohl die Anteile am Kühberg unser vollkommen rechtmäßiges Eigentum sind; denn wenn auch wir einen Eid ablegen, wie es ihr Bürger getan habt, müßte eine Partei einen falschen Eid abgelegt haben. Da aber die Bürger immer eher recht haben als wir Bauern, würde man sagen, wir haben einen Meineid geschworen. Davor behüte uns Gott! Lieber sollt ihr den Grund haben! Aber so wahr ihr falsch geschworen habt, soll auf der Stelle, wo die beiden Meineidigen standen, kein Stämmlein Gras mehr hervorwachsen!"

Die Weigerung der Bauern, ihre Aussage zu beschwören, wurde als Eingeständnis ihres Unrechts angesehen und der Grund daher den Neumarktern zugesprochen.

Die Ebene auf dem Kühberg, wo dieser Handel sich begab, heißt im Volksmund heute die *„Schwörtratte"*, und auf einer Stelle, wo der nackte Felsboden zutage tritt, sollen die beiden Meineidigen und des Richters Tisch und Stuhl gestanden sein. Hier auf diesem Fleck, auf dem der Fluch der um ihr Eigentum Betrogenen ruht, hat der Teufel freien Spielraum, und er duldet nichts, keinen Grashalm, kein Steinchen auf dem ihm verfallenen Platz.

Aber auch den Richter, der im Einverständnis mit den Meineidigen war, traf der Fluch der Bauern; er war dem Teufel verfallen.

DIE MEIXNERSTUBE BEI GLEICHENBERG

Der Wanderer, der auf der Straße von Feldbach nach Bad Gleichenberg unterwegs ist, kann in der „Klausen“ links am Berghang eine Vertiefung im Felsen erblicken, die allgemein „die Meixnerstube“ heißt.

Einst wußte ein armer Bauer namens Meixner, der auf den Gleichenberger Höhen zu Hause war, vor Elend und Not nicht aus noch ein. Selbst des Nachts ließ ihn die Sorge um das tägliche Brot nicht zur Ruhe kommen, und er zermarterte sein armes Gehirn nach einem Ausweg aus den quälenden Sorgen. Wie er sich nun eines Nachts wieder schlaflos auf seinem Lager wälzte, geschah es, daß plötzlich ein uraltes Männlein mit eisgrauem Haar, zerfurchtem Gesicht und listig blinzelnden Augen in der Stubenecke zum Vorschein kam und lautlos an sein Bett heranhuschte. Meixner glaubte zu träumen und rieb sich die Augen. Da wisperte das Männlein: „Wenn du mir einen Gefallen erweisen willst, soll all deine Not ein Ende haben, und ich will dich mit den Deinen reich und glücklich machen. Ich werde dir einen Schatz geben, um den dich selbst Fürsten beneiden sollen. Du mußt nur in die Klausen hinuntergehen und auskundschaften, wo der Graf sein neues Schloß zu erbauen gedenkt. Morgen um Mitternacht werde ich wieder zu dir kommen, damit du mir das Gehörte mitteilen kannst; dann sollst du deinen Lohn empfangen.“

Der Bauer führte den Auftrag getreulich aus und berichtete in der nächsten Nacht dem Kobold, was er in Erfahrung gebracht hatte. Der Graf beabsichtigte, sein Schloß am linken Berghang oberhalb der Felsenhöhle zu erbauen und es zu gleicher Höhe mit dem gegenüberliegenden Bergrücken aufzuführen. Daher auch der heutige Name *„Gleichenberg“*.

Nachdem Meixner seinen Bericht beendet hatte, forderte ihn der Kobold auf, mitzukommen und den versprochenen Lohn in Empfang zu nehmen. Er schritt, mit einem brennenden Bergmannslämpchen versehen, voraus und führte den Bauern durch Nacht und Nebel zu der Felsenhöhle am linken Berghang. Hier mußte er feierlich versprechen, von dem, was er nun sehen werde, kein Sterbenswörtchen verlauten zu lassen. Auch dürfe er die Höhle nie wieder betreten, deren Schätze Tag und Nacht von Kobolden bewacht würden. „Nur in der Christnacht von elf bis zwölf“, setzte das Männchen hinzu, „ist keine Wache vorhanden; denn da haben wir Zwerge anderes zu tun. Aber hüte dich trotzdem, etwa zu versuchen einzudringen; es könnte dein Verderben sein.“

Meixner schwor hoch und teuer, das Gebot des Kleinen zu erfüllen. Nun gingen sie in die Höhle hinein, wanderten einen langen Gang entlang und kamen schließlich zu einer Felsspalte, aus der heller Lichterglanz erstrahlte. Wie geblendet blieb das Bäuerlein beim Eingang des vor ihm liegenden Saales stehen. Welche Pracht tat sich vor ihm auf! Armdicke Goldstangen hingen von der Decke herab; edelsteinglitzernde Säulen strebten zum Gewölbe des Saales empor; faustgroße Diamanten erglänzten an den Wänden. Ein munteres Volk von Zwergen und Heinzelmännchen saß und lag auf den silbernen Tischen und Bänken und trieb mit heiterem Geplauder sein neckisches Wesen auf den marmornen Fliesen des Saals.

Sobald die Kleinen den großen fremden Menschen erblickt hatten, verstummten sie und schauten ihn groß an. Nachdem aber Meixners Begleiter erzählt hatte, welchen Dienst ihnen der Mann erwiesen habe, kamen sie freundlich herbei, zeigten dem staunenden Bauern ihre Schätze und Vorratskammern, die mit Gold und Kostbarkeiten bis oben gefüllt waren, und schleppten endlich goldene Krüge mit edlem Wein und silberne Schüsseln voll mit leckerer Speisen herbei und nötigten ihren Gast, wacker zuzugreifen. Ein altes, dickes Heinzelmännchen erzählte scherzhafte Streiche und Schnurren aus seinem Koboldleben. Und in angeregter, gemütlicher Unterhaltung verrann Stunde um Stunde, so daß Meixner alle seine drückenden Sorgen vergaß. Nun aber schlug die Stunde des Abschieds, und der Bauer sollte noch die versprochene Belohnung erhalten.

Man führte ihn in eine der Vorratskammern, und er durfte vom Gold und von all den herrlichen Dingen nehmen, was ihm gefiel und was er nur tragen konnte. Da stopfte das glückliche Bäuerlein alle Rocktaschen, alle Hosensäcke voll, sogar der Hut mußte herhalten. Mit vielen Dankesworten verabschiedete es sich dann und schleppte keuchend seine goldene Last heimwärts.

So war der arme Meixner plötzlich ein reicher Mann geworden. Aber auch ihm wurde der leicht gewordene Reichtum, wie dies so oft im Leben der Fall ist, zum Unsegen. Er ließ seine armselige Behausung niedereißen und an ihrer Stelle ein großes, schönes Haus erbauen, er schaffte Pferde und Wagen an, nahm Dienstleute auf, kümmerte sich aber um keine Arbeit mehr und ließ Äcker und Wiesen verunkrauten. Er führte ein flottes Leben und dachte: „Wozu soll ich mich noch plagen, habe ich doch Geld genug!"

Inzwischen ging der Graf daran, seinen schon längst geplanten Schloßbau auszuführen. Er ließ Steine und anderes Baumaterial auf die Höhe des Berges schaffen, was nicht geringe Mühe verursachte. Man begann mit dem Ausheben der Grundfesten, aber eines Nachts wurden alle Steine von unsichtbarer Hand über den Abhang gewälzt und ins Tal geschleudert. Dies wiederholte sich einige Male, bis der Graf zur Einsicht kam, daß höhere Mächte den Schloßbau an dieser Stelle nicht duldeten. Die im Berge hausenden

Kobolde wollten eben nicht, daß fremde Hände auf ihrem Grund und Boden, den sie nun schon jahrhundertelang bewohnten, ein Heim errichteten. Heute noch sieht man an der Fahrstraße große Steine und Felsblöcke liegen, die damals von den Zwergen vom Berg herabgeschleudert wurden.

So ließ denn der Graf auf dem gegenüberliegenden Felsenhang seine Burg erbauen, das Schloß Gleichenberg, das noch bis vor kurzem mit seinen Türmchen und den Erkern weithin über die Lande ragte.

Fünf Jahre hindurch führte Meixner ein von Arbeit und Sorgen unbeschwertes Dasein. Aber eines Tages war die Geldlade, die seinen Reichtum enthielt, leer. Einen Augenblick starrte er verblüfft in das Nichts, aber bald erheiterte ein pfiffiges Lächeln seine verdüsterten Mienen. Die Christnacht, dachte er, würde seine Rettung sein. Und je näher die Zeit des Weihnachtsfestes kam, desto besser wurde seine Laune.

Als die sehnlichst erwartete Nacht gekommen war, machte er sich zeitig am Abend auf den Weg zur Felsenhöhle. Der Kobold hatte ihm doch gesagt, daß in dieser Nacht zwischen elf und zwölf die Schätze unbewacht seien. Es gelang ihm, zur bestimmten Stunde den Saal und die Vorratskammer zu betreten, die wirklich unbewacht und koboldleer vor ihm lagen. In aller Eile raffte er zusammen, was er erwischen konnte, steckte sich die Taschen zum Platzen voll und konnte sich schließlich mit der schweren Last nur keuchend und mühsam zum Ausgang schleppen. Da – er mochte kaum mehr zwanzig Schritte vom Ziele weg sein – begann eine ferne Turmuhr die zwölfte Stunde zu schlagen.

Erschrocken hörte es der Bauer. Was soll er beginnen? Den Schatz wegwerfen und wieder ein armer Mann werden? – Nein, nimmermehr! Nur vorwärts, er muß es schaffen! Da, da ist der Ausgang! – Aber o weh! Ein Krachen geht durch den Berg, ein Brausen zieht durch den Raum; der Ausgang ist verrammelt, und kein Auge sah jemals mehr den Meixner. Nur sein Name lebt weiter in der *„Meixnerstube"*.

DAS GNOMENKREUZ VON GAAL

In dem kleinen Gebirgsdorf Gaal bei Judenburg hauste einmal ein armer Holzhauer, der nichts besaß als eine kleine Holzhütte, die sehr ärmlich eingerichtet war. Sein Sinn stand nach Geld und Gut und eigenem Besitz, aber sein Arbeitslohn war so gering, daß er immer gerade nur zum Leben reichte.

Eines Tages ging der Mann in den Wald, um seine gewöhnliche Tagesarbeit zu verrichten. Auf dem Weg begegnete er einem Bauern, dessen Reichtum in der ganzen Gegend bekannt war. Mit Gott und der Welt hadernd, schritt er, ohne auf den Weg zu achten, unlustig in den Wald hinein. Aber auf einmal bemerkte er doch, daß er vom richtigen Weg abgekommen war und sich in einer wilden, ihm ganz unbekannten Gegend befand. Während er darüber nachdachte, in welcher Richtung wohl seine Arbeitsstätte liegen mochte, hörte er hinter sich ein Geräusch. Er achtete aber nicht weiter darauf; denn er meinte, es rühre von einem aufgescheuchten Wild her. Da zupfte ihn jemand am Rock. Erschrocken wandte er sich um, und sein Schrekken wuchs, als er hinter sich ein häßliches, buckliges Männchen mit struppigem rotem Haar und Bart stehen sah.

Das Männlein grinste den Holzhauer freundlich an und sagte: „Hab keine Angst, sondern komm mit mir; ich will dir etwas zeigen."

Als der Holzfäller die freundlichen Worte des Kleinen vernahm, verlor sich sein Schrecken, und er folgte dem Männlein. Dieses führte ihn in eine tiefe Höhle, die nur vom matten Schein eines Lämpchens, das von der Decke herabhing, schwach erhellt war. Im Hintergrund der Höhle waren mehrere Haufen glänzender Goldstücke aufgeschichtet. Auf diese Haufen hinweisend, sagte das Männlein: „Hier siehst du Geld in Hülle und Fülle. Nimm dir davon, stopfe dir alle Taschen voll und tue damit, was du willst, aber sage keinem Menschen, wie du zu dem Geld gekommen bist! Das Geld wird dir nie ausgehen, du wirst reicher sein als alle deine Nachbarn und kannst dir anschaffen, was dein Herz begehrt. Wenn du mich aber verrätst, ist dein Leben in meine Gewalt gegeben, und meine Strafe wird furchtbar sein."

Froh, auf so leichte Art zu Geld und Gut zu kommen, füllte der Mann seine Taschen mit Gold, versprach dem häßlichen Männlein alles, was es wollte, und eilte jubelnd nach Hause; denn plötzlich sah er auch wieder den richtigen Weg vor sich. Nun wollte er sich mit dem gewonnenen Reichtum zunächst einen guten Tag machen und ging ins Wirtshaus, um einmal nach Herzenslust zu schmausen und zu trinken. Die Wirtshausgäste, die ihn kannten, machten große Augen, als sie den armen Holzfäller mitten am Werktag in der Wirtsstube erblickten, und sie staunten noch mehr, als er sie übermütig einlud, an seinem Tisch Platz zu nehmen und mit ihm auf seine Kosten einen gemütlichen Trunk zu tun. Neugierig, wie er so plötzlich zu Geld gekommen sei, folgten sie seiner Einladung und forschten nach der Herkunft des Geldes. Aber noch dachte der Holzhauer an sein Versprechen und hüllte sich darüber in Schweigen. Aber als er einige Gläser Wein getrunken hatte, wurde er redseliger und plauderte endlich sein ganzes Geheimnis aus. Damit waren seine Gäste zufrieden, und einer nach dem andern machte sich auf den Heimweg, bis schließlich der Holzfäller allein übrig war und nun auch ans Heimgehen dachte.

Mühsam erhob er sich und ging seines Weges fiel aber in der Trunkenheit bald in einen tiefen Graben, der sich neben dem Weg hinzog; hier blieb er liegen und schlief seinen Rausch aus. Als er wieder erwachte, war es stockdunkel, es gelang ihm nicht, aus dem Graben herauszukommen. So kroch er auf Händen und Füßen im Graben weiter fort, bis er in der Ferne ein Licht aufblinken sah, das immer größer wurde. Endlich war er am Ausgang des Grabens und bemerkte, daß das, was er für ein Licht gehalten hatte, ein Feuer war, an dem starr wie ein Steinbild das rothaarige Männlein saß. Da fiel ihm ein, daß er das Verbot überschritten und das Geheimnis des Geldes verraten hatte; voll Angst wollte er davonlaufen. Aber es war zu spät; denn schon stand das Männlein neben ihm, wurde größer und größer, bis eine riesenhafte Gestalt sich drohend über ihn reckte und finsteren Blickes mit schrecklicher Stimme dem zitternden Holzhauer zurief: „Elender, du hast meine Güte mißbraucht; empfange deinen Lohn!" Mit diesen Worten packte ihn der Gnom, riß ihn in zwei Stücke und warf ihn ins Feuer. Darauf verschwand das Männlein.

Am andern Tage vermißte man den Holzhauer; man suchte in der Hütte nach ihm, sah ihn aber nirgends. Erst nach einigen Tagen fanden seine Kameraden zufällig die Asche seines verbrannten Körpers im Wald und begruben sie an Ort und Stelle. Zum Gedächtnis an diese schreckliche Begebenheit wurde auf dem gleichen Platz ein Kreuz errichtet, das noch heutzutage dort steht und von den Bewohnern das Gnomenkreuz genannt wird.

DER SCHATZ DER STUBENBERGER IN DER SCHÖCKELHÖHLE

Auf der heute in Trümmer zerfallenen Burg Oberkapfenberg im Mürztal saßen voreinst zwei Brüder aus dem Geschlecht der Stubenberger. Sie waren gar wilde und unbändige Herren, die ein echtes Raubritterleben führten und auch den benachbarten Rittern manchen harten Strauß lieferten. Da sie auch dem Kloster Abbruch taten, wo sie nur konnten, wurden sie vom Papst in Acht und Bann getan. Sie ließen sich aber dadurch in ihren tollen Streichen nicht behindern und trieben es schließlich so arg, daß die ergrimmten Ritter sich zusammentaten und den beiden Schnapphähnen hart an den Leib rückten. Der aufgebotenen Übermacht aber waren die Stubenberger um so weniger gewachsen, als auch ein Teil ihrer reisigen Knechte von ihnen abgefallen war. Deshalb rafften sie ihre erbeuteten Reichtümer zusammen, verließen die Burg Oberkapfenberg und zogen, von wenigen Getreuen begleitet, in die damals fast unzugänglichen Waldschluchten am Nordfluß des Schöckels, wo sie sich die Feste Stubegg erbauten, deren Ruinen noch heute am Eingang der Raabklamm zu sehen sind.

Bald darauf rüstete Kaiser Friedrich II. zu einem Kreuzzug ins Heilige Land, an dem sich auch der Herzog von Österreich beteiligte. Da nach der Überlieferung ein Ahnherr der Stubenberger als römischer Hauptmann am Grabe Christi Wache gehalten hatte, wollten auch die beiden Brüder die heiligen Stätten mit eigenen Augen sehen und hofften zudem, sich durch den Kampf gegen die Ungläubigen vom Kirchenbann zu lösen. Daher beschlossen sie, am Kreuzzug teilzunehmen.

Bevor sie aber die Heimat verließen, wollten sie ihre Schätze in Sicherheit bringen. Sie begaben sich auf den Schöckel, um eine geeignete Stelle zu suchen, wo sie ihre Reichtümer verbergen könnten. Am Fuß des schon damals bestehenden Schöckelkreuzes fanden sie zwischen Klüften und hohem Geröll eine geräumige Höhle und schafften in stiller Nacht mit Hilfe einiger weniger Getreuen die Schätze und Kostbarkeiten in einer eisernen Truhe an diesen Platz. Den Eingang der Höhle verschlossen sie mit einer starken Eisentür, die sie mit Moos und Steinen bedeckten und unkenntlich machten. Die Schlüssel zur Truhe und Eisentür nahmen die Ritter an sich, übergaben die Burg der Obhut eines getreuen Vogtes und zogen mit allen Helfern und Mitwissern des Geheimnisses nach Welschland, wo sie sich dem Zuge der Kreuzfahrer anschlossen.

Mehrere Jahre waren seit dem Auszug der Schloßherren verstrichen. Da kam eines Tages ein Pilger aus dem Heiligen Land nach Stubegg und überbrachte dem Burgvogt die traurige Nachricht, daß beide Herren von Stubenberg im Kampf um das Heilige Grab ihr Leben gelassen hätten. Er selbst habe einem der Brüder die Augen zugedrückt, und dieser habe ihm vor seinem Tode das Geheimnis des verborgenen Schatzes anvertraut und ihm die beiden Schlüssel übergeben, damit der Burgvogt den Schatz den überlebenden Sprossen des Geschlechtes einhändigen könne. Der erstaunte Vogt machte sich mit dem Pilger auf den Weg, um die Höhle beim Schöckelkreuz aufzusuchen und den Auftrag seines Herrn auszuführen. Wochenlang forschten sie eifrig nach der Höhle und dem Schatz, doch alle Mühe war vergebens; sie konnte das Versteck nicht finden. Zu guter Letzt verloren sie bei ihrem Suchen auch die beiden Schlüssel. Sie gaben nun alle weiteren Nachforschungen auf; der Schatz der Stubenberger blieb unentdeckt, und allmählich geriet die Sache in Vergessenheit.

An die hundert Jahre waren darüber vergangen. Da lebte in Gschaid bei Weiz ein Stubenbergischer Untertan namens Georg Geßgruber, ein armer Bauer, der ein Häuflein Kinder und kein Brot in seiner Hütte hatte. Dieser suchte an einem kalten Wintertag kurz vor Weihnachten in der Nähe des Schöckelzuges nach Klaubholz, um seinen Kindern zu den Feiertagen wenigstens eine warme Stube bieten zu können. Während er murrend die dürren Äste und Zweige zusammentrug, bemerkte er nicht, daß plötzlich ein kleines Hirtenbüblein von etwa vierzehn Jahren aufgetaucht war, das ihn schon längere Zeit beobachtete. Da rief der Junge den Holzsammler an und fragte: „Was murrst du da und mühst dich ab?"

Erschrocken wandte sich der Bauer um und erwiderte, als er den Knaben sah, unwirsch: „Soll ich nicht ärgerlich sein, wenn mir der Magen knurrt und zu Haus fünf Kinder auf Brot warten, während ich nicht weiß, woher ich es nehmen soll!"

„So komm doch mit mir", meinte der Knabe, „das wird dir viel mehr helfen als das mühselige Holzsammeln."

„Was soll mir das helfen?" brummte der Bauer und besah sich den Kleinen näher. Da bemerkte er, daß in der noch herrschenden Dunkelheit die Augen des Knaben wie feurige Kohlen glühten, und ein unheimliches Gefühl beschlich ihn.

Das Büblein erkannte die aufsteigende Angst des Mannes, faßte ihn bei der Hand und sagte: „Du brauchst dich nicht zu fürchten, es wird dir kein Leid geschehen. Wenn du mit mir gehst, will ich dir einen Schatz zeigen, der dich unermeßlich reich machen soll."

Halb war es die Neugierde, halb die Überredungskunst des Knaben, die den Bauern schließlich doch bewogen, jenem zu folgen. Sie kamen nach kurzer Zeit zu einem Wacholderstrauch, hinter dem der Bauer zwischen Steinen und Moos eine eiserne Tür erblickte. Der Knabe zog zwei Schlüssel aus der Tasche und forderte seinen Begleiter auf, die Tür damit aufzusperren. Neugierig tat der Mann, wie ihm geheißen; knarrend bewegte sich die Tür in den rostigen Angeln, und eine Höhle tat sich vor ihm auf, aus der ihm tiefe Dunkelheit entgegengähnte. Da hielt der Knabe plötzlich eine flammende Fackel in den Händen, bei deren flackerndem Schein der Bauer nun schaudernd bemerkte, daß der Knabe ganz schwarz war und seine Augen noch feuriger und unheimlicher glänzten.

Zögernd folgte er seinem Führer. Sie betraten nacheinander drei hallenartige Räume. In der ersten und zweiten Halle lag je ein mächtiger Kohlenhaufen, im dritten Raum aber standen sieben große eiserne Truhen, die ein riesiger schwarzer Hund mit rollenden Augen knurrend bewachte. Jetzt sagte der kohlschwarze Knabe mit den unheimlich glühenden Augen, die immer größer und größer wurden, zu dem zitternden Bauern: „Hast du dir alles gut angeschaut?“ Und als dieser wortlos nickte, fügte er hinzu: „Nun komm mit mir in die zweite Höhle zurück!“ Hier machte er halt und befahl ihm: „Nun stecke dir zwei Hände voll Kohlen in die Taschen!“ Der Mann gehorchte. Hierauf gingen sie wieder ins Freie hinaus, wo der Bauer auf Geheiß des Jungen die Kohlen bei Tageslicht beschaute. Da sah er, daß sich die Kohlenstücke in ebensoviel Goldstücke verwandelt hatten.

Nun sprach der Knabe in ernstem Ton: „Du darfst, solange du lebst, täglich hierherkommen und dir jedesmal zwei Hände voll Kohlen, aber nur von dem Haufen, der im mittleren Gewölbe liegt, mitnehmen. Aber sei verschwiegen und wahre das Geheimnis, sonst wird es dir schlecht ergehen! Wenn man dich aber einmal zwingen sollte, dein Stillschweigen zu brechen, dann übergib die beiden Schlüssel mitsamt dem daranhängenden Pergamentstreifen deiner vorgesetzten Obrigkeit!“

Der Bauer versprach, das Gebot zu halten. Als er die eiserne Tür wieder versperrt und den Schlüssel zu sich gesteckt hatte, war das unheimliche Büblein verschwunden, als hätte es der Erdboden verschlungen.

Nahezu anderthalb Jahre genoß der Bauer sein Glück. Täglich stattete er der Schatzhöhle auf dem Schöckel einen Besuch ab, entnahm dem Haufen zwei Hände voll goldener Kohlen und wurde ein wohlhabender Mann, dessen Kinder keine Not mehr zu leiden brauchten. Er kaufte Äcker, Wiesen und Weingärten; Kisten und Kasten füllten sich mit blinkenden Goldstücken. Aber als ein stattlicher Bauernhof, den er an Stelle seiner früheren armseligen Hütte erbaut hatte, seinen Reichtum besonders auffällig machte, begannen sich der Neid und das Mißtrauen der Leute mit seinem unerklärlichen Glück zu beschäftigen, und er kam sogar in den Verdacht eines Zauberers.

Schließlich drangen die Gerüchte über den zauberhaften Reichtum des Bauern auch seinem Grundherrn, Graf Ulrich von Stubenberg, einem Nachfahren der beiden Brüder Stubenberg, zu Ohren. Der ließ den stolzen Emporkömmling zu sich kommen und fragte ihn mit strenger Miene: „Woher rührt das Geld, mit dem du so herumwirfst?“

Trotzig erwiderte der Bauer: „Gestohlen habe ich es nicht! Woher es stammt, wird mein Geheimnis bleiben. Aber damit Ihr als Grundherr Euren Teil abbekommt, will ich Euch jeden Tag eine Handvoll Gold bringen.“

Und wirklich erschien der Bauer schon am nächsten Tag mit einem faustgroßen Goldklumpen und legte ihn vor den erstaunten Grafen hin. Da erinnerte sich der Stubenberger der Überlieferung vom verschwundenen Schatz seiner Vorfahren und fuhr den Bauern an: „Du hast den Schatz meiner Ahnen gefunden und raubst ihn nun aus! Ich werde dir dein Geheimnis schon entreißen!“

Georg Geßgruber wurde den Folterknechten überantwortet und mußte in der Folterkammer alle Qualen der Tortur erdulden. Unter furchtbaren Schmerzen gestand er endlich sein Geheimnis und versprach, dem obersten Grundherrn das Versteck des Schatzes zu zeigen. Als er wieder zu gehen imstande war, führte er, noch immer mit wankenden Knien, den Grafen Ulrich den Schöckel hinan zum Wacholderstrauch, wo der Zugang zum Schatz der Stubenberger sein sollte. Sie fanden den grünenden Strauch, sahen ringsum Gestrüpp und Geröll, doch die eiserne Tür war verschwunden; niemand konnte den Eingang der Höhle auffinden, niemand hat den Schatz bisher wiederentdeckt.

Die beiden Schlüssel, die der Bauer seinem Herrn übergeben hatte, werden von der Familie Stubenberg aufbewahrt bis zum heutigen Tag; denn die Schrift auf dem anhängenden Pergamentstreifen lautet: „Die Herren von Stubenberg sollen die Pergamentstreifen und die Schlüssel behutsam aufheben, es wird ihnen dadurch einmal noch ein großes Glück beschert werden.“

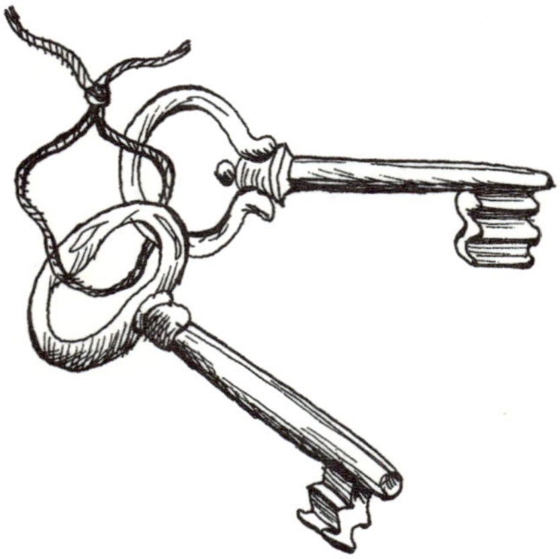

GRÜNHÜTL UND GRAUHÜTL VON OBDACH

In der Nähe von Obdach lebte vor langer Zeit, als die Wälder noch bis nahe an den Ort heranreichten, ein wackerer Holzfäller in zufriedener Ehe mit seiner arbeitsfreudigen Gattin. Ein kleines, folgsames Söhnchen erfreute das glückliche Elternpaar durch sein aufgewecktes, munteres Wesen. Da brach wie ein Blitz aus heiterem Himmel das Unglück über die ahnungslose Familie herein. Ein zu früh stürzender Baum erschlug den Holzfäller im Wald, und bald kamen zu der Trauer über diesen bitteren Verlust Hunger und Not in die Hütte der armen Witwe zu Gast. Es gab Tage, an denen sich kein Stücklein Brot im Schranke fand und nur die Milch der beiden Ziegen, die ihren wertvollsten Besitz bildeten, ihnen half, den ärgsten Hunger zu überwinden. Doch die mutige Frau verzagte nicht. Unermüdlich sorgte und rackerte sie jahraus, jahrein, so daß sie sich und ihren Knaben über alle Not hinwegbrachte und stets ein Bissen Brot oder ein Löffel Suppe in der Hütte war. Dabei vergaß sie nicht, den Jungen zu einem tüchtigen Menschen zu erziehen, der prächtig heranwuchs und überall gern gesehen war.

Als aus dem Knaben ein strammer Jüngling geworden war, suchte er durch seiner Hände Arbeit nach Kräften zum Lebensunterhalt beizutragen und seine Mutter zu entlasten. Aber sosehr er sich auch Mühe gab, gelang es ihm nicht, regelmäßige Arbeit zu finden; denn in der Gegend gab es nicht viel Ackerboden, und die wenigen Bauern hatten genug Arbeitskräfte. Daher beschloß der junge Mann, in das fruchtbare Eichfeld auszuwandern, wo fleißige Menschen stets gern gesehene Arbeiter waren. Zwar fiel ihm der Abschied von der Mutter schwer, und auch diese empfand die Trennung von ihrem geliebten Kind schmerzlich, aber es mußte sein, und beide trösteten sich mit der Hoffnung, daß es doch bald ein Wiedersehen geben werde.

So zog der Jüngling in die Welt hinaus und fand bei einem Bauern in der Nähe von Fohnsdorf einen guten Arbeitsplatz. Der neue Herr war zufrieden mit dem willigen, arbeitsamen jungen Menschen, und dieser hatte sich über die Behandlung, die ihm zuteil wurde, nicht zu beklagen. Bald war er die rechte Hand des Bauern, der ihm jede Arbeit anvertrauen konnte, die stets zur vollen Zufriedenheit ausgeführt wurde. Sooft es Zeit und Umstände erlaubten, suchte der Bursche sein Mütterlein auf und brachte ihm jeden Groschen seines Verdienstes, den er erübrigte. Mutter und Sohn waren überglücklich, wenn sie ein paar Stunden miteinander verbringen konnten.

Das ging so Jahre hindurch. Die Mutter spürte allmählich die Last der

Jahre und humpelte gebückt einher; der Sohn aber war zu einem kräftigen Mann geworden, der noch immer den gleichen Dienstplatz innehatte, der ihm zur zweiten Heimat geworden war.

Wieder einmal war es Winter geworden. Eis und Schnee bedeckten die Felder, und es war nicht leicht, weite Wege über Land zu machen. Mutter und Sohn hatten sich lange Zeit nicht gesehen und freuten sich auf das nahe Weihnachtsfest, das der Sohn mit Erlaubnis seines Herrn bei seiner Mutter feiern wollte. Die gutherzige Bäuerin hatte das Ränzel des Knechtes mit allerlei leckeren Sachen bis zum Rand gefüllt, und mehrere harte Taler ersparten Lohnes klimperten in der Tasche des wanderfreudigen Mannes. Ein derber Knotenstock als Waffe gegen kecke Wegelagerer und gefährliche Raubtiere – mit beiden mußte man damals rechnen – vervollständigten die Ausrüstung. So machte sich der Knecht ziemlich spät am Heiligen Abend auf, um den Weg in die Heimat zum alten Mütterlein anzutreten.

Es war ein klarer Winterabend. Soeben stieg der Mond über den Wipfeln des nahen Waldes empor, und die kleinen Schneekristalle glitzerten in hellem Silberschein. Eine andächtige Stimmung erfüllte das Herz des einsamen Wanderers, der rüstig durch den knirschenden Schnee dahinschritt und die Vorfreude des nahen Wiedersehens genoß. Bald war die Stadt Judenburg erreicht, die rechter Hand zurückblieb, während der Berg Liechtenstein in Sicht kam, auf dem damals noch eine Burg stand. Als der nächtliche Wandersmann dorthin blickte, sah er verwundert auf dem steilen Hang einen Mann in grüner Kleidung stehen, von dessen grünem Hut eine lange grüne Feder wallte. Auf dem Rücken trug er eine Armbrust, in der Rechten hielt er einen langen Jagdspieß. Das muß ein Jäger sein, dachte der Knecht; aber es ist nicht recht, daß diese Leute auch an so heiligen Tagen, wie es der heutige Abend ist, ihrem Beruf nachgehen, und die armen Waldtiere nicht einmal an so hohen Festtagen ihre Ruhe und ihren Frieden finden. Wenn einer am Heiligen Abend mit der Mordwaffe in der Hand durch die Felder streift, so kann er doch kein guter Mensch sein!

Während der Wanderer diesen Gedanken nachhing, hörte er sich plötzlich von dem Jäger angerufen: „He, wohin so spät in dieser Heiligen Nacht?"

„Nach Obdach, zum Mütterlein!" erwiderte ziemlich unwirsch der Gefragte; denn er war auf den Fragesteller nicht gut zu sprechen.

„Da könntest du mir einen Gefallen erweisen", meinte der Jäger.

„Wenn es mir möglich ist, warum denn nicht", lautete die Antwort.

„So gib acht!" erscholl es von oben her. „Dein Weg führt dich an der Burg Eppenstein vorüber; dort wirst du auf der Lehne des Schloßberges einen Jäger, so wie ich einer bin, erblicken. Sag ihm, Grünhütl läßt Grauhütl schön grüßen."

„Ich werde Euren Gruß entbieten, wenn ich Euren Freund treffe", erwiderte der Knecht und dachte: Das sind mir saubere Jäger, die in der Heiligen Nacht nichts Besseres zu tun wissen, als auf Jagd auszugehen. Er war im Begriff, seinen Weg fortzusetzen, als ihm der unheimliche Jäger noch nachrief: „Für deine Gefälligkeit sollst du auch einen Lohn haben!" Mit diesen Worten warf er drei schwarze Steine die im Mondschein merkwürdig glänzten, vor die Füße des erstaunten Mannes. Der hob sie auf und steckte sie in die Tasche; dann beeilte er sich weiterzukommen und war bald an Maria Buch mit seinem kleinen Kirchlein vorüber. Vor seinen Augen breitete sich der fruchtbare Murboden aus, und seine Blicke schweiften in die Richtung hin, wo sein Ziel lag.

Nun erklang vom Kirchturm zu Weißkirchen die große Glocke und lud die Gläubigen zur Mette ein, und ringsum im Kreise hörte er bald laute, bald leise Glockenschläge, die zur Kirche riefen. Eine weihevolle Stimmung ergriff den einsamen Wanderer. Unterdessen tauchte die Burg Eppenstein vor seinen Blicken auf, und schon von weitem gewahrte er einen dunklen Punkt auf dem schneeglänzenden Hang, der sich zur Burg hinanzog. Näher kommend, erkannten seine scharfen Augen bald den Jägersmann, dem er den Gruß des Grünen ausrichten sollte. Grau war seine Gewandung, und eine gebogene graue Feder nickte von dem grauen Hut. Mit lauter Stimme rief er zu dem Grauen empor: „Du, Jägersmann, ich habe eine Botschaft deines Freundes für dich. Das Grünhütl läßt das Grauhütl schön grüßen!"

„Ich danke dir für diese Nachricht", erwiderte der Jäger und setzte hinzu: „Hier hast du deinen Lohn!" Und drei glänzende schwarze Steine kollerten vor die Füße des Boten. Seinen Dank emporrufend, hob der Mann die Steine auf, steckte sie in die Tasche und machte, daß er weiterkam. Er mußte eilen, wollte er doch der Mette in der Kirche zu Obdach beiwohnen. Im Geiste sein Erlebnis mit den beiden Jägern nochmals durchdenkend, merkte er gar nicht, wie schnell die Zeit verging und wie nahe er seinem Ziel war. Ganz unerwartet sah er auf einmal seinen Heimatort vor sich liegen. Es dauerte nicht mehr lange, bis er sein Mütterchen begrüßen konnte. Und als die Glocken zum mitternächtlichen Gottesdienst riefen, fanden sie Mutter und Sohn in weihnachtlicher Stimmung auf dem Weg zur Kirche.

Erst am nächsten Tag erinnerte sich der Sohn wieder seines nächtlichen Erlebnisses und des merkwürdigen Lohnes, den ihm beide Jäger gegeben hatten. Er griff in die Tasche, um der Mutter die sonderbaren schwarzen Steine zu zeigen. Wie erstaunte er, als er Stücke lauteren Goldes in der Hand hielt! Er erzählte der Mutter, welche Bewandtnis es mit den Steinen hatte. Die fromme Frau riet ihm, zum Pfarrer zu gehen und die Steine segnen zu lassen. Wären sie ein Werk des Teufels, so würde der Spuk vergehen, die Steine würden ihre natürliche Gestalt wiedererhalten. Wenn sie aber unverändert aus Gold blieben, wäre das ein Beweis dafür, daß es sich um keinen Teufelsspuk handle. Der Sohn befolgte den Rat seiner Mutter und erzählte dem Pfarrherrn, was ihm in der Heiligen Nacht widerfahren war. Dieser war sofort bereit, die Steine zu segnen und mit geweihtem Wasser zu besprengen. Und siehe da, das Gold veränderte seine Gestalt nicht und blieb lauteres Gold. Da sprach der Pfarrer: „Freue dich, mein Sohn, und nimm dieses Gold als ein Geschenk des Himmels zum Lohn für deine Liebe, die du deiner Mutter stets erwiesen, und für die Treue, mit der du deinem Herrn immer gedient hast!“

Hocherfreut gab der Sohn zwei Stück dem Pfarrer zur Verwendung für die Armen; aus dem Erlös der übrigen kaufte er sich ein schönes Besitztum, auf dem er, nun nicht mehr getrennt von seinem lieben Mütterlein, seine eigene Wirtschaft am *„Obdacher Sattel“* führte.

KÄRNTEN

DER „TÜRKENSTEIG“ BEI ST. VEIT A. D. GLAN

In der Nähe der alten Herzogstadt St. Veit erhebt sich auf einem kegelförmigen Hügel die Ruine der alten Burg Taggenbrunn.

Zur Zeit der Kreuzzüge lebte dort der geachtete Ritter Heinrich von Taggenbrunn mit seiner frommen Gemahlin Hildegard. Wie so viele andere seiner Standesgenossen entschloß sich auch Heinrich, zum Kampf gegen die Ungläubigen auszuziehen. Widerspruchslos unterwarf sich Hildegard dem Willen ihres geliebten Ehemannes und bereitete mit fraulicher Umsicht den nötigen Reisebedarf vor. Neben anderen notwendigen Kleidungsstücken gab ihm die Frau auch ein schneeweißes Leinenhemd mit auf den Weg mit den Worten: „Dieses weiße Hemd möge dich stets an meine immerwährende Treue erinnern; trage es immer am Leib!“ So zog Heinrich in das Heilige Land fort.

Bei einem unglücklichen Gefecht fiel der Ritter in die Hände des Sultans und wurde mit anderen Gefangenen zu den niedrigsten Arbeiten verwendet; er mußte sogar wie ein Zugtier den Pflug durch die Äcker ziehen und wurde wie ein solches mit Schlägen und Peitschenhieben angetrieben, wenn er schweißbedeckt nicht mehr weiterkonnte oder vor Mattigkeit umzusinken drohte. Trotz Schweiß und mancher blutrünstiger Schwielen, die von den Geißelhieben herrührten, trotz Regen, Schmutz, Kälte und Sonnenschein blieb sein Hemd wunderbarerweise immer rein, was bald allgemein bekannt war. Auch der Sultan hörte die seltsame Kunde. Er ließ den Ritter zu sich kommen und befragte ihn, woher er dieses Kleidungsstück habe und warum es nicht wie andere Hemden schmutzig werde.

Da antwortete Heinrich von Taggenbrunn: „Als ich aus der Heimat fortzog, gab mir meine Ehegattin dieses Hemd mit und sagte, an seiner Reinheit würde ich stets ihre Treue erkennen. An der weißen Farbe magst du sehen, daß meine Ehefrau rein und tugendhaft ist und in Treue meiner Rückkehr harrt.“ Der Sultan wollte die Treue der Rittersfrau auf die Probe stellen und schickte einen verläßlichen Mann in die Heimat des Ritters, der mit großen Geldmitteln und reichlichen Geschenken versehen war, um die Frau zur Untreue zu verleiten. Gelinge dies, meinte der Sultan, so müßte es sogleich an einer Veränderung des Hemdes bemerkbar sein.

Auf der Burg Taggenbrunn angekommen, erzählte der Sendbote des Sultans, welch trauriges Los dem Ehegatten Hildegards in der Gefangenschaft widerfahren sei, und versetzte dadurch die Gattin des Ritters in tiefe Trauer und Betrübnis. Aber all seine Versuche, Hildegard von ihrer Liebe zum Ehegatten abzubringen, mißlangen, und er mußte endlich erfolglos in sein Land zurückkehren.

Nun hüllte sich Frau Hildegard in ein Mönchsgewand und zog mit einer Laute, die sie meisterhaft zu spielen verstand, in das Morgenland. Bald hatte sie den türkischen Sendling eingeholt, der sie nicht erkannte, und machte an seiner Seite den Weg in das Morgenland, wo sie gut ankam. Dort ließ sie ihr Lautenspiel in den Häusern der Vornehmen ertönen, fand überall Beifall und spielte eines Tages auch vor dem Sultan. Dieser war über ihr schönes Spiel so begeistert, daß er ihr die Erfüllung eines Wunsches versprach. Hocherfreut bat sie um einen der christlichen Gefangenen, die im Pfluge gingen. Sie durfte sich einen davon auswählen und fand bald den geliebten Ehemann, den sie nun zum Geschenk erhielt. Gemeinsam reisten die beiden nach der Heimat, wobei Hildegard noch immer ihre Verkleidung nicht ablegte, so daß der Gatte sie nicht erkannte und als seinen Freund betrachtete. In der Gegend von Laibach trennten sie sich, und der angebliche Mönch sagte: „Hier, lieber Freund, scheiden sich unsere Wege; gib mir zum Andenken an unsere gemeinsame Reise ein Stück Linnen von deinem Hemd.“ Gern erfüllte Heinrich diesen Wunsch und verabschiedete sich mit herzlichen Dankesworten von seinem Wohltäter.

Hildegard zog nun allein ihren Weg weiter und kam früher als der Ehemann auf die heimatliche Burg. Hier legte sie ihr Mönchsgewand ab, schlüpfte wieder in Frauenkleider und erwartete den Gatten. Aufs herzlichste wurde der Heimkehrende empfangen, Frohsinn und Freude zogen auf der Ritterburg ein. Doch nicht lange währte das ungetrübte Glück. Böswillige Neider trugen Heinrich die Nachricht zu, seine Ehefrau habe während seiner Abwesenheit die Burg verlassen und sei wie ein leichtfertiges Frauenzimmer monatelang in der Welt herumgezogen. Nagende Zweifel an der Treue der Ehefrau schlichen sich in das Herz des mißtrauischen Ritters. Eines Tages beschloß er, sich Gewißheit zu verschaffen, und stellte seine Frau zur Rede. Schweigend verließ sie den Saal. Nach einiger Zeit erschien sie wieder, als Mönch gekleidet, die Laute in der Hand und ein Stück des weißen Hemdes, daß ihr der Ritter, als sie voneinander schieden, gegeben hatte. Mit bebenden Worten erzählte sie dem erstaunt aufhorchenden Ehemann von ihrer Reise ins Morgenland und wie sie es gewesen, die ihn aus der schmachvollen Gefangenschaft befreit habe. Zum Beweis ihrer Worte wies sie ihm das Stück Linnen vor, das sie beim Abschied von ihm erbeten habe. Zutiefst gerührt von der opferwilligen Treue seiner Ehefrau, bat sie der Ritter mit Tränen in den Augen um Verzeihung für seinen Argwohn, und alle Verleumder und Ankläger verstummten und wagten sich nicht mehr unter ihre Augen. Der Friede kehrte wieder in die Burg ein, und Heinrich und Hildegard lebten noch lange Zeit in ungestörtem Glück.

Noch heute heißt ein Fußweg südlich der Stadt St. Veit „der Türkensteig". Dort soll der Bote des Sultans über den Berg gestiegen sein, um nach der Burg Taggenbrunn zu kommen.

DER TÜRMER ZU KLAGENFURT

In früherer Zeit war es Brauch, daß der Wächter auf dem Turm der Stadtpfarrkirche in Klagenfurt stündlich durch einen kräftigen Hornruf nach allen Himmelsrichtungen die Stunde verkündete. Die Mitternachtsstunde durfte er aber nur nach Westen, Norden und Osten blasen, niemals nach Süden; denn dort lag vor der Stadt der Friedhof von St. Ruprecht, und sein Ruf hätte die Toten aus der Grabesruhe wecken können.

Einst versah das Türmeramt ein arger Trunkenbold, der öfter einen Blick ins Glas als einen Ruf vom Turm tat. Als er eines Abends, nicht mehr ganz fest auf den Beinen, mürrisch ins Wirtshaus an den Stammtisch kam, wo die tägliche Zecherrunde schon versammelt war, fanden seine Saufkumpanen ihren Spaß daran, ihn wegen seines späten Erscheinens zu necken. Einer hänselte ihn mit seinem Türmerruf, und ein anderer spottete über seinen Sohn, der für den Vater die Stunden blies. Sein Hornruf klinge so kläglich, sagte er, als wolle er die Toten aufwecken.

Über den Spott der Zechbrüder wurde der Türmer so wütend, daß er zornig aufsprang. „Ich werde euch die Toten schon wecken“, schrie er zornig, sprang bei der Tür hinaus und rannte auf seinen Turm zu. Es war gerade die Zeit, den Mitternachtsruf erklingen zu lassen. Er griff also rasch nach dem Horn und blies mit gewaltigen Stößen zuerst nach Westen, Norden und Osten und dann auch – nach Süden. Zu Tode erschrocken, stürzte des Türmers Ehefrau herbei und wollte das Horn den Händen des rasenden Bläsers entwinden. Doch vergeblich! Er blies nur noch stärker gegen Süden hin, daß es wie Posaunenton über die Dächer und Felder klang bis an die Pforten des Friedhofs.

Da beginnt ein unheimliches Leben und Treiben auf der Stätte des Friedens. Die Gräber öffnen sich, grausige Gestalten schwingen sich aus der Tiefe empor. Lautlos bewegt sich der gespenstische Zug im fahlen Lichte des Mondes zum Turm zu, woher der Weckruf erklang. Da sieht der Türmer den nächtlichen Spuk heranziehen: grinsende Totengesichter, knöcherne Hände, bleiches Totengebein; eine Heerschar schauriger Gestalten schreitet stumm die steilen Stufen des Turmes empor. Schreckensbleich sinkt der vermessene Türmer in die Knie und streckt abwehrend die Hände aus. Aber schon ist es zu spät, schon langt der vorderste mit seinen Knochenfingern durch die Stäbe des Turmgitters nach dem bebenden Mann – da erdröhnt vom Turm der Glockenschlag eins, und im Nu ist der nächtliche Spuk in alle Winde zerstoben.

Seit dieser Zeit wagte es kein Türmer in Klagenfurt mehr, sein Horn gegen Süden zu blasen und die Toten damit aus dem ewigen Schlaf zu wecken.

DER LINDWURM VOM GOGGAUERSEE

Im oberen Wimitztal bei Feldkirchen liegt in einer ziemlich unwirtlichen Gegend der kleine Goggauersee. Der Teufel soll ihn voreinst in einem großen Gefäß herbeigebracht und mit scheußlichem Gewürm und allerhand Untieren bevölkert haben. Eines davon war ein ungeheurer Fisch, der eine scharfzähnige Säge am Rücken trug, womit er alles durchschnitt, was in seine Nähe kam. Einst sollte ein Taucher die Gewässer des Sees durchsuchen und nähere Kunde über diesen gefährlichen Fisch von seiner Tauchfahrt mitbringen. Um gegen die scharfe Säge des Untiers geschützt zu sein, zog der Mann ein Kleidungsstück aus neun starken Glaswänden über den Körper und tauchte so in die Fluten hinab. Trotzdem wäre es um ein Haar mit ihm zu Ende gewesen; denn acht Glasschichten durchschnitt der Sägefisch mit einem Zug, und nur rasche Flucht rettete dem Taucher das Leben. Außer dem Fisch bemerkte er aber noch viele andere gräßliche Wesen auf dem Grund des Sees, denen er nur mit knapper Not entging.

Auch eine Wassernixe hatte in früheren Zeiten dort ihren Wohnsitz. Sie hielt sich am Südende des Sees auf, wo das Wasser im Kreis fließt und einen Wirbel bildet. Ein wundervolles Gesicht und schneeweiße Arme zeichneten sie aus, an Stelle der Füße aber wollte man einen Fischschwanz an ihr bemerkt haben. Ihre große Schönheit und ihr betörender Gesang lockten viele Menschen an, die in die Nähe des Sees kamen. Wer sich aber mit ihr einließ, den zog sie unweigerlich mit sich in den Strudel hinab. Deshalb trachtete man, den See gänzlich zu meiden.

Das gefährlichste Untier aber, das in der Nähe des Sees sein Unwesen trieb, war ein gräßlicher Lindwurm von unfaßbarer Größe, der alle Bewohner der Umgebung in Angst und Schrecken versetzte. Sein Rachen war so ungeheuer groß, daß er damit ein Paar Ochsen samt einer Fuhre Heu verschlingen konnte. Über seine Entstehung erzählte man, ein siebenjähriger Haushahn habe vor vielen Jahren in einen Düngerhaufen ein rotes Ei gelegt, dem nach drei Jahren ein Lindwurm entschlüpfte, der rasch zu einem Riesentier heranwuchs und nun Menschen und Vieh in unheimlichen Mengen verschlang. Niemand wagte es, sich mit dem Ungeheuer in einen Kampf einzulassen, bis schließlich ein altes Männlein, das im Ruf eines Hexenmeisters stand, sich erbot, dem Untier den Garaus zu machen. Die Bauern mußten ihm einen Stier zur Stelle schaffen, den er schlachten und ausweiden ließ. An Stelle der Eingeweide stopfte er dem Tier einen großen schwarzen Klumpen in den Bauch, der mit den schärfsten Giften durchtränkt war. Sodann befahl er, den Stier an den See zu bringen, in dessen Nähe der Lindwurm hauste.

Allein es fand sich niemand, der dieses Wagnis auf sich nehmen wollte; jeder fürchtete um sein Leben. Schließlich erklärte sich ein bärenstarker Knecht, der „Goggauer Togger", wie man ihn allgemein nannte, dazu bereit. Mit geradezu übermenschlicher Kraft lud er sich den toten Stier auf die Schultern und trug ihn an das Ufer des Sees. Der Lindwurm witterte sogleich seine Beute, kam schnaubend herangeflogen, und im Nu waren Stier und Knecht verschlungen. Aber bald tat das fürchterliche Gift seine Wirkung. Das riesige Ungetüm begann sich zu dehnen und zu winden, schlug mit dem Schweif Löcher in die Felsen, stieß ein greuliches Heulen und Zischen aus und verendete unter gräßlichen Zuckungen.

So fand das Untier vom Goggauersee sein Ende, und die Bewohner konnten ungefährdet ihrer Arbeit nachgehen.

HEILIGENBLUT

Vor mehr als tausend Jahren wanderte der Däne Briccius mit seinen drei Brüdern aus Dänemark nach Konstantinopel, wo die Brüder in die Dienste des Kaisers Leo traten und durch ihren frommen Lebenswandel und ihre außergewöhnliche Begabung bald hohe Gunst erlangten. An Briccius gewann der Kaiser einen tüchtigen Feldherrn, der stets siegreich gegen die Feinde des Reiches stritt. Sosehr der fromme Mann seinem Kaiser ergeben war, so bitteren Kummer bereitete es ihm, daß sein hoher Gönner nur ein lauer Christ war, mit dem es im christlichen Glauben nicht allzu wohl bestellt war. Er bat daher Gott um ein Zeichen, wodurch der Kaiser im Glauben bestärkt würde.

Nun begab es sich eines Tages, daß ein Händler, um die Macht des Christengottes zu erproben, das Bild des Erlösers in einer christlichen Kirche mit einem Messer durchstach. Sogleich floß Blut aus dem Bild wie aus einem lebendigen Körper. Der Fremde eilte, betroffen von dem Wunder, entsetzt auf die Straße und bekannte einem Priester seine Tat. Er ließt sich taufen und wurde ein eifriger Christ. Als der Kaiser von diesem Wunderzeichen erfuhr, kam er mit großem Gefolge in die Kirche, sah mit eigenen Augen das wunderbare Geschehen und war von seinem Unglauben bekehrt. Das heilige Blut aber wurde in einem Fläschchen aufgefangen und bildete bald den Gegenstand höchster Verehrung.

Jahrelang hielt sich Briccius in Konstantinopel auf; nach einiger Zeit aber begann die Sehnsucht nach der Heimat in seinem Herzen zu keimen. So faßte er den Entschluß, nach Dänemark zu ziehen und dort den Heiden das Evangelium zu verkünden. Als er dem Kaiser seine Absicht bekanntgab, wollte dieser nichts davon hören. Doch die dringenden Bitten seines Dieners vermochten ihn schließlich umzustimmen, und er willigte in die Entlassung ein. Huldvoll stellte er ihm frei, zum Abschied eine Gnade zu erbitten. Da begehrte Briccius vom Kaiser das heilige Blut. Über diesen Wunsch war der Herrscher nicht sehr erfreut, denn er wollte den wertvollen Besitz nicht verlieren. Daher gab er dem Bittenden drei Tage Bedenkzeit in der Erwartung, Briccius werde sich inzwischen eines anderen besinnen. In dem Gemach, wo er sich während dieser Zeit aufhalten mußte, standen drei kostbare Fläschchen zur Auswahl.

Die einzige Tochter des Kaisers war Briccius wegen seiner Tugenden und Vorzüge heimlich in Liebe zugetan und schlich sich eines Tages, als Magd verkleidet, mit dem Essen in das Zimmer des frommen Mannes, um ihm mit Rat und Tat beizustehen. Sie empfahl ihm, das Fläschchen zu wählen, auf das sich keine Fliege setzen werde. Nach Ablauf der Frist tat Briccius, wie sie ihm geraten, und erhielt wirklich das Gefäß mit dem heiligen Blut. Nun wagte der Kaiser keine Einwendung mehr und überließ das Kleinod dem Scheidenden, der erklärte, er werde es in ein Land bringen, wo es mehr geehrt würde als hier. Doch im stillen hegte Leo die Absicht, das wertvolle Gut durch Diebstahl wieder in seinen Besitz zu bringen.

Nun hüllte sich Briccius in Pilgerkleider, um den weiten Weg in seine nordische Heimat anzutreten. Die drei Brüder begleiteten ihn; denn alle vier liebten einander innig, und keiner wollte ohne den anderen weiter am Hof des Kaisers verbleiben. Kaum hatten die Wanderer die Stadt verlassen, schickte ihnen der treulose Herrscher mehrere Diener nach, die Briccius das Heiligtum wieder abjagen sollten. Aber die Brüder waren auf der Hut, sahen die Verfolger und wandten sich abseits der Straße, wo Briccius das Fläschchen in einer Wunde verbarg, die er sich am Schenkel beigebracht hatte. Der mit Erde bestrichene Schnitt verheilte in kurzer Zeit, und niemand hätte geahnt, welch wertvolles Gut der fromme Wandersmann, in seinem Fleisch verborgen, mit sich trug.

So wanderten sie durch die Lande und kamen unbehelligt bis nach Kärnten ins Drautal. Hier wollte Briccius das Mölltal entlang über die Tauern nach Norden wandern. Die drei anderen Brüder aber beschlossen, in Kärnten zu bleiben; bei Sachsenburg sollen sie voneinander Abschied genommen haben. Der eine der Brüder wanderte das Drautal abwärts und ließ sich auf dem Oswaldiberg nieder, der nach ihm benannt sein soll; der andere gelangte nach Kötschach im Gailtal, wo er der Sage nach in der Kirche seine letzte Ruhestätte fand; der dritte wurde der Begründer der ersten Siedlung in der Niklai ob Sachsenburg und erhielt wegen seines frommen Lebenswandels bald den Namen „der heilige Mann". Noch heute sind viele Sagen über sein verdienstvolles Wirken im Umlauf. Briccius zog allein das Mölltal aufwärts dem Hochgebirge zu, verfehlte aber in einer stürmischen Nacht den richtigen Weg und wurde von einer Lawine verschüttet.

Als die Gebirgsbauern gegen Weihnachten das Heuziehen angingen, wie es dort gebräuchlich ist, fanden sie in der Nähe des heutigen Dorfes Heiligenblut an der Stelle, wo jetzt die Bricciuskapelle steht, mitten im Schnee drei schöne grüne Ähren. Erstaunt über dieses unbegreifliche Wunder, gruben sie im Schnee nach und stießen bald auf den Leichnam des heiligen Mannes – denn für einen solchen hielten sie ihn –, aus dessen Herz die Ähren sprossten. Nun sollte der Heilige begraben werden, und sie beschlossen, über den Ort des Begräbnisses den Willen Gottes entscheiden zu lassen. Man lud den Leichnam auf einen Karren, spannte zwei „ungelernte" Öchslein davor und ließ sie ihres Weges ziehen. Wo das Gespann halten würde, wollten sie ein Grab aufwerfen und später darüber eine Kapelle bauen.

Die Ochsen zogen den Leichnam über die Möll und machten erst auf dem Hügel halt, auf dem sich heute die Kirche von Heiligenblut erhebt. Hier waren sie nicht mehr von der Stelle zu bringen. So lud man die Leiche vom Wagen ab und begrub sie auf dem Hügel. Nach einigen Tagen sah man, daß ein Fuß des Leichnams aus dem Grabe herausragte, und entdeckte bei näherem Hinsehen im Fleisch verborgen das Fläschchen mit einer dunklen Flüssigkeit. Als man das kleine Gefäß herausgenommen und den Toten wieder bestattet hatte, kam der Fuß nicht wieder zum Vorschein. Das geheimnisvolle Fläschchen wurde samt Ring und Pergament, die man bei dem Toten gefunden hatte, dem Erzbischof nach Salzburg gesandt, der den Patriarchen von Konstantinopel um Aufklärung bat, wodurch die ganze Begebenheit mit dem heiligen Blut im Abendland bekannt wurde. In der Pfarrkirche von Heiligenblut befinden sich vierzehn große Gemälde, die den Lebenslauf und Tod des seligen Briccius darstellen. In einer hochragenden Säule im Gotteshaus wird, in eine kunstvolle Monstranz gefaßt, das kleine grünliche Fläschchen mit dem heiligen Blut aufbewahrt, das man bei dem Pilger gefunden hatte. In der Mitte der Kirche führen einige Treppen in ein Gruftgewölbe hinab, wo das sargähnliche Grabmal des frommen Mannes gezeigt wird, dessen wundersamem Geschenk das Dorf Heiligenblut seinen Namen verdankt.

DIE TEUFELSBRÜCKE IM DRAUTAL

In der Gegend von Völkermarkt liegen mitten in der Drau drei mächtige Felsblöcke, Teufelsbrücke nennt sie das Volk. Gegenüber erhebt sich der St. Peterer Berg, auf dem einst eine kleine Kirche stand, das sich des zahlreichen Zuspruchs der Gläubigen erfreute. Der eifrige Besuch dieser Kirche war dem Teufel schon lange ein Dorn im Auge, und er dachte hin und her, wie er das abstellen und den Leuten einen Streich spielen könnte.

Das Kirchlein war auf der Höhe dem Wind und dem Wetter stark ausgesetzt. Besonders im Winter hatte es unter Schneeverwehungen zu leiden. Deshalb hatte man drei riesige Felsblöcke davor gelagert, die wirklich ausreichenden Schutz boten und den raschen Verfall des Baues verhinderten. Eines Tages fielen dem Teufel diese drei Felsen auf; er konnte sich nicht erklären, wozu sie dienen sollten. Das mußte er erkunden. Rasch verwandelte er sich in einen reichen Viehhändler, band sich einen gewichtigen Geldbeutel um den Bauch und suchte das nächste Wirtshaus auf, wo er einige alte Bauern antraf. Geschickt wußte er das Gespräch auf das Kirchlein auf dem St. Peterer Berg zu lenken und meinte so nebenbei, es müsse eine fürchterliche Arbeit gewesen sein, die drei Felsbrocken auf den Berg zu schleppen, die doch zu nichts nütze seien. Da antwortete ihm ein alter weißhaariger Bauer, daß diese drei Blöcke die Kirche vor Schneeverwehungen, Stürmen und Unwetter schützten.

Nun wußte der Satan genug, bezahlte seine Zeche und ging seiner Wege. Die drei Felsbrocken mußten weg, darüber war er sich klar. In der Heiligen Nacht wollte er sein Vorhaben ausführen. Wege und Stege waren verschneit, ein eisiger Sturm wehte um die Höhe, als das Glöcklein zum Mitternachtsgottesdienst rief. Trotz des unfreundlichen Wetters füllte sich das Kirchlein am Berg mit Gläubigen, die von nah und fern herbeigekommen waren, um der Mette beizuwohnen. Während die Menschen drinnen andächtig beteten, ging eine schwarze Gestalt draußen eifrig ihrem Zerstörungswerk nach. Mit großer Mühe grub der Satan einen Stein nach dem anderen aus dem Boden und flog damit über die Drau, wo er sie alle mit boshaftem Grinsen in das aufspritzende Wasser fallen ließ. Aber das schien ihm noch nicht genug; er wollte gleich ganze Arbeit leisten. Darum blies er mit vollen Backen gegen den Schnee, der um die Kirche aufgehäuft lag, daß bald nichts mehr von dieser zu sehen war. Jetzt glaubt er Kirche und Gläubige vernichtet zu haben, freute sich des gelungenen Werkes und flog befriedigt davon.

Unten im Tal hatte man verwundert das nächtliche Poltern vernommen und hielt am nächsten Morgen Nachschau, was sich da ereignet habe. Als man auf den St. Peterer Berg kam, fand man von der Kirche keine Spur, nur eine riesige Schneewächte erhob sich, aus der man singen und Orgel spielen hörte. Rasch waren Schaufeln zur Hand, und es dauerte nicht lange, so waren die unter dem Schnee Begrabenen befreit, und die Kirche wuchs wieder aus den Schneemassen hervor.

Eins aber ist dem Satan gelungen, die schützenden Felsbrocken waren weg und wurden nicht wieder zu Berg geschafft, so daß das Kirchlein im Lauf der Zeit verfiel. Die Felsbrocken aber liegen noch heute mitten in der Drau und lassen nur eine schmale Fahrtrinne frei, durch die das Wasser schäumend hindurchschießt, ein banger Augenblick für den Flößer, der die Teufelsbrücke passiert.

DER SCHMIED AM RUMPELBACH

In einem reißenden Wildbach, der wegen seiner Wildheit Rumpelbach hieß, lag in einem abgelegenen Tal eine Schmiede. Hier lebte vor Jahren einsam ein Schmied, dessen Name den Leuten nicht bekannt war, weswegen man ihn den Schmied am Rumpelbach oder kurz Rumpelbach nannte. Er war noch nicht verheiratet, wäre aber gern in den Ehestand getreten, um ein menschliches Wesen in seiner Nähe zu wissen, aber bei seinem kümmerlichen Einkommen war er nicht imstand, eine Frau zu erhalten. Deshalb verschrieb er sich dem Satan; der mußte ihm die ganze Werkstatt von unten bis oben mit Gold anfüllen; dafür sollte nach zehn Jahren seine Seele dem Teufel gehören. Nun war der Schmied in der Lage, ein hübsches Mädchen als Ehefrau heimzuführen, und die stille Schmiede war voll vom fröhlichen Treiben des munteren Paares.

Fast zehn Jahre hatte dieses ungetrübte Glück schon gedauert, als eines Tages die Heilige Familie auf ihrer Flucht nach Ägypten an der Schmiede am Rumpelbach vorbeikam. Da bat der Nährvater Josef den Schmied, seinem humpelnden Esel die Hufeisen zu richten. Willig erfüllte Rumpelbach die Bitte des heiligen Josef und wollte auch keinen Lohn für seine Arbeit annehmen; dafür durfte er denn drei Wünsche tun. Ohne lange nachzudenken, wünschte sich der Schmied zum ersten eine Bank, die ohne seinen Willen niemand loslasse, der sich darauf setze, zum zweiten einen Kirschbaum, dessen Äste jeden zurückhielten, der von den Kirschen gegessen, und zum dritten einen Sack, aus dem niemand, der einmal darinnen sei, ohne Willen des Schmiedes herauskommen könne. Die Heiligen erfüllten diese Wünsche, hinterließen ihm obendrein ihren Segen und zogen weiter.

Als nun die zehn Jahre komplett um waren, erschien der Satan, um Rumpelbachs Seele zu holen. Dieser bat den unerwünschten Besucher, sich auf die Bank zu setzen und zu warten, bis er sich für die weite Reise gerüstet habe. Der Satan setzte sich ahnungslos nieder, aber als er nach einiger Zeit wieder aufstehen wollte, um den Schmied zur Eile zu drängen, konnte er von der Bank nicht loskommen, soviel er auch zerrte und zog. Erst nachdem er dem Schmied das feierliche Versprechen gegeben hatte, auf sein Mitkommen zu verzichten und sich nie wieder blicken zu lassen, gab ihn Rumpelbach frei, und der Satan fuhr schleunigst davon.

Wütend erzählte er zu Hause in der Hölle seinen Kameraden, wie er dem Schmied auf dem Leim gegangen, und wurde dafür reichlich verlacht und wegen seiner Dummheit verspottet. Gleich machte sich ein anderer auf den Weg, der es schlauer anpacken und der heimtückischen Bank mit Vorsicht ausweichen wollte. Die Reise dauerte lang, und die Hitze war groß; todmüde und fast umgekommen vor Durst kam der arme Teufel am Ziel an. Was Wunder, daß ihn da der schattige Kirschbaum anlockte, der von der Schmiede seine glänzenden Früchte anbot. Im Nu saß der höllische Gast auf dem Baum oben und erfrischte seinen ausgetrockneten Gaumen mit den herrlichen Früchten. Als er aber wieder heruntersteigen wollte, hielten ihn die Äste fest, und er konnte sich trotz aller Bemühungen aus dem Gewirr nicht befreien. Da erhob der Satan ein erbärmliches Geschrei, das den Schmied aus der Werkstatt herbeirief. Lachend fragte er den Bösen, wie ihm die Früchte geschmeckt hätten. Erst nach vielem Bitten und Betteln erlaubte er ihm, vom Baum herabzukommen; doch mußte auch er wie sein Vorgänger versprechen, dem Schmied nie wieder unter die Augen zu treten.

Kleinlaut meldete das Teufelchen daheim seinem Herrn, wie es ihm bei Rumpelbach ergangen war, und erntete keine besondere Anerkennung für seine mißglückte Fahrt. Nun machte sich Luzifer, der Höllenfürst, selbst auf die Beine, um die längst schon fällige Seele zu holen. Mit einer tiefen Verneigung begrüßte ihn der Schmied und machte sich gleich erbötig, freiwillig mitzugehen, ja er trug dem Teufel sogar an, ihn in einem Sack eine Strecke des weiten Weges zu tragen, und der Höllenfürst war nicht klüger als seine Untergebenen und fiel dem schlauen Schmied auf seine List herein. Er kroch in den Sack, den Rumpelbach sogleich fein säuberlich zuband. Dann wurde der Sack auf den Amboß gelegt und der schwere Schmiedehammer in Gang gesetzt. Wuchtig sausten die hämmernden Schläge auf den Teufel im Sack nieder; vergebens winselte und heulte der jämmerlich geschlagene Seelenfänger; der Schmied kannte kein Erbarmen. Als er sein Spiel lange genug getrieben hatte und der Satan endlich versprach, auf die verpfändete Seele ganz zu verzichten, ließ ihn der Schmied aus dem Sack kriechen, und der Höllenfürst flog in Gestalt einer schwarzen Taube davon.

Nun brauchte der wackere Schmied den höllischen Feind nicht mehr zu fürchten und lebte mit seiner Gattin glücklich und in Frieden bis an sein Ende. Bevor die Seele des Meisters zum Himmel flog, nahm sie noch den Schmiedehammer als Andenken an sein irdisches Handwerk mit sich. An der Himmelstür angelangt, verwehrte ihm jedoch Petrus den Eintritt, weil er auf Erden zuviel Umgang mit dem Teufel gehabt hat; er möge sein Glück in der Hölle versuchen. Also kehrte Rumpelbach um und pochte an die Pforten der Hölle. Als die Teufel aber seinen Namen hörten, bekamen sie es mit der Angst zu tun und hielten das Höllentor mit aller Kraft zu. So fest krallten sie dabei ihre Hände in das Tor, daß ihre Fingernägel nach außen herausstanden. Da geriet der Schmied in Wut und schlug mit dem Hammer die Nägel krumm, und die Teufel waren nun an der Höllenpforte festgenagelt.

Rumpelbach beschloß nun, den Versuch zu machen, mit List in den Himmel einzudringen. Tagelang trieb er sich in der Nähe der Himmelstür umher, um vielleicht einmal ungesehen hineinzugelangen. Aber es ergab sich keine Gelegenheit dazu. Nun sah er eines Tages, wie ein Reiter hoch zu Roß ankam und Einlaß begehrte. „Wer ist draußen?“ fragte Petrus. „Ein Reiter auf seinem Pferd“, war die Antwort. Darauf öffnete sich das Tor, und der Reiter trabte in den Himmel.

„Ha“, sprach Rumpelbach zu sich selbst, „so könnte ich es auch machen!“ Er wartete geduldig auf weitere Ankommende. Nach einiger Zeit kam ein altes Frauenzimmer daher. Husch, saß der Schmied auf dem Rücken des Weibleins und klopfte frech an die Himmelspforte. „Wer ist draußen?“ ertönte es. „Ein Reiter mit seinem Pferd“, antwortete jener und hielt stolz seinen Einzug durch das rasch sich öffnende Tor. Zwar machte Petrus eine finstere Miene, als er den seltsamen Reiter erkannte, aber da er nun schon einmal drinnen war, ließ man es dabei bewenden, zumal ihn Josef und Maria als den Mann erkannten, der ihnen einst in der Not geholfen hatte.

Zufrieden ging der Schmied im Himmel umher und betrachtete sich die himmlische Herrlichkeit. Einmal aber wollte er einen Blick auf die Erde hinabwerfen. Da sah er, wie seine Frau gerade mit einem anderen Mann Hochzeit hielt. Darüber ärgerte er sich so sehr, daß er seinen wuchtigen Hammer, den er immer bei sich trug, hinunterschleuderte und beide tötete. Das war gegen alle Himmelsordnung und trug ihm schwere Strafe ein. Er wurde aus dem Himmel verstoßen und muß seitdem auf ewig zwischen Himmel und Erde herumwandern. So erzählt man im oberen Gurktal.

DER WÖRTHER SEE

Vor vielen hundert Jahren lag dort, wo heute das Südufer des Wörther Sees an die bewaldeten Berghänge stößt, eine große Stadt mit prächtigen Gebäuden, in denen viele glückliche Menschen daheim waren. Aber ihre Bewohner waren durch den Reichtum, den ihnen ein glückliches Schicksal in den Schoß gelegt hatte, übermütig und gottlos geworden. Sie vergaßen Zucht und Sitte und trieben Frevel und Spott mit göttlichen und menschlichen Gesetzen und Einrichtungen. So ereignete es sich einst, daß sie am Vorabend des Ostertages, anstatt in frommer Besinnlichkeit sich auf das Fest vorzubereiten, zu Tanz und übermütigem Gelage versammelt waren. Die Nacht war schon weit vorgeschritten, und noch immer huldigten sie ihrem ausgelassenen Treiben.

Da öffnete sich plötzlich die Tür des prunkvollen Saales, und ein kleines eisgraues Männlein blickte mit finsterer Miene auf das lärmende Gewoge.

„Ihr gottlosen Prasser", rief es endlich grollend, „wißt ihr denn nicht, welch hoher Festtag morgen ist? Kehret heim, bevor es zu spät ist und euch die himmlische Strafe ereilt!"

Aber die übermütige Schar lachte höhnisch über die Worte des Alten und überließ sich nur um so eifriger ihrem schändlichen Vergnügen. Während sich der Alte zornerfüllt entfernte, wurde der Tanz immer wilder, ertönte immer lauter das wüste Geschrei der Trunkenen. Die Mitternacht nahte. Da erschien der Warner nochmals im Saal. Er trug ein Fäßchen unter dem Arm und drohte mit göttlicher Strafe, wenn die wahnwitzig tobende Menge von ihrem frevelhaften Tun nicht ablasse. „Wenn ihr mir nicht folgt", fügte er hinzu, „öffne ich den Hahn dieses Fäßchens, und Tod und Verderben werden über euch kommen." Aber keine Drohung rührte die Verstockten. Freche Spottworte waren die Antwort auf die Warnung des Alten. Da schlug es Mitternacht.

Im selben Augenblick erloschen die Lichter, die Erde bebte, die Mauern der Paläste wankten, und ein unheimliches Heulen und Brausen erfüllte die Luft. Aus den Wolken strömte unendlicher Regen herab. Verschwunden war das warnende Männchen, das Fäßchen aber lag mit geöffnetem Hahn mitten im Prunksaal und ließ endlose Wasserfluten ausströmen. Der Saal, das Haus, die ganze Stadt erfüllte sich mit Wasser, es stieg immer höher, reichte bis an die Dächer der Häuser und überschwemmte alle Werke von Menschenhand, bis kein Stein mehr aus den Fluten herausragte. Die ganze Stadt ging zugrunde, alle Bewohner ertranken. Die Wasser verloren sich nimmer, und eine weite spiegelnde Wasserfläche dehnt sich heute dort aus, wo einst bewegtes Leben herrschte. Städte, Kirchen und Dörfer ruhen auf dem Grund des Sees; ungeheure Fische und riesige Wasserschlangen hausen in den alten Palästen, die einst die Wohnstätte reicher Menschen waren. Die Glocken der im See versunkenen Kirchen sollen noch heute mit leisem Klang an das Ohr der Menschen tönen, die an stillen Abenden über den See rudern. Manch einer sah wohl auch weit unten in den klaren Fluten des Sees die Spitze eines Kirchturms heraufschimmern, den ein Sonnenstrahl getroffen hatte.

Am östlichen Ufer des Sees erhebt sich das Schloß Loretto mit seiner Marienkapelle. In dieser soll vor langer Zeit eine große, prächtige Orgel gestanden sein. Einmal mußte sie zerlegt und zum Teil nach Maria Saal gesandt werden. Beim Fortschaffen der Orgel wurde die Glocke der Kapelle geläutet. Über den drohenden Verlust der Orgel soll das Glöcklein so betrübt gewesen sein, daß es sich vom Turm losriß und in den See sprang, wo es heute noch, zwischen zwei Felsen eingeklemmt, auf dem dunklen Grund ruht. Ein großer Krebs sitzt darauf und bewacht es. Man versuchte wiederholt, die Glocke zu bergen, doch niemals gelang das Unternehmen. Ein Taucher, der einmal auf den Seegrund hinunterstieg, gelangte in die Nähe der Glocke, erschrak aber vor dem Krebs so sehr, daß er sich schleunigst wieder an die Oberfläche ziehen ließ.

Im Rosental erzählt die Sage weiter, werden einmal einem Bauer Zwillingsstiere zur Welt kommen, die dazu berufen sind, die Glocke von Loretto aus dem *Wörther See* zu ziehen und auf die Höhe des Matzenberges zu schaffen.

DER HAUSBAU DES TEUFELS IM LEOBENGRABEN BEI GMÜND

Ein armer Bauer im Leobengraben konnte auf keinen grünen Zweig kommen, sosehr er sich auch plagte und abrackerte. Es war ihm ganz unverständlich, daß es andern Bauern, die weniger arbeiteten als er, so viel besser ging, ja, daß manche sogar einen erklecklichen Batzen übriges Geld besaßen, während seine Not immer größer wurde.

Da hörte er einmal von einem alten Köhler, daß man bei der „Schwarzen Wand" um Mitternacht den Teufel beschwören könne und daß der jedem zu Reichtum und Besitz verhelfe, der ihn darum angehe; nur müsse man ihm seine Seele verschreiben. Der furchtlose Bauer dachte, das wäre ein Mittel, auf leichte Weise zu Geld und Gut zu kommen und das harte Los seiner Familie zu erleichtern. Seine Seele aber werde er schon irgendwie zu retten wissen.

Also ging er getrost zur „Schwarzen Wand", setzte sich auf einen Stein und erwartete die Mitternacht. Er war noch nicht lange da gesessen, als ihn ein Geräusch aus seinem Sinnen schreckte. Als er sich umwandte, gewahrte er einen hageren Mann in Jägertracht, der ihm grinsend zunickte. Dem Bauern lief es eiskalt über den Rücken, aber er faßte sich bald, als der Fremde ein harmloses Gespräch anknüpfte. Im Lauf der Unterhaltung schilderte er dem Mann seine Not und bat ihn um Rat. Da versprach ihm der Teufel – denn der war der freundliche Jägersmann –, sein verfallendes Haus in einer einzigen Nacht neu aufzubauen, bevor das Krähen des Hahns den kommenden Morgen ankünde; dazu wolle er ihn zum reichsten Bauern im Tal machen, wenn er ihm seine Seele verschreibe.

Da es nun ernst wurde mit der Seelenverschreibung, plagte den Bauern doch das Gewissen; er zögerte, den Vertrag einzugehen. Aber das Verlangen nach Wohlstand und Geld gewann endlich die Oberhand; auch meinte er, es werde dem Teufel unmöglich sein, in einer Nacht das Haus fertigzustellen. So willigte er ein, und der Teufel verschwand spurlos, wie er gekommen war. Nun eilte der Bauer nach Hause und erwartete, ohne einem Menschen von seiner Abmachung zu erzählen, bangend die nächste Nacht.

Kaum war die Sonne hinter die Berge gesunken und die Dunkelheit hereingebrochen, erwachte reges Leben um das Bauernhaus. Unzählige unsichtbare Hände schleppten Steine und Bauholz herbei, in wenigen Stunden war der neue Bau bis zur Dachgleiche gediehen. Da erwachte das Gewissen des Bauern aufs neue; ruhelos, von Angst und Furcht gemartert, um das Heil seiner armen Seele besorgt, rannte er im alten Haus umher. In dieser verzweifelten Stimmung sah ihn eine alte Frau, der er am Abend Unterkunft im Haus gewährt hatte. Auf die Frage nach dem Grund seiner Unruhe erzählte er von dem Vertrag mit dem Teufel und schloß mit versagender Stimme: „Mir bangt um meine Seele; das Haus ist fast fertig, und noch hat der Hahn nicht den Morgen verkündet. Was soll ich jetzt tun?"

Da gab ihm die alte Frau den Rat, den schlafenden Hahn zu nehmen, in ein Tuch zu wickeln und mit einem frommen Gebet in den Wassertrog zu werfen. Der Bauer befolgte den Rat der Frau, und wirklich krähte der Hahn, als ihn das kühle Naß aus dem Schlaf riß. Auf einmal ertönte ein Poltern und Fluchen, und alle höllischen Geister, die am Bau mitgearbeitet hatten, mußten schleunigst das Weite suchen.

Es war aber auch höchste Zeit gewesen, daß der Hahn gekräht hatte; denn zur Vollendung des Baues fehlten nur mehr einige Dachbretter. Vergnügt betrachtete der Bauer sein neues Haus; die fehlenden Bretter schaffte er selber herbei und nagelte sie auf das Dach. Die alte Frau aber, die ihm den guten Rat gegeben hatte, blieb von der Stunde an verschwunden.

ST. PETRUS UND DIE MALTABERGER

Es sind nun bald an die zweitausend Jahre her, da wandelte der heilige Petrus im Auftrag des Herrn aus dem Morgenlande, wo er den Heiden das Evangelium verkündet hatte, in das Kärntnerland, um auch die Älpler an den heiligen Wahrheiten teilhaben zu lassen. Hügelauf, hügelab, über Berg und Tal, durch Felder und Wälder ging sein Weg, schon zeigten sich die mächtigen Riesen der Alpenberge den Blicken des müden Wanderers. Aber nicht schroffe Wände und steinige Halden waren es, die sich drohend zum Himmel reckten, sondern grüne Hänge und saftige Weiden bedeckten damals die Berge, und Palmen und andere südliche Gewächse wiegten sich im sanften Hauch kosender Lüfte.

St. Petrus war nicht allein. Der Herr hatte ihm einen Begleiter auf den Weg mitgegeben, der ihm Schutz und Sicherheit bot vor Regen und Unwetter. Eine Baßgeige war es, unter deren mächtigen Rücken er Unterschlupf fand, wenn der Himmel seine Schleusen öffnete, die aber auch das Ihre tun mußte, die Herzen der Heiden für die Aufnahme des göttlichen Wortes durch ihren freundlichen Klang empfänglich zu stimmen. Überall, wo sich dem Apostel auf seinem Weg durch das Land Gelegenheit bot, verkündete er die Lehre des Meisters. Es geschah nicht allzu oft, denn die Gegend war dünn besiedelt. Heute aber erblickte er wieder menschliche Wohnungen auf einem Berg, der heutzutage Maltaberg heißt. Dort hausten derbe, ungeschlachte Leute, die es nötig hatten, sich zu bekehren und Buße zu tun. Die jungen Burschen waren nur hinter den Mädchen her, die Alten aber jammerten den ganzen lieben Tag über ihr schlimmes Los an der Seite ihrer Ehefrauen. Zu diesen Leuten kam nun der heilige Petrus.

Mit der Baßgeige auf dem Rücken schritt der Apostel schnaufend den steilen Hang hinan. Die Sonne brannte auf seine Glatze hernieder, Schweißtropfen perlten von seiner Stirn; alle Augenblicke mußte er stehenbleiben, um wieder Atem zu bekommen. Endlich war die erste Hütte erreicht. Erleichtert klopfte er an die Tür, doch niemand ließ sich blicken. Er wanderte ein Stück weiter, um wieder die gleiche Erfahrung zu machen. Bei den nächsten Häuschen erging es ihm nicht besser. Endlich trat ihm ein altes buckliges Weiblein in den Weg, das ihn mit scharfer Stimme anfuhr: „Was willst du da? Mein Mann ist nicht daheim!“ Auf seine Fragen erfuhr er, daß alle Leute beim Tempel unter der „Glockenspitze“ seien. Dann schlug sie ihm barsch die Tür vor der Nase zu, und Petrus konnte abziehen. Tief aufseufzend setzte er seinen Weg bergauf fort; alle warnenden Worte des Herrn über die Steilheit der Alpen fielen ihm ein.

So war der Apostel keuchend eine ziemliche Strecke bergan gestiegen, da hörte er in der Ferne ein tolles Jauchzen und Singen. Er beschleunigte seine Schritte, so gut es ihm möglich war, und stand bald an dem Ort, woher das Gejohle ertönte. Es war eine freie Grasfläche, die von hohen Bäumen umstanden war. Eine große Menge Volkes war da versammelt, alte Männer, junge Burschen und übermütige Mädchen. Während die Alten in einer Ecke beisammenstanden und anscheinend ernste Dinge besprachen, drehten sich die Jungen beim Klang der Musik paarweise im Kreis, heitere Weisen ertönten, und heller Jubel stand in den fröhlich lachenden Gesichtern. Durch die Zweige der Bäume schimmerte der hölzerne Tempelbau.

Mit finsteren Blicken hatte Petrus das lustige Treiben des Völkleins beobachtet. Alles, was er sah, dünkte ihm Teufelswerk. Als die Musik schwieg und die Paare im Tanz innehielten, trat er vor die Fröhlichen hin und wollte ihnen seine Meinung sagen. Da erblickte die tanzfreudige Jugend den Mann mit der großen Geige, und einstimmig scholl ihm ein jubelndes „Mach auf, mach auf!“ entgegen. Sie meinten damit, der Fremde möge ihnen zum Tanz aufspielen. Petrus aber verstand die Mundart der Bergler nicht und glaubte, sie hätten ihn als den himmlischen Torhüter erkannt, der ihnen das Himmelstor aufmachen sollte.

„Was“, rief er ihnen unwirsch zu, „aufmachen soll ich euch nichtsnutziger Bande? Da könnt ihr lange warten. Erst muß ich euch bekehren!“

„Aufmachen, aufmachen!“ erscholl es aus der Menge.

Aber Petrus blieb standhaft: „Nicht eher, als bis ihr euer sündiges Treiben eingestellt, Buße getan und den heidnischen Götzentempel dort dem Erdboden gleichgemacht habt.“

Da stutzten die Zuhörer, und einige raunten sich zu: „Der ist nicht ganz normal!“ Andere aber riefen dazwischen: „Aufmachen, aufmachen!“

Zornesröte übergoß jetzt das finstere Antlitz des würdigen Apostels ob solcher Hartnäckigkeit der Heiden, und in grimmigem Ton fuhr er sie an: „Vom Erdboden vertilgt gehört ihr, wenn ihr das Wort Gottes nicht hören wollt!“

„Oho!“ tönte es zurück, und kräftige Hände griffen nach Wehr und Waffen. Drohend wurden derbe Knüttel geschwunden. Während der weibliche Teil der eben noch fröhlichen Gesellschaft sich nach rückwärts verzog, packten die derben Hände der rauflustigen Männer den scheltenden Heiligen, der vergebens versuchte, sich verständlich zu machen. Bevor er recht wußte, wie ihm geschah, lag er am Boden, und die Hiebe der Männer sausten hageldicht auf ihn nieder. Zwar stöhnte er noch einige Worte von der Strafe des Herrn, aber bald ging sein Stöhnen in klägliches Gewimmer und hilfloses Flehen über.

„Zerschlagt ihm sein Werkzeug!“ schrien sie, und bald lag seine Baßgeige, die treue Begleiterin seiner Fahrten, in tausend Trümmer zersplittert am Boden. Erst als schon die Arme vom Zuschlagen müde wurden, beendeten sie ihr grausames Spiel.

Mühsam erhob sich der heilige Petrus. Seine Kleider waren zerrissen, Beulen und blaue Flecken bedeckten den Körper, alle Knochen im Leib taten ihm weh. Und seine treue Baßgeige war dahin! Wo sollte er sich jetzt vor dem Regen schützen, wie die Heiden das Evangelium lehren, wenn Worte allein nicht ausreichten, sie zu überzeugen? Stöhnend kniete er auf den Erdboden nieder, erhob die Augen zum Himmel und bat recht inbrünstig um Schutz für sich und Strafe für die Frevler.

Da zeigte sich in der Ferne ein leichtes Wölkchen am klaren sommerlichen Himmel. Rasch vergrößerte es sich, und bald stand dunkles Gewölk dräuend in den Bergen. Ein Windstoß fegte heran, der erste Bote des kommenden Sturmes. Um die Glockenspitze ballte sich die unheilverkündende Wolkenmasse zusammen und hüllte den Gipfel bald in schaurige Nacht. Der Sturm toste von allen Seiten heran, entwurzelte ganze Bäume, knickte die stärksten Stämme, und die Lüfte waren erfüllt von schrecklichem Heulen. Nun züngelte ferne der erste Blitzstrahl durch das dunkle Gewölk, und drohend grollte der Donner. Ängstlich flohen die Menschen in ihre Hütten oder verbargen sich im Schutz der Felsklüfte. Schon fuhren, von prasselndem Donnerkrachen begleitet, ganze Feuergarben von Blitzen hernieder, die Erde schien in Flammen zu stehen, und selbst Petrus, der Wettermacher, verkroch sich in einem Felsloch. Brausend entströmten den Wolken ungeheure Gewässer über die Berghänge in das Tal hinab, rissen das Erdreich von den Felsen weg und schwemmten Berge von Steinen und Felsgeröll mit sich über die fruchtbaren Wiesen und Weiden. Mit einem ungeheuren Krachen stürzte die Glockenspitze in sich zusammen, gewaltige Massen an Schutt und Lawinen nach allen Seiten ausspeiend. Hochragende Bäume, liebliche Almen und Triften, Gärten und Hütten, alles wurde in dieser schrecklichen Gewitternacht vernichtet. Zuletzt fielen endlose Mengen von Eiskörnern vom Himmel herab und hüllten den ungeheuren Greuel der Verwüstung in schimmerndes Weiß.

Als das Unwettter ausgetobt und die Wolken sich verzogen hatten, beleuchteten die Strahlen der Sonne ein weites glitzerndes Eisfeld. Unten im Tal schmolz zwar der eisige Panzer, aber der üppige Wuchs südlicher Bäume und Pflanzen, der bisher die Hänge geschmückt hatte, kam nicht wieder zum Vorschein; zu nahe waren die Felder der ewigen Schnee- und Eisregion; nur dunkle Tannen und Fichten wagten sich im Lauf der Zeit die Lehnen hinan. Oben auf den Gipfeln und Graten und in den Mulden dazwischen liegt heute noch Schnee und Eis. Petrus zog nach dieser stürmischen Nacht nach dem Süden zurück. Sooft ihn auf seiner Wanderschaft Regen und Stürme überraschten, mußte er unter Tannen und Fichten Schutz suchen; denn die geliebte Baßgeige war nicht mehr.

Wie aber erging es den Maltabergern weiter? Die einzige Unheilsnacht hatte genügt, ihnen für immer Kummer und Sorge zu bringen. Als sie am Morgen nach jener Nacht aus ihren Schlupfwinkeln hervorkrochen, sahen sie mit Tränen in den Augen das Bild der Verwüstung. Ihre Hütten und Häuser, ihre Felder und Almen waren vernichtet. Sie mußten zunächst trachten, sich wieder ein starkes Dach über ihren Köpfen zu schaffen. Aber die leicht zu bearbeitenden südlichen Bäume, die ihnen bisher ihr Bauholz geliefert, waren verschwunden, und das knorrige Holz der Tannen und Fichten und der astigen Ahornbäume, die da wuchsen, machte ihre Äxte schartig, als hieben sie damit gegen Felsen, und preßte ihnen manchen Schweißtropfen aus. Fluchend verrichteten sie ihre Arbeit. Und die Maltaberger Holzknechte fluchen wohl auch heute noch, wenn ein besonders harter Lärchenstamm ihren Axthieben widersteht: „Du verfluchter Peter!“.

DER SCHLANGENTÖTER IM GLANTAL

Das liebliche Tal der Glan, in dem sich heute fruchtbare Felder und lachende Fluren dehnen, war in altersgrauen Zeiten ein wüstes, menschenleeres Ödland, in dessen sumpfiger Wildnis allerlei Otterngezücht herumzüngelte. Die wenigen Siedler der Gegend hatten sich auf die umliegenden Anhöhen zurückgezogen, wo sie dem mageren Boden im Schweiße ihres Angesichts das tägliche Brot abrangen. Aber bald waren die Menschen vor dem giftigen Gewürm auch auf den Höhen nicht mehr sicher. Die Schlangen, die sich unheimlich rasch vermehrten, krochen bis in die Häuser, schlugen in Betten und Kasten ihr Lager auf, machten sich in den Stuben breit, und kein Nahrungsmittel blieb vor ihrer Gefräßigkeit verschont. Selbst auf die Tische wanden sie sich empor und fraßen ungescheut neben den Bewohnern aus der Schüssel. Kein Mittel half gegen dieses häßliche Gezücht, kein Feuer, kein Gift, auch keine Bittprozessionen.

Schon hatten die Bauern beschlossen, mit Hab und Gut diese unwirtliche Gegend zu verlassen, und alles war zum Abzug vorbereitet, da kam eines Abends ein Handwerksbursche dahergezogen und hörte von der schrecklichen Plage, die die Gegend unsicher machte. Zur Freude aller Bewohner erklärte er sich sofort bereit, alle Schlangen, große und kleine, zu vertilgen, wenn man ihm versichern könne, daß keine weiße darunter sei, denn sonst wäre er verloren. Nun hatte niemand in der Umgebung je eine weiße Schlange gesehen, und der Fremde begann am nächsten Morgen das versprochene Werk. Er übte sich im Werfen eines eisernen Ringes und gebot den Landleuten, auf der Anhöhe, wo jetzt das Dorf Friedlach steht, in weitem Kreis um die breitästige Eiche herum dürres Laubholz und harziges Tannenreisig aufzuhäufen. Dann nahm er Abschied von den Leuten für den Fall, daß doch eine weiße Schlange, die Schlangenkönigin, sich einstellen und er bei seiner Tätigkeit den Tod finden würde. Wenn aber das eintrete, sollten sie ein immerwährendes Sühneopfer für seine arme Seele stiften.

Die Bauern gaben gern dieses Versprechen, und der Bursche stieg in den Kreis, kletterte auf den Eichenbaum und zog eine kleine Flöte aus der Tasche. Hierauf befahl er, das aufgeschichtete Holz anzuzünden, und begann, während das Feuer hell aufloderte, seiner Flöte lustige Weisen zu entlocken. Da rührte und regte es sich überall, es raschelte im Laub und unter dürrem Geäst, und alle Löcher und Steinhaufen wurden lebendig. In unzählbarer Menge krochen Schlangen herbei, große und kleine; aus Häusern, Ställen, Furchen und Schluchten, aus Felsen und Sümpfen wand sich das scheußliche Gewürm der Anhöhe zu und eilte dem Feuer entgegen. Von den Tönen der Flöte wie von zauberischer Gewalt angezogen, wollten sie sich über den glühenden Kreis schwingen. Aber alle fanden in den Flammen den Tod.

Schon begann der Zustrom der Schlangen zu versiegen, schon glaubte der Flötenspieler auf seinem Sitz, den Sieg über die giftige Natternbrut davongetragen zu haben, und blickte triumphierend über den Qualm des brennenden Holzes zu den Zuschauern hin, die auf den nahen Bergen standen und in freudige Rufe ausbrachen, als plötzlich ein vielstimmiger Entsetzenschrei erscholl und dem erbleichenden Burschen das Herannahen der weißen Schlange ankündigte. Es war eine große weiße Natter, die ein Krönlein auf dem Haupt trug, die Schlangenkönigin. In mächtigen Sprüngen und Windungen kam sie vom Berg herab und näherte sich mit unheimlicher Schnelle dem Feuer. Der Spieler hörte nicht auf, seiner Flöte schmeichelnde Töne zu entlocken. Die Schlange aber hob einen Augenblick den zierlichen Kopf, als lausche sie den lieblichen Weisen, und kroch dann unentwegt dem brennenden Ring zu. Ein banges Ahnen beschlich die gespannt zusehenden Leute, doch der Jüngling lockte weiter. Nun war die Schlange am Feuer, nun tat sie einen mächtigen Satz – und plötzlich verstummte das Spiel. Wie von einer Bogensehne geschleudert, hatte die Königin den Glutkreis übersprungen und war dem Flötenspieler an den Hals geschnellt. Fest aneinandergeklammert stürzten beide in die züngelnden Flammen und fanden darin den Tod.

Die gräßliche Plage, welche die Gegend solange beunruhigt hatte, war damit ausgerottet; der tapfere Bursche aber hatte sein Leben für das Wohl der Leute geopfert. Die Gemeinde säumte auch nicht, ihr Versprechen zu erfüllen. Alljährlich am Jahrestag dieses Ereignisses wurde in dem Kirchlein, das man an jener Stelle erbaute, für das Seelenheil des mutigen Burschen die sogenannte „*Schlangenmesse*“ gelesen.

DER SCHATZBERG BEI METNITZ

In der Gegend von Metnitz erhebt sich eine steile Felswand, die an ihrem Fuß eine grottenartige Vertiefung zeigt. Hier soll der Zugang zu einem ungeheuren Schatz im Innern des Felsens sein. Aber nur ein Sonntagskind kann in der Pfingstsonntagnacht zu den verborgenen Reichtümern gelangen; denn nur ein solches hat Macht über die unterirdischen Geister, die jene Schätze bewachen.

Einst kam eine arme Witwe mit ihrem Kind in diese Gegend. Sie hatte von dem Schatz gehört und wollte, da sie ein Sonntagskind war, nun versuchen, Zutritt in den Felsen zu erhalten, um den Schatz zu heben. Am Abend des Pfingstsonntags schritt sie zitternd und zagend, das Kind an der Hand, zum Felsen hinan. Ängstlich erwartete sie die Mitternachtsstunde, als plötzlich ein fernes Brausen vernehmbar wurde und die Felswand in geisterhaftem Licht erstrahlte. Ein mächtiges Tor tat sich auf, aus dem ein häßlicher Zwerg herausschritt, der die Witwe mit einem Wink seines Kopfes aufforderte, durch das Tor einzutreten.

Mit dem Kind auf dem Arm schritt die Frau in den Felsen hinein und sah sich in einem weiten, lichten Saal, der mit vielerlei Kostbarkeiten angefüllt war. Staunend betrachtete sie das viele Gold und die glänzenden Steine, die auf dem Boden und an den Wänden blinkten und glänzten. Sie könne mit sich nehmen, was sie nur wolle, meinte der Zwerg. Unentschlossen, was sie zuerst einstecken solle, nahm die Frau bald ein paar blanke Goldstücke, bald eine Handvoll blitzender Steine und setzte schließlich das Kind auf den Boden, um besser zugreifen zu können. Aber die Zeit, in der ihr gestattet war, in der Schatzhöhle zu verweilen, näherte sich ihrem Ende. Mahnend sagte der Zwerg, sie möge sich beeilen; denn die Zeit sei bald um. Da raffte die Witwe zusammen, was sie in der Eile noch erhaschen konnte, und lief rasch ins Freie. Hinter ihr rückten die Felsen mit dumpfem Getöse zusammen, und das Tor zu den Schätzen war verschwunden.

Jetzt erst dachte die erschrockene Mutter wieder an ihr Kind, auf das sie, geblendet vom Anblick der Reichtümer, im Eifer des Schatzsammlens ganz vergessen hatte. Weinend stand sie da mit ihren Schätzen und starrte verzweifelt auf die undurchdringliche Felswand, die ihr den Weg zu dem armen Kind versperrte. Ihre Goldgier und Unachtsamkeit verwünschend, schleuderte sie das Gold und die Edelsteine, die sie noch in den Händen hielt, weit von sich und raufte sich jammernd die Haare. Erst als der Morgen schon graute, gewann sie ihre Fassung wieder, las die weggeworfenen Reichtümer auf und verließ traurig den unheimlichen Ort. Nur eine Hoffnung hielt die beklagenswerte Mutter aufrecht: Gott werde ihr heißgeliebtes Kind nicht elend im Berg verhungern lassen. Von dem so teuer erkauften Reichtum wollte sie aber nichts mehr wissen; sie verschenkte alles Gold und die kostbaren Steine an Arme und Notleidende.

Als genau ein Jahr nach diesem Vorfall vergangen war, kehrte die Frau an die Stätte ihres Kummers zurück, da sie im stillen hoffte, Einlaß in den Berg zu erhalten und ihr Kind wiederzufinden. Wirklich täuschte sie ihre Hoffnung nicht. In der Pfingstsonntagnacht öffnete sich abermals die Felswand und, siehe da, gesund und munter saß ihr Kind, mit Goldstücken spielend, an der gleichen Stelle, wo sie es im Vorjahr zurückgelassen hatte. Mit einem Freudenschrei riß die Frau das lächelnde Kind an ihre Brust und eilte mit ihm, ohne einen Blick auf die Schätze und Reichtümer zu tun, aus der unheimlichen Höhle hinaus. Überglücklich herzte und küßte sie das strampelnde Kind und dankte dem Himmel für seinen gnädigen Schutz.

Von nun an dachte die Witwe nie mehr an Reichtum und Gold, sondern war vom Herzen zufrieden, daß sie sich mit dem Kind durch ihrer Hände Arbeit redlich und ehrlich fortbringen konnte.

DIE SALIGE FRAU IM ROSENTAL

In ganz Kärnten ist im Volk der Glaube an die saligen oder weißen Frauen, auch Salaweiber genannt, verbreitet, hehre, lichte Gestalten, die in Felshöhlen, auf den Bergen oder in Gewässern wohnen und gern mit den Menschen verkehren, um ihnen ohne Lohn in Haus und Feld behilflich zu sein.

Zu einem reichen Bauern im Rosental, der einen erwachsenen Sohn hatte, kam einst täglich eine salige Frau, half fleißig bei der Arbeit mit und legte sich abends in einer Kammer zu Bett. Eines Morgens trat die Bäuerin in das Gemach, wo die Salige noch friedlich schlummerte. Die langen blonden Haare der fremden Frau hingen aufgelöst über den Bettrand auf den Boden herab. Gerührt von diesem Anblick, nahm die Bäuerin die wundervollen Haare und legte sie leise, um die Schlafende nicht zu wecken, auf die Bettdecke. Doch das Salaweib erwachte und sprach tief bekümmert: „Mutter, warum habt Ihr das getan? Jetzt muß mich Euer Sohn heiraten!"

Die Bäuerin wußte nicht recht, was sie von der Sache halten solle, doch da der Bauer nichts gegen die Heirat einzuwenden hatte und dem Sohn die wunderschöne Frau gar wohl gefiel, wurde nach kurzer Zeit Hochzeit gehalten. Bevor der Brautzug zur Kirche aufbrach, sprach die fremde Maid: „Eines müßt ihr mir aber versprechen: Ihr dürft mir nie etwas widerraten noch über eine Tat, die ich etwa begangen habe, Unwillen äußern oder mich gar dafür schelten; geschieht dies, so ist meines Bleibens bei euch nicht länger." Der glückliche Bräutigam sowie die Eltern gelobten gern, was die Fremde verlangte.

Der junge Bauer hatte seine Wahl nicht zu bereuen. Das Salaweib wurde eine brave, tüchtige Hausfrau, die früh und spät mit nie erlahmendem Eifer alle Arbeiten in Haus und Feld verrichtete. Alles gedieh unter ihren Händen. Wie groß aber war erst das Glück des jungen Bauern, als ihm seine Gattin zwei herzige Kinder schenkte, einen stillen, besinnlichen Knaben und ein munteres Mädchen. Beide Kinder gediehen prächtig an Körper und Geist und waren der Stolz und die Freude des glücklichen Vaters.

Eines Tages ging die Mutter mit den Kindern über die Draubrücke. Als sie mitten auf der Brücke waren, packte die Salige das fröhliche dahinspringende Mädchen und warf es, ohne ein Wort zu verlieren, über das Geländer in den hochgehenden Fluß, wo es bald in den schäumenden Wellen verschwand. Unsägliches Entsetzen ergriff die Hausbewohner, als der Knabe die furchtbare Tat seiner Mutter erzählte. Jammer und Wehklagen erfüllte das Haus, namentlich die Großmutter des Kindes gebärdete sich wie unsinnig, da sie nicht zu fassen vermochte, wie eine Mutter ihr eigenes Kind, das allen so lieb gewesen war, einem so gräßlichen Tod überliefern konnte. Sie geriet darüber schließlich in derartigen Zorn, daß sie ihre Schwiegertochter ein herzloses, grausames Weib schalt. Da senkte sich tiefe Trauer auf das Antlitz der gebrochenen Mutter herab, und sie sagte: „Nun habt ihr mich gescholten; so darf ich denn nicht länger bei euch bleiben. Lebt wohl! Ich muß das Haus jetzt verlassen." Mit müden Schritten wankte die Salige davon, den Gatten in trauriger Betrübnis zurücklassend.

Mutterlos wuchs der Knabe heran. Sein stilles und ernstes Benehmen und seine Klugheit bestimmten den Vater, ihm das erbetene Studium zu gewähren. Später wandte sich der Sohn dem geistlichen Beruf zu; aus dem Bauernjungen wurde ein Priester. Schon nahte der Tag, an dem der junge Geistliche sein erstes Meßopfer feiern sollte; glücklich und stolz erwartete der Vater das Fest, an dem das ganze Dorf Anteil nahm. Der Sohn saß freudestrahlend, aber still in sich versunken an der Festtafel, die im Elternhaus bereitet war. Da erschien plötzlich eine herrliche Frauengestalt in dem festlich geschmückten Raum, trat zu dem jungen Priester und überreichte ihm einen großen goldenen Apfel mit den Worten: „Nimm dies als Festgabe deiner Mutter! Deiner Schwester geht es gut. Sie wäre ein leichtfertiges Ding geworden, wenn sie länger gelebt hätte. Ein früher Tod ist besser als ein Leben in Schande und Schuld; deshalb habe ich sie damals in den Fluß gestoßen." Nach diesen Worten verschwand die Frau.

Es war das letzte Mal, daß sie sich den Ihrigen zeigte; niemals kehrte sie mehr in das Haus zurück.

DER KRUMME REISSECKER

Am Fuß des Reißecks, eines mächtigen Gebirgsstockes in den Hohen Tauern, liegt eine kahle Alm, deren Einsamkeit von zwei klaren Bergseen, dem Großen und dem Kleinen Reißecksee, gemildert wird. Eine kleine aus Steinplatten gefügte Almhütte bietet den Hirten im Sommer einen bescheidenen Unterstand.

In früheren Zeiten weidete auf dieser Alm sehr viel Vieh, trotzdem gab es nur wenige Unfälle, was wohl der Umsicht der Hirten zuzuschreiben war. Manche meinen allerdings, es sei auf das gnädige Walten eines Almgeistes zurückzuführen gewesen, der sich auf der Alm des öfteren blicken ließ.

Unter den Rindern, die alljährlich aufgetrieben wurden, erregten eines Sommers zwei schöne schwarzrückige Ochsen die besondere Aufmerksamkeit des Hirten. Sie gehörten dem Bauern Bernhard am Hattenberg. Als sich der Hirte eines Abends, müde und matt von dem täglichen Almgang, der Hütte näherte, stand plötzlich ein kleines Männchen vor ihm, das mit einem grauen Lodengewand bekleidet war und auf dem Kopf einen schwarzen, breitkrempigen Hut mit einer roten Hahnenfeder trug. Der Hirte erkannte ihn gleich als den „krummen Reißecker“, einen Almgeist, der im Verein mit anderen unholden Gesellen seiner Art den Hirten schon manche Nuß zum Knacken gegeben hatte. Diesmal aber hatte der Kleine eine Bitte an den Hirten und sagte treuherzig, der Almer möge ihm über Nacht die zwei großen schwarzrückigen Ochsen leihen, er werde sie nach getaner Arbeit wohlbehalten wieder zurückstellen. Was sollte der Hirte anderes tun, als seine Zustimmung zu geben, um nicht der Rache des Berggeistes zu verfallen! Da nahm das Männchen die beiden Zugtiere und verschwand mit ihnen in der Abenddämmerung.

Mit banger Sorge um seine Tiere begab sich der Hirte zur Ruhe. Gegen Mitternacht erwachte er von einem wilden Geschrei: „Hü, Schwarzer, Hott, Kohle, dem großen See zu, auf die Ecke hin!“ tönte es in grausigen Lauten durch die Stille der Nacht, und der Widerhall in den nahen Felswänden schien höhnisch Antwort zu geben. Schlaflos wälzte sich der besorgte Senne auf seinem Lager hin und her; die Rufe des nächtlichen Störenfrieds ließen ihn nicht zur Ruhe kommen. Allmählich aber übermannte ihn doch die Müdigkeit, und er schlief bis zum Morgengrauen. Noch war die Sonne nicht über den massigen Nockbergen heraufgestiegen, da erhob er sich wieder und machte sich gleich auf die Suche nach seinen beiden Ochsen. Kalt pfiff ihm der Nordwind um die Ohren. Doch er brauchte nicht lange zu suchen; schon nach kurzer Zeit fand er die Öchslein zu seiner Freude in der Nähe des großen Sees liegen, aber müde und abgearbeitet, der Schweiß troff von ihren Flanken. Das schien ihm nun übel genug, und er sah sich bewogen, die matten, frierenden Tiere aus der eisigen Morgenluft in den Schutz der Hütte zu treiben.

Während er sich damit abmühte, erschien der krumme Reißecker wieder und sagte in warnendem Ton: „Laßt die Tiere liegen, bis die Sonne aufgegangen ist, sonst werden beide elend zugrunde gehen. Und merke dir: Was auf dem Haupte eines jeden ist, gehört zum Lohn dem Bauern, was auf dem Schweif ist, kannst du dir behalten.“ Nach diesen Worten verschwand der Almgeist.

Der Hirt beachtete die Warnung des Männleins nicht, sondern trieb die Ochsen, die der Frost schüttelte, noch vor Sonnenaufgang in den Stall. Als dann die Sonne emporgestiegen war, strahlte glänzendes Gold auf den Hörnern und Schweifen der Tiere, und sowohl Bauer als Almer erhielten reichlichen Lohn nach der Weisung des Geistes. Die beiden Ochsen aber gingen jämmerlich zugrunde, wie es das hinkende Männchen vorausgesagt hatte.

DIE QUITTUNG DES RITTERS VON TANZENBERG

Im 16. Jahrhundert lebte auf dem alten Schloß Tanzenberg Ritter Siegmund, ein habgieriger, gewalttätiger Herr, der seinen Untertanen das Leben sauer machte, wo er nur konnte. Ein Rappe, der ihn in manchem Streit auf dem Rücken getragen hatte, und ein Affe, der immer in seiner Nähe weilte, waren sein liebster Besitz. Zu den Ländereien des Ritters gehörte auch die Ortschaft Möderndorf, die er einem ehemaligen Verwalter des Gutes Tanzenberg verpachtet hatte. Der „Möderndorfer", wie er kurz genannt wurde, lieferte immer pünktlich zur festgesetzten Zeit seinen Pachtschilling ab.

Als wieder einmal der Zinstermin gekommen war, begab sich der Möderndorfer auf das Schloß Tanzenberg, um dem Gutsherrn seine Schuld zu bezahlen. Ritter Siegmund nahm das Geld in Empfang, war aber nicht imstande, eine Quittung darüber auszustellen, da ihn ein heftiges Gichtleiden in den Händen schreibunfähig machte.

Bald darauf starb er, und sein Sohn, der sich bisher in Ungarn aufgehalten hatte, trat das Erbe an. Bei der Überprüfung der Bücher fand der junge Schloßherr, daß der Pächter von Möderndorf mit der letzten Pachtzahlung im Rückstand sei. Er ließ ihn daher zu sich rufen und verlangte die Abstattung der Schuld. Der Pächter beteuerte, daß er seine Zahlung pünktlich geleistet habe. Da verlangte der Ritter die Vorweisung der Quittung. Nun erzählte der Möderndorfer, wie es gekommen sei, daß der alte Schloßherr keine solche ausgestellt habe, aber er fand keinen Glauben. Entweder die Quittung oder das Geld, hieß es, und da der Pächter beides nicht besaß und auch nicht willens war, zweimal zu zahlen, schlich er betrübt nach Hause und verwünschte den unglücklichen Zufall, der damals die Ausstellung der Quittung verhindert hatte.

Eines Tages ritt er nach Karnburg, wo er ein Geschäft zu erledigen hatte, und kam unterwegs an der Hütte einer alten Zigeunerin vorbei, die im Ruf der Wahrsagerei stand. Da blitzte ihm der Gedanke durch den Kopf, die Alte um Rat zu fragen. Vielleicht, dachte er, weiß sie ein Mittel, wie ich zu der verlangten Quittung kommen könnte. Gedacht, getan! Er stieg vom Pferd, band es an einen Pflock vor der Hütte und trat durch die niedere Tür in einen düstern Raum, in dem die Alte am Herd hantierte. Ein schwarzer Kater saß auf der Schulter des Weibes und pfauchte den Eintretenden böse an. Der Pächter erzählte nun der Wahrsagerin die Geschichte mit der Quittung und fragte, was er tun solle.

„Ich will dir einen Rat geben“, sagt die Alte mit listigem Blinzeln, „aber du mußt genau befolgen, was ich dir sage.“ Da er mit allem einverstanden war, mischte sie ein Tränklein, das sie ihm zum Trinken anbot. Dabei sagte sie: „Besteige dein Pferd und reite in der Richtung, die ich dir zeigen werde. Auf dem Weg wird dir ein Jäger begegnen, der dein Pferd verlangen wird. Gib ihm darauf zur Antwort! ›Pferd und Reiter gehören zusammen. Ich will die Quittung!‹ Wenn du dann weiterreitest, wirst du nach mehreren Stunden zu einem mächtigen Schloß kommen, wo man dir einen Trunk anbieten und dich einladen wird niederzusitzen. Beides mußt du jedoch ablehnen. Merke dir noch: Du darfst auf dem Weg nicht den Namen Gottes anrufen, sonst kann es dir übel ergehen.“ Der Pächter bedankte sich herzlich, schwang sich auf das Roß und ritt alsdann in der angegebenen Richtung. Unterdessen hatte sich ein schweres Gewitter zusammgengeballt, grelle Blitze erhellten den düsteren Wald, durch den sein Weg führte, und heftiger Donner machte den Erdboden zittern. Sein Roß scheute und war kaum zu bändigen.

Plötzlich stand ein Jäger vor ihm und redete ihn an: „Verkaufst du dein Pferd?“ Der Pächter erwiderte: „Pferd und Reiter gehören zusammen. Ich will die Quittung!“ Der Fremde drehte sich um und verschwand. Dafür huschten jetzt allerlei unheimliche Gestalten durch den Wald, als wollten sie ihn von der Richtung ablenken oder am Weiterreiten hindern. Aber der Pächter ließ sich durch nichts abschrecken und setzte seinen Ritt mutig fort. Das Gewitter hatte sich ausgetobt, der Wald begann sich zu lichten. Und mit einem Mal war der Reiter vor einem prächtigen Bau angelangt, der ganz dem Schloß Tanzenberg glich.

Er ritt durch das offene Tor in den weiten, prächtigen Burghof hinein und übergab sein Pferd einem herbeieilenden Knappen. Dann schritt er die Stiege empor, die zum Rittersaal führte. Hier begegnete er dem Kellermeister; das war ein alter Bekannter, mit dem er so manchen Humpen geleert hatte. „Nur hurtig herein“, rief fröhlich der Dickwanst, „Herr Siegmund erwartet dich schon!“ Sie betraten zusammen den Saal, von dessen Wänden grellrote Flammen zu züngeln schienen. Eine große Tafel war mittel im Saal errichtet, an der eine ausgelassene Schar froher Zecher versammelt war. Der Möderndorfer erkannte sie alle; es waren Ritter und Pächter aus der Umgebung von Klagenfurt, in ihrer Mitte saß der alte Ritter von Tanzenberg. Ein eifriges Winken und Rufen erhob sich, als man seiner ansichtig wurde, von allen Seiten hielt man ihm gefüllte Becher entgegen und forderte ihn auf, Bescheid zu tun; Herr Siegmund hieß ihn freundlich an seiner Seite Platz nehmen. Aber eingedenk des Rates der alten Zigeunerin lehnte er beides dankend ab. Da sprach der Ritter: „Endlich kommst du daher! Was willst du von mir?“

Entschlossen erwiderte der Möderndorfer: „Ich will die Quittung!“

„Wenn du das Geld brauchst", sagte darauf der Tanzenberger, „so wisse, es liegt im Katzenloch; eine Quittung ist nicht mehr nötig, da du in einem Jahr ohnedies bei mir herunten sein wirst."

„Das liegt in Gottes Hand", erwiderte der Pächter. Da war es ihm auf einmal, als erwache er aus einem Traum. Verwundert um sich blickend, bemerkte er mit Schrecken, daß er mitten auf dem Friedhof von Maria Saal lag. Unweit von ihm graste sein Pferd, das an einem Grabkreuz angebunden war. Er konnte sich nicht enträtseln, wie er hierhergekommen sei, doch plötzlich fiel ihm ein, daß er ja wegen der Quittung bei Herrn Siegmund in der Hölle gewesen war, und zugleich sah er in seiner Hand einen Zettel, der die Aufschrift „Quittung" zeigte.

Hastig raffte er sich auf, bestieg sein Pferd und verließ den unheimlichen Ort. Die Quittung wies er dem Erben von Tanzenberg vor, auch gab er den Ort an, wo der angeführte Betrag verborgen sei. Doch niemand kannte das Katzenloch. Schließlich aber fand sich ein greiser Ochsenknecht, der früher im Dienst Siegmunds gestanden war und nun zaghaft erklärte, er kenne das Katzenloch; das sei ein unheimlicher Ort, an dem Geister zu Hause seien. Dieses Katzenloch war nämlich ein alter Turm des Schlosses Tanzenberg, in den sich der Affe des alten Ritters nach dem Tod seines Herrn zurückgezogen hatte. Das Tier war im Besitz eines kleinen silbernen Pfeifchens, das es dem Ritter entwendet hatte. Und da aus dem Turm öfter ein geheimnisvolles Pfeifen ertönte, glaubten die Dienstleute der Burg, ein Geisterspuk treibe dort sein Unwesen.

Als der junge Ritter mit dem Pächter zum Turm kam, zeigte sich gerade der Affe an einem Fenster des alten Gemäuers. Mit einem wohlgezielten Schuß wurde das Tier erlegt, und man drang in den Turm ein. Dort befand sich in einer Nische wirklich der verborgene Geldbetrag.

So hatte der Pächter von Möderndorf seinem schurkischen Gutsherrn noch in der Hölle die Quittung entrissen und das vermißte Geld wieder zustande gebracht.

DIE WEISSE ROSE
IM KLOSTER ARNOLDSTEIN

Wenn die frommen Brüder des Klosters Arnoldstein im Gailtal des Morgens in die Kirche gingen, um gemeinsam Gott den Herrn zu loben und zu preisen, geschah es manchmal, daß einer der Mönche auf seinem Betstuhl eine duftende weiße Rose vorfand. Dann küßte er sie demütig und bereitete sich auf seinen Tod vor; denn diese Rose war das Zeichen, das der Herr demjenigen seiner Diener sandte, den er noch am selben Tag zu sich berufen wollte.

Eines Abends kam ein müdes, abgehärmtes Weib mit einem Knäblein an die Klosterpforte und bat um Kost und Herberge. Die mildtätigen Brüder gewährten ihre Bitte. In der Nacht starb die Frau an Erschöpfung, und ihr Söhnlein Johannes wäre allein auf der weiten Welt dagestanden, wenn sich der Pförtner nicht seiner angenommen hätte. Der Knabe wuchs heran, zeigte aufgeweckten Sinn und gute Begabung, so daß ihm der Abt Unterricht in der Klosterschule geben ließ. Als der stille, versonnene Jüngling sein Studium beendet hatte, wählte er den Priesterstand zu seinem Beruf und trat als Mönch in das Kloster ein.

Als er dem Herrn sein erstes Meßopfer darbrachte, strömte, wie immer bei solchem Anlaß, viel Volk aus der ganzen Gegend zusammen, um des Segens des neugeweihten Priesters teilhaftig zu werden; darunter befand sich auch ein schönes junges Mädchen, die Tochter des Verwalters des Fuggerschen Güter. So wie die übrigen Andächtigen drängte sich auch die Jungfrau nach vorn, um vor dem segnenden Priester niederzuknien. Da traf sie sein Blick, sie sah sein Auge sich senken und tiefe Röte sein Antlitz überziehen. Errötend neigte die Maid ihr Haupt. Beschämt gestand sich der junge Mönch, daß eine weltliche Regung sein Innerstes berührt habe. Trotz aller Feierlichkeiten war er den ganzen Tag niedergeschlagen; sehnsüchtige Liebe nahm seinen Sinn gefangen, und die Aussichtslosigkeit seiner plötzlich entflammten Neigung machte sein Herz traurig und ließ seinen Mund verstummen. Das Bild des lieblichen Mädchens schwebte unablässig vor seinen Augen, begleitete ihn bis in den Traum und stand vor seiner Seele, als er am nächsten Morgen in wonnigem Gedenken als erster die Kirche betrat.

Lächelnd näherte er sich seinem Platz. Da leuchtete ihm etwas Weißes entgegen. Zagend schritt er hinzu, es war – eine weiße Rose. Vor Schrecken erbleichend, tat er, wozu ihn der nackte Selbsterhaltungstrieb, die Furcht vor dem Tode, zwang, er legte die todkündende Blume auf den nächsten Platz;

denn das Leben schien so lockend und schön; es hatte ja eben erst begonnen und verhieß für die Zukunft alle irdische Seligkeit. Als kurz darauf die anderen Brüder zur Morgenandacht kamen, erblickte sein Nachbar, der greise Pater Vinzenz, auf seinem Platz die Botschaft des Todes und freute sich innig, daß ihn der Herr endlich zu sich berufen wolle; denn er hatte Gott schon längst um Erlösung von diesem mühseligen Erdenleben gebeten. Kaum hatte er sich im Betstuhl niedergekniet, sank er tot um.

Noch am selben Tag kamen Dienstleute des Verwalters ins Kloster; sie waren auf der Suche nach der Tochter ihres Herrn, die am frühen Morgen das Elternhaus verlassen hatte und seitdem nicht wieder zurückgekehrt war. Man suchte das Mädchen überall, viele Leute schlossen sich den Nachforschungen an. Endlich fand man es tot am Fuß eines Felsens. Bald stellte es sich heraus, daß sie es gewesen, die jene weiße Rose zum Zeichen ihrer unschuldigen Neigung dem jungen Mönch auf das Betpult gelegt hatte. Davon aber erfuhr Johannes erst viel später. Von tiefem Gram und schweren Gewissensbissen gequält, wandelte er den ganzen Tag ruhelos im Kloster umher. Der plötzliche Tod des geliebten Mädchens erschütterte sein Herz, nagende Reue über den vermeintlichen Mord an seinem Mitbruder folterte sein Gewissen. Lange Zeit fand er weder Rast noch Ruhe. Um sein Vergehen zu sühnen, weihte er sein ganzes Leben Werken der Nächstenliebe und Barmherzigkeit.

Unermüdlich flehte er den Himmel an, ihn von dieser Erdenqual zu erlösen, ihm die weiße Rose zu senden. So verstrich Jahr um Jahr, aber er harrte vergebens; nie lag die weiße Rose auf seinem Platz. Eines Tages fand man den Neunzigjährigen sanft entschlummert auf dem Grab des Pater Vinzenz, mit der Rechten die weiße Rose umklammernd, die dem Grab des Toten entsprossen war.

Seit jenem Tag hat sich das Rosenwunder im Kloster Arnoldstein nicht mehr ereignet.

Niederösterreich

DER SPUK AUF SCHLOSS SCHAUENSTEIN

Der Dreißigjährige Krieg war zu Ende, und die entlassenen Söldnerscharen machten sich auf den Weg in die Heimat, die vielen kein Begriff mehr war. Planlos wanderte so mancher durch die Lande.

So geschah es, daß ein alter Krieger auf seiner Wanderfahrt auch in das Waldviertel kam. Spätabends erreichte er ein Wirtshaus und ließ sich dort Trunk und Imbiß geben. Neugierig setzte sich der Wirt zu ihm an den Tisch und fing ein Gespräch an. Wie er nun den ganzen Jammer des abgedankten Soldaten hörte, und daß der nicht wisse, wo er morgen essen und schlafen werde, meinte er, der Krieger solle doch einmal sein Glück auf Schloß Schauenstein versuchen. Das sei vor hundert Jahren verzaubert worden, und ein großer Schatz sei dort zu gewinnen. „Freilich", sagte er schließlich, „hat niemand bisher Erfolg gehabt, und viele, die in das Schloß hineingingen, sind nicht wieder zum Vorschein gekommen".

Aber den alten Krieger, der schon so oft dem Tod ins Auge gesehen hatte, konnte diese finstere Warnung nicht schrecken. Er ließ sich gleich das Schloß zeigen, bat den Wirt um geweihte Kreide und eine geweihte Kerze und stieg am nächsten Abend den Schloßberg hinan. Die Fenster der Burg waren hell erleuchtet, das Burgtor stand offen; durch dunkle Gänge gelangte er in einen großen Saal, der in hellem Lichterglanz erstrahlte. Kein lebendes Wesen ließ sich blicken. Der Soldat stellte die geweihte Kerze auf den Tisch und zog mit der Kreide einen weiten Kreis herum. Dann wartete er im Kreis, nun doch mit einigem Gruseln, auf die Mitternachtsstunde, sein Schwert griffbereit bei der Hand.

Kaum war der zwölfte Schlag verklungen, da sprang plötzlich die Tür des Saales auf, und langsam und feierlich schritten vier Zwerge herein, in schwarze Gewänder gekleidet, die einen Sarg trugen, den sie am Kreidestrich niederstellten. Der Sargdeckel hob sich, und ein Zwerg mit einer goldenen Krone auf dem Kopf stieg aus dem Sarg, der sich sogleich mit funkelnden Goldmünzen füllte.

Würdevoll trat der Zwergenkönig an den Soldaten heran und sprach mit lauter Stimme: „Vermagst du diesen Schatz in zwei gleiche Teile zu bringen, so ist die eine Hälfte dein, und ich bin erlöst. Bringst du es aber nicht zuwege, so bist du des Todes, und ich muß auf meine Erlösung weiter warten."

Kaltblütig zählte der Krieger Stück für Stück der funkelnden Münzen und machte zwei gleiche Haufen. Zuletzt aber blieb ihm ein einzelnes Goldstück über. Da nahm er kurz entschlossen sein Schwert, hieb die Münze mittendurch und warf zu jedem Haufen einen Teil.

Ein furchtbarer Donnerschlag erklang, das öde Schloß belebte sich, Mägde und Knechte gingen durch die Türen aus und ein, und aus dem winzigen Zwerg wurde ein stattlicher Ritter, der zu dem beherzten Krieger trat und sagte: „Hab Dank, daß du mich durch diesen Streich erlöst hast. Ich war der letzte Schloßherr, ehe dieses Schloß verzaubert wurde. Auch du stammst aus meinem Geschlecht, was dir bisher verborgen war. Nun aber kannst du das Erbe deiner Väter antreten." Nach diesen Worten verschwand der Ritter. Das Schloß aber gehörte von nun an dem alten Soldaten, der seinen Ahnensitz wieder erhielt.

DER TÜRKENSTURZ BEI SEEBENSTEIN

Im Jahre 1532 waren die Türken aufs neue in Ungarn eingefallen und weit ins Land vorgedrungen. Während ihre Hauptmacht die Festung Güns belagerte, brachen vereinzelte Horden auch in Österreich ein und gelangten auf ihren Raubzügen bis ins Pittental. Doch die Bauern von Seebenstein und Gleißenfeld taten sich zusammen, bewaffneten sich mit allerlei Handwerksgerät und griffen die plündernden Scharen mit dem Mut der Verzweiflung an. Es gelang ihnen auch, die Feinde zu zersprengen und aus dem Tal zu vertreiben.

Ein kleiner Trupp der Türken war dabei in den Wald oberhalb Seebensteins geraten und suchte sich auf versteckten Wegen der Rachsucht der zornigen Landwirte zu entziehen. Da sah der Anführer der feindlichen Schar auf dem Weg vor ihm die lichte Erscheinung einer Frauengestalt. Voll Zorn über den letzten Mißerfolg und in der Erwartung, hier leichte Beute zu finden, forderte der türkische Hauptmann seine Untergebenen auf, mit ihm dem Mädchen nachzujagen und es gefangenzunehmen. Lüstern und gierig eilten die Türken der Erscheinung nach, die vor ihnen floh, bis sie den Rand eines steilen Abgrundes erreicht hatten. Hier sprang die Heilige Jungfrau Maria – denn sie war es, die den Ungläubigen zum Verderben erschienen war – plötzlich zur Seite, während die Türken, blindlings weiterrennend, in die Tiefe stürzten, wo sie zerschmettert liegenblieben. Nur ein Mann blieb an einem Baum hängen und kam auf diese Weise mit dem Leben davon. Als man ihn gefangen vor den Anführer der Bauern brachte, erzählte er, wie die überirdische Erscheinung ihre Sinne verblendet und sie in den Tod geführt habe, dem er nur wie durch ein Wunder entronnen sei, während ein fürchterliches Unwetter tobte.

Die steile Felswand heißt seit dieser Zeit der „Türkensturz“.

DER RATTENFÄNGER VON KORNEUBURG

In alter Zeit, als noch viele Plagen, die heutzutage leicht beseitigt werden können, den Menschen arges Kopfzerbrechen verursachten, war die Stadt Korneuburg von so vielen Ratten heimgesucht, daß die Bevölkerung fast verzweifeln wollte. Nicht nur in allen Winkeln und Ecken wimmelte es von Ratten, auf offener Straße liefen sie frech umher, in Wohnungen und Zimmern hielten sie sich auf, nichts war sicher vor ihnen. Zog jemand eine Lade heraus, hüpfte ihm eine Ratte entgegen, legte er sich zu Bett, begann es im Stroh zu rascheln, setzte er sich zu Tisch, waren die Ratten ungebetene Gäste und sprangen sogar ohne Scheu selbst auf den Tisch hinauf. Alle Versuche, die häßlichen Tiere loszuwerden, waren vergebens. Da setzte sich der weise Rat der Stadt zusammen und beschloß, einen hohen Preis für den auszusetzen, der die Stadt für immer von den unheimlichen Nagern befreie. Dies wurde denn auch öffentlich kundgemacht.

Einige Zeit verging, da erschien eines Tages ein fremder Mann beim Bürgermeister der Stadt und fragte, ob es mit der ausgesetzten Belohnung seine Richtigkeit habe. Als man ihm versicherte, daß es sich wirklich so verhalte, erklärte der Fremde, er wollte mittels seiner Kunst alle Tiere aus ihren Löchern und Verstecken hervorlocken und in die Donau verbannen, worüber die Stadtväter sehr erfreut waren.

Sogleich begab sich der Mann vor das Rathaus und zog aus einer dunklen ledernen Tasche, die ihm über die Schulter hing, ein schwarzes Pfeiflein hervor. Es waren keine angenehmen Töne, die er seinem Instrument entlockte; ein gellendes Quietschen und Quieken schrillte durch die Gassen, aber den Ratten schien diese Musik zu gefallen. Haufenweise kamen sie aus ihren Schlupfwinkeln hervor und liefen den grellen Tönen nach. Langsam schritt der Pfeifer der Donau zu; vor ihm, ringsherum, hinter ihm aber schlängelte sich wie ein greulicher schwarzgrauer Wurm der Zug der Ratten durch die Straßen.

Am Ufer angelangt, blieb der Mann nicht stehen, sondern ging, ohne zu zögern, bis zur Brust in die Fluten, die Ratten aber folgten ihm unentwegt, stürzten sich ins Wasser, verknäulten sich ineinander und trieben schließlich in die Mitte des Donaustromes hinaus, wo sie von den Wellen fortgerissen wurden. Alle waren dem Musikanten gefolgt, nicht ein Schwänzchen blieb am Ufer.

Staunend hatte die versammelte Bevölkerung diesem Schauspiel zugesehen und umjubelte den seltsamen Fremden, der sich nach getaner Arbeit ins

Rathaus begab, um seinen Lohn in Empfang zu nehmen. Nun aber, die Ratten waren weg, zeigte sich der Bürgermeister weit weniger freundlich, meinte, so schwer sei die Sache ja nicht gewesen und man wisse nicht, ob das Ungeziefer nicht am Ende wieder zurückkäme, kurz, er wollte den Mann mit einem Viertel des ausgesetzten Preises abfertigen. Der aber weigerte sich, den kleinen Betrag anzunehmen, und bestand auf der Auszahlung des vollen Lohnes. Da warf der Bürgermeister dem Fremden den Beutel mit dem geringen Lohn vor die Füße und wies ihm die Tür. Der Rattenfänger ließ das Geld liegen und verließ mit böser Miene die Ratsstube.

Einige Wochen vergingen. Eines Tages zeigte sich der Fremde, weit prächtiger gekleidet als das letztemal, wieder in der Stadt. Auf dem Hauptplatz zog er seine Pfeife aus der Tasche, die golden funkelte. Als er sie an die Lippen setzte, ertönte ein feines Klingen und Singen, alles horchte verwundert auf die wundersamen Töne. Die Kinder aber liefen ihm aus allen Häusern scharenweise zu und folgten ihm, als er mit wiegenden Schritten der Donau zu ging. Auf dem Strom schaukelte ein Schiff, das mit bunten Bändern und wehenden Fahnen geschmückt war. Ohne mit seiner Musik aufzuhören, bestieg der Pfeifer das Fahrzeug, und alle Kinder trippelten hinter ihm drein. Als das letzte auf dem Schiff war, stieß es vom Ufer ab, drehte sich in den Strom hinaus und fuhr im hellen Sonnenschein immer rascher stromabwärts, bis es in der Ferne verschwand. Nur zwei Kinder waren in der Stadt zurückgeblieben, eines war taub und hatte die lockenden Töne nicht gehört, das andere war am Ufer umgekehrt, um sein Röcklein zu holen.

Als die Stadtbewohner ihre Kinder suchten und außer den beiden keines fanden, waren Schmerz und Jammer in der Stadt groß; denn es gab fast kein Haus, das nicht den Verlust eines oder mehrerer Kinder zu beklagen hatte. Das war die Rache des betrogenen Rattenfängers.

DAS ZWERGENLOCH BEI HUNDSHEIM

In einem ärmlichen Häuschen in Hundsheim lebte einst ein alter Mann mit seiner Enkeltochter. Eines Tages begegnete das Mädchen beim Schwämmesuchen auf dem Hexenberg einer Schar kleiner Männchen, den Bewohnern des Höhlenreiches im Hexenberg. Die Zwerge luden das Mädchen ein, zu ihnen in den Berg mitzukommen, und versprachen ihr reiche Schätze an Silber und Gold. Sie aber weigerte sich standhaft mitzugehen und eilte nach Hause, wo sie dem Großvater ihr Erlebnis erzählte. Der Alte lobte ihre Klugheit und warnte sie eindringlich vor den Zwergen.

Als die Jungfrau im nächsten Jahr wieder einmal auf den Berg gegangen war, traf sie abermals die Zwerge, die ihr diesmal außer Gold auch kostbare Edelsteine, soviel sie nur wolle, prächtige Kleider und ein herrliches, lustiges Leben versprachen. Das war nun des Guten zuviel und ließ das Mädchen seine guten Vorsätze und die Warnungen des Großvaters vergessen. Ohne sich viel zu denken, folgte sie den Zwergen in den Berg. Wie erstaunt sie war, als sie die Pracht in den unterirdischen Gängen und Sälen sah! Von allen Wänden glitzerten funkelnde Edelsteine, in den herrlichen Zaubergärten, die sie durchschritten, prangten die zierlichsten Blumen, aus Diamanten, Rubinen und Smaragden zusammengesetzt. Sie konnte sich nicht satt sehen an all diesen Herrlichkeiten, vergaß ganz auf Oberwelt, Großvater und Freundinnen und blieb im Reich der Zwerge.

Der so plötzlich einsam gewordene alte Mann war untröstlich über den Verlust seiner geliebten Enkeltochter. Er war fest überzeugt, daß sie den Lockungen der Zwerge erlegen sei, und ging oft zum dunklen Eingang des Zwergenreiches auf dem Berg, um die Wächter zu bitten, ihm seine Enkelin wieder herauszugeben. Aber diese wollten nichts davon wissen und drohten ihm mit dem Tod, wenn er versuchen sollte, in ihr Reich einzudringen.

Ein Jahr hielt sich die Jungfrau schon im Berg auf. Da geschah es einmal, daß sie bei ihren Wanderungen durch die prächtigen unterirdischen Räume in die Nähe des Höhleneinganges kam, wo mehrere bewaffnete Zwerge Wache hielten. Plötzlich sah sie überrascht ein Stück des blauen Himmels in das Dunkel der Höhle hereinleuchten und wurde von tiefer Sehnsucht ergriffen, den lieben Großvater wiederzusehen und auf Erden unter den Menschen zu leben. Sie wollte ins Freie eilen, aber die Wächter hielten sie mit Gewalt zurück und schleppten sie trotz allen Sträubens in das Innere des Berges hinein. Gerade zu dieser Zeit kam der Großvater zum Zwergenschloß, hörte die Hilferufe und erkannte die Stimme seiner Enkeltochter.

Flehend bat er die Zwerge, sie möchten sein Kind doch wenigstens für einen Tag auf die Oberwelt zurückkehren lassen. Die Tränen rannen dem alten Mann dabei über die Wangen. Aber die Zwerge blieben hart und unerbittlich und wiesen den Alten vom Eingang fort.

Da wurde der Alte von bitterem Schmerz und wilden Zorn überwältigt und stieß eine grimmige Verwünschung gegen die Zwerge und ihr prächtiges Reich aus. Und der Himmel erhörte seinen Fluch und ließ ihn sogleich in Erfüllung gehen. Die Erde erbebte, aus dem Schoß des Berges erklang ein furchtbares Brausen, die Säle des unterirdischen Palastes stürzten zusammen und begruben die Kobolde, mit ihnen aber auch das arme gefangene Menschenkind.

Wo früher die prunkvollen Räume des herrlichen Bergschlosses in hellem Glanz erstrahlten, liegen heute die düsteren, wilden Kalksteinhöhlen des Zwergenlochs.

BURG GREIFENSTEIN

Unterhalb der alten Stadt Tulln, wo die Hänge des Wienerwaldes ganz nahe an den breit dahinfließenden Donaustrom herantreten, erhebt sich auf steiler Felsennase der wuchtige vierkantige Bergfried der Burg Greifenstein und schaut beherrschend über das Land.

Hier gebot vor vielen Jahrhunderten Herr Reinhard, ein kühner, tapferer Ritter, der freilich im Zorn auch wild und grausam sein konnte. Seine Ehefrau war früh gestorben und hatte ihm ein einziges Kind, ein zartes Mädchen, Eveline, hinterlassen, das unter der Aufsicht des frommen Burgkaplans Emerich zu einer lieblichen Maid heranblühte. Das schöne Mädchen war aber nicht nur gelehrig und fromm, sondern auch heiter und lebensfroh, liebte den Wald und die ganze belebte Natur, war im Reiten geschickt und fand in der Falkenjagd ein liebes Vergnügen. Ein Edelknappe ihres Vaters, Rudolf, ein hübscher, fröhlicher, junger Mann, war ihr Begleiter und Lehrmeister.

Wenn das schöne Burgfräulein und der stattliche Knappe hoch zu Roß den Schloßberg hinabritten, gaben die beiden stolzen Gestalten ein gar schönes Bild, daß ihnen mancher Untertan des Ritters bewundernd nachblickte und selbst der alte Kaplan Emerich oben am Burgfenster anerkennend mit dem alten Haupte nickte. Rudolf aber verehrte seine junge Herrin mit heißer Liebe, und diese, die die schönsten Stunden ihres Daseins an seiner Seite verbracht hatte, erwiderte seine Neigung.

Eines Tages gestand Eveline dem Kaplan ihre heimliche Liebe und bat ihn um seinen Rat. Der Geistliche erschrak gar sehr; denn er kannte den Jähzorn seines Herrn, der es nie zugelassen hätte, daß seine Tochter die Ehefrau des einfachen Knappen werde. Aber das Herzeleid seines lieben Schützlings rührte ihn sehr, er traute das Paar heimlich in der Burgkapelle und riet ihm, das Schloß zu verlassen; Gott werde in Zukunft alles zum Guten lenken.

Ritter Reinhard war an diesem Tag wie so oft auf der Jagd bei einem ritterlichen Nachbarn und kehrte erst spätabends in seine Burg zurück. Als er seine Tochter vermißte und vom Kaplan hörte, was sich zugetragen hatte, und die Flucht des Paares vernahm, tobte er in grimmigem Zorne und wollte den Alten zwingen, ihm den Aufenthalt der Flüchtlinge zu verraten. Vergebens beteuerte dieser, selbst nicht zu wissen, wohin sich die beiden gewandt hätten.

„Das glaube Euch, wer mag“, schrie der zornige Ritter. „Ihr habt es an der nötigen Aufsicht und Obsorge fehlen lassen und schwere Schuld auf Euch geladen, Ihr sollt mir dafür büßen. Ergreift ihn und werft ihn in den Turm hinab! So wahr ich hier stehe, Ihr werdet das Tageslicht nicht mehr sehen! Und sollte ich je dieses Eides vergessen, so möge mich ein jäher Tod hinraffen, und mein Geist sei ewig ruhelos!"

Die Knechte brachten den vor Schreck erstarrten Greis in das Turmgefängnis. Am nächsten Tag ließ der Ritter die ganze Umgebung der Burg nach den Geflüchteten absuchen, aber nirgends fand man eine Spur von ihnen.

Trüb und freudlos verstrichen nun die Tage auf Burg Greifenstein. Das fröhliche Lachen des Burgfräuleins drang nicht mehr durch die weiten Hallen und Gänge, das emsige Treiben des Knappen fehlte bei der Jagd und im Schloß. Kein Gottesdienst wurde mehr in der verödeten Burgkapelle gefeiert, und das Gesinde schlich bedrückt und mißvergnügt einher, weil der gute Alte im Verlies schmachtete. Der Burgherr selbst saß stundenlang wie zu Stein erstarrt am Fenster seines Zimmers und dachte über das bittere Los seiner Tochter und seine harte Zornestat nach. Mochte auch oft der Zorn noch in ihm aufsteigen, so kamen doch Stunden, wo er sich selbst die Schuld am Unglück der Jungfrau gab, da er sich zu wenig um ihre Erziehung gekümmert habe. Wenn ihm aber alles Sinnen und Grübeln nicht über seinen Kummer hinweghalf, lud er sich befreundete Ritter zu Gast und vergaß sein Leid in Trunk und Spiel.

Der Herbst war vergangen, Feld und Wald hatten sich in winterliches Kleid gehüllt, und tiefer Schnee bedeckte die Fluren. Da wurde dem Schloßherrn eines Morgens von Köhlern gemeldet, man habe in den Wäldern einen Bären gesichtet. Mit Knechten und Hunden ritt Reinhard aus, das gefährliche Wild zu erlegen. Über Schluchten und Gräben führte der Weg tief in die frisch verschneiten Wälder hinein. Lange dauerte die Suche, aber kein Bär war zu sehen; Meister Petz hatte sich davongemacht, und einer nach dem anderen der ausgesandten Späher kehrte zu seinem Herrn zurück, um zu melden, daß nirgends eine Spur des Bären zu finden sei. Zuletzt aber erschien noch ein Knecht, der wollte Seltsames erblickt haben. Mitten im dichtesten Gehölz stehe eine armselige Hütte, aus der unterdrücktes Stöhnen und klägliches Kindergeschrei dringe, daß einen das Grauen anpacken könne. Ein unheimliches Wesen müsse dort leben.

Ritter Reinhard war nicht der Mann, sich durch derlei ängstliches Gerede ins Bockshorn jagen zu lassen. Mit fester Hand griff er nach seinem Jagdspieß und befahl dem Knecht, ihn zu der bezeichneten Stelle zu führen. Mit Mühe drangen sie im Wald durch dichtverwachsenes Unterholz vor und erreichten endlich eine notdürftig zusammengefügte Reisighütte. Furchtlos schritt der Ritter mit entblößtem Schwert in die düstere Behausung. Aber kein Feind und kein unheimliches Zauberwesen trat ihm entgegen; auf einem ärmlichen Streulager, mit Lumpen bedeckt, ruhte ein abgezehrtes junges

Weib, das einen wimmernden Säugling an der Brust hielt. Entsetzt erkannte Reinhard in dem todblassen, hohlwangigen Geschöpf seine Tochter Eveline. Auch sie hatte auf den ersten Blick in der hohen Gestalt des Eintretenden den geliebten Vater erkannt und streckte ihm nun flehend die Arme entgegen. „Vater, ich bin es, deine Tochter“, sagte sie leise, „ach, verzeihe mir!“

Da gab der Ritter sein Schwert in die Scheide, kniete nieder an dem armseligen Lager und schloß mit Tränen in den Augen sein wiedergefundenes Kind in die Arme. „Ja, meine Tochter“, rief er mit leiser Stimme, „aller Zorn sei vergessen; du sollst wieder in unsere schöne Burg zurückkehren!“ Auch dem Edelknappen, der nun, ein Tierfell über seiner zerfetzten Gewandung, hohläugig, mit verwildertem Haar und Bart, die Hütte betrat, gewährte Ritter Reinhard volle Verzeihung und anerkannte ihn als Gatten seiner Tochter. Dankbar beugte der Knappe das Haupt und gelobte dem Ritter Treue und Gehorsam. Gemeinsam zogen sie nun durch den winterlichen Wald auf Schloß Greifenstein zurück.

In der väterlichen Burg angelangt, galt die erste Frage Evelines ihrem treuen Erzieher und Berater, dem greisen Burgkaplan Emerich. Finster blickte der Burgherr zu Boden und dachte mit Schrecken des furchtbaren

Schwurs, den er getan. Sollte er dem Kaplan allein seine Verzeihung versagen und dieser wirklich auf immer in seinem finsteren Kerker verbleiben? Ein so ungeheures Verbrechen hatte er doch gar nicht begangen, und Tochter und Eidam waren wohlbehalten zurückgekehrt und hatten mit ihm Versöhnung gefeiert. Das Eidwort war damals im Zorn gesprochen, Gott würde es ihm nachsehen. So dachte der Ritter und schritt zum Burggefängnis, um den alten Kaplan zu befreien. An der Mauerecke des Turms stürzte er plötzlich, glitt aus und fiel die Treppe hinunter. Noch im Fallen hatte er mit der Hand an den Stein gegriffen, der die Treppe abschloß, um den Sturz zu verhindern. Doch vergebens, er fiel, brach sich das Genick und war sofort tot. So war sein entsetzlicher Schwur in Erfüllung gegangen. Auch der Geist des dahingeschiedenen Ritters fand, so wie er geschworen hatte, seine Ruhe nicht. Erst wenn der Stein, an den er vor seinem Tode gegriffen, auseinandergefallen und zerbröckelt ist, wird er in den ewigen Frieden eingehen.

Seitdem legten die Nachkommen des Ritters ihre Hand in den Stein und sprachen dabei die Worte: „So wahr ich greife an den Stein." So erhielten Burg und Geschlecht den Namen Greifenstein. Heute noch zeigt man den Stein mit der Vertiefung, die durch das oftmalige Hingreifen entstanden ist, jedem Besucher der Burg Greifenstein.

KÖNIG RICHARD LÖWENHERZ IN DÜRNSTEIN

In dem Heer der Kreuzfahrer, die mit Kaiser Friedrich Barbarossa in das Morgenland zogen, um die heiligen Stätten vom Joch der Ungläubigen zu befreien, waren unter vielen anderen Fürsten und Herren auch Richard Löwenherz, der König von England, und Herzog Leopold V., der Tugendhafte, von Österreich.

Nachdem der alte Barbarossa im Fluß Saleph ertrunken war, entstand unter diesen Fürsten ein Streit um die Führung des Kreuzheeres. Bei der Belagerung der starken Feste Akkom im Jahre 1191 hatte König Richard in seinem unbändigen Stolz den Herzog Leopold tief beleidigt. Die Österreicher hatten nämlich ihre Fahne auf einem eroberten Wall aufgepflanzt, um diese Stelle als ihr Eigentum zu bezeichnen. König Richard aber ließ das Feldzeichen der Österreicher herunterreißen und in den Kot zerren und auf dem Wall seine eigene Fahne aufziehen. Das war ein Schimpf, den ihm Herzog Leopold nicht vergeben konnte; er schwor dem König ewige Rache.

Bald darauf verließ der Herzog mit seinen Kriegern das Heilige Land und kehrte in die Heimat zurück. Aber auch die übrigen Kreuzfahrer blieben nicht mehr lange im Morgenland, da eine Seuche im Heer ausgebrochen war, die viele Opfer forderte. König Richard, der zur Heimreise den Seeweg gewählt hatte, wurde durch einen Sturm an die Küste des Adriatischen Meeres verschlagen und kam auf diese Weise in das Land seines Todfeindes Leopold von Österreich. Als Pilger verkleidet, wanderte er über Berg und Tal und langte an einem stürmischen Winterabend im Dorf Erdberg vor Wien an.

Der Hunger nötigte ihn und seine Begleiter, in einer Herberge vorzusprechen. Um nicht erkannt zu werden, führte sich König Richard auf wie ein einfacher Pilger, stellte sich auf Verlangen des Kochs an den Herd und drehte ein fettes Huhn am Bratspieß über dem Feuer. Aber er hatte übersehen, daß ein wertvoller Ring an seinem Finger blitzten, der den Verdacht des Kochs erweckte. Zudem war zufällig ein alter Kriegersmann in der Herberge, der auch im Heiligen Land gewesen war; dieser erkannte in dem unscheinbaren Pilger den König von England und teilte seine Wahrnehmung dem Koch mit.

Noch dachte Richard nichts Böses, da trat der Koch auf ihn zu und sagte: „Erlauchter Herr, Ihr seid zu erhaben, um hier den Braten zu drehen. Euch ist Besseres bestimmt. Ergebt Euch, jeder Widerstand ist zwecklos!"

Rasch gefaßt, stellte sich der Pilger, als verstünde er nicht, was der andere meine. Aber als dieser ihm vorhielt, daß Leute hier seien, die ihn als den

König von England erkannt hätten, drehte sich Löwenherz um und rief stolz: „Führt mich zum Herzog! Ihm allein will ich mich ergeben!“

Noch am gleichen Tag wurde er als Gefangener Leopolds in die Hofburg geführt. Der Herzog ließ ihn bald darauf insgeheim auf der Burg Dürnstein in der Wachau festsetzen und übergab ihn der Obhut seines Getreuen Hadmar von Kuenring.

Lange Monate verbrachte der König im tiefen Burggefängnis der mächtigen Feste, während man in England von seinem Verbleib nichts wußte und vergeblich nach seinem Aufenthalt forschte. Da eine ungewisse Kunde über ein Schiffsunglück, das den König betroffen habe, das Land erreichte, begann man an seinen Tod zu glauben und feierte seinen Bruder Johann, während sein Andenken in Vergessenheit geriet.

Einen Mann aber gab es in England, der den Tod seines Herrn nicht wahrhaben wollte; das war des Königs getreuer Sänger Blondel. Der nahm seine

Laute und machte sich auf, den Verschwundenen zu suchen. Er zog den Rhein aufwärts von Stadt zu Stadt, von Burg zu Burg, wanderte donauabwärts und suchte, sang an allen Höfen, in allen Schlössern vor Rittern und Herren, forschte auch unter den Söldnern, Waffenknechten und fahrenden Leuten, ob ihm keine Kunde werde über das Schicksal seines Herrn.

So war er bis nach Dürnstein gekommen und stieg traurig und hoffnungslos den steilen Berg hinan. Vor den ragenden Mauern der Burg stimmte er sein Lied an. Es war ein Sang, der nur seinem Herrn bekannt war. Vor seiner Fahrt in das Morgenland hatte ihn der Spielmann zum letztenmal gesungen. Als er die erste Strophe beendet hatte und eine Weile still verharrte, siehe, da ertönte dumpf und leise aus der Tiefe der Burg Antwort. Gespannt lauschte der treue Mann, es war keine Täuschung; die Stimme seines Herrn sang die zweite Strophe des Liedes.

Nun wußte der Sänger, daß der König noch lebte und wo er gefangen war. In fliegender Eile jagte er in die Heimat zurück, tat das Schicksal des Königs kund und ruhte nicht eher, bis seine Freilassung gegen hohes Lösegeld erwirkt war.

Im Frühjahr 1193 wurde Richard Löwenherz dem Kaiser ausgeliefert, der ihn nach kurzer Zeit in seine Heimat entließ.

DIE HUNDE VON KUENRING

Zu Beginn des 13. Jahrhunderts, als der Ritterstand im jungen Herzogtum Österreich in höchster Blüte war, zählten die Herren von Kuenring, die im Waldviertel ihre Stammburg hatten, zu den reichsten und mächtigsten Adeligen des Landes. Trotzdem fanden sie es nicht unter ihrer Würde, ihren Reichtum auf Kosten des Bürger- und Bauernstandes räuberisch zu vermehren.

Die Kuenringer Hadmar III., der auf Burg Aggstein saß, und sein Bruder Heinrich I. zu Weitra waren die größten Freibeuter in der Wachau. Sie nannten sich selber „die Hunde von Kuenring". Das ganze Land seufzte unter ihren Räubereien, selbst wehrhafte Städte mußten ihre Übergriffe dulden. Die Städte Stein und Krems wurden von ihnen im Jahre 1231 in Schutt und Asche gelegt.

Der bequemste und schnellste Weg aus dem Westen nach Wien führte damals auf der Donau. In der Wachau aber hauste Hadmar von Kuenring und ließ sich nicht so leicht die Gelegenheit entgehen, durch raschen Zugriff die donauabwärts fahrenden Schiffe zu kapern und ihre Ladung als willkommene Beute auf seine Burg Aggstein zu führen. Zu diesem Zweck ließ er die Donau bei Aggstein durch eine eiserne Kette sperren und plünderte die angehaltenen Schiffe aus. Er nahm sich, was ihm gefiel oder brauchbar erschien, und die Kaufleute mußten froh sein, mit heiler Haut davonzukommen. Noch lange waren die Reste eines Wartturmes zwischen Schönbühel und Aggstein zu sehen, von dem aus der Wächter seinem Herrn das Herannahen von Schiffen durch ein Trompetensignal verkündete und das deshalb im Volk das „Blashaus" hieß.

Dieser Zustand wurde auf die Dauer unerträglich und bewog Herzog Friedrich den Streitbaren, gegen die übermütigen Wegelagerer einzuschreiten. Er erstürmte Zwettl, wo sich Heinrich aufhielt, der aber zu seinem Bruder auf die Burg Aggstein flüchtete. Doch diese trotzige Feste spottete jedem Angriff. Daher beschloß der Herzog, mit Hilfe einer List dem Treiben der widersetzlichen Ritter ein Ende zu machen.

Ein Wiener Kaufmann namens Rüdiger, den Hadmar schon etliche Male geschröpft hatte, begab sich im Einverständnis mit dem Herzog nach Regensburg, rüstete dort ein starkes, stattliches Schiff aus und belud es mit wertvoller Fracht. Unter Deck aber war eine Anzahl schwer bewaffneter Männer verborgen, die den Befehl hatten, den Kuenringer, wen er bei Aggstein auf das Schiff komme, zu überrumpeln und gefangenzunehmen. Alles ging nach dem ausgeheckten Plan vor sich. Das Schiff wurde bei Aggstein angehalten; die Kunde von der reichen Beute lockte Hadmar selbst herbei. Kaum aber war er an Bord gestiegen, stürzten die Kriegsknechte aus ihrem Versteck hervor und überwältigten ihn. Das Schiff stieß sogleich vom Land ab, während die Bogenschützen und Schleuderer die nachdrängenden Knappen des Ritters abwehrten.

Im Triumph brachte man Hadmar nach Wien zu dem Herzog, die führerlose Burg aber wurde kurze Zeit darauf erstürmt und zerstört. Der Herzog verfuhr gnädig mit den beiden Herren von Kuenring. Leben und Freiheit wurden ihnen geschenkt, doch mußten sie das geraubte Gut herausgeben, den angerichteten Schaden wiedergutmachen und Geiseln stellen. Aber der Lebensmut Hadmars, des kühnen Beherrschers der Wachau, war gebrochen. Er starb wenige Jahre später auf einer Wallfahrt nach Passau in einem Dörflein an der oberen Donau.

DIE GEISTERGRÄFIN VON FISCHAMEND

Vor vielen Jahrhunderten, als die Gegend um Fischamend noch von dichten Wäldern bedeckt war, stand am Ufer der Fischa ein prächtiges Schloß, das eine stolze junge Gräfin bewohnte, die mit Leib und Seele der Jagd ergeben war. Ihre Jagdleidenschaft war so groß, daß sie darüber alles andere, sogar den lieben Herrgott vergaß. Wenn an Sonn- und Feiertagen die Glocken zur Kirche riefen, ließ sie das Horn ertönen und ritt hoch zu Roß unter Hundegebell mit ihren Jagdgesellen in den grünen Wald. Da hielt sie nichts ab, über die fruchtbarsten Felder zu stürmen, wenn auch die Hufe der Pferde die reifende Saat zerstampften, und wehe dem Bauern, der es wagte, um Schonung der Ernte zu flehen. Er mußte damit rechnen, mit grausamen Peitschenhieben hinweggejagt zu werden. So trieb es die übermütige Frau allerorten.

Eines Sonntags frühmorgens ritt die tolle Schloßherrin wieder zur Jagd aus. Bald hatten die Hunde einen Hirsch aufgestöbert, dem die Gräfin mit ihrer Meute unermüdlich tief in den Wald hinein nachhetzte. Alle ihre Begleiter waren schon zurückgeblieben, aber die rasende Jägerin verfolgte das Tier über Stock und Stein, durch Gestrüpp und Dornen, bis das todmüde Wild schweißbedeckt vor der Hütte eines Einsiedlers am Fuß eines Kreuzesstammes zusammenbrach. Da trat der fromme Mann aus der Hütte, stellte sich schützend neben das Tier und rief, indem er seine Hände abwehrend gegen die mordgierige Verfolgerin ausstreckte: „Halt ein, Verblendete! Erkenne den Wink des Himmels, der dieses unschuldige Geschöpf unter meinen Schutz stellt! Laß ab davon, den Tag des Herrn durch deine wilde Leidenschaft zu entweihen, und gönne den Tieren im Wald doch wenigstens an diesem Tage ihren Frieden! Erlege das Tier nicht an dieser gottgeweihten Stelle, sondern ziehe friedlich von dannen!“

So sprach der gottesfürchtige Einsiedler. Aber die hartherzige Jägerin verlachte die Worte des Einsiedlers, spannte den Bogen und sandte dem erschöpft daliegenden Tier den scharfen Pfeil in das Herz. Entrüstet über diese rohe Tat an heiliger Stätte, erhob der Alte drohend den Arm und rief mit beschwörender Stimme: „Wehe dir, verwegenes Weib! Du hast durch deine frevelhafte Tat das Kreuz geschändet, an dessen Stamm das arme Tier Zuflucht gesucht hat. Du sollst dafür verdammt sein, ewig als Geist umherzuirren, keine Ruhe mehr zu finden und in diesen Wäldern hier bis an das Ende der Zeiten zu jagen.“

Entsetzen erfaßte die junge Schloßherrin über diesen schrecklichen Fluch. Sie wandte ihr Pferd und jagte davon, um ihr Gefolge wieder zu erreichen. Aber sie fand sich in dem weiten, dichtbewachsenen Gebiet nicht mehr zurecht. Bis zum späten Abend irrte sie in den Wäldern umher, sie vermochte keinen Ausweg aus dem Irrwald zu finden, erblickte keine Menschenseele und verfiel allmählich in tödliche Angst. Schon war es dunkel, unheimlich erklang der Ruf nächtlicher Vögel. Nun stieg die Gräfin vom Pferd, sank reumütig in die Knie und flehte zum Himmel um Verzeihung und Hilfe. Da drang aus weiter Ferne der leise Ton einer Glocke an ihr Ohr. Es war die Glocke vom Turm zu Fischamend, die zu so später Stunde den Abendsegen läutete.

Freudig folgte sie dem Klang des Glöckleins und gelangte schließlich erschöpft in den Ort Fischamend. Mit Tränen in den Augen warf sie sich vor dem Holzkreuz nieder, das an der Mauer des Turmes stand, und dankte dem Herrn aus ganzem Herzen, daß er sie auf so wunderbare Weise aus dem nächtlichen Dunkel hierhergeführt hatte. Als die Gräfin erfuhr, daß die Glocke von selber ertönt sei und der Himmel offenkundig ein Wunder gewirkt habe, gelobte sie, von nun an täglich um die gleiche späte Abendstunde das Glöcklein läuten zu lassen, damit auch weiterhin Wanderer, die sich im Wald verirrt hätten, den Weg hierher finden könnten. Von dieser Zeit an wurde die Glocke von Fischamend täglich um diese Stunde geläutet.

Der Fluch des Einsiedlers aber ging nach dem Tod der Gräfin trotzdem in Erfüllung. Sobald es zu dunkeln beginnt, fährt die Geistergräfin mit ihrer Meute gleich der Wilden Jagd tosend über Felder, Auen und Wälder. Wenn dann der Klang des Glöckleins vom Turm zu Fischamend anhebt, sich über die Gefilde zu schwingen, zieht die gespenstische Gräfin dem klagenden Ton nach, um zuletzt in den Auen zu verschwinden. Ist dies geschehen, so verändert das Abendglöcklein seine Stimme und verklingt mit hellem, freudigem Ton in der ruhigen Nacht.

DER WEIN AUS DER BURGRUINE GREIFENSTEIN

Ein armer Arbeiter aus Greifenstein feierte einst die Taufe seines siebenten Kindes. Weil man dem Taufpaten bei so einem Fest denn doch einen kleinen Imbiß und einen Schluck Wein vorsetzen muß, hatte er sich mit den letzten Groschen ein Krüglein Wein beschafft, das aber bald ausgetrunken war. Da sich's nun mit trockener Kehle gar nicht gut redet, der Geldbeutel des Mannes aber ganz leer war, wollte er doch wenigstens seinen guten Willen bezeugen, gab seinem ältesten Mädchen den Krug in die Hand und sagte: „Geh und hole uns Wein!“ Und als das Kind Geld dazu haben wollte, meinte der Vater: „Du brauchst kein Geld. Geh zur Burgruine hinauf, dort wird man dir auch ohne Geld Wein geben; in den Kellern dort oben gibt's Wein zum Ertrinken!“

Die einfältige Kleine ließ sich das nicht zweimal sagen und lief hurtig zum Schloß auf dem Felsen. Die Dunkelheit brach schon herein; aber als sie zur Ruine kam, waren alle Fenster hell erleuchtet, und drinnen ging es gar lustig zu, obwohl die Burg schon seit Jahrhunderten unbewohnt war. Am Tor stand eine schöne weißgekleidete Frau, die an der Seite einen großen Schlüsselbund trug. Ohne lang zu fragen, nahm sie der Ankommenden das Krüglein aus der Hand und deutete ihr zu warten. Doch schon nach kurzer Zeit erschien sie wieder, übergab dem Mädchen den bis zum Rand gefüllten Krug und sagte: „So mein Kind, hier hast du den Wein, und wenn dein Vater wieder nach einem guten Trunk Sehnsucht hat, soll er dich nur wieder herschicken. Er darf aber niemandem sagen, woher der Wein kommt."

Das Mädchen bedankte sich und lief mit dem vollen Krug nach Hause. Als man den Wein kostete, waren alle des Lobes voll über das herrliche Getränk. Schon am nächsten Festtag schickte der Vater seine Tochter wieder um den köstlichen Trunk nach der Burgruine, und wieder brachte das Mädchen ein Krüglein voll des edelsten Weins. Sooft in der Folge ein kleines Fest im Haus gefeiert wurde, bezog der Hausherr ohne Bezahlung seinen Wein aus dem Burgkeller. Immer erschien die weiße Frau dem Kind, das den Wein holte, und füllte das mitgebrachte Gefäß.

Einmal aber, als genügend Wein im Hause war und die Nachbarn rund um den Tisch saßen und dem guten Tropfen zusprachen, der aus dem Kruge rann, plauderte der arme Taglöhner das Geheimnis seiner Weinquelle aus. Als er dann am Abend seine Tochter nochmals zur Burg hinaufschickte, fand sie die sonst hell erleuchtete Ruine in düsterem Dunkel leer und verlassen; so lange sie auch wartete, die weiße Frau zeigte sich nicht mehr, weder an diesem Abend noch an den folgenden. Reuevoll erkannte der arme Mann, daß er sich durch seine Redesucht selbst um den guten Burgwein gebracht hatte.

DAS KEGELSPIEL AM KOLLMITZBERG

Vor vielen Jahren lebte am Fuß des Kollmitzberges in einer einsamen Hütte ein armer Köhler mit seiner Ehefrau. Leonhard, so hieß der Kohlenbrenner, war ein arbeitsamer Mann, der nur die eine Untugend hatte, daß er ein leidenschaftlicher Spieler war. Wenn nach dem Verkauf von Kohlen ein paar Geldstücke in seiner Tasche waren, zog es ihn mit unwiderstehlicher Gewalt in die nächste Wirtsstube, wo er im Würfel- oder Kegelspiel sein Glück versuchte. Aber Leonhard hatte selten Glück. Meist endete der Tag damit, daß er ohne einen Groschen Geld im Sack entlang der Thaya heimwanderte. Dann kam ihm der Weg doppelt so lang vor, er grübelte und dachte, wie er zu Geld kommen und seiner Armut ein Ende machen könnte. Traurig empfing ihn daheim seine Ehefrau Gertrud. Denn anstatt mit dem notwendigen Einkauf kehrte er mit leeren Händen zurück.

Eines Tages stand der Köhler wieder einmal vor seinem Meiler und starrte den rauchenden Kohlenhaufen an. Dabei bemerkte er gar nicht, daß sich ihm ein hochgewachsener, junkermäßig gekleideter Mann näherte. Als der Fremde dicht vor ihm stand, schrak er zusammen. Leonhard blickte in ein unheimliches, starkknochiges Gesicht, das einen mächtigen roten Knebelbart trug. Ein großer grauer Schlapphut mit einer roten Hahnenfeder saß auf dem Kopf des Mannes. Als er seinen grauen Mantel auseinanderschlug, wurden ein graues faltiges Wams und Beinkleider von roter Farbe sichtbar.

Mit donnernder Stimme fragte der Fremde den überraschten Leonhard, ob er der Köhler sei, der so großen Gefallen am Kegel- und Würfelspiel finde. Schon wollte Leonhard verneinen, als der Spielteufel in ihm erwachte und ihn zwang, die Frage zu bejahen.

Der Graumantel verzog grinsend sein Antlitz und zog einen vollen Beutel aus der Tasche, den er dem Köhler vor die Nase hielt. Dabei forderte er ihn auf, mit ihm ein Spielchen zu versuchen. Verlegen bekannte sich Leonhard zu seiner Armut, doch der Fremde fiel ihm ins Wort und meinte: „Ach was! Ich setze mein gelbes Gold gegen deine schwarzen Kohlen!"

Der Kohlenbrenner war zufrieden, führte den Besucher in seine Hütte und langte vom Wandbrett den Würfelbecher herab. Bald klapperten die Würfel auf der Tischplatte. Leonhard tat den ersten Wurf. Mit zitternder Hand ließ er die Würfel aus dem Becher rollen, jeder zeigte fünf Augen. „Zehn", hallte es dumpf von den Lippen des Fremden, der nun nach dem Becher griff. Gespannt folgte Leonhards Blick den tanzenden Würfeln, bis sie zur Ruhe kamen. Fünf Augen zeigte der eine, vier der andere Würfel. „Neun", jubelte der Köhler; seine Augen leuchteten. Wortlos reichte der Rote dem glücklichen Gewinner den prallen Beutel, den dieser voll Freude entgegennahm.

Unterdessen war Gertrud, des Köhlers Gattin, die im Wald Holz geschlichtet hatte, in die Stube getreten. Als sie den Hageren im grauen Mantel erblickte, gab es ihr einen Stich. Doch der Gast nahm den Köhler beiseite und forderte ihn auf, nun ein Kegelspiel mit ihm zu wagen. Dabei hielt er ihm wieder einen Beutel voll Gold vor die Augen. Da entgegnete die Frau schüchtern, es seien weder Kegel noch Kugeln zur Hand; in die Schenke solle der Ehemann aber nicht gehen, der dampfende Meiler erfordere dringend seine Anwesenheit. Da lächelte der Rote und meinte, mit seinem Gold klimpernd, es sei gar nicht nötig, in das entfernte Wirtshaus zu gehen; unweit der Hütte wisse er einen Platz, der zur Not genüge, einen Meisterschub zu tun. Neun zubehauene Holzklötze können die Kegel ersetzen, und für die Kugel wolle er sorgen.

Während Meister Leonhard aus seinem Holzvorrat geeignete Stücke heraussuchte und sich damit belud, eilte der Fremde zum Fluß und langte wie von ungefähr ein kugelrundes Geröllstück aus dem Wasser, das bei der Berührung mit seiner Hand schäumend aufzischte.

Gertrud fühlte einen Schauder über ihren Rücken rieseln, als sie den beiden nachsah, die miteinander dem Wald zuschritten. Ein unheimliches Gefühl sagte ihr, daß es mit dem Fremden nicht geheuer sei, zumal sie das

Aufbrausen des Wassers vernommen hatte, als er mit der Hand in den Fluß griff. Außerdem schien ihr, als ob der Graumantel hinke. Ein Stoßgebet murmelnd, schlich sie den beiden in den Wald nach.

Hinter dem Stamm einer alten Eiche verborgen, sah sie nun, wie sich ihr Mann zum Schub anschickte, während sein Begleiter sagte: „Es gilt also wie vorher, dieser Beutel voll Gold gegen deinen Kohlenhaufen."

Der Köhler nickte zustimmend.

Ängstlich verfolgte Gertrud das Tun ihres Ehegatten. Sie bemerkte, wie der Rote höhnisch grinste, aber wie von einer geheimnisvollen Macht überwältigt, war sie unfähig, sich zu rühren oder einen Laut hervorzubringen. Sie zitterte am ganzen Leib, als Leonhard die Kugel warf. Ein heftiger Windstoß fuhr durch die Baumkronen, die Äste bogen sich knarrend, während die Kugel mit seltsamen Sprüngen die Bahn entlangrollte und mit dumpfem Knall die aufgestellten Holzstücke traf. Es klang wie rollender Donner, als die Kegel polternd durcheinanderfielen.

Der Köhler tat einen Freudensprung „Alle neun!" rief er.

Gertrud glaubte vor Angst vergehen zu müssen, als der Rote die Kugel schwang und zum Wurf ausholte. Es schien ihr, als ob Feuerfunken aus der Kugel sprühten, tobend heulte der Sturm und warf ihr abgebrochene Zweige ins Gesicht. Plötzlich blendete ein grelles Licht ihre Augen, ein Donnerschlag erschütterte die Luft, und dann noch einer und wieder einer. Alles Blut drang der Entsetzten zu Kopf, bis auf einmal eine schauderhafte Stimme das Brausen des Sturmes übertönte: „Alle zehn! Alle zehn!" – Ohnmächtig sank Gertrud zu Boden.

Als das arme Frauenzimmer wieder zu sich kam, herrschte Stille im Wald. Das Unwetter hatte sich verzogen, der Mond warf seine bleichen Strahlen durch das Laubdach. Stöhnend richtete sich Gertrud auf und näherte sich langsam der unheimlichen Kegelbahn. Im vollen Mondlicht bot sich ihr ein grausiges Bild. Inmitten der umgeworfenen Kegelhölzer lag mit verzerrten Zügen die Leiche ihres Ehegatten. Von seinem finsteren Kegelpartner war keine Spur zu sehen.

Mit einem Jammerschrei warf sich Gertrud über den Körper ihres toten Ehemannes, vergebens suchte sich noch ein Lebenszeichen an ihm zu entdecken. Dann hob sie ihn mit übermenschlichen Kräften auf ihre Schultern und trug ihn den Berg hinab, ihrer stillen Behausung zu. Aber nur ein rauchender Trümmerhaufen bezeichnete den Ort, wo früher die Hütte gestanden war. Auch der Kohlenmeiler war fort. Der Satan hatte den Einsatz des Köhlers samt dessen Seele mit sich genommen.

Sieben Tage saß Frau Gertrud trauernd am Grab ihres Ehegatten und weinte bittere Tränen. Sie hatte ihn an der Stelle bestattet, wo sein letzter Kohlenmeiler gebrannt hatte. – Aber das Leben forderte seine Rechte. Mit einigem Werkzeug versehen, zog sie sich in den Wald zurück, wo er am dichtesten und einsamsten war. Hier errichtete sie an einer windgeschützten Stelle in der Nähe eines Quells aus roh zubehauenen Baumstämmen eine einfache Hütte, die nur einen einzigen Wohnraum hatte. Wurzeln und Beeren bildeten ihre Nahrung. Oft vergoß sie Tränen über den Verlust ihres Ehegatten und haderte mit ihrem traurigen Los. Aber je mehr sie grübelte und nachdachte, desto mehr verbitterte sich ihr Gemüt, bis sie zuletzt, alles verfluchend, was ihr bisher heilig war, mit dem Teufel einen Bund schloß.

So war aus dem ehrsamen Weibe eine alte Hexe geworden, die von allen Leuten gemieden wurde. Nur wer sich gar keinen Rat mehr wußte und der Verzweiflung nahe war, suchte sie auf, um ihren Sprüchen zu lauschen oder heilsame Tränklein und Pflaster zu holen, wofür sie mit Feldfrüchten und anderen Lebensmitteln bezahlten; denn die alte Hexe scheute das Geld, seitdem ihr Mann darum Leib und Seele verloren hatte.

Doch zu gewissen Zeiten im Jahr war die Hexe Gertrud für die Menschen nicht zu sprechen. Es war dies zu Walpurgis, Johanni oder zur Weihnachtszeit; denn da hielten die Hexen mit dem Teufel ihre Zusammenkunft ab, bei der Gertrud nicht fehlen durfte. Wem also sein Leben lieb war, der mied es, um diese Zeit den Bannkreis des Kollmitzberges zu betreten.

Eines Tages kamen wieder Leute zur Hütte der Hexe, um ihren Rat einzuholen, aber sie fanden die Hütte verschlossen. Das Dach lag auf der Erde neben der Quelle. Als man die Tür der Behausung aufbrach, flüchteten viele Mäuse aus der Stube, die Leiche der Hexe aber lag, fast bis auf die Knochen abgenagt, unter dem Herdloch am Boden.

Seit dieser Zeit wurde der Wald, der nach der Hütte der Hexe den Namen „Die öde Stube“ erhielt, von allen Bewohnern gemieden.

DIE GRÜNDUNG DES STIFTS KLOSTERNEUBURG

Der Babenberger Markgraf Leopold III., später der Heilige genannt, stand eines Abends mit seiner Gattin, der Kaisertochter Agnes, mit der er vor kurzem Hochzeit gefeiert hatte, auf dem Söller seiner neuen Burg auf dem Kahlenberg (so hieß damals der heutige Leopoldsberg). Während sie die Gründung eines neuen Klosters besprachen und sich über den Platz, auf dem das Gotteshaus erstehen sollte, nicht einig werden konnten, entriß ein heftiger Windstoß der Markgräfin ihren Schleier und trug ihn weit in das am Fuß der Burg sich erstreckende Gehölz hinein.

Agnes war über den Verlust sehr traurig, denn es war ihr Brautschleier. Wochenlang ließ Leopold nach dem Schleier suchen, ohne daß es gelang, ihn aufzufinden. Da gelobte der Markgraf, an der Stelle, wo der Schleier gefunden würde, ein Kloster zu erbauen.

Acht Jahre später jagte Leopold mit seinem Gefolge in den Wäldern etwa eine Stunde weit entfernt von seiner Burg. Plötzlich schlugen die Hunde an. Als der Markgraf, sich durch das Gestrüpp zwängend, dem Gebell nachging, leuchtete ihm auf einem Holunderstrauch etwas Weißes entgegen. Neugierig trat er heran, um das Ding näher zu besehen. Da erkannte er zu seinem Erstaunen den vermißten Schleier seiner Ehegattin, der wie durch ein Wunder noch ganz neu und unversehrt aussah.

Leopold erblickte in diesem Geschehen das Walten des Himmels und beschloß, sich an sein Gelübde zu erinnern, an dieser Stelle eine Kirche mit einem Kloster zu erbauen.

So entstand das Stift Klosterneuburg, das wegen der Nähe der neuen Markgrafenburg diesen Namen erhielt.

Noch heute zeigt man im Stift eine kostbare Monstranz, die die Form eines Holunderstrauches aufweist, mit Blüten aus Perlen, worüber ein Schleier geworfen ist. Zu Füßen des Strauches kniet mit seinen Hunden der heilige Leopold.

DER HUND AUF DER SCHALLABURG

Etwa eine Wegstunde vom allbekannten Stift Melk entfernt, erhebt sich an den Hängen des waldigen Hiesberges die stolze Schallaburg, deren wunderschöner Renaissance-Schloßhof noch heute viele Kunstbegeisterte anzieht.

Vor vielen, vielen Jahren lebten auf der Burg zwei Brüder aus dem Geschlecht der Losensteiner, die einander feind waren wie Wasser dem Feuer. So groß wurde der gegenseitige Haß, daß sie schließlich nicht mehr unter einem Dache wohnen wollten. Daher erbaute sich der jüngere sein eigenes Schloß neben der alten Burg, in der sein älterer Bruder verblieb und deren Reste neben dem jüngeren Bau sich bis heute erhalten haben. Trotz der räumlichen Trennung kam aber der eingefleischte Haß nicht zur Ruhe. Wieder einmal gerieten die beiden Brüder in wütenden Streit, der damit endete, daß der ältere den jüngeren mit dem Schwert erschlug. Ein rotes Kreuz wurde unweit der Burg im Tal, dort, wo die Tat geschah, errichtet.

Der Mörder aber suchte vergebens den peinigenden Gewissensbissen zu entkommen und ein Vergessen seiner grausigen Tat in einem wilden Jagdleben zu finden. Tag und Nacht zog er ruhelos mit seinen sieben Hunden durch die Wälder und erlegte, was ihm vor das Rohr kam.

Einmal war er vergebens den ganzen Tag durch Felder und Wälder gestreift, kein Wild hatte sich gezeigt, keinen Schuß hatte er abgegeben. Schon näherte sich der Abend, als er an jener Stelle vorbeikam, wo das Kreuz für seinen toten Bruder stand. Wuterfüllt über die fruchtlose Mühe des Tages, zornig über dieses Wahrzeichen seiner alten Schuld, jagte er dem Gekreuzigten eine Kugel durch den Kopf, indem er zornig ausrief: „Und wenn ich den ganzen Tag gar nichts getroffen habe, du sollst meiner Kugel nicht entgehen!“

Da tönte ein gellender Schrei vom Kreuze her, der Kopf des Gekreuzigten wendete sich nach links – er ist auch heute noch nach links gerichtet –, und zugleich brach ein entsetzliches Gewitter mit einem so gewaltigen Sturm los, daß die stärksten Bäume geknickt und entwurzelt wurden.

Grauenerfüllt eilte der wagemutige Ritter seiner Burg zu. Dort erhielt er die Schreckensnachricht, daß seine Gemahlin soeben einem Kinde das Leben geschenkt habe, das einen Hundekopf trug. Wie von Sinnen stürmte der Ritter wieder aus der Burg, verlor sich in Sturm und Wetter in den Wäldern und wurde nicht mehr gesehen.

Die Mißgeburt aber wuchs heran und soll von hündischer Wildheit gewesen sein, so daß sie zeitlebens an einer silbernen Kette in einem Raume der Burg gefangengehalten werden mußte. Da man dieses Zwitterwesen von Hund und Mensch nicht im Freien zeigen wollte, soll man die drei benachbarten Burgen Schallaburg, Sichtenberg und Sooß durch unterirdische Gänge miteinander verbunden haben, damit der hundsköpfige Sohn des Schloßherrn unter der Erde von einem Schloß zum andern wandern könne. Die Sage weiß auch zu erzählen, daß dieses Fabelwesen im Alter von 32 Jahren starb.

Eine menschliche Büste, die einen Hundekopf trägt, wird noch heute in der Schallaburg gezeigt und soll mit dieser Sage in Beziehung stehen.

DIE FEENKÖNIGIN AUF DEM JAUERLING

Im Groisbachtal bei Spitz in der Wachau lag vor vielen Jahren tief im Waldesgrund eine einsame Mühle, die ein ehrsamer Müller mit seiner Frau und seinem dreizehnjährigen Töchterchen bewohnte. Die Müllerin lag seit Jahren krank darnieder; alle Ärzte, die der Müller mit großen Kosten von weit und breit hatte kommen lassen, waren sich darüber einig, daß das Leiden der Frau unheilbar sei. Sorgenvoll zerbrach sich der arme Mann den Kopf, was er tun solle, um wenigstens die Schmerzen seiner lieben Ehefrau zu lindern. Unterdessen pflegte das heranwachsende Mädchen die kranke Mutter mit aufopfernder Liebe und suchte der Schmerzgequälten jeden Wunsch von den Augen abzulesen.

Da hörte das Mädchen eines Tages, wie mitleidige Nachbarsleute ihrem Vater erzählten, es gebe wohl ein Mittel, die Kranke zu heilen; das sei das Wunderblümchen Widertod, das eine reine Jungfrau um Mitternacht beim Vollmondschein hoch oben auf dem Jauerling pflücken müsse. Es sei aber so selten, daß kaum ein Sonntagskind es finden würde.

Das Mädchen überlegte nicht lange. Es liebte seine Mutter so heiß und innig, daß ihm kein Weg zu beschwerlich, kein Schrecken zu groß schien, ihn für seine Mutter nicht auf sich zu nehmen. Gleich in der nächsten Vollmondnacht stahl sich die Kleine aus dem Haus, stieg die Schlucht des Groisbaches hinan und kletterte im einsamen Wald die Hänge des Jauerlings empor, keiner Dornen und Disteln, keiner Felsen und Schründe achtend, wenn sie auch ihre zarte Haut zerrissen und blutige Striemen ihr Gesicht bedeckten. Nur ein Gedanke erfüllte ihr ganzes Sinnen: ihr Mütterlein sollte wieder gesund werden.

Unterdessen war der Mond immer höher gestiegen und ließ seine bleichen Strahlen durch das Geäst der Bäume spielen, die ganz plötzlich zurücktraten und eine weite Lichtung freigaben, in deren Mitte das verwunderte Mädchen ein herrliches Schloß erblickte. Zögernd trat die Müllerstochter an den prächtigen Bau heran. Da öffnete sich dessen prunkvolles Tor, eine wunderschöne Frau stand unter dem Torbogen und winkte dem Mädchen einzutreten. Durch einen blühenden Zaubergarten, in dem die lieblichsten Blumen standen und jubelnde Kinder fröhliche Spiele trieben, führte die Fee das Mädchen in einen glänzenden Saal.

„Nun sag mir, mein Kind“, begann sie dort, indem sie sich auf einen funkelnden Thron niederließ, „was willst du von mir? Möchtest du bei mir bleiben? Soll ich Kinder herbeirufen, damit sie dich zu ihren Spielen einladen, Sag es ruhig, mein Kind, ich will dich gern in meinem Schloß behalten, du wirst es nicht bereuen."

Doch das Mädchen schüttelte ablehnend den Kopf. „Mein Mütterlein ist sehr krank", lispelte es. „Ich möchte so gern, daß sie wieder gesund wird. Kannst du mir nicht das Blümlein Widertod geben, durch das sie allein Heilung findet?"

Nochmals versuchte die schöne Feenkönigin, das Mädchen zum Bleiben zu bewegen. Aber alle Lockungen, alle Versprechungen, die Aussicht auf die herrlichsten Kleider, die schönsten Spiele konnten den Sinn des Kindes, das nur an seine kranke Mutter dachte, nicht ändern. Es bat die Feenkönigin, nicht zu zürnen, wenn es nicht bleibe, denn ohne sein Mütterchen hätten alle Herrlichkeiten der Welt nichts zu bedeuten.

Da lächelte die erhabene Frau und sprach: „Du bist ein gutes Kind. Du sollst die Wunderblume haben. Dein Mütterchen wird wieder gesund werden, und du selbst wirst den Lohn für deine Kindesliebe und Treue in einem glücklichen Leben auf Erden finden. Nun geh und grüße deine Mutter von mir!"

Das Mädchen wollte der gütigen Fee mit heißem Dank zu Füßen fallen, da schien deren Gestalt, der glänzende Saal und alles ringsum plötzlich zu versinken. Taumelnd schloß es die Augen, ihm war, als entfernten sich leise murmelnde Stimmen. Als es die Augen wieder öffnete, stand es auf der Lichtung mitten im Wald, Ruhe herrschte ringsum, nur der Mond über ihm schien lächelnd zu nicken: „Es war kein Traum, aber nun geh nach Hause, mein Kind!"

Als es wieder heimkam, trat ihm schon unter der Tür gesund die geliebte Mutter entgegen, ein wenig bange nur, weil sie ihr liebes Kind vermißt hatte, das ihr nun fröhlich in die Arme flog.

Der Segenswunsch der Feenkönigin ging auch an der Jungfrau in Erfüllung. Sie heiratete später einen braven Bürgerssohn und hatte viel Glück in ihrem Leben.

DIE STOLZE FÖHRE IM MARCHFELD

Im Marchfeld stand vor langer Zeit ein uralter Baum, der wegen seines prächtigen Wuchses die „stolze Föhre“ hieß. In diesem mächtigen Baum wohnte eine wunderschöne Fee, die tagsüber, in ein häßliches altes Weib verwandelt, am Fuß der Föhre saß und die Vorübergehenden anbettelte, um ihre Freigebigkeit zu erforschen. Kein Mensch vermutete in der triefäugigen Alten eine schöne, zauberkundige Fee.

Damals wohnte in Marchegg ein geiziger Großbauer, der täglich mit seiner Magd, einer armen Waise, am Baum vorüberging, um seine Feldarbeit zu verrichten. Der Magd tat die alte Frau leid, und sie teilte mitleidig jeden Tag ihr Frühstücksbrot mit der armen Bettlerin. Den filzigen Bauer aber dünkte es schade um jede Brotkrume, die in den Schoß der Alten fiel, und er schnitt seiner Magd das Brot von Tag zu Tag kleiner vor, bis er ihr eines Tages gar keines mehr gab. So mußt das arme Ding seine Arbeit den ganzen Vormittag mit hungrigem Magen tun. Das schmerzte sie aber weniger als der Gedanke, daß die Alte unter dem Baum nun täglich ganz leer ausgehe. Sie weinte oft bittere Tränen darüber.

Es begab sich nun eines Tages, daß der Großbauer zu einer Hochzeit ins Nachbardorf eingeladen wurde. Da er wußte, daß es dort gut zu essen und zu trinken geben werde, und die Sache keine Unkosten machte, ging der knauserige Filz beizeiten aus dem Haus, um nichts zu versäumen, aß und trank den ganzen Tag, was der Bauch hielt, und machte sich erst gegen Mitternacht auf den Heimweg, der ihn an der stolzen Föhre vorbeiführte. Wie war er überrascht, als er an ihrer Stelle einen herrlichen, hellerleuchteten Palast erblickte, aus dem muntere Tanzweisen ertönten! „Holla“, sagte sich der Bauer, „da muß ich doch nachsehen, was los ist. Vielleicht schaut für mich auch noch etwas heraus.“

Er trat durch das weitgeöffnete Tor und gelangte in einen prunkvollen Saal, in dem eine Menge winziger Zwerge um eine liebliche Fee an einer überreich besetzten Tafel saß. Man lud den Bauer freundlich ein, an der Tafel Platz zu nehmen und zuzugreifen. Das ließ sich der habgierige Mann, der nie genug bekommen konnte, nicht zweimal sagen. Gleich war er dabei und hielt wacker mit. Zwischendurch steckte er noch ein, was in seinen Taschen Platz fand, um sich für den nächsten Tag auch noch mit den guten Bissen zu versorgen. Als die Fee nach einiger Zeit mit den Zwergen in den Tanzsaal schritt, beurlaubte sich der Bauer; denn vom Tanzen hielt er viel weniger als vom Essen.

Daheim angelangt, erzählte er seinen Leute das wunderbare Erlebnis und zog zum Beweis der Wahrheit die mitgebrachten Kuchen und Braten und sonstigen Leckerbissen aus seinen Taschen hervor. Aber was war das? Nichts als Roßmist und Kuhfladen waren in den Säcken, und der Duft dieser Dinge war nichts weniger als einladend. Das laute Gelächter der Hausleute machte seinen Zorn nicht geringer, erbost warf er das Zeug seiner Magd in die Schürze. „Da hast du", rief er höhnisch, „kannst meinetwegen morgen mit dem Bettlerweib teilen!"

Wortlos ging die Magd in den Hof hinaus, um den Unrat in die Düngergrube zu leeren. Aber als sie eben die Schürze öffnen wollte, hörte sie es drinnen so merkwürdig klingeln. Verwundert hielt sie Nachschau, was das sein könnte, und fand die ganze Schürze voll mit klingenden, funkelnden Goldstücken. Hocherfreut lief sie sogleich zur Föhre – denn der Tag graute schon –, um ihren Schatz mit der armen Alten zu teilen. Aber siehe da! Aus dem häßlichen alten Weib war eine wunderschöne Fee geworden, die die mitleidige Maid liebreich an ihr Herz zog und so mit Reichtümern überhäufte und obendrein mit solcher Schönheit ausstattete, daß sie bald die Braut eines bildhübschen jungen Grafensohnes wurde, mit dem sie in glücklichster Ehe lebte.

DER WANKELSTEIN BEI ZELKING

Im Tal der Melk, etwa zwei Gehstunden vom Städtlein Melk entfernt, erhebt sich an den bewaldeten Hängen des Hiesberges die malerische Burgruine Zelking. Hier herrschte um die Mitte des 14. Jahrhunderts reges Leben. Herr Albero aus dem angesehenen Rittergeschlecht der Zelkinger, war sich der Macht seines Hauses wohl bewußt und wollte dies der übrigen Ritterschaft und allen Besuchern seiner Burg höchst sinnfällig dadurch zum Ausdruck bringen, daß er sich einen Leibdiener von ungewöhnlicher Körperstärke beschaffte. Er ließ daher an die Söhne seiner Untertanen eine Aufforderung ergehen, sich im Schloß einzufinden und Proben ihrer Kraft zu geben; der stärkste von ihnen solle in seine Dienste treten.

Der Hof der Burg Zelking wurde zum Schauplatz dieser Kraftübungen ausersehen, und viele junge Burschen fanden sich ein, um ein Zeugnis ihrer Stärke abzulegen. Da konnte man gar kräftige junge Männer sehen, und vielerlei absonderliche Kraftproben versetzten die anwesenden Herren und Damen in Erstaunen. So war einer unter den Bewerbern, der warf ein Zentnergewicht dreimannshoch in die Luft, aber schon der nächste vermochte ihn zu übertreffen, indem er es sogar noch höher schleuderte. Einer hob ein Pferd vom Boden auf, ein anderer rückte einen vollbeladenen Wagen von der Stelle. Dann kam ein breitbrüstiger, stiernackiger Bursche an die Reihe, der Holz auf seinem Rücken hacken ließ, und der nächste lief mit dem Kopf an die Wand und brachte sie zum Einsturz – allerdings war es nur eine Bretterwand.

Ein stämmiger Junge aber war abseits stehengeblieben und schien alle diese Kraftäußerungen verächtlich zu beobachten. Das war nun Herrn Albero aufgefallen. Er trat zu dem Burschen und fragte ihn leutselig: „Nun, mein Lieber, willst du deine Kräfte nicht mit den andern messen, oder wird dir vielleicht bange, wenn du siehst, was jeder imstande ist?“

„Herr“, gab der Bauernbursche zur Antwort, „ich bin bereit, meine Kraft zu erweisen, und habe keine Furcht, den andern nachzustehen. Im Gegenteil, was ich Euch als Probe meiner Kraft vorzeigen will, wird mir wohl keiner so bald nachmachen. Dort oben im Wald liegt ein mächtiger Felsblock, den sechs Männer mit ausgespannten Armen nicht umfassen können. Wenn es Euch recht ist, will ich ihn mit einer Hand in Bewegung setzen.“

Man kannte den Stein und hielt es für unmöglich, den riesigen Block zu bewegen. „Junge“, sagte einer der Gäste des Burgherrn, „hüte deine Zunge und unterstehe dich nicht, deinen Herrn mit deiner eitlen Großsprecherei mutwillig in den Wald zu locken!“

Der Junge aber beharrte auf seiner Behauptung und führte den Ritter, der sehen wollte, was an der Sache wahr sei, auf den Hiesberg. Viele Herren und Damen schlossen sich an. Es lag aber in der Nähe der Burg, eingeklemmt zwischen zwei spitzen Felsen, ein losgerissener ungeheurer Felsblock, der ein Gewicht von vielleicht siebenhundert Zentnern haben mochte. Er ruhte derart im Gleichgewicht, daß ein Knabe fähig war, ihn merklich zu bewegen, wenn er an der richtigen Stelle zugriff, während ihn sonst die vereinte Kraft von dreißig Männern nicht aus seiner Lage zu bringen vermochte. Der Junge wußte um dieses Spiel der Natur oder hatte es vielleicht sogar als erster entdeckt, jedenfalls setzte er vor den Augen des erstaunten Burgherrn und seiner Gäste den Felsblock in wackelnde Bewegung und erfüllte so sein Versprechen.

Dieser Beweis von Klugheit und List, verbunden mir aufrechter Bescheidenheit, gewann dem Burschen die Gunst des Schloßherrn und verschaffte ihm ohne weitere Kraftprobe die Stelle eines Leibdieners bei Albero von Zelking.

DES TEUFELS GESPANN IN UNTERLOIBEN

Wie in so vielen Orten der Wachau trieb der Satan vorzeiten auch in Unterloiben bei Stein an der Donau sein Unwesen. Warum er sich gerade die Wachau so häufig zu seinen Streichen ausgesucht hat, ist noch nicht recht erklärt. Vielleicht ist es nicht ganz daneben geraten, wenn man vermutet, der feurige Wachauer Wein, dem der höllische Geist so wenig abhold sein mag wie mancher irdische Mensch, müsse da mit im Spiele sein.

Sei dem nun, wie es wolle, jedenfalls ereignete es sich voreinst, daß ein gewisser Hans Abel aus Unterloiben an einem schönen Herbsttag zeitig in der Früh in der Richtung gegen Dürnstein auf Kuhkauf gehen wollte. Als er vor seinen Hof trat, kam gerade ein Bauernwagen, der von zwei Rappen gezogen wurde, auf der Straße dahergefahren. Ein schwarzgekleideter Mann saß auf dem Bock und trieb die Pferde zum Lauf an. Da der Bauer es eilig hatte, rief er dem Kutscher zu, er möge halten und ihn gegen Geld und gute Worte ein Stück Weges mitnehmen. Der Schwarze hielt sein Gefährt an, der Bauer aber kletterte auf den Wagen und setzte sich neben den Kutscher, der noch kein Wort gesprochen hatte. Stumm schwang der Wagenlenker dann seine Peitsche, und die Pferde fielen sogleich in scharfen Trab, der sich bald zu einem rasenden Galopp steigerte, daß dem armen Unterloibner angst und bang wurde. Entsetzt wollte er sich am Arm des Kutschers festhalten, aber noch entsetzter war er, als er ins Leere griff.

Seine Furcht steigerte sich noch, als der Wagen plötzlich von der Straße abbog und in rasender Eile durch einen Schwibbogen der Donau zurollte. Bevor der Bauer noch recht fassen konnte, was sich ereignete, sausten die Pferde samt dem Fuhrwerk ins Wasser hinein. „Jesus, Maria und Josef!" schrie der zu Tode erschrockene Mann, dann verlor er die Besinnung.

Als er nach vielen Stunden wieder zum Bewußtsein kam, fand er sich am Donauufer liegend, so knapp neben dem Wasser, daß die Wellen fast seine Füße bespülten. Mühsam hinkte er heimwärts, der Schrecken war ihm aber so in die Knochen gefahren, daß er einige Wochen das Bett hüten mußte. Hätte er nicht im letzten Augenblick jenen Stoßseufzer gerufen, so wäre des Teufels Gespann mit ihm zur Hölle gefahren.

SCHRECKENWALDS ROSENGÄRTLEIN AUF AGGSTEIN

Nach dem ruhmlosen Ende der Kuenringer und der Zerstörung Aggsteins durch Friedrich den Streitbaren blieb diese Feste fast zweihundert Jahre Ruine. Im Jahre 1429 gab Herzog Albrecht V. „das öde Haus", wie Aggstein genannt wurde, „das einst von Untat wegen zerbrochen worden ist und also öde liegt" an seinen vertrauten Rat und Kammerherrn Georg Scheck vom Wald zu Lehen und ermächtigte ihn zum Wiederaufbau der Burg. In harter Frone schichteten die armen Untertanen des Ritters sieben Jahre lang Stein auf Stein, bis der Bau vollendet war und der Ewigkeit zu trotzen schien.

Der Ritter hatte sich auf dunkle Art in die Gunst des Herzogs zu setzen gewußt und war im Innern ein habgieriger, hochmütiger und grausamer Mann. Kaum hatte er die neue Burg bezogen, da zeigte er sich in seiner wahren Gestalt und hauste nicht minder schrecklich in der Wachau wie einst die „Hunde von Kuenring". Er unterdrückte seine Untertanen und preßte das Volk aus, wo er nur konnte. Sein Mautrecht auf der Donau nütze er so schrankenlos aus, daß er die meisten vorüberfahrenden Schiffe gänzlich ausplünderte. Bald wurde er im ganzen Donautal nur mehr der „Schreckenwalder" genannt.

Seine Gefangenen hatten die furchtbarsten Qualen zu erdulden. An Stricken wurden sie über die schroffen Felsen hinausgehängt, um ein möglichst hohes Lösegeld von ihnen zu erpressen, oder man stieß sie durch eine kleine Pforte auf eine schmale Steinplatte hinaus, unter der die Felsen steil in die Tiefe abfielen. Hier hatte der Gefangene nur die Wahl, entweder elend zu verhungern oder durch einen Sprung in den schauerlichen Abgrund seinen Leiden ein schnelles Ende zu machen. Diesen kleinen Feldvorsprung nannte der grausame Ritter in rohem Scherz sein *„Rosengärtlein"*, und es war weit und breit berüchtigt und gefürchtet.

Viele Jahre hatte der Schreckenwalder sein schändliches Handwerk betrieben und durch Raub und Erpressung so viel Reichtümer angesammelt, daß er vier weitere Burgen im Umkreis an sich gebracht hatte, da führten ihm eines Tages seine Knechte einen jungen Gefangenen vor, der elder Herkunft schien, aber seinen Namen nicht verraten mochte. Auch er erlitt das Schicksal vieler Vorgänger und wurde in den grauenhaften Rosengarten hinausgestoßen, wo ihm die furchtbare Wahl seines Todes freistand. Aber der Jüngling war ein kühner und gewandter Springer und Kletterer. Mit scharfem Auge maß er die Tiefe des Sprunges, bemerkte Bäume in der Tiefe aufragen und sprang, seine Seele dem Herrn empfehlend, mutig in den schaurigen Schlund. Die Richtung des Sprunges hatte er so gewählt, daß er in eine dicke Baumkrone fiel, die er mit starker Hand erfaßte. Von hier glitt er leicht auf den Boden herab, wo die Gebeine der vor ihm Herabgestürzten und Zerschmetterten moderten und bleichten.

Jetzt war er gerettet, eilte ins Tal hinab und tat die Lage des furchtbaren Raubnestes kund. Er sammelte die Ritter und Reisigen der benachbarten Burgen um sich, lauerte dem Schreckenwalder auf und nahm ihn gefangen. Der schändliche Strauchritter fand seine wohlverdiente Strafe und wurde enthauptet.

Die Burg verblieb im Besitz der Nachkommen des Ritters. Aber der letzte Schreckenwalder trieb es nicht besser als seine Vorfahren, sperrte die Donau mit einer Kette ab und raubte die Schiffe aus. Einmal nahm er einen Grafen gefangen, dem es aber gelang, mit Hilfe eines Junkers, des Sohnes der Herrin von Schwallenbach, seiner Haft zu entfliehen. Während der Graf nach Wien eilte, um dem Herzog die Schandtaten des Aggsteiners zu berichten, warf der Schreckenwalder den Junker ins Burgverlies und gab nach einiger Zeit seinen Knechten den Befehl, den Gefangenen über die Felsen des Rosengärtleins in die Tiefe zu stürzen. Schon hatte der Jüngling seinen letzten Gang angetreten, da klang leise von Schwallenbach herüber der Ton des Abendglöckleins durch die Luft. Andächtig lauschte der dem Tod Geweihte und bat seinen Henker, ihm so lange Zeit zu lassen, sein letztes Gebet zu verrichten, bis der letzte Glockenschlag in den Lüften verhallt sei. Unwillig gewährte es der Burgherr. Aber o Wunder! Das Glöcklein hörte nicht auf zu tönen, freilich erweichte es das harte Herz des ruchlosen Schreckenwalders nicht. Fluchend über das andauernde Geläut, wollte er grimmig das Ende abwarten, um seine grausige Mordtat zu vollziehen.

Da erhob sich Lärm in der Burg. Die Mannen des Herzogs waren, geführt von dem Feldhauptmann Georg von Stain, vor der Feste angelangt, hatten sie umzingelt, und das Raubnest fiel in die Hände der Belagerer. So unterblieb durch das Wunder des Glöckleins von Schwallenbach der Mord an dem gefangenen Junker. Der Scheck verlor alle seine Güter und fand als Bettler sein Ende im Elend.

Der Rosengarten auf Aggstein aber lebt im Volksmund fort. Denn noch heute heißt es in der Wachau, wenn von einem Menschen die Rede ist, der aus höchster Not nur mit Leibes- und Lebensgefahr sich retten kann: Er sitzt in *„Schreckenwalds Rosengärtlein"*.

DER TOD IM MATZENER WEINFASS

Rund um Matzen liegt ein sanftes, rebenbestandenes Hügelgelände. Gar mancher Eimer süffigen Weins wird dort geerntet, und der „Matzener" hat keinen schlechten Ruf. Es gibt wenig Bauern, in deren Kellern nicht mehr oder weniger Fässer voll des edlen Rebensaftes liegen. Einer der reichsten war vor vielen Jahren der Höllen-Hoisl. Schier siebenhundert Fässer Wein lagerten in seinem Keller, und seine Kornkammer war gesteckt voll mit der besten Körnerfrucht. Ja, der Hoisl konnte sich nicht beklagen, er führte das schönste Leben. Und weil es ihm so gutging, wollte er auch nicht sterben.Aber gegen den Tod, sagt man, ist kein Kraut gewachsen. Das wußte auch der Hoisl, und das verschaffte ihm manche bekümmerte Stunde.

So saß er eines Tages in seinem Keller und dachte über verschiedene Dinge nach und kam doch nicht darüber hinweg, daß das Leben jedes Menschen mit dem Tod endet. Da stolperte ein hagerer fremder Mann die Kellerstiege herunter, trat auf den Bauern zu und klopfte ihm wie einem guten Bekannten auf die Schulter.

„Ich weiß schon, was du sinnst", meinte er grinstend, „doch wenn du willst, kann ich dir helfen."

Anfangs konnte der Bauer vor Schreck kein Wort hervorbringen, aber bald hatte er sich gefaßt und war in kurzer Zeit in vertraulichem Gespräch mit dem andern. Was sie miteinander beredeten, entschied über Leben und Tod, und schließlich bekräftigten sie durch Handschlag ihre Vereinbarung, bei der jeder von beiden gut zu fahren hoffte. Der Bauer sollte dem Fremden von jedem Faß Wein kosten lassen, dafür wollte ihm dieser das ewige Leben verschaffen.

Sie begannen gleich mit dem größten Faß. Der Gast legte sich mit seinem breiten Mund über das Spundloch und sog in vollen Zügen das köstliche Naß in sich hinein, als hätte er eine Pumpe im Leib, bis der letzte Tropfen aus dem Faß war. Dann ging er zum nächsten. Hier war es nicht anders, und als der Bauer ans Faß klopfte, klang es hohl. Wo der Karl das hinsäuft, dachte der Bauer entsetzt, und daß man ihm gar nichts anmerkt! Ha, wenn er soviel verträgt, will ich ihm meinen Süffigsten zum Kosten geben. Und er führte ihn zu einem kleinen Fäßchen, das den edelsten Wein barg, den „Ehrentagtrunk", wie ihn der Bauer nannte, von dem ein paar Gläschen genügten, den Trinker um seine Standfestigkeit zu bringen. Daraus schlürfte nun der unheimliche Geselle einen Schluck, schmatzte vergnügt mit den Lippen und legte sich dann besser ins Zeug. Aber schon schwankte er, suchte sich vergeblich aufrecht zu halten und fiel rücklings zu Boden.

„Haha", lachte der Bauer, „hat's dich erwischt? Ich dachte mir's wohl, daß er dich bändigen wird."

Er beugte sich zu dem Fremden hinab und leuchtete ihm ins Gesicht. Schaudernd fuhr er zurück, eiskalt rieselte es ihm über den Rücken – ein leibhaftiger Totenkopf grinste ihm unheimlich entgegen. Aber das Grauen verwindend, faßte er den seltsamen Trunkenbold, der sich federleicht angriff, und stieß ihn flugs beim Spund des größten Fasses hinein. Nun den Zapfen darauf und fest angetrieben, und wohlverwahrt lag der unwillkommene Zecher in seinem engen Gehäuse. Zufrieden tappte der Hoisl die Kellerstiege empor, versperrte gewissenhaft die Tür und trat, vergnügt vor sich hin pfeifend, den Heimweg an. Es war ihm ganz klar, er hatte den Tod ins Weinfaß gesperrt und war darüber glücklich wie kein zweiter auf Erden.

Und wirklich verging Jahr auf Jahr, und der Tod ließ sich nicht mehr blicken. Der Hoisl war steinalt geworden, hatte einen schneeweißen Kopf bekommen und ging gebeugt, aber frisch und lebensfroh durch seine Felder und Weingärten, vom Sterben war keine Rede. Aber auch die andern Leute starben nicht. Es wimmelte überall von Menschen. Korn und Wein wurden zu wenig, sogar das Wasser reichte nicht mehr; es war wirklich, als ob das ewige Leben auf Erden eingekehrt wäre.

Endlich aber drang die Kunde von der schlauen Tat des Hoisl und den unabsehbaren Folgen, die daraus den Erdenkindern erwuchsen, bis in den Himmel hinauf. Eilig sandte der liebe Gott seinen Engel in den Keller des Bauern, damit er den Tod aus seinem Gefängnis befreie. Aufatmend kroch der aus dem finsteren Loch, wo er so lange eingesperrt war. Nun aber gab es Arbeit über Arbeit für den Sensenmann, der eifrig trachtete, das Versäumte nachzuholen. Seuchen brachen aus, und die Leute starben dahin wie die Fliegen; nur der alte Hoisl blieb verschont. Aber die Beschwerden des Alters machten sich geltend, er fiel anderen und sich selbst zur Last und konnte den Tod nicht finden, sosehr ihn auch danach verlangte. Rastlos wandert er auch heutigentags noch auf der Welt umher und wartet mit heißer Sehnsucht auf die Stunde, in der der Tod alles heimholen wird, was da lebt auf Erden.

DAS MELKER KREUZ

Die Schatzkammer des Stiftes Melk enthält als wertvolles Schaustück seit Jahrhunderten ein kostbares goldenes Kreuz, das kunstvoll gearbeitet und mit Perlen und Edelsteinen reich verziert ist. In seiner Mitte befindet sich ein Splitter vom Kreuz Christi.

Im Jahre 1170 herrschte im Stift große Trauer; Abt und Konvent waren in höchster Erregung: das goldene Kreuz war verschwunden. Lange Zeit blieben alle Nachforschungen nach seinem Verbleib erfolglos. Endlich wurde es ausfindig gemacht. Um die Echtheit des Kreuzes festzustellen, schlugen Schiedsrichter eine Prüfung vor.

Das Kreuz sollte in ein Boot gelegt und dieses den Wellen der Donau anvertraut werden. Schwimme der Kahn von selbst stromaufwärts gegen Melk, so sei die Echtheit des Kreuzes erwiesen. Und wirklich geschah ein Wunder. Das Boot trieb der starken Strömung zum Trotz langsam flußaufwärts dem Kloster zu.

Abt Sieghard nahm freudig das Heiligtum in Empfang und brachte es unter dem Jubel des Volkes in das Kloster Melk zurück.

DAS FEST AUF DEM HEXENBERG BEI PETRONELL

In einem Bauernhaus bei Petronell war der Jungknecht dahintergekommen, daß die Bäuerin oft des Nachts das Haus verließ. Da er ein neugieriger Bursche war, beschloß er zu erforschen, was sie denn eigentlich treibe. In der Johannisnacht legte er sich in den großen Backtrog auf die Lauer.

Und richtig, gegen Mitternacht kam die Bäuerin dahergeschlichen, nahm einen Besenstiel zwischen die Beine und sprach die Worte: „Oben aus und nirgends an!" Dann war sie weg.

Der vorwitzige Jungknecht wunderte sich zuerst über ihr Verschwinden, später dachte er, das könne er auch probieren. Er setzte sich ebenfalls auf einen Besenstiel, sprach aber, da er die Worte nicht recht verstanden hatte: „Oben aus und überall an!" Nun fuhr er freilich vom Boden in die Höhe und in der offenen Küche umher, aber ins Freie hinaus kam er nicht. Er stieß sich den Kopf, die Ellbogen und die Knie an allen Wänden, Decke und Rauchfang an und war froh, als er endlich vom Besen herab zu Boden fiel.

Über den Lärm, der dadurch entstand, war der Großknecht in die Küche gekommen, und dem jungen Burschen glückte es gerade noch vorher, durch das enge Küchenfenster hinauszuschlüpfen. Gleich darauf lag er mäuschenstill im Roßstall unter seiner Decke.

Am nächsten Abend versteckte er sich wieder in der Küche, um die Bäuerin zu beobachten. Wieder sah er das gleiche Geschehen und hörte deutlich den Spruch. Nun versuchte er neuerlich sein Glück mit dem Besen und hatte diesmal Erfolg. Geräuschlos flog er beim Rauchfang hinaus; durch die laue Sommernacht ging die Fahrt auf den Hexenberg. Verwundert sah er hier eine lange Tafel aufgerichtet, an der viele Männer und Weiber, darunter auch seine Bäuerin, in fröhlicher Laune beim Schmaus saßen. Auf dem Ehrensitz thronte ein hagerer Mann mit verkniffenem Gesicht, der vom Kopf bis zum Fuß rot gekleidet war und eine lange Hahnenfeder auf dem Hut trug.

Der Bursche, dem das Essen über alles ging, setzte sich unten an die Tafel und langte wacker zu. Es gab feine Leckerbissen, und alle mundeten ihm herrlich. Als er nach dem Mal zum Tanz ging, füllte er rasch seine Taschen mit den köstlichen Speisen und schlich dann in die Büsche, von wo er dem nächtlichen Treiben im Licht des Vollmondes neugierig zusah.

Als das Fest beendet war und sich alle Teilnehmer ehrerbietig von dem Mann in roter Gewandung verabschiedet hatten, setzte sich jeder auf seinen Besen, murmelte einen Spruch und fuhr durch die Lüfte davon. Als endlich alle fort waren und die Kuppe des Berges still und verlassen dalag, kroch auch der Bursche aus dem Gebüsch, nahm seinen Besenstiel und wollte wie die andern davonfliegen. Aber der Besen rührte sich nicht vom Fleck. Der Bursche hatte den zweiten Spruch nicht gehört, und alle seine Mühe war vergebens.

Er mußte beim trügerischen Mondenschein den weiten Weg nach Hause zu Fuß zurücklegen und kam erst frühmorgens mit zerschundenen Knien und blutiger Nase erschöpft und hungrig daheim an. Doch tröstete ihn der Gedanke, daß er sich nun die mitgebrachten Leckerbissen wohlschmecken lassen wolle. Als er sie aber aus der Tasche zog, sah er mit Ekel, daß es nur Kuhfladen waren. Das benahm ihm gründlichst alle Lust, je wieder einen Ausritt auf den Hexenberg zu machen.

BURGENLAND

DER NEUSIEDLER SEE

Die Niederung, in der sich heute der Neusiedler See ausbreitet, war einst ein fruchtbarer Talboden, wo glückliche Menschen in mehreren Dörfern wohnten. Einmal verirrte sich der Burgherr von Forchtenstein auf der Jagd in dieser Gegend und kam zuletzt in das Dorf Mädchenthal. Hier sah er Maria, das schönste Mädchen des Dorfes, und verliebte sich in das liebliche Mädchen, das seiner Neigung Gehör schenkte, da sie ihn für einen einfachen Jäger hielt. Samuel, der Diener des Schloßherrn, verriet dies aber der Gattin des Fürsten, die nun das Mädchen zu beseitigen dachte.

Als der Fürst bald darauf in den Krieg zog, ritt die Burgherrrin mit Samuel und einem kleinen Gefolge nach Mädchenthal und ließ Maria sowie ihre Mutter ergreifen und ins Gefängnis werfen. Obwohl die beiden Frauen ihre Unschuld beteuerten und schworen, den Fürsten für einen Jäger gehalten zu haben, gab sie ihnen die Freiheit nicht wieder; ja, als einige von der Burgfrau bestochene Bauern belastende Aussagen machten, sprach die Fürstin von Forchtenstein das Todesurteil über beide aus. Schicksalsergeben erwartete Marie ihr Ende; nicht so ihre Mutter. Als sie zum Tode geführt wurde, stieß sie einen gräßlichen Fluch über die grausame, rachgierige Burgherrin und über die bösen Menschen aus, die falsches Zeugnis wider sie abgelegt und ihren Tod verschuldet hatten. „Noch bevor die Sonne zum zweitenmal untergeht, soll die gerechte Strafe sie treffen!“ rief sie mit gellender Stimme, dann stieß man sie mit ihrer Tochter in den großen Weiher des Dorfes, wo beide ertranken.

Am folgenden Morgen war das Wasser des Weihers beträchtlich gestiegen, an seiner Oberfläche aber schwammen mit friedlichen Gesichtern und gekreuzten Händen die Leichen der beiden Frauen. Die geängstigten Bauern glaubten an ein Wunder und bestatteten reuevoll die unschuldigen Opfer der Schloßherrin. Doch das Wasser hörte nicht auf zu steigen. Es wuchs und wuchs und vertrieb schon am nächsten Tag die verzweifelten Bauern aus ihren Häusern. Der Weiher wurde zum See, und dieser dehnte sich immer weiter aus, bis er endlich seinen heutigen Umfang erreichte.

Die aus Mädchenthal geflüchteten Bewohner siedelten sich am nördlichen Ufer des Sees an und nannten ihren neuen Wohnort Neusiedl.

Als man der Fürstin von Forchtenstein die traurige Nachricht von der großen Überschwemmung und vom Untergang des Dorfes Mädchenthal und anderer Orte, die der See überflutet hatte, überbrachte, da überfielen Reue und Verzweiflung die stolze Frau. Gewissensbisse quälten sie, bis der Wahnsinn ihre Sinne umnachtete. Samuel jedoch, der Verräter, empfand keine Reue über seine Tat. Ja, er vergnügte sich sogar eines Tages, mit dem Kahn den neuen See zu befahren. Hier aber sollte ihn seine Strafe ereilen. Ein Unwetter brach los, der Sturmwind wühlte den See bis zum Grund auf und brachte das Boot zum Kentern; so fand Samuel in den tobenden Wellen den Tod.

Nach einiger Zeit kehrte auch der Fürst von Forchtenstein nach Beendigung des Krieges wieder in seine Heimat zurück. Als er vom Tod Marias erfuhr, da war er untröstlich und ließ zum ewigen Gedächtnis an sie in der Nähe des Sees das Kloster Frauenkirchen erbauen. Dann pilgerte er nach Rom, um Vergebung seiner Sünden zu erflehen.

Allmählich verschwanden die Baumwipfeln und Kirchturmspitzen, die noch eine Zeitlang aus dem Wasser ragten, und nichts erinnerte mehr an die Orte, die einst in dem Talboden lagen, wo sich heute die Weite des Sees erstreckt.

DER FLUCH DER NIXE VOM NEUSIEDLER SEE

In alten Zeiten, als noch das muntere Völklein der Nixen und Wasserfeen in den spiegelnden Fluten des Neusiedler Sees sein Spiel trieb und sich hie und da unvermutet auch den Augen der Menschen zeigte, wohnte am Ufer des Sees ein alter geiziger Fischer. Täglich legte er seine Netze im See aus und kehrte am Abend, mit reicher Beute beladen, in seine Hütte zurück. Der Verkauf der Fische brachte ihm stets guten Gewinn, und so war er mit der Zeit ein wohlhabender Mann geworden, der es nicht nötig gehabt hätte, über jedes nicht volle Netz in lauten Jammer auszubrechen. Aber er war unersättlich in seiner Gier nach Gewinn. Als nun der Fischreichtum des Sees allmählich nachließ, schob er die Schuld daran auf die Wasserfeen, die durch ihr Treiben die Fische verjagt hätten, und beschimpfte sie mit bösen Worten.

Eines Tages hatte er wieder sein Boot bestiegen und war das Seeufer entlanggefahren. Da bemerkte er in einer Bucht ein anmutiges Wesen, das sich vergebens bemühte, von der Stelle zu kommen. Als er näher heranruderte, erkannte er, daß es eine wunderschöne Wassernixe war. Sie hatte sich in einem seiner Netze verstrickt und bei ihren Anstrengungen, sich zu befreien, mehrere Löcher hineingerissen.

„Hilf mir aus dem Netz!“ bat sie flehentlich. „Sieben Tage und sieben Nächte bin ich hier schon gefangen, und es gelingt mir nicht, loszukommen. Meine Kinder weinen nach mir.“ Aber der Fischer hatte taube Ohren für ihre Bitte. Wütend, daß ihm die Fee die Fische verjagt und noch dazu das Netz zerrissen habe, stieß er mit seiner Gabel das Seeweib nieder, das ihm mit letzter Kraft noch zurief: „Sei verflucht für deine ruchlose Tat! Nie sollst du die Deinen wiedersehen!“ Dann versank sie sterbend im See.

Höhnisch lachte der Fischer. Da erbebte der Seegrund, finstere Nacht brach herein. Heulend fuhr ein rasender Sturmwind in die glatte Fläche des Sees und rührte gewaltige Wogen auf. Die Windsbraut riß Fischer und Kahn in den offenen See hinaus, wo sich die tobenden Wellen über dem grausamen Mann schlossen, um ihn nie wieder herauszugeben.

Wenn an stillen Abenden dünne Nebelschleier das flüsternde Röhricht des Sees bedecken, hört man wohl ferne ein leises Plätschern und Knirschen im See. Es ist der verdammte Fischer, der sein Boot mit müder Hand dem Ufer zusteuert. Doch umsonst ist sein Bemühen, der Kahn weicht nicht von der Stelle, und es gelingt ihm nie, den rettenden Strand zu erreichen.

DIE TOTENSCHLUCHT BEI BREITENBRUNN

Als die Türken im Jahre 1683 auf dem Vormarsch nach Wien waren, um die Hauptstadt der Christenheit dem Halbmond zu unterwerfen, verrichteten sie viele Greueltaten. Angst und Schrecken zogen vor ihnen her. Die Landbewohner flüchteten an versteckte, schwer zugängliche Orte und nahmen ihre wertvollste Habe mit sich, ihre Heimstätten schutzlos den wilden Horden überlassend. Die Zurückgebliebenen waren allen Bedrängnissen ausgesetzt, mußten Vieh und Lebensmittel liefern und wurden zu den schwersten Arbeiten herangezogen. Noch ärger trieben es die zurückweichenden Scharen der Türken nach ihrer Niederlage vor Wien. Häuser und Dörfer wurden in Brand gesteckt, die Ortsbewohner verschleppt und getötet. Wer konnte, rettete sich in Schluchten und Wälder.

Auch die Bewohner des Dorfes Breitenbrunn hatten ihre Häuser verlassen und waren in die Wälder an der Sommereiner Gemeindegrenze geflüchtet. Dort gruben sie in die Seitenwand einer Schlucht eine Höhle, wo sie sich verbargen. Nur des Nachts streiften sie in der Umgebung umher, um sich Nahrung zu verschaffen. Eines Tages erschien vor der Höhle eine Frau mit ihrem kleinen Kind. Die Breitenbrunner gewährten ihr Schutz und ließen sie in die Höhle ein. Da es aber drinnen sehr feucht war, erkrankte das Kind und begann unaufhörlich zu weinen. Nun bekamen es die andern Bewohner der Höhle mit der Angst zu tun; sie meinten das Geschrei des Kindes könne ihr Versteck verraten und die Türken herbeilocken. Als sich aber gar eines Tages das Gerücht verbreitete, türkische Horden seien in der Nähe gesehen worden, jagten sie die Frau samt dem Kind davon. Die arme Mutter fand in ihrer Angst keinen anderen Ausweg, als ergeben in ihr Schicksal in ihr Dorf zurückzukehren. Sie fand es zerstört, aber von den Türken geräumt.

Nach und nach wagten sich auch die Geflüchteten aus ihren Höhlen hervor. Als die ausgesandten Späher meldeten, daß kein Feind mehr zu erblikken sei, trieben sie das Vieh aus den Wäldern und zogen damit in ihre Dörfer zurück. Dabei kamen einige auch durch die Schlucht, die den Breitenbrunnern zum Aufenthalt gedient hatte. Hier bot sich ihnen ein grausiger Anblick; zahlreiche Leichen ohne Kopf bedeckten den Boden. Eine der letzten heimziehenden Türkenscharen mußte das Versteck der Bauern entdeckt und dieses Gemetzel angerichtet haben. Die Herzlosigkeit der Bauern war der armen Frau zur Rettung geworden, während jene selbst ein so schauriges Ende fanden. Seitdem heißt diese Waldschlucht der „Totenkopfzwickel".

DIE WALDFEE

Vor langer Zeit lebte in einem kleinen Dorf des südlichen Burgenlandes ein hübscher, munterer Bursche namens Hans, dem alle Mädchen gut waren, so daß ihn jede gern zum Ehegatten genommen hätte. Der Jüngling war lieb und freundlich zu allen, aber das Heiraten wollte er sich noch überlegen. Schließlich verließ er das Dorf und hielt sich längere Zeit in der Fremde auf. Aber eines Tages kam er mit einem unbekannten Mädchen wieder angeritten, das ein blaues Kleidchen trug und von bezaubernder Schönheit war. Bald darauf feierte er Hochzeit mit der holden Schönen.

Es lag ein geheimnisvolles Dunkel um sie; niemand wußte, woher sie stammte, und wenn man Hans fragte, zuckte er lächelnd die Achseln. Man redete bald im Dorf, daß die Frau eine Vila, eine gute Waldfee sei, die das Herz des jungen Burschen erobert habe. Manche glaubten zu wissen, Hans habe der Geliebten versprochen, ihre Herkunft geheimzuhalten, sie nie Vila zu rufen und sie auch nie aufzufordern, zu tanzen oder zu singen, sonst sei es mit dem Glück beider zu Ende.

Die Jahre vergingen dem jungen Ehepaar in ungetrübter Freude; zwei liebe Kinder, die ihnen der Himmel beschert hatte, vermehrten ihr Glück. Es gab zwar Tage, an denen die junge Frau allein das Haus verließ und sich stundenlang im Wald aufhielt, aber Hans, der diese Gänge den Dorfbewohnern möglichst zu verheimlichen suchte, tat nie eine Frage und machte nie seiner Frau einen Vorwurf daraus. Freundlich ließ er sie gehen, und herzlich war sein Gruß, wenn sie zurückkam.

Einmal kehrte Hans von einem weiten Weg nach Haus, und als er seine schöne Frau und seine beiden Kinder erwartungsvoll nach ihm ausschauen sah, begrüßte er sie jubelnd und rief im Überschwang der Freude seiner lieblich lächelnden Frau zu: „Oh, sing doch und tanz, liebe Vila, wie damals, als ich dich auf der Waldwiese sah!“ Da trübten sich die lieblichen Gesichtszüge seiner Ehegattin, aber sie begann zierlich zu tanzen und mit leiser, wohlklingender Stimme ein Lied zu singen.

Mit einemmal erinnerte sich Hans seines Versprechens. Mit raschem Griff suchte er die Gattin am Weitertanzen zu hindern; aber es war schon zu spät. Schluchzend warf sich die Frau in seine Arme und stöhnte: „Hans, Hans, warum hast du das getan? Nun ist's aus mit unserem Glück!“ Wie ein Nebelhauch entschwand sie aus seinen Armen. Der Mann und die Kinder blieben allein zurück.

Zwar war es Hans noch oft an nebeligen Abenden, als blicke die Waldfee durch das Fenster zu ihren Lieben herein, aber wenn er dann ins Freie eilte, um sie zu ergreifen, war es nur ein Nebelstreif, der ihm das geliebte Bild vorgetäuscht hatte.

DIE TÜRKEN IN GÜSSING

Bei der Belagerung der Burg Güssing durch die Türken gab es einen langen Kampf. Vergebens hatte der Feind die auf einem steilen Felsen gelegene Burg bestürmt. Die Tapferkeit der Verteidiger vereitelte jeden Erfolg. Als die Türken endlich erkannten, daß die Burg mit Waffengewalt nicht zu erobern sei, wollten sie die Besatzung durch Aushungerung zur Übergabe zwingen.

Lange dauerte die Belagerung schon, und trotz aller Einschränkung gingen die Lebensmittel in der Burg allmählich zur Neige. Es war den tapferen Verteidigern klar, daß sie sich nicht mehr lange halten konnten. Da wollte es der Burgherr in der äußersten Not noch mit einer List versuchen, um die Belagerer zu täuschen und sie zum Abzug zu veranlassen.

Er ließ den noch vorhandenen bescheidenen Mehlvorrat herbeischaffen, der aber so gering war, daß er kaum ein kleines Körbchen füllte. Bei Nacht stellte man ein großes Mehlfaß auf die äußere Burgmauer, so zwar, daß der

Boden des Fasses nach oben zu stehen kam. Darauf schüttete man die geringe Mehlmenge, so daß es den Anschein hatte, als sei das Faß bis über den Rand gefüllt und noch Mehl im Überfluß in der Burg vorhanden. Bei Tagesanbruch ließ der Burgherr den letzten Ochsen, der noch in der Feste am Leben war, hinter der Burgmauer herumtreiben und so heftig mit Knütteln schlagen, daß das schmerzgequälte Vieh unaufhörlich brüllte. Den Belagerern sollte dadurch vorgetäuscht werden, daß noch eine ganze Herde von Schlachtvieh in der Burg vorhanden sei.

Als die Türken das anhaltende Ochsengebrüll hörten und das übervolle Mehlfaß auf der Burgmauer stehen sahen, glaubten sie wirklich, die Belagerten seien mit Vorräten noch im Überfluß versorgt und es sei daher zwecklos, noch länger auf eine Hungersnot in der Burg zu warten. Sie hoben die Belagerung auf und zogen noch am selben Tag eine halbe Stunde vor Mittag von Güssing ab.

Zur Erinnerung an diese Rettung aus der Türkengefahr wurden seit dieser Zeit die Glocken in der alten Pfarrkirche zu Güssing täglich um halb zwölf Uhr geläutet.

DIE GRAUSAME BURGFRAU VON FORCHTENSTEIN

Rosalie, die Gattin des gütigen, gerechten Fürsten Giletus von Forchtenstein, war eine herzlose, grausame Frau, der ihre Untertanen weniger galten als ein Stück Freiwild. Solange ihr milder, menschenfreundlicher Ehemann auf der Burg lebte, konnte sie ihrer Grausamkeit und Willkür weniger Zügel schießen lassen; aber als der Fürst einmal in den Krieg gezogen und die Burgfrau Alleinherrin über ihre Untertanen war, begann eine Zeit des Schreckens für die armen Landwirte. Sie peinigte und bedrückte die hilflose Bevölkerung in der herzlosesten Weise, ließ sie, wenn nur ein Groschen weniger Steuer einging oder die Abgabe nicht pünktlich auf den Tag geliefert wurde, unbarmherzig in den Schuldturm werfen, ja, viele, die ihr nicht zu Gesicht standen, mußten grundlos in den schwarzen Turm wandern, wo manche sogar den Hungertod fanden.

Als Giletus nach Jahren aus dem Krieg heimkehrte, klagten ihm die unterdrückten Landwirte ihr Leid und erzählten, wie grausam die Fürstin mit ihnen umgegangen sei. Giletus versprach ihnen, seine Frau zur Rechenschaft zu ziehen. Bei einem Festmahl, an dem viele Gäste teilnahmen, schilderte der Fürst die Erlebnisse auf seiner Kriegsfahrt und kam dabei auch auf eine hartherzige Frau zu sprechen, die ihre Untertanen grausam gequält habe, wobei er allerlei böse Taten anführte, wie sie nach Angabe der Bauern von Rosalie verübt worden waren. Dann fragte er seine Gäste, welche Strafe solch ein schändliches Frauenzimmer verdiene. „Den Tod!“, war die einstimmige Antwort. Als sich der Fürst sodann an seine Ehefrau wandte und sie fragte, wie sie eine solche Frau bestrafen würde, sagte sie, ohne mit der Wimper zu zukken: „Ich würde sie an eine Querstange binden und in einen tiefen Schacht hängen, wo sie elend verhungern sollte.“ Da erhob sich Giletus und sprach: „Salah, du hast dein eigenes Urteil gesprochen!“

Die grausame Burgfrau wurde an ein Seil gebunden, das an einem Querholz befestigt war, und in den schwarzen Turm hinabgelassen, wo sie, am Seil über den Opfern ihrer Grausamkeit hängend, elend verhungern mußte. Alle Viertelstunden trat die Burgwache an eine Turmöffnung heran und rief in den Turm hinab: „Salah he!“ Und jedesmal drang ein grausiger Schrei aus der Tiefe empor. Erst am achten Tag wurde es stille im Turm. Die Schloßherrin hatte ihr verdientes Schicksal gefunden.

Seitdem schwebte immer um Mitternacht der Geist der toten Schloßherrin gespenstisch leuchtend um den schwarzen Turm der Burg Forchtenstein. Erst wenn die Burgwache, ins Gewehr tretend, ein gedehntes „Salah he!“ zum Turm herüberrief, verflüchtigte sich der nächtliche Spuk.

Jahre- und jahrhundertelang wiederholte sich die gleiche Erscheinung. Erst als in späterer Zeit ein Burgherr von Forchtenstein zur Sühne auf einem nahen Berg die Rosalienkapelle erbauen ließ, fand der Geist der grausamen Schloßfrau die ewige Ruhe.

DIE HEXENSCHMIEDE BEI RECHNITZ

In der Nähe von Rechnitz, dort wo die Bucklige Welt in das Burgenland hineinragt, stand ehemals eine Schmiede, in der neben dem Meister ein Geselle und ein Lehrjunge die Arbeit verrichteten. Lehrbube und Geselle schliefen in der Kammer in einem breiten Bett, das Raum genug für beide bot. Der Geselle hatte sich schon lange Gedanken darüber gemacht, warum der Junge des Nachts oft nicht im Bett lag, täglich blasser wurde und vor Schwäche kaum mehr arbeiten konnte. Da stellte er ihn eines Tages zur Rede, und der Junge erzählte ihm sichtlich verlegen: „Da sind die Hexen dran schuld. Um Mitternacht weckt mich oft eine Hexe aus dem Schlaf, befiehlt mir aufzustehen und wirft mir ein Zaumzeug über den Kopf. Dann fühle ich mich sogleich in ein Pferd verwandelt. Sie schwingt sich auf meinen Rücken und rast wie der Wind zum Haus hinaus. Nun geht es kreuz und quer durch die Luft, mit der Peitsche treibt sie mich zu immer größerer Schnelligkeit an, bis ich nicht mehr weiter kann."

Der Schmiedgeselle lachte über diese Erzählung des ehrlichen Jungen. Er hielt das Ganze für die Ausgeburt einer krankhaften Einbildung. Aber als er weiter die gleichen Beobachtungen machte und der Junge immer trübsinniger wurde, begann er doch nachdenklich zu werden und beschloß, es mit einer List zu versuchen. Er tauschte mit dem Buben die Schlafstelle, legte sich angekleidet auf das Bett und wartete, ob der unheimliche Besuch sich wirklich einstellen werde. Und richtig, genau um Mitternacht erschien die Hexe, sie hatte – ein Gruseln lief dem Gesellen über den Rücken – wirklich ein Zaumzeug in Händen. Aber er überwand den Schrecken, packte fest an und warf der gespenstischen Gestalt flugs das Zaumzeug über den Leib. Und augenblicklich war die Hexe in ein Pferd verwandelt.

„Lehrbub!" brüllte er seinen schlafenden Bettkameraden an, „steh auf, schau dir einmal dieses Teufelsroß an! Komm, wir wollen es beschlagen, damit es seinen Ritt besser machen kann!" Sie packten das sich sträubende Hexenpferd und zerrten es in die Schmiede, wo sie es kunstgerecht beschlugen. Sodann schwangen sich beide auf den Rücken des Pferdes und ritten hinaus in die helle Mondnacht. Sie hetzten es unter Hussa und Holla über Wiesen und Felder, daß es schnaufte und schäumte und fast nicht mehr weiter konnte; dann lenkten sie zur Schmiede zurück, stiegen vom Rücken des zitternden Gauls und jagten ihn mit ein paar tüchtigen Gertenhieben zum Teufel.

„Hoffentlich hat das Biest jetzt genug für immer“, meinte lachend der Geselle, als er mit dem Lehrbub wieder sein Lager aufsuchte.

Aber am nächsten Tag sollten sie erst ihre Wunder erleben! Als der Geselle mit dem Buben sich frühmorgens an den Tisch setzte und auf das Frühstück wartete, ließ sich die Meisterin nicht blicken, und auch der Meister begann ärgerlich über diese nachlässige Wirtschaft zu murren. Schließlich ging er zornig in die Schlafstube, wo die Meisterin noch im Bett lag. Schimpfend riß er die Decke vom Lager herunter, aber entsetzt fuhr er zurück; da lag die Meisterin, aber Hände und Füße waren mit Hufeisen beschlagen.

Der arme Meister erschrak so sehr, daß er, vom Schlag getroffen, tot zu Boden stürzte. Geselle und Lehrjunge verließen noch am gleichen Tag eiligst die unheimliche Schmiede. Die Meisterin aber verfiel ihrem Schicksal, sie wurde als Hexe auf dem Scheiterhaufen verbrannt.

DIE ENTSTEHUNG VON BAD TATZMANNSDORF

Vor vielen Jahrhunderten lebte in Oberwart ein fremder Arzt, dessen Wunderkuren in der ganzen Umgebung bekannt und berühmt waren. Niemand wußte um das Geheimnis des Wundermittels, das er seinen Kranken eingab. Der Alte aber wanderte in finsteren Nächten verstohlen zu einer Quelle, die im Sumpfgebiet von Jormannsdorf aus dem Boden sprudelte, füllte die mitgebrachten Gefäße mit dem heilkräftigen Wasser und gab seinen Patienten davon zu trinken. Kein Mensch hatte ihn bisher bei seinem Tun beobachtet. Wohl hatte man hie und da bei der Quelle zur Nachtzeit ein Licht flackern sehen, aber die Gegend galt als verrufen, und die Leute meinten, nächtlicher Spuk treibe dort sein Wesen.

In der Nähe von Oberwart bestand damals ein Bergwerk. Da kam auch ein junge Bergmann aus Deutschland hierher, der die Gegend abstreifte, um erzhaltiges Gestein zu finden. Auf seinen Wanderungen verirrte er sich einmal und wurde in dem sumpfigen Tal von Jormannsdorf von der Nacht überrascht. Während er sich abschickte, unter einem Busch sein Nachtlager aufzuschlagen, sah er unweit der Stelle ein Licht leuchten. Neugierig schlich er näher und bemerkte einen alten Mann, der aus einer Quelle Wasser schöpfte. Als der Alte sich entfernt hatte, bedeckte der Bergmann die Quelle mit grünen Zweigen und knickte einige Äste der umstehenden Bäume, um die Quelle am nächsten Tag wieder zu finden. Am andern Morgen füllte er eine Flasche mit dem Quellwasser und gab einem erkrankten Bergmann davon zu trinken. Der Mann wurde gesund und konnte wieder seiner Arbeit nachgehen.

Doch nicht nur diese eine Quelle, eine zweite, weit ergiebigere, wurde gefunden, und dies geschah so:

In alter Zeit breitete sich dort, wo heute Bad Tatzmannsdorf liegt, ein weiter See aus. Am Rand des Sees sprudelte am Fuß einer alten Erle eine Quelle aus dem Boden, deren Wasser den See speiste. Einmal hütete ein Hirte seine Schweine, die alle krank waren, in der Nähe der Quelle. Er trieb die Tiere an die Quelle zur Tränke, und die Schweine wurden in kurzer Zeit gesund. Die Nachricht von der Wunderkraft der Quelle verbreitete sich bald in der Umgebung; von weit und breit kamen die Bauern zum See, um Heilung von ihren Leiden zu finden, und das führte zur Gründung von Tatzmannsdorf.

DER TEUFELSKIRNSTEIN BEI ST. JÖRGEN

Im Eichenwald am Scheibenberg bei St. Jörgen hatte vor alten Zeiten ein einschichtiger Teufel seinen Wohnsitz aufgeschlagen. Er hatte sich gegen die Gesetze seiner teuflischen Obern vergangen und war deshalb aus der Hölle ausgestoßen worden. Nun mußte er sich allein recht und schlecht auf Erden durchbringen. Eine lahme Kuh und eine blinde Geiß waren sein ganzer Besitz. Tagsüber führte er seine Tiere auf die Weide, die Nächte verbrachte er unter einem mächtigen Felsblock, der heute noch der *Teufelskirnstein* heißt.

Wenn am Abend die Sonne hinter das ferne Hochgebirge hinabtauchte und die Seehügel sich in dämmernde Schatten hüllten, stieg er auf den Stein und lockte mit heiserem Geschrei und lautem Peitschenknall seine weidenden Haustiere zu ihrem nächtlichen Obdach. Als Peitsche benützte er eine Schlange, die an Länge alles Dagewesene übertraf. Bei seinem Locken und Rufen machte er aber einen wahrhaft höllischen Lärm, daß den Bewohnern von St. Jörgen häufig vor Grauen die Haare zu Berg stiegen und die heimkehrenden Herden stutzig und störrisch wurden. Oft verschlug es den Milchkühen vor Schrecken die Milch, und die armen Bauersfrauen wußten vor Ärger nicht aus noch ein. Die Bauern aber verfluchten den bockfüßigen Störenfried und wünschten den dummen Teufel zur Hölle.

Einmal saßen die Bauern im Dorfwirtshaus beisammen und sprachen über Wetter und Ernte, über Not und Plagen und kamen endlich auch auf den höllischen Nachbarn des Ortes zu sprechen. Während sie sich so unterhielten, trat ein fremder alter Mann in die Wirtsstube und setzte sich müde und bescheiden am Bettlertisch nieder.

„Woher des Weges, Alter?“ fragte ihn der Bürgermeister.

„Ich komme aus der Türkei“, erwiderte der Alte, „aus langer Gefangenschaft. Als junger Bursche bin ich im Heer des Kaisers gegen die Türken zu Feld gezogen, geriet in Gefangenschaft und war mein Leben lang an die Ruderbank eines türkischen Schiffes gekettet. Erst jetzt, da ich ein alter Mann bin, hat man mir die Freiheit wiedergegeben.“

„Und was gedenkt Ihr nun anzufangen?“ erkundigte sich einer der Bauern.

Mit einer matten Handbewegung entgegnete der Greis: „Ich möchte meine Ketten, die ich aus der Gefangenschaft mitgebracht habe, der Muttergottes zu Loretto opfern und dann die paar Jahre, die ich noch zu leben habe, hier irgendwo in der Einsamkeit, vielleicht als Klausner, verbringen; denn in meine Heimat, das schöne Schwabenland, ist mir der Weg zu weit, auch kennt mich dort niemand mehr.“ Seufzend stützte er das graue Haupt in seine Hände und wollte nach einiger Zeit wieder nach seinem Wanderstab greifen.

Inzwischen hatte der Bürgermeister eifrig mit den andern geflüstert, und diese nickten mehrmals zustimmend mit dem Kopf. „Hört, guter Alter“, nahm endlich der Bürgermeister wieder das Wort, „Ihr könnt in St. Jörgen bleiben. Die Gemeinde stellt Euch Steine und Holz bei zum Bau einer Einsiedelei. Wenn Ihr Euch dann für unser Entgegenkommen dankbar erweisen wollt, so vertreibt unsern dummen Teufel, der uns gerade genug Ärger bereitet. Ihr werdet vielleicht schon von ihm gehört haben.“

Der weißhaarige Alte bedankte sich herzlich für dieses freundliche Angebot und versprach, sein Bestes zu tun, um den lärmenden Teufel aus der Gegend zu jagen. Am andern Tag suchte er sich eine Baustelle am Scheibenberg aus, und während die Bauern Steine und Bauholz heranführten, machte er sich eifrig an die Arbeit.

Es dauerte nicht lange, so erschien der Teufel zu Besuch bei ihm und erkundigte sich neugierig, was er da mache.

„Im Auftrag der Gemeinde baue ich hier Wohnung und Stall für Euch und Eure Tiere“, meinte mit listigem Blinzeln der Alte.

Das vernahm der Teufel mit Vergnügen; er vollbrachte aus Freude und Übermut über diese frohe Kunde noch größeren Lärm als bisher und werkte mit höllischem Getöse bis spät in die Nacht hinein.

Endlich war der Bau vollendet. Heimlich war ein Glöcklein geweiht worden, das man nun in die Einsiedelei brachte. Als dann am Abend das Glöcklein zum erstenmal sein feines Stimmchen ertönen ließ, stand der Teufel gerade auf seinem Felsblock, schrie seinen Tieren und knallte mit seiner sonderbaren Peitsche, daß es schauerlich durch den Wald und über die Felder hallte. Da hörte er den Glockenton, schlug vor Schrecken ein Rad und sprang mit einem gräßlichen Geheul auf und davon.

So waren die Bauern von St. Jörgen von ihrem höllischen Ärgernis befreit, und anstatt wüsten Gegröles zitterte allabendlich der feine Glockenton aus der Klause des Einsiedlers über die im Abendgold schimmernden Fluren.

Aus den Fußstapfen des Teufels am Felsen sprießen hellgrüne Farnblätter, und nur ein paar moosige Steine deuten die Stelle an, wo einst die Klause des Einsiedlers stand.

DER BINDERSCHLEGEL IM NEUSIEDLER SEE

Der Neusiedler See und die Donau müssen durch ein unterirdisches Gerinne miteinander verbunden sein, sonst wäre nicht möglich, was ein Bindergeselle aus Neusiedl am See mit seinem Schlegel erlebte.

Es ist wohl schon lange her, da wandelte einen einsamen Bindergesellen, der in Neusiedl am See bei einem Meister in Arbeit stand, die Lust an, auf Wanderschaft zu gehen und sich die Welt anzusehen. Handwerk hat goldenen Boden; und da sich der Geselle auf sein Handwerk verstand, brachte er sich überall gut durch und konnte sich auch einen netten Zehrpfennig anlegen. In seiner Freizeit hatte er sich einen kunstvollen Schlegel angefertigt, dessen Stiel hohl war. Hier verbarg er die zehn Dukaten, die er sich von seinem Lohn erübrigt hatte.

Aber jeder, der die Heimat verläßt, bekommt es einmal mit dem Heimweh zu tun. So packte denn auch unseren Bindergesellen das Heimweh. Er schnürte sein Bündel, legte auch den wertvollen Schlegel dazu und begab sich auf den Heimweg. Munter zog er auf Schusters Rappen fürbaß, aber weil sich der Weg zog und in Regensburg gerade eine billige Fahrgelegenheit zu haben war, beschloß er, es auf dem Wasser zu versuchen, bestieg ein Schiff und schwamm bald lustig die Donau herunter. Aber schon bei Grein fand die Fahrt ein vorzeitiges Ende. Das Schiff geriet in den berüchtigten Strudel, wurde an die Felsen geworfen und zerschellte. Der Geselle schwebte in Lebensgefahr, aber weil er ein guter Schwimmer war, gelang es ihm, sich aus der wirbelnden Strömung herauszuarbeiten und das Ufer zu gewinnen. Freilich, das Bündel mit dem Schlegel und sein goldener Sparpfennig waren auf Nimmerwiedersehen dahin.

So kam er zwar heil und gesund, aber ärmer, als er ausgezogen war, nach langen Jahren in die Heimat zurück. Doch der junge Mann verzagte nicht, machte sich frisch wieder an die Arbeit und war mit Fleiß und Ausdauer nach einigen Jahren soweit, daß er eine Frau nehmen und seine eigene Werkstätte aufmachen konnte.

An einem Sonntag war's, da spazierte der junge Meister mit seiner hübschen Frau am Ufer des Neusiedler Sees. Zufrieden mit seinem Los, schritt er gemächlich dahin und ließ seine Blicke über den See schweifen. Da sah er unweit des Ufers ein merkwürdiges Ding in den Fluten treiben. Mit dem Stock danach angelnd, zog er den Gegenstand zu sich heran. Wie erstaunte er aber, als er seinen Schlegel erkannte, den er vor Jahren im Strudel der

Donau bei Grein eingebüßt hatte. Das Werkzeug war unbeschädigt, und so kam er auch zu seinen zehn Dukaten wieder, die noch im hohlen Stiel des Schlegels staken.

Wie aber konnte der Schlegel hierher gelangt sein? Kaum anders als durch ein unterirdisches Rinnsal, dessen Vorhandensein durch diesen Fund bestätigt erscheint.

DIE FARNSAMMLER VON GOBERLING

In der Thomasnacht (29. Dezember) ereignen sich allerlei Wunder. Der Samen des Farnkrauts, das in dieser Nacht im Wald blüht, ist heilkräftig und hat die wunderbare Eigenschaft, drei oder fünf Personen unsichtbar zu machen, wenn sie den Farnsamen in einem Kirchenkelch auffangen. Er verleiht seinem Besitzer auch die Gabe, verborgene Schätze zu sehen.

Diese Wunderkraft des Farnsamens war vor vielen Jahren dem Mesner von Goberling bekannt, und er versuchte mit zwei anderen Männern, in der Thomasnacht sein Glück zu machen. Der bucklige Dorfwirt, der in vielen Zaubersachen erfahren war, belehrte sie, wie sie sich beim Einsammeln des Farnsamens zu benehmen hätten. Er selber konnte den Weg nicht mitmachen, da er als vierter überzählig war.

So schlichen sich denn die drei Farnsucher unter Mitnahme eines Kirchenkelches, den der Mesner heimlich entlehnt hatte, vor Mitternacht in den Wald, um das große Werk zu vollbringen. Mit geweihter Kreide zogen sie um das Farnkraut einen Zauberkreis und warteten in demselben auf das Wunder, das sich ereignen sollte. Erstaunt gewahrten sie um Mitternacht, wie das Farn zu blühen anfing. Als aber die Blüten abfielen und der Samen zu reifen begann, wandelte sich die Verwunderung der Männer in Schrecken und Furcht; denn ringsumher krachte der Donner, die Erde bebte, und gespenstische Gestalten umringten den Zauberkreis. Endlich fiel der Samen in den Kelch, den sie unterhielten, die Elemente beruhigten sich, und die schattenhaften Bedränger verschwanden.

Froh über den glücklichen Ausgang des Unternehmens verließen die drei die unheimliche Stätte und traten den Rückweg an. Der Mesner, der den Kelch trug, konnte den beiden andern nicht genug erzählen von den Schätzen, die er vor sich sehe, so daß seine Begleiter lange Zähne bekamen und die verborgenen Herrlichkeiten auch sehen wollten. So trugen sie abwechselnd den Kelch und erlebten dabei ihre Wunder.

Da kam ihnen plötzlich der bucklige Wirt entgegen und tat, als ob ihm die Neugierde über den Ausgang ihres Vorhabens keine Ruhe mehr gelassen hätte. Als er hörte, daß sie den Farnsamen richtig gefunden und was für Schätze sie schon gesehen hätten, wollte er den Samen sehen. Aber die andern konnten sich nicht entschließen, den Deckel vom Kelch zu heben, da sie meinten, der Samen könnte vom Wind weggeweht werden. Nun wurde der Wirt zornig und drohte ihnen, die ganze Sache dem Pfarrer zu verraten.

So blieb ihnen nichts übrig, als den Deckel zu lüften. Der Bucklige blickte hinein und blies zu ihrem Schrecken auf einmal den Samen aus dem Kelch; dann war er mit höhnischem Gelächter verschwunden.

Jetzt erkannten die Farnsucher bestürzt, daß es der Teufel selbst gewesen sei, der ihnen in Gestalt des buckligen Wirts entgegengetreten war und sie überlistet hatte. Mit langen Gesichtern, aber doch heilfroh, daß ihnen kein ärgeres Übel zugestoßen war, trotteten die drei Männer ihrem Dorf zu.

DIE TEUFELSMÜHLE BEI LANDSEE

An der Straße von Neudorf nach Landsee im Schloßgraben unterhalb der Ruine Landsee stehen die Mauerreste einer Mühle, bei deren Bau der Teufel störend seine Hand im Spiel hatte, weil er den Bau an dieser Stelle nicht dulden wollte.

Vor vielen, vielen Jahren beschloß ein reicher Müller aus der Umgebung, im Schloßgraben eine Mühle zu errichten. Holz, Steine, Kalk wurden herbeigeschafft, die Arbeiter gedungen, und der Bau hatte bald eine ansehnliche Höhe erreicht. Aber als der Müller eines Tages frühmorgens zur Baustelle kam, fand er die Mauern zerstört und das Baumaterial ringsumher verstreut. Ratlos und betroffen betrachteten der Bauherr und die Maurer den Trümmerhaufen und konnten sich die Ursache der Zerstörung nicht erklären. Aber man begann mit frischem Mut den Bau von neuem und kam rasch vorwärts. Doch nach einigen Tagen bot sich ihnen am frühen Morgen das gleiche Bild. „Hier kann nur der Teufel sein Spiel treiben!" rief der Müller zornig. „Was soll ich tun, um dem Bösen dieses unheimliche Spiel zu verderben?"

Da trat ein alter Arbeiter an den Herrn heran und sagte: „Haltet in der nächsten Nacht Wache auf der Baustelle und tretet dem Satan mit einem Kreuz in der Hand entgegen; das wird ihn von seinem boshaften Tun abschrecken."

Die Maurer begannen ihre Arbeit aufs neue, der Müller aber befolgte den Rat des Alten und begab sich bei Einbruch der Nacht mit einem Kreuz in der Hand zur Baustelle. Es wurde dunkler und dunkler, ein schauriger Wind brauste durch die Wipfel der Bäume, seltsame Geräusche erklangen: bald polterte es auf der Straße, bald knarrte es im Wald, dann wieder erschollen dumpfe Rufe vom Bach her. Dem Wartenden wurde immer unheimlicher zumute. Das Getöse steigerte sich und schien dem Müller das Nahen des Teufels anzuzeigen. Da packte den Mann ein entsetzlicher Schrecken, das Kreuz entfiel seiner Hand, und wie gejagt flüchtete er von diesem Ort des Grauens.

Als die Arbeiter am nächsten Morgen ihr Werk fortsetzen wollten, fanden sie die Mauern wieder zerstört. Doch soll dem Teufel der Anblick des liegengebliebenen Kreuzes die Lust am Wiederkommen verleidet haben. Trotzdem wollte der Müller, abgeschreckt durch das schauerliche Erlebnis, die Mühle nicht fertigbauen lassen, und so blieb der Bau unvollendet bis zum heutigen Tag. Die Stätte aber wurde von den Bewohnern gemieden und heißt heute noch die Teufelsmühle.

DER EWIGE JÄGER VON MOGERSDORF

Einst lebte in Mogersdorf ein Bursche, der sich von jeder Arbeit drückte, lieblos und hartherzig gegen seinen greisen Vater war und auch von Gott und der Kirche nichts wissen wollte. Wenn die anderen Dorfbewohner am Sonntag zum Gottesdienst gingen, nahm er lieber seine Büchse zur Hand und streifte mit seinen Hunden durch Wald und Feld, um seiner Jagdlust zu frönen; denn er war ein so eifriger Jäger, daß ihm die Jagd über alles ging.

Wieder war Sonntag, und sein alter Vater lag schwerkrank danieder; sein Tod war stündlich zu erwarten. Der Sohn aber griff zur Büchse, ohne seinem mit dem Tode ringenden Vater einen Blick zu gönnen, und pfiff seinen Hunden, um seinem Sonntagsvergnügen nachzugehen. Unbekümmert strich er durch die Fluren, nur von dem Gedanken geleitet, etwas Jagdbares aufzutreiben. Da hörte er plötzlich das Sterbeglöcklein im Dorf läuten. Es galt seinem todkranken Vater, der in den letzten Zügen lag. Zugleich kam eiligen Laufes ein junger Bursche quer über das Feld zu ihm gerannt, der ihm die Bitte seines sterbenden Vaters überbrachte, sogleich an sein Sterbebett zu kommen. Der Greis wollte vor seinem Tod noch einmal in seinen Sohn dringen, von seinem Ärgernis erregenden Lebenswandel abzulassen. Doch der Sohn schüttelte kalt das Haupt. Nicht einmal die letzte Bitte des sterbenden Vaters vermochte das harte Herz des Burschen zu erweichen. Ruhig gab er sich weiter seinem Vergnügen hin.

Mit banger Ungeduld harrte der Vater auf das Erscheinen des Sohnes. Angst verzerrte seine fahlen Züge; denn er fühlte, es würde bald zu spät sein. Als man ihm aber die Absage des Sohnes mitteilte, ergoß sich die letzte Zornesröte über sein blasses Gesicht, und, sich mühsam aufrichtend, stieß er den Fluch aus: „Von nun an soll er nie mehr Ruhe finden und ewig auf der Jagd sein!“ Dann sank er zurück und starb.

Kurze Zeit darauf ereilte der Tod auch den hartherzigen Sohn. Aber er fand im Grab keine Ruhe; denn der Fluch des Vaters ging in Erfüllung. Der Geist des lieblosen Sohnes ist dazu verurteilt, ruhelos auf ewige Zeiten jagend umherzustreifen. Seitdem treibt nächtlicher Spuk in der Gegend von Mogersdorf sein gespenstisches Wesen. Geht man um Mitternacht zum Saubach, so dringen unheimlich gedehnte Rufe dem nächtlichen Wanderer ans Ohr. „Uto – toto, uto – toto!“ so scheint es nah und fern zu erschallen, lautes Hundegekläff wird hörbar, und bald saust die tolle Meute vorüber, feurigen Dampf aus den Nüstern schnaubend. Sie rast gegen den Schlößlwald, und hinter ihr jagt rastlos der ewige Jäger einher, beim Schlößl kehrt er um und tobt wieder gegen den Saubach zu.

Dieser lärmende Spuk erscheint Nacht für Nacht und findet kein Ende. Man sagt, daß der ewige Jäger abwechselnd fünfzig Jahre in der Luft und fünfzig Jahre auf Erden seine wilde Jagd machen muß ohne Rast und Ruhe bis zum Ende der Zeiten, wo auch der Fluch des Vaters sein Ende finden wird.

TiRoL

DIE SALIGEN FRÄULEIN

Unter den zauberischen Gestalten, die in den Bergen Tirols beheimatet sind, nehmen die saligen oder seligen Fräulein, auch Wald- oder Bergfrauen geheißen, die erste Stelle ein. Die saligen Fräulein wohnen zuhöchst im Gebirge, wo sich im Innern der Berge unter Felsen und Gletschern ein herrliches Reich erstreckt. Nur selten vergönnen sie dem Sterblichen, ihren geheimnisvollen Aufenthaltsort zu betreten. Wen sie aber für würdig erachten, ihr Gesicht zu schauen, dem erweisen sie Liebe und Huld. Doch wehe dem Menschen, der darüber nicht Stillschweigen bewahrt, der Zorn der verratenen Bergfrauen ergießt sich über den unvorsichtigen Schwätzer, ihre Strafe wird ihn ereilen.

Einst befand sich eine arme Hirtenfrau aus dem Ötztal mit ihrem kleinen Sohn auf dem Weg zur Alm, auf der ihr Mann die Schafe hütete. Während sie unterwegs bei einer kleine Kirche ein kurzes Gebet verrichtete und das Kind eine Weile unbeaufsichtigt blieb, stürzte sich ein Lämmergeier aus den Lüften herab und entführte den Jungen. Der Zufall wollte es, daß sich der Geier mit seinem Raub auf einem Felsblock unweit der Stelle niederließ, wo der Hirte seine Herde weidete. Mit Steinwürfen verscheuchte der Mann den Vogel und wurde so Retter seines eigenen Kindes, das er seit dem Frühjahr nicht mehr gesehen hatte. Was aber ein glücklicher Zufall schien, war in Wahrheit dem hilfreichen Wirken der drei saligen Fräulein zu danken, die oberhalb der Alm unter einer mächtigen Felswand, die Mohrin genannt, ihren Wohnsitz hatten. Diese waren dem Geier entgegengetreten und hatten den Räuber gezwungen, mit seiner Beute den Felsblock in der Nähe der Hirten aufzusuchen; auch hatten sie die Steinwürfe des Hirten richtig gelenkt, die den Vogel verjagten.

Von da an trieb eine unstillbare Sehnsucht den heranwachsenden Jungen stets nach den Höhen der Berge. Er wurde im Laufe der Zeit ein mutiger Bergsteiger und verwegener Schütze, der die unzugänglichsten Felsen und Hänge erklomm und mit sicherem Schuß die flüchtigen Gemsen erlegte. Ein geheimnisvoller Trieb zog ihn immer wieder in die Gegend der Mohrin. Dort, auf einer eis- und schneebedeckten Felsplatte über der Mohrin, gebe es Gemsen in Scharen, so erzählte das Volk, auch Steinböcke sollten da noch hausen, aber kein Jäger könne dahin gelangen. Den wagemutigen Knaben ließ dieses Märchen nicht ruhen, er wollte das Wagestück unternehmen und kletterte eines Tages die steilen Wände hinan. Aber sein gefährliches Wagnis endete damit, daß er weder vorwärts noch rückwärts konnte, bis sein Fuß jeden Halt verlor und er aus schwindelnder Höhe in den Abgrund stürzte, wo er besinnungslos liegen blieb.

Als der Jäger wieder zum Bewußtsein kam, ruhte er, auf Speik und Edelweiß gebettet, im kristallenen Palast der drei saligen Fräulein, die ihn zum zweitenmal das Leben gerettet hatten. Strahlend von himmlischem Liebreiz standen sie an seinem Lager, und ihr Anblick ließ ihn alle Wunden und Schmerzen vergessen und verlieh ihm ein wonnesames Gefühl von Freude und Wohlsein. Drei Tage ließen sie ihm die vorzüglichste Pflege angedeihen; er durfte in allen Hallen und Räumen umhergehen und alle Wunder und Herrlichkeiten des Feenpalastes besehen und ihre Gärten und Tiere bewundern. Nach drei Tagen sagten sie ihm, nun könne er wieder zu seinen Eltern zurückkehren, nahmen ihm aber vor dem Verlassen ihres Wohnsitzes ein dreifaches Versprechen ab, das er einhalten müsse, wenn er sie je wiedersehen oder drunten im Tal glücklich sein wolle. Vor allem mußte er geloben, zu niemandem ein Sterbenswörtchen davon zu sprechen, daß er die saligen Fräulein gesehen und bei ihnen im Berg gewesen sei. Sodann mußte er schwören, nie ein Alpentier zu töten oder zu verfolgen, weder Gemse noch Alpenhase oder Schneehuhn. Das dritte war: keinem Sterblichen je den Weg zu weisen, der zu ihrem Palast führte und den sie ihm nun zeigen würden. Ein viertes Versprechen, nämlich den saligen Fräulein die Liebe und Ehrfurcht zu bewahren, die er ihnen im Berg stets erwiesen habe, und keinem irdischen Mädchen in Liebe zugetan zu werden, verstand sich, wie die Saligen meinten, von selber ohne Schwur und Gelöbnis.

Nachdem der Jäger sein Versprechen mit einem feierlichen Eid besiegelt hatte, nahmen sie zärtlich Abschied von ihm und brachten ihn zu einer abseits gelegenen Stelle ihres Reiches, wo sich eine gähnende Kluft auftat, die bis auf den Grund des Berges hinabreichte. Unten aber, wo die brausende Ache ihren Anfang nimmt, öffnete sich unter dichten Alpenrosenbüschen ein schmaler Ausgang aus der Kluft ins Freie hinaus. Bevor sie ihn in den düsteren Schlund hinabließen, sagten sie ihm noch, daß er sie in jeder Vollmondnacht besuchen und drei Tage bei ihnen verweilen dürfe. Wenn er durch die Öffnung in die Schlucht getreten sei, brauche er ihnen nur ein bestimmtes Zeichen zu geben, und sie würden zur Stelle sein.

Als der Jüngling nach Hause kam, war er wie umgewandelt. Es war ihm, als habe er geträumt, und wie in einem Traum befangen ging er umher. Bald nannte man ihn auch den Träumer; denn er zog sich von jedem lustigen Treiben der Jugend zurück, suchte keinen Tanzplatz mehr auf, keine Jagd konnte ihn reizen, unbenützt hing sein Stutzen in der Kammer. Aber in jeder Vollmondnacht eilte er zur Felsenkluft unter der Mohrin hinauf und schlüpfte zwischen den blühenden Alpenrosen in die dunkle Öffnung hinein, die den Zugang zum Reich der saligen Fräulein bildete. Drei Tage war er der Gast der bezaubernden Frauen, deren lieblichen Gesang er verzückt stundenlang lauschte. Daheim aber schlich er müde und matt umher, seine bisher kraftvolle Gestalt verfiel, farblos und bleich wurden seine blühenden Wangen. Wenn die Eltern und Freunde, die mit Schrecken diesen unerklärlichen Wandel bemerkten, in ihn drangen, er möge ihnen doch sagen, was ihm fehle, wehrte er ungeduldig ab und meinte, es fehle ihm nichts, er habe doch alles, was er brauche und wünsche, in Hülle und Fülle.

Mit der Zeit kamen die Eltern dahinter, daß er in jeder Vollmondnacht das Haus verließ und erst nach drei Tagen zurückkehrte. Da schlichen sie ihm einmal nach und kamen bis hart an den Eingang zum Reich der saligen Fräulein. Als die Mutter sah, wie ihr Sohn durch die dunkle Öffnung in das Berginnere hineinschlüpfen wollte, rief sie in beschwörendem Ton seinen Namen. Aber im selben Moment erklang ein donnerndes Krachen, Felsbrokken und Steingeröll fielen ringsum vom Berge herunter, und vor den Augen des entsetzten Jünglings rückten die Felsen zusammen und verschlossen den Eingang zur Stätte seiner Sehnsucht. Niemals fand er ihn wieder, so oft und so eifrig er auch danach suchte.

Trübsinnig und verschlossen ging der Unglückliche in seinem Heimatort umher, achtete weder auf die Tränen der Mutter noch auf das Schimpfen des Vaters, hörte auf keinen ermunternden Trost und wollte von keiner Zerstreuung wissen. Keine Arbeit konnte ihn locken, vor sich hin grübelnd, hing er nur seinen düsteren Gedanken nach und verfluchte sein unseliges Schicksal. Das dauerte den ganzen Sommer hindurch, bis der Herbst kam, die Herden ihre Almen verließen und wieder ihre Ställe in den Tälern aufsuchen mußten.

Als aber der Winter über die Berge kam und der Saum seines Schneemantels schon bis an die Almen herabstreifte, kamen ein paar alte Freunde in das Haus des Hirtensohnes und begannen vom Wild zu erzählen und von den Freuden der Gebirgsjagd. Sie wollten einen Jagdgang zur Platte bei der Mohrin unternehmen und hofften, reiche Beute nach Hause zu bringen. Da leuchteten die Augen des jungen, bleichen Schützen zum erstenmal wieder, die Jagdleidenschaft, die Wildererlust, bisher zurückgedämpft, doch nie ganz erloschen, regte sich wieder. Vielleicht war es auch ein anderer Gedanke, der ihn antrieb, sich den Freunden anzuschließen. Er sollte hinaufgehen in jenes Gebiet, wo die saligen Fräulein lebten. Noch einmal wollte er versuchen, dort einzudringen, wohin es ihn mit allen Fasern seines Herzens zog, und ginge es auch auf Leben und Tod. Gelang sein Wagnis, so bedeutete das für ihn Leben und Glück, fand er aber den Tod, so war er von Qual und Herzeleid frei.

So brachte der Jüngling sein Jagdzeug in Ordnung, entlehnte sich einen Stutzen – denn der seine war damals zerschellt, als die Steintrümmer herabstürzten und das Felsentor vor seinen Augen verschwand – und schloß sich am frühen Morgen dem Pirschgang der anderen Wilderer an. Erst ging er mit ihnen, dann eilte er voraus, rascher und rascher, stieg höher, immer höher, wie von einer unwiderstehlichen Macht angezogen, und fand sich endlich allein im schroffen Felsengewirr der Ötztaler Berge. Es war ihm so leicht ums Herz wie schon lange nicht, die freie, frische Gebirgsluft ließ ihn aufatmen. Allzulange wohl hatte die enge, dumpfe Luft des Tales seine Brust bedrückt. Da tauchte auch schon die erste Gemse vor seinen spähenden Blicken auf, aber mit einem Pfiff verschwand das wachsame Tier hinter dem Felsen, auf dem es gestanden. Den Grat erklimmend, sah der Jäger nicht weit unter sich, aber außer Schußweite, auf einer kleinen Matte ein starkes Rudel Gemsen. Nur eine war ihm ziemlich nahe, und diese zu erjagen, wandte er alle Kunst und Kraft auf. Von Fels zu Fels sich schwingend, jagte er dem flüchtigen Tier nach und verfolgte es unablässig, bis das geängstigte Tier nicht mehr weiter konnte und vor einem breiten Abgrund stillstand, den der Schütze in seinem Jagdeifer gar nicht bemerkte. Mit freudiger Genugtuung, die Gemse nun endlich schußgerecht vor sich zu haben, legte er den Stutzen an – da erklang in der stillen Bergeinsamkeit ein Ton wie von einer klagenden Mädchenstimme. Aber der Jäger in seiner Leidenschaft hörte nichts, er zielte scharf, er schoß... Da strahlte plötzlich ein heller Lichtschein auf, und mitten in dem Glanz stand unverletzt die Gemse. Vor ihr aber schwebten in weißleuchtenden Gewändern die drei saligen Fräulein, ein wunderbarer Schimmer ging von ihnen aus. Mit strengen, finsteren Blicken kamen sie auf ihn zu. Und wie sie der Jüngling nun zum erstenmal nicht mit gewinnender Huld und milder Güte im Gesicht wie bisher, sondern mit zürnender Miene erblickte, da erfaßte ihn kaltrieselndes Grauen, er wankte zurück, die Hände zur Abwehr von sich streckend, tat noch einen Schritt – und stürzte mit einem dumpfen Aufschrei in die bodenlose Tiefe hinab, und loses Gestein und Geröll polterte dröhnend hinter ihm drein, den unseligen Schützen für immer unter sich begrabend.

So straften die saligen Fräulein den frevelhaften Ungehorsam des Erdenmenschen, den sie mit soviel Güte und Liebe bei sich aufgenommen hatten.

FRAU HITT

In uralten Zeiten, als das Geschlecht der Riesen noch auf Erden lebte, hauste hoch in den Bergen über dem Inn, wo unten im Tal Innsbruck entstand, eine stolze, mächtige Riesenkönigin, Frau Hitt, deren Hochmut und Hartherzigkeit von allen ihren Untertanen gefürchtet war. Herrliche Wälder, saftige Weiden und wogende Felder erfüllten das Reich, das sie beherrschte. Edle Erze und kostbare Gesteine lagen in den Bergen offen herum, und ihr Reichtum war grenzenlos. Ein kristallenes Schloß, das weit in das Tal hinabglänzte, bot ihr mit seinen unzähligen prunkvollen Räumen einen wahrhaft königlichen Aufenthalt. Rings um das Schloß dehnten sich wundervolle Gärten, in denen die schönsten Rosen blühten, die es je zu sehen gab.

Frau Hitt nannte einen Sohn ihr eigen, den sie über alle Maßen liebte und verhätschelte. Das junge Riesenknäblein tummelte sich gern in der Nähe des Palastes umher und machte der besorgten Mutter durch seine Neugierde und seinen Übermut gar manchen Kummer, obgleich es meist harmlose Dinge waren, um die sie sich sorgte. Einmal geschah es, daß der Riesenknabe auf einem Steckenpferd reiten wollte. Er brach sich zu diesem Zweck eine junge Tanne ab, die am Rande eines moosigen Sumpfes wuchs. Wie er sich aber da mit der Tanne herumbalgte, gab das Erdreich nach, und der Riesenjunge plumpste samt seiner Tanne in den schwarzen moorigen Schlamm. Zwar gelang es ihm, mit Hilfe seiner ihm angeborenen Kraft sich aus dem unfreiwilligen Moorbad wieder herauszuarbeiten, aber Hände und Füße und Kleider waren über und über von dem übelriechenden Morast bedeckt, und auch das Gesicht wies etliche breite Schmutzspritzer auf.

Heulend lief der Junge zur Mutter ins Schloß, bei jedem Schritt die schwarze Spur seines Unglücks hinterlassend. Frau Hitt beruhigte das Kind mit liebenden Worten und versprach ihm neues, schönes Spielzeug zum Trost für die ausgestandene Angst. Dann befahl sie ihren Dienern, den Knaben zu entkleiden und sauber zu baden. Damit aber nicht eine Spur von dem Morast an ihm haften bleibe, sollten sie ihn noch mit Milch und aufgeweichtem Weißbrot am ganzen Körper waschen und abreiben und dann mit wohlriechenden Essenzen besprengen.

Aber kaum hatten die Diener begonnen, die göttliche Gabe der Milch und des Brotes zu ihrem schmutzigen Werk zu mißbrauchen, als sich plötzlich der Himmel verfinsterte und mit rasender Schnelligkeit ein schweres Gewitter heranzog. Ein gewaltiges Erdbeben erschütterte die Berge, und mit donnerndem Krachen stürzte der kristallene Palast der Frau Hitt zu einem unförmigen Trümmerhaufen in sich zusammen. Und da kamen auch schon, gleichwie vom Himmel herabgeschleudert, riesige Muren und Steinlawinen die Berghänge herabgetost, fegten die Wälder hinweg, verschlangen die grünenden Almen und die blühenden Gärten und machten die herrlichen Fluren zur schreckenerregenden Steinwüste, aus der kein Grashalm mehr aufsprossen konnte. Das Reich der Frau Hitt war vernichtet, sie selbst aber zur schaurigen Felsensgestalt erstarrt, die ihren versteinerten Sohn in den Armen hält. Und so muß sie bleiben zum ewigen Gedächtnis ihres Frevels bis ans Ende der Zeiten.

DAS KASERMANDL VON OBERWALCHEN

Einmal im Spätherbst, als das Vieh schon heimgefahren war, gingen ein Tuxer, ein Voldersberger und ein Wattenberger durch das Wattental, kehrten in Walchen ein und führten sich einige Gläschen bitteren Enzians zu Gemüt, wie ihn die Walchener gern trinken. Sie brauchen ihn aber auch zu ihrer harten Arbeit im Holz und auf der Alm. Wie nun die drei Gäste in munterem Gespräch beisammen saßen, schaute der Tuxer von ungefähr durchs Fenster hinaus und sah in der nicht weit entfernten Almhütte einen hellen Lichtschein aufglänzen.

„Teufel, Teufel", schrie der Tuxer erbost, „ist das höllische Kasermandl schon wieder auf der Alm eingezogen. Stellt Holzknechte und Wilddiebe!"

„Pst!" machte der Wirt und sagte: „Nicht so laut! Schimpf nicht über ihn; er ist kein Guter, hat Augen und Ohren wie eine Gemse, und hört er nur ein unrechtes Wort, gleich läßt er dir's bitter entgelten! Erst im vergangenen Sommer hat er einmal die Kühe mit einer Kette zusammengehängt, daß ihnen die Köpfe anschwollen und die Augen herausstanden wie Krebsen. Darauf hat ihn der Senner einen ‚Teufelsreiter' geheißen; das mußte er aber schwer büßen. Denn in der folgenden Nacht hat das Mandl dem Senner die beste Kuh erwürgt und ihm selber die Pfeife in den Schlund gestoßen, daß es ihn fast das Leben gekostet hätte. Ein Gutes aber hat er damit wenigstens auch angestiftet; der Senne hat seitdem das Fluchen unterlassen."

Kopfnickend bestätigte die Wirtin die Worte ihres Mannes und setzte hinzu: „Jaja, dieser Almgeist in Gestalt eines ‚Kasermandls' (Senner) muß große und schwere Sunden abzubüßen haben. Denn stundenlang läuft er die ganze Alm ab, bis er niederstürzt, weil er vor Ermattung nicht mehr weiter kann. Manche sagen, dieser Geist sei gar kein Kasermandl, sondern der verwunschene frühere Besitzer der Alm, der seinem Nachbar ein Drittel des Almbodens gestohlen hat und zur Strafe dafür rastlos die Grenzen der Alm abjagen muß."

„Haha, Base", rief der Tuxer der ihm verwandten Wirtin zu, „da muß ich lachen. Geist, Mensch oder Hund, das gilt mir gleich; ich fürchte mich nicht vor ihnen!"

Bei diesen Worten erhob er sich, ging vor das Wirtshaus hinaus und stellte sich auf den Brunnentrog, wobei er ausrief: „Komm her, du Höllenhund, ich hab' keine Angst vor dir!"

Aber er hatte noch nicht ausgeredet, da stand auch schon der Almgeist vor ihm, ein graues Männchen vom Wirbel bis zur Zehe, und streckte drohend den Arm aus. Da war's mit dem Mut des Tuxers vorbei. Schnell sprang er in die Stube und verriegelte die Tür. Mit klopfendem Herzen warteten die Älpler, was sich weiter ereignen werde. Aber es geschah nichts, und mit der Zeit meinten die Männer, das Ganze sei eine Täuschung gewesen, und begannen den Tuxer mit seiner Spukgestalt zu hänseln. Nachdem sie zur weiteren Beruhigung noch ein paar Gläschen hinter die Binde gegossen hatten, stiegen sie ins Heu, um ihr Nachtlager aufzusuchen. Aber kaum hatten sie sich hineingestreckt, so ging der Tanz los. Ein Höllenlärm, ein Dröhnen, Stampfen und Werfen begann, daß die ruhebedürftigen Gäste nicht wußten, wohin sie sich wenden sollten. Am meisten schien es der unsichtbare Quälgeist auf den Tuxer abgesehen zu haben. Da kamen Melkkübel, Butterfässer, Tragkörbe, Heugabeln, Ketten geflogen, und der Tuxer mußte sich tief ins Heu einwühlen, sonst wäre er zehnmal des Todes gewesen. Schließlich stampfte das zornige Kasermandl auf dem wehrlosen Tuxer mit den Füßen herum, riß ihn bei den Haaren und zerzauste ihn jämmerlich.

„Um Gottes willen, helft mir, helft mir!" schrie der geängstigte Tuxer, bis er vor Schmerz und Angst gar die Besinnung verlor.

Seine beiden Begleiter hörten den höllischen Lärm, konnten sich aber nicht rühren; das Kasermandl hatte sie bewegungslos gemacht. Am anderen Morgen fand man den Tuxer wie tot im Heu liegen, zerrissen, zerkratzt, voll blauer Beulen. Aber zum Glück war der Gastgeber ein guter Viehdoktor; der goß ihm einen belebenden Trank ein, und der brachte den Ärmsten wieder auf die Beine.

Am Nachmittag traten sie kleinlaut und bescheiden den Heimweg an. Besonders der großmäulige Tuxer trottete wortlos hinter seinen Gefährten her und verwünschte im stillen noch immer seine unüberlegten Worte vom Vorabend, die die Rache des Kasermandls herausgefordert hatten.

KÖNIG LAURIN

Südlich von Bozen, vom Etschtal bis zum Schlern, erstreckt sich das Reich des Zwergenkönigs Laurin. Tief im Erdinnern in einer kristallenen Burg hat der König seinen Sitz. Tausende von Zwergen sind ihm untertan, die für ihren Herrn unermeßliche Schätze an Gold, Silber und Edelsteinen aus dem Felsen graben und seine Schatzkammern mit köstlichem Schmuck füllen. Oben aber, im Licht der Sonne inmitten steinernen Felsengewirrs, hat sich der König einen herrlichen Garten angelegt, in dem viele prächtige Bäume, blühende Sträucher, wundersame Blumen und duftende Rosen, Rosen ohne Zahl, Auge und Herz erfreuen. Dieser herrliche Zaubergarten ist nur mit goldenen Fäden umzäunt; jeder, der vorbeikommt, kann den Anblick genießen, doch niemand darf es wagen, den goldenen Faden zu zerreißen oder ohne Erlaubnis des Königs den Wundergarten zu betreten: es wäre sein Tod.

Einst ritt Herr Dietrich von Bern mit seinen Kameraden, dem alten Meister Hildebrand und den jungen Helden Wolfhart, Wolfbrand, Wittich und Dietleib, von seiner Residenz Bern nach Norden, um den Zaubergarten des Zwergenkönigs aufzusuchen. Herr Dietrich wollte den Zwerg für seine Untaten bestrafen, obwohl Meister Hildebrand seine warnende Stimme erhob und seinen Herrn bat, sich vor der übermenschlichen Kraft des Zwergenkönigs zu hüten.

Lange Zeit ritten die Kameraden dahin, vorbei an schrecklichen Abgründen, über nacktes Felsgeröll, überquerten tosende Gebirgsbäche, fanden sich in trostloser, schweigender Einöde und wollten schon die Hoffnung aufgeben, den vielgerühmten Zaubergarten aufzufinden, als sich ihnen mit einemmal hinter einer Felswand ein blühendes Wunderland auftat. Süßer Rosenduft hüllte sie ein, liebliche Vogelstimmen erklangen, und freudig stiegen sie von den Pferden, um sich, müde vom weiten Ritt, in das weiche Gras zu werfen. Doch nicht lange hielten sie Rast: der Zwerg sollte seine Strafe haben. Sie begannen den Garten zu verwüsten, zerstampften das Gras, zertraten die Blumen, köpften die Rosen und taten Schaden, wo sie konnten.

Plötzlich rief der Ritter Wittich: „Ihr Herren, seht dorthin! Da kommt jemand geritten, strahlend gewappnet unter einem Baldachin, das mag wohl der Herr dieses Gartens sein!“

Herr Wolfbrand aber meinte: „Freunde, ich rate euch, bindet eure Helme fester; wer weiß, was der Reiter im Schilde führt!“

Es war wirklich König Laurin, der zornig heranritt, den Frevel zu bestrafen. Ein goldener Helm schirmte seinen Kopf, helles Leuchten ging von einem glänzenden Karfunkelstein aus, der den Helm schmückte. Seine Brünne leuchteten von Edelsteinen, ein elfenbeinerner Schild, mit goldenen Zieraten durchwirkt und mit blitzenden Steinen geschmückt, glitzerte im Sonnenlicht. An seiner Seite hing in goldener Scheide ein Schwert, an dessen Knauf ein heller Diamant erstrahlte. Drei Dinge hatte der König bei sich, aus denen seine Kraft floß: einen Ring, der ihm Zwölfmännerstärke verlieh, einen Gürtel, der Zauberkraft besaß, und eine Tarnkappe, die ihn unsichtbar machen konnte.

Zornig ritt der Zwergenkönig an die unerwünschten Gäste heran und tobte: „Was treibt ihr hier, ihr Narren, wer hat euch hergebeten? Wer hieß euch meinen Garten verwüsten? Wißt ihr, daß ihr euer Leben verwirkt habt? Ihr sollt mir sehr danken, wenn ich mich mit geringer Buße zufriedengebe!“

Doch höhnisch entgegnete Dietrich von Bern: „Was willst du denn noch alles von uns, du kleiner Wicht? Deine Rosen werden wieder nachwachsen, an eine Buße denken wir nicht.“

Schnell zog Wittich sein Schwert, um auf den zornigen Zwerg einzuschlagen. Der aber streckte den Helden mit einem Speerstoß zu Boden, sprang vom Pferd und griff nach dem Schwert, um sich seine Buße zu nehmen. Rasch eilte Dietrich von Bern dem Bedrohten zu Hilfe, und es entspann sich ein harter Kampf. Schon schien es, als würde Laurin den Helden niederringen, da rief Meister Hildebrand:

„Er hat einen Ring am Finger, der ihm Zwölfmännerkräfte gibt; den mußt du ihm entwinden.“ Da schlug Dietrich seinem Gegner den Ring samt dem Finger ab, daß Laurin einen Zornesschrei ausstieß. Trotzdem drang er neuerlich auf Dietrich ein und versetzte ihm einen so wuchtigen Hieb, daß der Held halb betäubt ins Gras sank.

Wieder rief Hildebrand: „Er hat noch den Zaubergürtel, der ihm Kraft verleiht; entreiße ihm den Gürtel, dann hat der Streit ein Ende!“

Herr Dietrich raffte sich auf, der Zorn verdoppelte seine Kräfte. Er faßte nach dem Gürtel und riß so stark daran, daß das Zauberding entzweibrach und zu Boden fiel.

Doch Laurin griff in seine Tasche nach der Tarnkappe, setzte sie rasch auf und war für seinen Gegner unsichtbar. Herr Dietrich schien verloren. Der Zwerg hieb und stach auf ihn ein, und bald war der Held von Wunden bedeckt.

Wieder war es Meister Hildebrand, der Rat in höchster Not wußte. „Ringe mit ihm“, rief er seinem Herrn zu, „und suche dabei die Tarnkappe zu erlangen; dann kann er sich nicht mehr verbergen, und der Kampf muß zu Ende sein!“

Herr Dietrich griff nach dem Zwerg, erwischte ihn, und sie kämpften gewaltig, bis der Held die Tarnkappe in seinen Händen hatte und weit von sich ins Gras warf. Nun bat König Laurin: „Schone mich, ich will mich dir ergeben!“

Aber Dietrich von Bern war allzusehr böse. „Nein“, wütete er, „nichts soll jetzt mehr dein Leben retten, elender Zwerg!“

Da rief Laurin in hellen Nöten: „Dietleib, edler Held, hilf mir, ich will dir dafür deine Schwester Kühnhild ausliefern, die ich auf meinem Gebiet angetroffen habe und die bei mir als Gefangene lebt.“

Als Dietleib das hörte, bat er den Berner: „Herr, schont ihn, damit ich erfahre, wie es um meine Schwester steht!“

„Nein“, zürnte Herr Dietrich, „es ist um sein Leben geschehen.“

Da griff Dietleib wütend zum Schwert, und es wäre zum Kampf zwischen den beiden Helden gekommen, wenn sich nicht Hildebrand mit den anderen Rittern dazwischengeworfen und die erregten Gemüter besänftigt hätte.

Als Gefangener mußte König Laurin nun zwischen den Rittern reiten und ihnen den Weg zur Jungfrau Kühnhild zeigen. Meister Hildebrand aber riet seinen Kameraden, vorsichtig zu sein; denn der Zwergenkönig sei hinterlistig, man dürfe auf seine Worte nicht vertrauen.

Sie ritten die ganze Nacht und kamen gegen Morgen auf einen grünen Anger, von wo der Eingang ins Erdinnere führte. Davor standen und saßen Zwerge, musizierten, tanzten und trieben allerlei Spiele. Der Kleine führte seine Begleiter in den Berg hinein, wo es von hellstem Lichterglanz erstrahlte. Schon trat die schöne Kühnhild den Fremden entgegen. Wie groß war ihre Freude, als sie unter ihnen ihren Bruder erkannte! Flehentlich bat sie ihn, sie aus dem Reich der Zwerge fortzuführen. Und der Bruder versprach ihr gern, dies mit Hilfe seiner Genossen zu vollführen.

König Laurin aber redete zu den Rittern: „Ihr edlen Herren, geruht nun, euch zu Tisch zu setzen und an Speisen und Trank zu erfreuen.“

Man brachte köstliche Speisen, servierte herrliche Getränke, und die Herren langten nach dem mühevollen Ritt ordentlich zu. Laurin hatte einen betäubenden Schlaftrunk unter den Wein mischen lassen, und es dauerte nicht lange, so sank einer nach dem anderen der durstigen Helden in schweren Schlaf. Darauf hatte König Laurin gewartet. Schnell rief er seine Männer, ließ den Helden die Harnische ausziehen und warf sie als seine Gefangenen in den Turm, der mit gewaltigen Felstrümmern als Türen gesichert war.

Vergebens flehte Jungfrau Kühnhild den König um Erbarmen an; Laurin wollte das Blut seiner Gefangenen, keine noch so rührende Bitte vermochte seinen Starrsinn zu erweichen.

Eines Tages lag der König in tiefem Schlaf. Da eilte Kühnhild durch alle Gemächer der Burg, um den Aufenthalt der Gefangenen zu erkunden. Als sie ihr Ohr auch an den Luftschacht des Turmes legte, hörte sie tief unten die Stimmen der Helden. Freudig rief sie hinunter: „Ihr Herren, seid fröhlich; ich werde euch retten!“ Eilig holte sie die Harnische und Schwerter der Ritter, gab auch sechs Ringlein dazu und band alles an ein Seil, das sie in die Tiefe hinunterließ. „Die Ringe steckt an die Finger“, befahl sie den Gefangenen, „dann werden sich alle Türen vor euch auftun.“

Die Helden taten es und sahen bald alle Türen offenstehen. Fröhlich traten sie aus ihrem Kerker und dankten der wagemutigen Kühnhild. Sie bestiegen ihre Pferde, um das Königreich des treulosen Zwergenkönigs zu verlassen. Währenddessen war Laurin aus seinem Schlummer erwacht, hörte das Rasseln der Harnische und ahnte Gefahr. Sogleich ließ er sein Horn ertönen, das seine Zwerge zusammenrief.

„Ihr Herren“, mahnte Meister Hildebrand, „steckt Kühnhilds Ringe an euere Finger, sonst seht ihr keinen von den Zwergen, sie stecken alle unter Tarnkappen!“

Geschwind folgten die Helden dem Rate des Alten. Nun hob ein Kampf der sechs Helden gegen die Übermacht des kleinen Volkes an, daß der Fels sich rötete vom Blut der geschlagenen Wunden. Herrn Dietleib drängten die Zwerge zu einem Tisch und rückten ihm hart zu Leibe. Er aber zertrat sie mit den Füßen.

Wolfhart geriet bei einem hohen Turm im Berg in große Not. Da riß er den Turm um, daß an zweihundert Zwergen die Flucht ergriffen.

Herr Dietrich von Bern schlug mit Wucht um sich und streckte zahlreiche Feinde nieder. Aber immer neue Scharen drangen gegen ihn heran, schon floß ihm das Blut aus vielen Wunden. Da packte den Helden die Wut; wie heißes Feuer lohte der Atem aus seinem Mund und verbrannte die Angreife, daß sie schaudernd zurückwichen.

An ein Tor gelehnt, wehrte Meister Hildebrand den Ansturm der Zwerge ab. Das Tor war aus Eisen und so breit und schwer, daß keines Menschen Hand es vom Fleck rühren konnte. Er aber hob es aus den Angeln und warf es auf die Zwerge, daß Hunderte von ihnen davon erdrückt wurden.

Tapfer kämpfte der Held Wittich. In einer Ecke, den Rücken gedeckt, schwang er sein Schwert und ließ dazwischen seinen schweren Schild niedersausen; mancher Gegner mußte hier sein Leben lassen.

Der kühne Wolfbrand aber schlug aus einer Steinwand gewaltige Felsbrokken und warf damit viele von dem vorstürmenden Zwergenvolk zu Tode.

In dieser Schlacht verlor König Laurin viele seiner Untertanen. Wutentbrannt stieß der König in sein Horn und berief damit sechs gewaltige Riesen aus dem Wald, die nun mit langen stählernen Stangen die Helden niederrungen. Ein furchtbarer Kampf entstand, Schilde und Panzer zersplitterten, Helme wurden eingeschlagen, aus tiefen Wunden floß das Blut, bis Held Dietlieb einem der Riesen mit mächtigem Hieb durch den Helm schlug, daß der Riese erlag. Herr Dietrich erschlug den nächsten, und so wurden alle sechs Riesen erschlagen.

Nun wandte sich der Zorn der edlen Ritter gegen König Laurin; sie wollten Rache nehmen für seine Treulosigkeit. Doch die edle Jungfrau Kühnhild bat für den König, der sich milde gegen sie erwiesen hatte; sie schonten daher sein Leben, aber er mußte ihnen seine Schatzkammer öffnen, der sie gewaltige Schätze entnahmen.

Reich beladen kehrten die Helden mit der Jungfrau nach Bern zurück; traurig blickte ihnen der Zwergenkönig nach; ihm war leid um den Verlust Kühnhilds, die er liebgewonnen hatte. Später kam Laurin freiwillig nach Bern und schloß Frieden mit dem Helden Dietrich, der von nun an in Freundschaft mit dem kleinen Mann lebte.

Noch heute gleicht die Gegend um Bozen, wo König Laurin sein oberirdisches Reich hatte, einem Rosengarten, und ein Teil dieses wilden Felsgebirges führt auch den Namen „der Rosengarten“. Des Abends, wenn die Sonne ihre Strahlen sendet, leuchtet der Fels blutrot, weithin bis ins Tal des Inn sichtbar. Der Harnisch König Laurins wurde bis ins späte Mittelalter im Schloß Tirol verwahrt und war leider eines Tages spurlos verschwunden.

DIE FEE VOM SONNWENDJOCH

Im Inneren des über zweitausend Meter hohen Sonnwendjochs, das sich unweit des Städtchens Rattenberg am linken Innufer stolz in die Lüfte erhebt, wohnte einst eine stolze Fee, die Gebieterin des Berges und Schirmherrin alles Wildes, das sich an den Hängen und in den Felsklüften des Gebirgsstockes tummelte.

Einst zog ein junger Ritter aus der Burg Mehrnstein, die in der Nähe von Brixlegg stand, zur Jagd aus und kam bei der Verfolgung einer Gemse am linken Innufer bis an den Fuß des Sonnwendjochs heran, wo schon das Schutzgebiet der Bergfee seinen Anfang nahm. Plötzlich trat ihm eine hohe, königliche Gestalt entgegen und erhob warnend die Hand. „Was jagst du auf meinem Grund?" rief sie dem Jäger zu. „Weißt du nicht, daß alles Wild hier herum unter meinem Schutz steht? Ich bin die Herrin dieses Gebietes und wünsche nicht, daß einem meiner Tiere auch nur ein Haar gekrümmt wird."

„Verzeiht, edle Gebieterin", erwiderte der Ritter, nachdem er sich gefaßt hatte, „ich wollte Euch nicht erzürnen; ohne zu wissen, daß ich Verbotenes tue, bin ich bis hierher vorgedrungen." Der liebreizende Anblick der Herrscherin des Berges machte tiefen Eindruck auf den Ritter; auch die Fee fand Gefallen an der stattlichen Erscheinung des Jünglings. Sie gebot ihm, von der Verfolgung des Wildes für immer abzusehen, wenn er wünsche, daß sie ihm ihre Gunst schenken solle. Mit Freuden versprach es der Ritter.

Darauf führte ihn die Fee in ihr Reich mitten im Berg. Da gab es viel Herrliches und Wunderbares zu schauen: glänzende Paläste, prunkvolle Säle mit kristallenen Decken und mit Wänden aus rötlich schimmerndem Marmor. Wundervolle Gärten mit nie verblühenden Bäumen, grünende Matten voll friedlich weidender Herden, silberklare Bächlein zogen sich weit durch das Innere des Berges.

Die Fee schloß einen Herzensbund mit dem Ritter und steckte ihm zum Pfand ihrer Gunst ein Ringlein an den Finger. Oft ritt der Jüngling nun scheinbar zur Jagd aus, aber nie brachte er Beute mit sich; denn sein Weg führte ihn jedesmal in den Berg zu seiner geliebten Fee. Seine Freunde und Nachbarn wunderten sich; denn der Mehrnsteiner war ein geübter Jäger, der kein Wild verfehlte und schon manchen Bären oder Eber mit seinem Spieß erlegt hatte. Auch fiel es auf, daß er die umliegenden Burgen nie mehr besuchte und kein Auge für die zierlichen Edelfräulein in der Nachbarschaft hatte.

Da geschah es einmal, daß der Burgherr auf Schloß Rattenberg ein Vermählungsfest gab, wozu er auch seinen Freund, den Mehrnsteiner, einlud. Dieser konnte die Einladung nicht gut ablehnen und erschien bei der Feier. Das aber sollte sein Unglück sein. Ein schönes Edelfräulein aus Innsbruck, das gleichfalls als Gast anwesend war, schmeichelte dem Ritter den Ring der Fee ab, den sie an seinem Finger glänzen sah. Von den lächelnden Augen und werbenden Worten der Schönen betört, gab der Jüngling den Ring her.

Am nächsten Morgen freilich packten ihn Scham und Reue über seine Treulosigkeit. Mit verlangendem Herzen eilte er an den Fuß des Sonnwendjochs, um die Fee um Vergebung für seine törichte Tat anzuflehen. Der Anblick eines weißen Rehs, das vor ihm über die Halde sprang, ließ seine alte Jagdlust wieder erwachsen. Er verfolgte das Tier bis zu einer Felswand, wo er bisher durch ein Klopfen mit dem Ringlein immer Einlaß in den Berg gefunden hatte. Aber diesmal nützte alles Pochen nichts; er hatte ja den Ring nicht mehr.

Da stand plötzlich die Fee vor ihm, nicht zürnend, aber ernst und würdevoll; tiefe Trauer schien auf ihren Zügen zu liegen. Sie hielt das Ringlein in der Hand.

„Du bist nicht treu", sprach sie, „du schworst, stets nur an mich zu denken, den Ring nicht aus der Hand zu geben und nie mehr eines meiner Tiere zu verfolgen. Du hast dein Wort dreifach gebrochen; es wird dein Unglück sein. Leb wohl auf immer!"

Die Fee war verschwunden, bestürzt starrte der Ritter die leere, kahle Felswand an. Kaum hatte er die Stelle verlassen, schoß mit donnerndem Getöse eine Mure von der steilen Bergwand nieder und verschüttete eine weite Strecke.

Der Ritter soll nie mehr im Leben froh geworden sein. Später zog er aus dem Inntal fort; man sagt, er habe einen Zug nach dem Heiligen Land unternommen. Doch niemals kehrte er in die Heimat wieder .

DAS SCHACHTMÄNNCHEN ZU STEINBERG

In einem Gasthaus zu Achenkirch diente vor vielen Jahren ein Knecht, der einmal nach Steinberg geschickt wurde, um dort für seinen Herrn Schafe abzuholen. Gemächlich ging er seines Weges und ließ dabei seine Augen fleißig in der Gegend umherwandern. Plötzlich sah er vor sich eine schöne glänzende Schafschelle liegen, die er aufhob und zu sich stecken wollte. Aber vorher probierte er, welchen Klang das Glöcklein wohl habe; der Ton war aber so rein und silberhell, daß er gar nicht aufhören konnte zu klingeln. Mit einemmal trat ein graues Bergmännchen hinter einem Felsblock hervor und fragte den Burschen unwillig: „Was ist's? Was willst du denn? Warum klingelst du mir denn unaufhörlich, du dummer Bursche?"

„Geh heim und laß mich ungeschoren!" versetzte der Achenkirchner. „Ich habe dich nicht gerufen und brauche dich nicht." Damit setzte er seinen Weg fort.

Trotzdem folgte das Bergmännlein dem Jungen und redete ihn neuerlich an: „Ich will dir etwas sagen, schenk mir die Schelle!"

Doch der einfache Älpler schüttelte ablehnend den Kopf und meinte: „Ich mag nicht."

„Ich zeige dir einen Schatz, wenn du mir die Schelle gibst", fing das Bergmännlein wieder an.

„Nur zeigen", sagte darauf der Knecht, „nein, auch geben!"

„Gut!" erwiderte der Kleine; „komm mit mir!" Er führte den Burschen an eine Stelle abseits vom Weg, wo zwei Schächte nebeneinander offenstanden. „Einer ist für dich, einer für mich", meinte er. „Aus dem deinen darfst du mit dir nehmen, was du willst, doch nicht mehr, als du für dich brauchst. Aber sag keinem Menschen, woher du deinen Schatz hast!"

„Das sind ja lauter gewöhnliche Steine, die da in dem Schacht liegen", erklärte der junge Mann enttäuscht, wurde aber von dem Schachtmännchen belehrt, daß es wertvolles Erz sei; er möge das Gestein nur untersuchen lassen.

Der Knecht brummte, das werde er auch tun und die Schelle dem Männchen erst dann ausfolgen, wenn die Untersuchung die Wahrheit seiner Worte bestätigt habe.

Er steckte sich alle Taschen voll mit den grauen Steinen und ging nach Brixlegg ins Schmelzhaus, wo das Gestein als Silbererz erkannt wurde. Man zahlte ihm zwanzig Gulden dafür aus.

Nun stieg er wieder zu den beiden Schächten am Berg hinauf und übergab dem Schachtgeist die Schelle, der sie begierig ergriff und sogleich in seinen Stollen hineinwarf, wo sie mit silbernem Klingeln in der Tiefe versank. Verwundert fragte der Junge das Männlein: „Warum wirfst du die schöne Schelle da hinunter?"

Rasch war der Kleine mit der Antwort bereit: „Damit nicht wieder ein Tölpel wie du sie finde! Denn wer diese Schelle besitzt, dem muß ich ständig dienen, und das macht mir gerade kein Vergnügen. Aber sei du zufrieden mit dem, was du mir erpreßt hast. Mein Gestein kann dich zum reichsten Mann machen. Aber merke dir den Spruch gut: ‚Sei reich – und schweig!'"

Danach verschwand das Männlein in seinem Schacht.

Der Junge trug von nun an heimlich immer mehr Steine aus dem Schacht weg und war bald in der Lage, sich Haus und Hof, Felder und Vieh zu kaufen. Er wurde mit der Zeit der reichste Landwirt in der ganzen Umgebung. Nie sagte er ein Wort, woher die Steine stammten. Aber der leichtgewonnene Reichtum machte ihn mit der Zeit unausstehlich, er begann mit dem Geld herumzuwerfen und ergab sich dem Trunk.

Eines Tages hatte er sich in Achenkirch derart betrunken, daß ihn sein Bruder nach Hause führen mußte. Der im Übermaß genossene Wein löste seine Zunge, und so plauderte er im Rausch sein Geheimnis aus und erzählte seinem Bruder von der gefundenen Schelle, vom Schachtgeist und von seinem erzenen Schatz. Da hörten beide auf einmal eine Schelle silberhell klingen, sahen aber nichts. Der Betrunkene erschrak und wurde plötzlich nüchtern. Eilig lief er zu seinem Schacht, fand aber kein Körnchen mehr von dem silberhaltigen Erz, und der Schacht des Männleins war ganz verschwunden. Die Quelle seines Reichtums war versiegt, und da er inzwischen auch das Arbeiten verlernt, dafür aber das Trinken sich angewöhnt hatte, sank er von Stufe zu Stufe und verkam schließlich in Not und Elend. Der Schatz des Schachtmännchens hatte ihm keinen Segen gebracht.

DER ALMPUTZ IN DER HINTERTUX

Neben den Kasermandln, den wegen ihrer bösen Taten zum Umgeistern auf der Alm verurteilten Sennen, spuken noch andere gespenstische Wesen auf den Almen und Bergen herum, die im irdischen Leben Frevel und Unrecht begangen haben und nun dafür büßen müssen; man nennt sie die Almputze. Diese Spukgeister erscheinen oft in sonderbarer Gestalt, manche haben einen Kopf aus Lehm, andere gar keinen Kopf, der eine oder andere muß in Tiergestalt sein Unwesen treiben.

Auf einer Alm in der Hintertux lebte ein Berggespenst, das viele Bewohner der Umgebung schon gesehen hatten. Sie schilderten es übereinstimmend als ein entsetzliches, schnaubendes Pferd, das urplötzlich vor den erschrockenen Einwohnern auftauchte, aber in seiner Wildheit keinen Menschen in seine Nähe kommen ließ; dazu strömte es eine so gräßlichen Geruch aus, daß jedermann schleunigst die Flucht ergriff. Kein Mensch war sicher vor der schrecklichen Wut dieses Almputzes, und schon viele Jäger und Wildschützen hatte er mit seinen eisenharten Hufen zu Brei zerstampft.

Einst faßte ein wackerer Alpenbewohner den tapferen Entschluß, diesem Schreckensgespenst ernstlich zu Leibe zu rücken. Er lud sein Gewehr mit einer geweihten Kugel und stieg eines Tages zur Alm Els hinauf, wo es der Putz besonders arg trieb. Unfern der Almhütte stand ein Wegkreuz, bei dem der mutige Schütze noch ein kurzes Gebet sprechen wollte, bevor er den Tummelplatz des gefährlichen Pferdes betrat. Als er sich umdrehte, um weiterzugehen, stand ein unscheinbares, graubekleidetes Bergmännlein hinter ihm, das ihn um einen Bissen Brot und einen Schluck Branntwein bat. Gutmütig öffnete der Mann seinen Schnappsack und teilte Brot, Gemsenfleisch und Enzian mit dem Männlein. Als sie gegessen hatten, sagte der Kleine: „Ich weiß, was du vorhast. Aber ich rate dir gut: Kehre wieder um; denn wenn du nicht ‚Reißendes, Beißendes und Gleißendes' bei dir hast, bist du unwiderruflich verloren. Der Putz wird dich zu Brei zertreten und zu Staub zermalmen."

Da fragte der Schütze verwundert, was er denn unter diesen drei Dingen verstehe. Das Bergmännlein antwortete: „Das sind dein Gewehr, dein Hund und dein Schwert."

Der Jäger befolgte den Rat des Männchens, kehrte um und versorgte sich zu Hause mit den drei schützenden Dingen. Dann trat er erwartungsvoll aufs neue seinen Gang an, um seine Heldentat zu vollbringen. Aber es kam anders, als er erwartet hatte. Der Almputz, dieses gräßliche Pferdeungetüm, erschien, sprengte in rasendem Galopp auf ihn zu, schnaubte Feuer, strömte stinkenden Dampf aus, bäumte sich und stampfte wie toll. Dann wieherte das Pferd grimmig und grollend, daß es rundherum scheußlich widerhallte, und schrie dem erschrockenen Jäger zu: „Du Lump, wenn du nicht das Reißende, Beißende, Gleißende bei dir hättest, würde ich dich zu Staub und Moder zermalmen."

Schrie es und eilte davon, daß Staub und Funken sprühten, ehe der wie angewachsen dastehende Jäger nur ein Glied zu rühren vermochte. Als er sich dann nach dem spukhaften Wesen umsah, verschwand es gerade in der Gletscherwand, aus der es gekommen war. Dem Schützen aber war von da an die Lust, mit Geistern und Putzen Kämpfe zu bestehen, ganz und gar vergangen.

FRIEDL
MIT DER LEEREN TASCHE

Herzog Friedrich III. von Österreich, der Landesfürst von Tirol, dem seine Gegner ob seiner Macht- und Mittellosigkeit den Spottnamen „mit der leeren Tasche" gaben, kam auf der Flucht vor seinen Feinden aus Konstanz in die Nähe von Landeck, wo er unerkannt als fahrender Sänger auf dem Zappenhof zwischen Perfuchsberg und Tobadill einkehrte.

Der gutherzige Bauer lud den Fremden zu Tisch und bewirtete ihn großzügig. Wie zum Dank dafür sang der Gast ein ergreifendes Lied vom Schicksal eines armen, landesflüchtigen Fürsten, der, von seinen Feinden vertrieben, von allen Freunden und Untertanen verlassen, hilflos und einsam auf der Welt umherirrte. Die Bauersleute wurden durch das Lied des fahrenden Sängers zu Tränen gerührt; denn sie dachten an das Los ihres eigenen Landesherrn. Als Friedrich erkannte, daß die Herzen der Tiroler ihm noch immer in Treue und Liebe zugetan seien, gab er sich als Landesfürst zu erkennen und erweckte damit einen Sturm der Begeisterung.

Von allen Gegenden strömte das Volk in Landeck zusammen, um dem Fürsten seine Verehrung zu bezeigen, und Jubel und Freude umbrandete Friedrich, der sich nach langer Irrfahrt zum erstenmal wieder unter seinen treuen Tirolern sicher fühlte.

Als sich der Herzog später unerkannt nach Südtirol wenden wollte, stieg er heimlich in die Ötztaler Berge, wo er eine Zeitlang als Hirte verkleidet auf der Alpe Fineil die Schafe hütete. Auf dem weiteren Weg über das Gebirge fand er im Rofnerhof Unterkunft, dessen Besitzer ihn vor seinen Feinden verbarg, bis ihn ein treuer Bauer über das Hochjoch brachte. In der Nähe Merans, am Ausgang des Schnalsertales, bot ihm ein anderer Getreuer, der Hendlmüller, eine Zufluchtsstätte vor den Spionen der Gegner. Aber es gelang einem von diesen, den Aufenthaltsort des Herzogs auszuforschen, und Friedl wäre in die Hände seiner Feinde gefallen, wenn ihm nicht der tapfere Hendlmüller, unter einer Mistfuhre verborgen, rechtzeitig aus dem Haus geschafft und in ein sicheres Versteck gebracht hätte.

Herzog Friedrich vergaß diese umsichtige Tat des treuen Mannes nie, erhob ihn später in den Adelsstand und gab ihm ein Mühlrad in sein Wappen. So wurde der Hendlmüller zum Stammvater des Tiroler Geschlechtes der Grafen Hendl.

Als die Zeit der Bedrängnis für den Herzog endlich vorüber war, beschloß er, das häßliche Spottwort von der „leeren Tasche" für alle Zeiten zunichte zu machen. Er ließ in Innsbruck einen zierlichen Prachtbau aufführen mit einem gar kunstvollen Erker, der zum Beweis, daß seine Tasche nicht mehr leer sei, mit goldenen Schindeln gedeckt wurde.

So erinnert eines der schönsten Wahrzeichen des Landes, das weltberühmte „Goldene Dachl“, ein mit vergoldeten Kupferschindeln gedeckter marmorner Erker am Neuhof, der früheren Innsbrucker Burg, an den Tiroler Landesfürsten: Herzog Friedrich mit der leeren Tasche.

KÖNIG SERLES

Schroff und unnahbar ragen aus weiter Steinwildnis drei mächtige Felszinnen als Hüter des Stubaitales zum Himmel empor, schon vom Inntal aus deutlich sichtbar. Es ist das zerklüftete Felsengewirr eines gewaltigen Bergkolosses, welcher der „Serles“ oder auch die „Waldrastspitze“ genannt wird. Hier herrschte einst ein stolzer, wilder Bergkönig, Serles genannt, dessen grausamer Sinn und grimmiger Jähzorn vor den schändlichsten Untaten nicht zurückschreckte. Seine Ehefrau und seine Räte gaben ihm nichts nach an roher Grausamkeit und huldigten den gleichen schlimmen Neigungen wie der blutdürstige Herrscher.

Mit maßloser Leidenschaft war der König der Jagd zugetan. Hunde und Pferde galten ihm weit mehr als die Menschen, und wie der wilde Jäger hetzte er hinter dem Wild her. Wenn er einem flüchtenden Hirsch auf der Spur war und das fliehende Tier unter den weidenden Herden Zuflucht suchte, sprengte er mit seinen Begleitern mitten unter die friedlich grasenden Tiere, die in wildem Schreck auseinanderstoben. Dann spornte er seine wütende Meute an, Wild und Herde anzufallen und in blutiger Mordlust zu zerreißen. Die Hirten durften es nicht wagen, ein Wort dagegen zu reden; denn der grausame Tyrann hätte sich nicht gescheut, die rasenden Hunde auch auf sie zu hetzen. Wenn König Serles „Lustige Jagd“ schrie, waren Hirt und Herden ihres Lebens nicht sicher. Sein Weib und seine Räte nahmen stets an diesen wilden Jagden teil und waren eines Sinnes mit dem mordgierigen Jäger.

Wieder einmal hatte der König einen von den Hunden aufgespürten Hirsch verfolgt, der sich auf der Flucht unter einer weidenden Rinderherde zu verbergen suchte. Als der wilde Jäger mit seiner Meute heranjagte und die Hunde nicht nur den Hirsch niederrissen, sondern auch die Herde mit wütenden Bissen anfielen, suchten die Hirten die Fanghunde abzuwehren, und einer von ihnen griff zur Armbrust und schoß einen der Hunde des Königs nieder. Da geriet der König in unbändigen Zorn und hetzte, angestachelt von seiner Ehefrau und den Räten, die ganze Hundemeute auf die wehrlosen Hirten. Grinsend sah er zu, wie sie von den wütenden Hunden zerfleischt und zerrissen wurden.

Nun aber war das Maß seiner Freveltaten voll. Plötzlich verfinsterte sich der Himmel, ein Brausen und Tosen erfüllte die Luft, und ein entsetzliches Gewitter brach los, das die Erde in Nacht und Grauen hüllte. Als das wilde Toben der Elemente vorüber war und sich der Himmel wieder aufhellte, war von König Serles und seinen Begleitern nichts mehr zu sehen. An Stelle des stolzen Königsschlosses, das auf der sonnigen Alpenhöhe gestanden hatte, starrten wüste Steintrümmer in kahler Nacktheit in die eisige Luft. Davor aber ragten drei schneebedeckte Gipfel zum Himmel empor, König Serles, die Königin und seine Räte. Und rundherum lagen die Jäger und Hunde, stumm und starr, alle zu Stein geworden.

In stürmischen Nächten kann man unten im Tal das Kläffen und Heulen der Hunde hoch oben in den Felsen vernehmen. Wenn aber Gewitter um die steilragenden Klippen des Berges toben, zuckt Blitz um Blitz auf die versteinerten Gestalten hernieder.

DER ZIEREINERSEE

Auf den Höhen des Sonnwendjochs unweit des Achensees liegt in erhabener Bergeinsamkeit der tiefdunkle, sagenumwobene Ziereinersee wie ein Auge des Berges, das zum Himmel aufschaut. Schwarze Forellen huschen über den klaren Grund des Sees, an dessen Ufer, in sich zusammengeduckt, dunkle Legföhren stehen.

Die ganze Umgebung ist voll unheimlicher Spalten, Löcher und Höhlen, deren eine tiefe in den Felsen hineinreicht und zum Aufenthaltsort einer Seejungfrau führt. Wer sich hineinwagt, gelangt zu einem unterirdischen See, der manchen Schatz birgt und seit langem die schöne Jungfrau beherbergt, von dem die Älpler viel zu erzählen wissen. Etwas weiter vom See entfernt liegt die Grausenhöhle, ein weites, unheimliches Felsengewölbe, wo jeder mit einem Hagel von Steinwürfen, von unsichtbarer Hand geschleudert, empfangen wird.

Einmal kam ein Gemsjäger in die Nähe des Sees und sah dem Seefräulein von ferne eine Weile zu, wie es die Fischlein fütterte und die Blumen in dem lieblichen Garten begoß. Während er noch ihre Schönheit bewunderte und vom Glanz der schimmernden Perlen am Saume ihres schneeweißen Kleides wie geblendet war, gewahrte er plötzlich, wie ein großer, grüner, scheußlicher Drache aus einem Felsloch seinen gräßlichen Rachen herausstreckte. Schnuppernd blinzelte das Untier in die sonnenüberströmte Landschaft hinein, kroch dann zur Gänze aus dem Loch heraus und entfaltete, sich aufreckend, die gewaltigen Flügel. Und mit einemmal riß das Ungeheuer den schaurigen Rachen weit auf und schickte sich an, auf das Fräulein loszustürzen.

Blitzschnell griff der Jäger nach dem Stutzen, steckte eine geweihte Kugel in den Lauf und schoß den Drachen mitten in den Kopf, daß er, sich überschlagend, tot bis zu den Füßen des Seefräuleins hinkollerte. Freudig eilte jetzt der Schütze zu der schönen Jungfrau hin, die ihm wortlos durch Blick und Lächeln dankte. Dann winkte sie ihm, schweigend mitzukommen und führte ihn in die Seehöhle, wo sie ihm reiche Schätze wies. Wie gebannt von all dem Gleißen und Glimmern, das von allen Wänden strahlte, sah der Jäger eben noch, wie die Jungfrau in die Fluten des unterirdischen Sees hinabtauchte, dann war er allein. Mit großen Reichtümern beladen, kehrte er wieder in die Oberwelt zurück.

Aber der Ziereinersee gilt nicht nur als Aufenthaltsort des freundlichen Seefräuleins, der See selbst birgt unheimliche Kräfte in sich, wie er auch eine unheimliche Tiefe haben soll. Man meint, daß der Seeboden tief unten in der Höhe des Inntales liegt. Von den Fischen im See erzählt man, daß sie verwandelte arme Seelen seien, die hier auf ihre Erlösung warten. Wenn die letzte dieser büßenden Seelen befreit ist, trocknet der *Ziereinersee* aus. Dann wird man von seinem Grund in das Innere der Berge gelangen können und dort reiche Schätze finden.

DER HEXENSPIELMANN VON HÖTTING

In Hötting lebte einst ein armer Spielmann, der sich mit dem Geigenspiel seinen Lebensunterhalt verdiente, und wenn es hoch kam, ab und zu auch noch ein weniges zu einem Notgroschen für das Alter beiseite legen konnte. Einmal hatte er in einem Wirtshaus bis gegen Mitternacht aufgespielt und war nun auf dem Heimweg begriffen. Unterwegs begegnete ihm eine Schar lustiger junger Frauen, die ihn gleich umringten und fragten, ob er ihnen nicht gegen gute Bezahlung auch noch ein Stündchen aufspielen wolle.

Der Spielmann besann sich nicht lange und willigte in das Begehren der fröhlichen Gesellschaft ein. Nun ging es unter ausgelassenen Scherzreden und übermütigem Gelächter eine gute Strecke des Weges bis über Zirl hinaus. Zwischen Eigenhofen und Dirschenbach langten sie schließlich bei einem stattlichen Gebäude an, das der Musikant, soweit er sich erinnern konnte, bisher noch nie an dieser Stelle bemerkt hatte. Hier war das Ziel ihrer nächtlichen Wanderung erreicht.

Ein hellerleuchteter Saal nahm sie auf, und ein fröhliches, übermütiges Treiben begann. Der Geiger hob zu spielen an, und bald wirbelten die Paare im Kreis herum. Die schönen Frauen vergaßen auch den Spielmann nicht, schenkten ihm fleißig ein und forderten ihn auf, die vorgelegten Speisen wacker zu genießen. Das ließ sich der hungrige Musikant auch nicht zweimal sagen. Denn da gab es Eier mit Spinat, Würstel, Gebratenes und Gebackenes, sogar knusprige Krametsvögel standen auf der Tafel. Der Spielmann geigte, aß und trank und fidelte weiter, nebstbei stopfte er von den guten Sachen alle Taschen voll, damit er auch morgen noch ein paar Leckerbissen habe.

Es wurde immer später, der Musikant war müde und matt, seine Tänze hatte er schon alle zum besten gegeben, da dachte er daran, sein Spiel zu beenden. Noch ein frommes Lied zum andächtigen Schluß wollte er aufspielen. Aber sowie er den ersten Bogenstrich machte, brach Knall und Fall das prächtige Haus auseinander, alles verschwand, die Lichter erloschen, und der Spielmann saß allein in finsterer Nacht auf einem nackten Felsen im Feld. Der Morgen dämmerte schon heran, Kälte und Müdigkeit krochen in seine Glieder, und schließlich überfiel ihn auch noch der Hunger. Doch er hatte sich ja alle Säcke mit Leckerbissen angefüllt; mit vollen Taschen Hunger zu leiden, meinte er bei sich, sei doch nicht nötig. Aber als er seinen Vorrat hervorzog – o weh! –, da waren die Eier zu Roßmist geworden und der Braten, und was er sonst noch eingesteckt hatte, zu Kuhfladen, Totengebein und häßlichen Kröten.

Von Ekel gepackt, mußte er alles von sich geben, was er bei Nacht im Hause gegessen hatte, kroch mit Mühe vom Felsen herab und kam todmüde erst bei Sonnenaufgang nach Hause.

DER GLUNKEZER RIESE

Weit hinten im Voldertal, wo der Glunkezer sein graues Haupt stolz in die Wolken aufreckt, lag einst eine liebliche Alm. Dort hatte ein friedlicher Hirtenkönig seinen Palast, den er mit seinen vier liebreizenden Töchtern bewohnte. Rings um den Wohnsitz des Königs breitete sich ein herrlicher Garten aus, in dem auf immergrünen Matten seltsame Blumen ihr buntes Farbenspiel zeigten. Wundersame Springbrunnen belebten mit ihren schimmernden Wasserkünsten die weiten Rasenflächen, auf denen zahm und ohne Scheu ganze Herden von friedlichen Alpentieren weideten. Oft sprangen und scherzten die vier Königstöchter munter auf diesem schönen Gefilde oder trieben mit heiterem Spiel allerlei Kurzweil mit den zutraulich sich nähernden Tieren. Sie fanden es auch nicht unter ihrer Würde, im Tal die Häuschen der armen Hirten zu betreten oder diesen in mancher Gefahr hilfreich zur Seite zu stehen. Die Hirten verehrten deshalb die vier wunderschönen Mädchen, als ob sie ihre Schutzgeister wären.

In dieses herrliche Bergparadies verirrte sich einst ein ungeschlachter Riese, dem die lachenden Fluren so wohl gefielen, daß er sich hoch oben am Glunkezer eine Hütte erbaute und hier seinen dauernden Aufenthalt nahm. Nun war es freilich mit Frieden und Ruhe im freundlichen Tal zu Ende. Weithin schallte des Nachts das fürchterliche Gebrüll des Riesen, daß nicht nur die Menschen erzitterten, sondern sogar die Felsen splitterten und staubende Muren in die fruchtbaren Täler herniederprasselten.

Auf seinen Wegen über die Almen kamen dem Riesen auch die vier Töchter des Hirtenkönigs vor Augen. Wohlgefällig blickte er den reizenden Gestalten nach, und alsbald wandelte ihn die Lust an, eine von ihnen zu freien.

Prüfend musterte er sein Äußeres; denn er wollte einen gediegenen Eindruck machen, wenn er um die Hand einer Königstochter anhielt. So besetzte er denn seinen Bärenfellmantel mit neuen Knöpfen aus Hirschhorn, riß einen sehr schönen Baum als Wanderstab aus und fuhr sich mit den kralligen Fingern ein paarmal durch den borstigen Haarfilz. Nun noch den struppigen Bart glattgestrichen, und fertig war der Riese zur Brautschau.

Dem guten König in seinem Prunksaal erschrak das Herz im Leib, als er diesen ungehobelten Brautwerber sah. Aber er wollte es sich mit seinem grämlichen Nachbarn nicht gänzlich verderben und daher seine Werbung nicht glatt abweisen. „Euer Antrag ist eine Ehre für mich", sagte er mit gewinnendem Lächeln, „aber meine Töchter genießen die Freiheit, ihre Ehegatten selbst auszuwählen; wenn eine von ihnen Eure Werbung annimmt, soll es an meiner Zustimmung nicht fehlen."

Darauf machte sich der Riese so niedlich, als er nur konnte, und brachte recht manierlich, wie es ihm vorkam, seinen Antrag den vier Königstöchtern vor. Aber alles, was er erreichte, war ein vierfaches Lächleln, das vier Körbe verzierte, die er abbekam.

Darüber wurde der riesige Freiersmann gar böse und aufgebracht; denn ihm war die Werbung kein Spaß, sondern bitterer Ernst gewesen. Er beschloß, sich furchtbar zu rächen, und säumte auch nicht, seine Rache alsbald zu vollführen. In der Nacht rollte er haushohe Felsblöcke vom Glunkezer gegen den Palast des Königs herab. Krachend und splitternd schoben die Felsen den Palast vor sich her bis zu einem düsteren Wildsee, in dessen Fluten das Schloß mit seinen Bewohnern versank. Die nachstürzenden Blöcke lagerten sich darüber und füllten die Senke des Sees fast zur Gänze aus. Was von dem dunklen Gewässer noch übrigblieb, heißt jetzt der *„Schwarzenbrunn"*. Das Gebiet ringsherum ist von wirren Steintrümmern übersät, und über allem lagert das Schweigen des Todes.

Aber bald, nachdem der Riese seine schreckliche Tat vollbracht hatte, ergriff bittere Reue sein Herz. Nächtelang saß er am Ufer des Schwarzenbrunns und trauerte über den Tod der vier unschuldigen Königstöchter und des milden, gütigen Königs, die er gemordet. Verzweifelt rauft er sich die Haare, und sein Jammern und Heulen wurde so arg, daß es selbst die Steine erbarmte, die darüber ganz weich und bröckelig wurden. Und endlich hat sich er Riese selbst verwunschen und wurde darob zum Zwerg. Die Königstöchter aber wurden in Seejungfrauen verwandelt, die in hellen Mondnächten in lichtem Gewand über dem dunklen Gewässer hinschweben, an dessen Ufer ein kleines graues Männchen sitzt, eine kümmerliche, mit Baumbart überwachsene Gestalt, die sehnsuchtsvoll und verlangend ihre Hände nach den lichten Wesen ausstreckt, die über dem Wasser wallen. Dann aber lösen sich die schwankenden Gestalten in graue Nebelschleier auf, die den See einhüllen, und der Zwerg stürzt sich wie ein Stein gramerfüllt in den See. Ein dumpfer Nachklang zittert noch über die rasch sich glättende Wasserfläche, dann liegt wieder unheimliche Ruhe über der einsamen Stätte.

DIE EROBERUNG VON KUFSTEIN

Im Jahre 1504 führte Kaiser Maximilian einen starken Heerhaufen von Innsbruck gegen Kufstein, um die gewaltige Feste zu erobern, die von dem tapferen bayrischen Feldhauptmann Hans von Pienzenau verteidigt wurde. Grimmig donnerten die Geschütze der Belagerer gegen die Burg, aber die meterdicken Mauern der Feste trotzten aller Gewalt. Die Wirkung der Geschosse war so gering, daß die Verteidiger hohnlachend den Mörtelstaub mit dem Besen von den Wällen kehrten. Aber der Kaiser ließ nicht lokker. Erzürnt beschloß er, stärkeres Geschütz auffahren zu lassen, und befahl, seine zwei größten Feldschlangen, den „Purlepaus" und den „Weckauf" vom Innsbrucker Zeughaus heranzuholen. Auf einem mächtigen Floß wurden die beiden Ungetüme den Inn abwärts geführt und vor Kufstein aufgestellt.

Nun wehte alsbald ein anderer Wind um die Mauern der Festung. Die beiden Kanonen warfen so gewaltige steinerne Kugeln gegen die Befestigungswerke, daß nicht nur der Mörtelstaub flog, sondern auch die dicken Mauern durchstoßen wurden und sogar der Felsen zu wanken begann. Hans von Pienzenau erkannte, daß die Burg nicht zu halten sei, und bot gegen Zusicherung des freien Abzugs die Übergabe an. Aber der Kaiser, ergrimmt durch den langen Widerstand der Besatzung, lehnte jede Bedingung ab und nahm den Pienzenauer mit seinen Mannen bei einem Ausfall aus der zertrümmerten Festung gefangen.

Den tapferen Verteidiger der Burg und seine Getreuen erwartete der Tod durch Henkershand. Der Unmut des Kaisers war so groß, daß er keine Schonung gewähren wollte, ja sogar schwor, er werde jedem eine Maulschelle geben, der etwa um Gnade für einen der Verurteilten bitten sollte. Gleichmütig trat Hans von Pienzenau seinen letzten Gang an und beugte mutig sein Haupt unter dem Schwert des Henkers. Siebzehn seiner Getreuen folgten ihm in den Tod.

Nun aber meinte der Herzog Erich von Braunschweig, der Gerechtigkeit sei vollauf Genüge getan, und bat den Kaiser mit gebeugtem Knie um Gnade für die übrigen Mannen des Pienzenauers. Kaiser Max gewährte die Bitte des befreundeten Fürsten, gab ihm aber getreu seinem Schwur einen leichten Streich auf die Wange.

Ein Bildstock am linken Innufer bei Zell bezeichnet noch heute die Stelle, wo an Hans von Pienzenau und den Seinen das harte Urteil vollstreckt wurde.

DER VOGELFÄNGER VON SCHWAZ

Dieteler, armer Leute Kind aus Schwaz, war ein Vogelnarr, wie er im Buch stand. Kein Tag verging, an der er nicht, mit Lockvögeln und Leimruten wohl versehen, in die nahen Berge stieg, um die armen Vögel zu Hunderten zu fangen.

An einem Sonntagmorgen im Spätherbst ging er wieder seiner Leidenschaft nach und wanderte zur benachbarten Geißlehne, um dort oben sein Glück zu versuchen. Bald hatte er einen freien Platz gefunden, wo die Vögel schönen Anflug hatten, und richtete seine Lockmittel auf. Alles ging nach Wunsch; die Lockvögel taten ihre Schuldigkeit, und die betrogenen Waldvöglein gingen auf den Leim. Im Flug vergingen die Stunden, und Dieteler merkte gar nicht, daß es höchste Zeit war, wenn er zur Zehnuhrmesse in Schwaz noch zurechtkommen wollte.

Plötzlich sah der eifrige Vogler einen wunderschönen Gimpel, dessen Brust in der hellen Morgensonne glänzendrot leuchtete. „Ha", dachte Dieteler, „der muß mein werden, zur Zehnuhrmesse komme ich noch immer zurecht. Wenn er nur schon auf der Leimrute säße!" Der Vogel kam näher und näher; da hörte der Jüngling die Glocken aus dem Tal zum Kirchgang läuten, aber zugleich zappelte der prächtige Gimpel auf dem Leim. Behutsam löste ihn Dieteler von der Rute, reinigte ihm Füße und Flügel und sperrte ihn in einen Käfig aus Eisendraht. Dann eilte er voll Freude über seinen schönen Fang, aber nicht ohne Reue über die versäumte Messe den Hang abwärts. Wie er so dahinrannte, wurde die Last auf seinem Rücken schwerer und schwerer, so daß ihm schließlich war, als könne er sie nicht mehr ertragen.

Da blieb der Junge stehen, nahm die Trage vom Rücken und untersuchte alle Käfige, die er aufgepackt hatte, um zu sehen, was schuld daran war, daß sie gar so sehr drückten. Entsetzt bemerkte er, daß der Gimpel glühend rot und so groß geworden war, daß er den Käfig ganz ausfüllte, ja sogar die Gitterstäbe desselben nach außen bog. Er schien noch immer größer zu werden.

Das konnte nicht mit rechten Dingen zugehen. Von Grauen gepackt, warf Dieteler den Käfig die Lehne hinunter und rief hinterdrein: „In Gottes Namen, du Teufelsgimpel sollst mich nicht kriegen!" Der Käftig aber kollerte mit großem Lärm den Berghang hinab, und Dieteler sah deutlich, wie der Gimpel einen feurigen Schweif hinterließ.

Seitdem war der Junge von seiner Leidenschaft geheilt, rührte keine Leimrute mehr an und versäumte keinen Sonntagsgottesdienst mehr.

DIE TEUFELSPLATTE BEIM GALTÜR

Hoch oben im Paznauntal liegt das Dorf Galtür. Von hier zieht sich gegen Süden, wo die glitzernden Eisriesen der Silvretta ins Land herabschauen, das Jamtal mit seinen saftigen, fetten Weiden. Mitten in den grünen Matten aber kann man einen kahlen Felsblock sehen, die Teufelsplatte, um die einst der Teufel sein Spiel trieb und eine Seele gewann. Ein viele Zentner schwerer Eisenring, den der Teufel selbst angefertigt hat, soll in dem Steinblock drinnen stecken.

Zwei Bauern aus Galtür lagen jahrelang im Streit um eine schöne Wiese, die dem einen wie dem andern in die Augen stach. Weil keiner nachgeben wollte und der Streit kein Ende nahm, verstanden sie sich schließlich dazu, sich einem Schiedsspruch der Gemeinde zu unterwerfen, die rundherum ebenfalls Wiesen besaß.

So setzten sich denn die ehrsamsten Gemeindeväter zusammen und beratschlagten bei verschlossenen Türen, wie man den Streitfall am besten beilegen könne. Nach langem Erwägen und Überlegen kamen sie zu dem Schluß, die beste Lösung werde es sein, wenn auch die Gemeinde noch ein Geschäft dabei mache. Daher ließen sie die beiden hartnäckigen Gegner folgendes wissen:

Der Streit wird durch einen Wettkampf entschieden. Die beiden Bauern müssen sich auf einem Felsblock oberhalb des strittigen Grundstückes aufstellen und einen Ring über die Wiese werfen. Wer den Ring am weitesten wirft, dem soll die Wiese gehören; wenn der Ring über die Wiese hinausgeschleudert wird, soll der Sieger auch den Teil des angrenzenden Grundes bekommen, den der Ring überfolgen hat. Wenn aber der Ring innerhalb der Wiese liegen bleibt, soll auch die Grenze da gehen, und der restliche Wiesenstreifen wird Eigentum des Anrainers. Das war nämlich die Gemeinde, der das Nachbargrundstück bis zu einer Felsplatte am gegenüberliegenden Talrand gehörte. Und da das Streitobjekt ziemlich breit war, hoffte die hohe Dorfobrigkeit auch für die Gemeinde noch etwas herausschlagen zu können.

Nach drei Tagen sollte der Wettkampf stattfinden. Die beiden Bauern hatten den Spruch der Gemeinde mit gemischten Gefühlen vernommen. Jeder wünschte die Wiese zu gewinnen, aber jeder wollte auch noch ein möglichst großes Stück vom Gemeindegrund dazu haben. So dachte ein jeder hin und her, wie er den andern und die Gemeinde dazu übers Ohr hauen könnte. Aber während der eine sich keinen Rat wußte, wie er es anstellen solle, ging der andere, als alles Nachsinnen nicht fruchtete, in seiner Habgier so weit, daß er den Teufel berief und mit diesem einen Vertrag schloß.

Als nun die Stunde des Wettkampfes gekommen war, lag bei dem Steinblock, wo sich die Ringwerfer aufstellen mußten, ein Eisenring, gut fünf Zentner schwer. Den hatte der Teufel herbeigeschafft, um seinem Mann zu helfen. „Ha“, sagten die weisen Gemeindeväter zueinander, „der ist schon recht, den werfen sie nicht weit, und wir gewinnen die ganze Wiese.“ Zuerst trat der Bauer an, der auf seine eigenen Kräfte gestellt war. Aber, o weh, er konnte den Ring nicht einmal aufheben. Nun ging es der andere an. Gestärkt durch die Kraft des Teufels, hob er den Ring, als wäre er nur ein Fingerreif, und schnellte ihn mit Wucht bis zur Felsplatte am gegenüberliegenden Talrand, wo er noch tief in den Felsen hineinfuhr, daß nur noch ein ganz kleiner Rand herausragte.

Verdutzt kratzten sich die löblichen Gemeindevertreter hinter den Ohren, der erhoffte Gewinn war beim Teufel. Der Bauer hatte die Wiese und den ganzen Gemeindegrund gewonnen und rieb sich grinsend die Hände.

Aber noch ein anderer grinste vergnügt; das war der Teufel; denn der war der wirkliche Gewinner. Es dauerte auch gar nicht lange, so wurde der durch seinen Teufelsgewinn reichgewordene Bauer trübsinnig und menschenscheu und fand Tag und Nacht keine Ruhe mehr.

Eines Nachts aber zog sich ein furchtbares Gewitter über dem Hof des Bauern zusammen, und unter schrecklichem Donnerkrachen fuhr ein Blitzstrahl in das Haus, das sogleich in hellen Flammen stand. Als die aufgeschreckten Nachbarn herankamen, um helfend einzugreifen, sahen sie gerade noch, wie ein riesiger Teufel, den reichen Bauern am Kragen hinter sich herschleppend, aus dem Flammenherd herausflog, um mit seinem Opfer zur Hölle zu fahren.

Das Unwetter hatte aber nicht nur das Haus des Bauern zerstört, sondern auch alle seine Felder und die gewonnenen Wiesen verwüstet und mit Steintrümmern übersät, die von den Bergen herabgerollt waren.

DIE HEXE STASE VON LANDECK

Auf einem Hof in der Nähe von Landeck hauste einst eine Bäuerin, die als Hexe Stase weit und breit verrufen war. Fiel sich im Sommer auf der Alm ein schönes Kalb zu Tode oder ging sonst ein Stück Vieh ein, so hatte gewiß die Hexe Stase ihre Hand dabei im Spiel. Gelang es einer Bäuerin auf einem Hof nicht, aus der Milch Butter zu gewinnen, so hatte die Stase den Butterkübel verhext, wie es einmal einer ihrer Nachbarinnen erging. Diese aber war nicht faul und gedachte die Hexe mit einem glühenden Bratspieß aus dem Kübel zu vertreiben; dann werde die Arbeit schon gelingen. Da trat auf einmal die Stase in die Stube und fragte hastig: „Was machst du denn mit dem glühenden Spieß am Butterkübel?“ Und als jene erwiderte: „Ich will die Hexe da drinnen an den Leib“, sagte das alte Weib: „Das brauchst du ja gar nicht; schau, die Butter gerinnt schon!“ und klopfte dabei an den Kübel. Und siehe, augenblicklich war die schönste Butter da, und die Alte entfernte sich, ohne ein Wort zu sagen. Hätte die Bäuerin mit dem Spieß in den Kübel gestochen, wäre die Hexe ohne Zweifel schwer verwundet worden.

Sooft im Sommer schwarze Wolken über den Bergen aufzogen, dauerte es nicht lange, und man sah die Hexe auf einem Sattel ohne Pferd durch die Luft reiten und mit einem Besen die Wolken vor sich herfegen. Wenn die Hexe aber zu Hause Mus kochte und es ihr an Salz fehlte, fuhr sie auf ihrem Sattel nach Hall um Salz.

So trieb sie es lange Zeit. Aber einmal war doch das Maß ihrer Übeltaten voll. – Der Gatte der Stase betrieb neben seiner kleinen Wirtschaft das ehrsame Schusterhandwerk. Daß seine Frau böse Künste treibe, wollte er durchaus nicht glauben, obwohl in der ganzen Gegend die Rede davon war. Eines Tages suchte er am frühen Morgen sein Handwerkzeug zusammen, um in einem entfernten Hof seine Schusterarbeit zu verrichten. Da sah er schwere Wolken hinter den Bergen aufsteigen und meinte zu seiner Frau, er wolle lieber zu Hause bleiben, um die am Vortag gemähte Gerste unter Dach zu bringen, sonst könnte der Hagel die Körner ausschlagen.

Der Stase paßte es aber nicht in ihren Kram, daß der Mann heute im Hause weile, denn sie wollte gerade an diesem Tag einen großen Hexentanz besuchen. „Nein, nein“, erklärte sie daher, „es ist gar nicht notwendig, daß du daheim bleibst; du kannst unbesorgt deiner Arbeit nachgehen, ich werde mich schon um die Gerste kümmern und sie noch vor dem Gewitter einbringen.“

Nicht allzu sehr davon überzeugt, daß das Weib wirklich rechtzeitig die ganze Gerste bergen werde, machte sich der Schuster auf den Weg. Das Haus, in dem er arbeiten sollte, lag am jenseitigen Talhang seinem Anwesen gerade gegenüber, so daß er alle Vorgänge auf seinem Hof beobachten konnte. Als er nun einmal hinüberblickte, da gerade die ersten Tropfen fielen, sah er, wie sein Weib eine Gerstengarbe nahm und damit zur Scheune ging, und alle andern Garben flogen wie eine Schar Tauben hinter ihr drein. Da erinnerte sich der Mann an das Gerede der Leute, daß seine Frau eine Hexe sei, und sagte sich erschrocken, es müsse wirklich so sein. Sofort ließ er Hammer und Ahle fallen und eilte nach Landeck, wo er bei Gericht die Anzeige machte.

Der Richter entsandte sogleich eine Schar Gerichtsdiener, die die Hexe einfangen sollten. Sie führten einen kupfernen Kessel mit sich, in den man das Weib hineinschmieden wollte; denn Eisen oder anderes Metall hätte sie wie Wollfäden auseinandergerissen, Kupfer aber widersteht der Zauberkraft der Hexe. Zum Glück hatte die Alte vom Anmarsch der Häscher nicht Wind bekommen, sonst wäre es ihnen nicht geglückt, die Hexe zu fangen; sie hätte sich in ihren Sattel geworfen und wäre durch die Luft davongeritten.

Als man sie dann gegen Landeck führte, forderte sie die Kinder, die um den Zug herumsprangen, mehrmals auf, sie mit Kot zu bewerfen. Aber die Wächter verboten dies; denn sie wußten, wenn nur ein Krümmelein Erde die Hexe berührte, wäre sie imstande gewesen, die eisernen Ketten wie Spinnweben zu zerreißen und zu entfliehen.

In Landeck machte man kurzen Prozeß mit der Stase und verurteilte sie als Hexe zum Scheiterhaufen. Sie zeigte weder Furcht noch Reue und sagte trotzig, als sie auf den Holzstoß stieg: „Heute wird ein warmer Tag werden!"

Nun wurde der Scheiterhaufen angezündet, aber zweimal kamen schwarze Vögel und löschten unter schrecklichem Gekrächze mit wildem Geflatter die emporzüngelnden Flammen aus, bis man geweihte Sachen in das Feuer warf und so die Macht der Teufelstiere zunichte machte. So fand das böse Weib in den Flammen den Tod und wurde zu Staub und Asche verbrannt. Aber die Kunde von der Hexe blieb erhalten, und der Sattel der Stase ist im Landeckerischen sogar sprichwörtlich geworden; sagt man doch, wenn jemand sich schnell an einem Ort einfinden soll: „Reite auf dem Stase-Sattel dorthin."

DER ADASBUB VON LÄNGENFELD

Vor langer Zeit hauste auf einem Bauernhof bei Längenfeld im Ötztal ein riesiger Bursche, den man allgemein Adasbub hieß, ein schändlicher Kerl, von bärenmäßiger Kraft, ein Raufer, wie es weit und breit keinen gab, dabei Wildschütz und Tagedieb, eitel und prahlerisch, der nichts als ruchlose Gedanken im Kopf trug. Er war mit einem Sack voll Geld, das er geraubt und erpreßt hatte, aus dem Krieg nach Hause gekommen und verpraßte nun sein Diebsgut mit einer Rotte gleichgesinnter Spießgesellen.

Tagelang hockte er in den Wirtshäusern umher, prahlte und soff und prunkte dabei mit seiner neuen Samtweste, an der die nagelneuen Silbertaler glänzten und klingelten. Die jungen Burschen, die in seiner Gesellschaft waren, schämten sich ihrer einfachen Bekleidung und suchten es ihm gleichzutun, was ihren bäuerlichen Eltern gar manches Öchslein im Stall kostete. Niemand wagte es, gegen den Adasbuben aufzutreten; denn seine Stärke war so groß, daß er einmal bei einer Rauferei gegen fünfzig gesiegt hatte, die über ihn hergefallen waren. Wenn sich aber einer den Unhold zum Feind gemacht hatte, mußte er fürchten, daß ihm über Nacht ein Wildbach in seine Stube geleitet oder Felsblöcke auf das Hausdach gewälzt würden. War es doch Tag für Tag die größte Lust des üblen Gesellen, böse Streiche auszusinnen und die schändlichsten Untaten zu verüben, wobei seine Kumpane wacker mithalfen. Sie hoben den Leuten die Haustore aus den Angeln und trugen sie weit fort auf das Feld oder in den Wald hinein, stellten Wagen auf die Dächer der Häuser, brachen in die Kirchen ein und räumten die Opferstöcke aus oder tranken mit johlendem Gelächter den Meßwein, wobei sie unter wütendem Geschimpf den Priester zum Teufel wünschten. In die Feldkapellen sperrten sie Ziegenböcke ein und schrien, sie sollten den Gläubigen etwas vormeckern. Nicht einmal die Grabkreuze auf den Friedhöfen hatten ihre Ruhe vor den Schandbuben. Die bezechte Horde grub sie aus der geweihten Erde aus und steckte sie verkehrt wieder in den Boden, jubelnd und grölend, nun stünde der Herrgott einmal auf dem Kopf.

Eines Tages wurde eine neue Schandtat ausgeheckt. Auf dem Burgstein bei Längenfeld hatte der Einödhofbauer sein Anwesen. Seine Tochter, ein blühendes Mädchen, führte die Wirtschaft. Auf diese hatten die wüsten Gesellen, allen voran der Adasbub, es diesmal abgesehen. Der Vater aber erhielt Kunde von dem schrecklichen Plan und war auf der Hut. Als die verrohten Burschen nachts lärmend in sein Haus einbrachen, griff er zum Beil und spaltete dem als ersten eindringenden Adasbuben mit einem wuchtigen Hieb den Schädel, daß er tot zusammenbrach. Die andern, ihres Führers beraubt, wandten sich erschrocken zur Flucht.

Lärm und Geschrei hatten die Nachbarn aus ihrer Nachtruhe aufgescheucht. Sie kamen herbeigeeilt, hörten, was vorgefallen, und sahen den Unhold tot vor der Haustür liegen. Alle dankten dem Einödhofbauern, daß er die Gegend von diesem greulichen Unmenschen befreit habe. Der Kopf wurde in das Beinhaus der Kirche von Längenfeld gebracht, wo er heute noch zu sehen ist. Man kann ihn leicht an dem Spalt erkennen, der in der Schädeldecke klafft und vom Axthieb des Bauern herrührt.

DIE MUTIGE MAGD IM WATTENSER TAL

Im Wattenser Tal, das sich stundenweit ins Hochgebirge hineinzieht und den Zugang zu zahlreichen Almen bildet, die sich zu beiden Seiten des Tales den unfruchtbaren Hochbergen vorlagern, liegt auf der linken Bachseite die schöne Alm Wotz. Hier hauste alljährlich zur Winterszeit ein fleißiger Almgeist, ein Kasermandl, das nächtelang in der Almhütte herumrumorte und erst gegen Weihnachten ruhiger wurde. Wenn dann beim Frühjahrsbeginn die erste Amsel auf den Fichten im nahen Gehölz ihr inniges Liebeslied sang, nahm der winterliche Gast Abschied von der Hütte und wurde bis zum Herbst nicht wieder gesehen.

Im Hause des Bauern, dem diese Alm gehörte, diente eine brave, ehrliche Magd, die mit rührender Liebe an ihrem armen alten Mütterchen hing, das schwerkrank darniederlag. Nun war wieder die Weihnachtszeit gekommen, und das fleißige Mädchen hatte in Haus und Stall alles geputzt, gebürstet und sauber gemacht. Als der Bauer am Heiligen Abend mit dem Gesinde und ein paar Bekannten am Weihnachtstisch saß, kam die Rede auch auf die Alm, und einer der Gäste meinte: „Was wohl heut das Kasermandl macht? Ob es auch Weihnachten feiert?“

Der Bauer, dem die paar Viertel Roten, die er sich heute vergönnt hatte, zu Kopf zu steigen begannen, rief in heiterer Festlaune: „Wer von euch sich getraut, jetzt gleich auf die Wotzalm zu steigen und nachzuschauen, was das Kasermandl heute nacht treibt, und zum Zeichen, daß er oben war, den Melkkübel aus der Almhütte mitbringt, dem will ich meine schönste Kuh aus dem Stall geben.“

Aber die Nachbarn und Knechte schwiegen, keiner brachte den Mut auf, den nächtlichen Gang zu wagen, nicht einmal um die schönste Kuh; denn das Kasermandl da oben stand in keinem guten Ruf und hatte schon manchen, der ihm in die Quere kam, mit geschwollenem Kopf davongejagt. Da faßte sich das mutige Mädchen ein Herz und dachte: Ich wage es in Gottes Namen. Ich tue es nicht aus Prahlerei oder Neugierde, sondern um meiner armen Mutter zu helfen, die eine Kuh gut brauchen kann. Also erklärte sich die Magd bereit, den Gang auf die Alm zu unternehmen. Leicht war es nicht, in kalter, finsterer Nacht zwei Stunden lang durch Schnee und Eis bergauf zu stapfen, aber das mutige Mädchen überwand alle Schwierigkeiten und erreichte glücklich sein Ziel.

Droben in der Almhütte war alles hell erleuchtet, Tische und Bänke glänzten vor Sauberkeit, auch der Fußboden war blitzblank gescheuert. Das Kasermandl saß im Feiertagsgewand vor dem Herd, schmauchte sein Pfeifchen und kochte sich in der Pfanne einen kohlrabenschwarzen Brei. Mutig trat das Mädchen in die Hütte, knixte unerschrocken vor dem Mandl, so gut es eben eine einfache Bauerndirn verstand, und wollte eben anheben, ihr Kommen zu erklären, da winkte ihr der Kleine und sagte: „Komm her, setz sich nieder und iß mit!“ Aber der Magd graute vor der seltsamen schwarzen Speise, sie zögerte, den dargebotenen Löffel in die Hand zu nehmen. Das Mandl aber meinte: „Dirndl, fürchte dich nicht! Mach nur rasch ein Kreuzzeichen über der Speise, und du wirst sehen, daß sie recht gut genießbar ist.“

Die Magd tat dies. Sogleich lagen die schönsten Krapfen in der Pfanne, und sie hieb wacker ein; denn der weite Weg hatte sie hungrig gemacht. Auch das Männchen griff zu und aß mit dem Mädchen um die Wette; es schmeckte beiden ganz ausgezeichnet. Als sie die Pfanne fein säuberlich ausgeputzt hatten, fing das Kasermandl zu reden an: „Ich kenne dein Anliegen schon. Du sollst nachschauen, was ich hier treibe, und den Melkkübel mit hinunterbringen, zum Zeichen, daß du hier warst. Ich werde ihn dir gleich geben; denn du bist ein tüchtiges, braves Mädchen. Wenn du dann wieder im Tal unten bist, so verlange vom Bauern die beste trächtige Kuh mitsamt dem Kalb. Die soll er hergeben als Strafe dafür, daß er dich mutwillig mitten in der Nacht bei Kälte und Schnee auf den Berg heraufgeschickt hat.“

Froh machte sich die Bauerndirne mit ihrem Melkkübel wieder auf den Heimweg. Als sie zum Haus ihres Dienstherrn kam, wollte dieser gerade zur Kirche aufbrechen. Freudig erzählte ihm die Magd den Erfolg ihres Ganges und zeigte zum Beweis, daß sie wirklich auf der Alm war, den Melkkübel vor; dann bat sie um die versprochene Kuh. Da lachte der Bauer und sagte: „Daß du dumm genug warst, mitten in der Nacht auf die Alm zu rennen, ist dein eigener Schaden. Aber für so närrisch hätte ich dich nicht gehalten, meinen Spaß mit der Kuh für bare Münze zu nehmen. Dein Gang ist ja keinen Pfifferling wert, geschweige denn eine Kuh.“ Damit war die Sache für ihn erledigt, und das arme Mädchen hatte das Nachsehen.

Am andern Morgen aber gab es eine traurige Weihnachtsbescherung im Bauernhof: eine der schönsten Kühe lag tot vor ihrem Barren im Stall. Der Bauer wollte sich schier die Haare ausraufen vor Ärger und Leid. Die Kuh war sein Liebling gewesen und hatte ihm schon manchen Preis eingetragen.

„Hättest du die Kuh mir gegeben, so wäre dir dieser Kummer erspart geblieben“, meinte die Magd. „Willst du dein Versprechen nicht halten?“ Aber der Bauer schnauzte sie derb an und hieß sie schweigen.

Da ereignete sich am nächsten Tag neuerlich ein schreckliches Unglück, man fand wieder eine schöne Kuh tot im Stall; sie hatte sich an der verknüpften Halskette erwürgt. Und als am dritten Tag ein drittes Tier zugrunde ging, gab der Bauer klein bei; denn er meinte, es könne ihn den ganzen Viehstand kosten, wenn er sein Wort nicht einlöse. So gab er der Magd die begehrte trächtige Kuh und hatte fortan wieder Ruhe im Stall. Die Magd aber führte die Kuh in das Häuschen der Mutter, die mit glänzenden Augen die wertvolle Gabe in Empfang nahm; den nun hatte ihre Not ein Ende.

Dankbar gedachte das Mädchen des Kasermandls auf der Wotzalm und schickte täglich fromme Wünsche zum Himmel empor, um das Männchen von dem Fluch, der auf ihm lastete, zu erlösen.

OBERÖSTERREICH

DER SPRINGERWIRT ZU EFERDING

Hart an der Straße bei Eferding steht ein altes Gasthaus, das seit jeher weit und breit unter dem Namen „Zum Springerwirt" bekannt ist. Wie zur Bekräftigung dieser Bezeichnung ist auf dem Schild, das über dem Eingangstor hängt, eine scheinbar in der Luft schwebende Gestalt, ein springender Harlekin, dargestellt.

An einem heißen Sommertag saß eine durstige Gesellschaft ehrsamer Eferdinger Bürger in der luftigen Gaststube des alten Wirtshauses und sprach eifrig dem heute doppelt notwendigen kühlen Labetrunk zu. Mißmutig und schläfrig döste der Wirt in einer Ecke des Raumes. Der Geschäftsgang ließ in der letzten Zeit manches zu wünschen übrig und trug nicht gerade dazu bei, seine Laune zu verbessern. Es hatte sich schon lange nicht ereignet, daß eine größere Anzahl von Gästen in seinem Haus weilte, so wie dies heute der Fall war.

Während er noch über die Ungunst der Zeiten nachdachte, drangen die Töne eines munteren Liedes an sein Ohr, und noch bevor er neugierig nach dem Sänger Ausschau halten konnte, öffnete ein schlanker junger Mann von heiterem Aussehen die Tür, begrüßte die versammelte Gesellschaft freundlich und rief: „Heda, Herr Wirt, einen Humpen vom Besten! Aber rasch! Die Hitze macht durstig, und doppelt gibt, wer schnell gibt!"

Diese dringende Bestellung machte dem Wirt Beine; sogleich lief er in den Keller, und es dauerte nicht lange, so stand ein Krug des köstlichen Nasses vor dem erwartungsvoll wartenden Gast.

Mit tiefem Behaben schlürfte der Fremde das kühle Getränk und meinte: „Kein schlechter Tropfen!"

„Das will ich meinen!" antwortete der Gastwirt und setzte hinzu. „Mit Verlaub, kommt der Herr von weit her?"

„Zunächst von Eferding", erklärte lächelnd der Gast; „aber ich habe schon viele fremde Länder und Städte gesehen."

„Ihr seht mir aber gar nicht aus wie ein wandernder Handwerksgeselle", entgegnete der Gastwirt.

„Das bin ich auch nicht", antwortete der Fremde; „ich bin ein studierter Mann, der seine Gelehrsamkeit schon vor Kaisern und Königen beweisen konnte, ein Magister der freien Künste, der überall Aufsehen und Bewunderung erregt hat; mein Name ist Rothard."

Da steckten die Gäste flüsternd die Köpfe zusammen, und der Wirt meinte neugierig: „Da solltet Ihr uns aber doch von Eurer Kunst etwas zum besten geben!"

„Ja, warum denn nicht!" entgegnete der Magister lächelnd. „Ihr könnt schon ein Pröbchen von mir haben. Dazu mag es, wenn Ihr wollt, eine Wette gelten."

„Es gilt!" rief der Wirt. „Laßt hören, um was es sich handelt!"

Aufmerksam waren die Bürger dem Gespräch der beiden gefolgt und rückten nun neugierig näher heran. Der Fremde aber setzte schmunzelnd fort: „Nun gut, gebt also acht! Ich wette, daß ich höher springe als Euer Haus. Gelingt mir dies, so habe ich die Wette gewonnen, und Euer Haus gehört mir. Wenn ich aber verliere, so will ich fünfzig Humpen Eures besten Weines zahlen."

Der andere war zufrieden, und mit Handschlag bekräftigten sie ihre Abmachung. Neugierig stellten sich die Gäste im Kreis herum, und der Wirt rief: „Nun los, zeigt, was Ihr könnt!"

„Also paßt auf!" schrie der Magister. „Ich springe jetzt höher als Euer Haus."

Da lachte der Wirt und entgegnete: „Das mag wohl für Euch ein teurer Spaß werden. Da kann ich ja gleich gehen und das Fäßchen vom Besten anstechen. Mein Haus ist zwei Stock hoch, und Ihr wollt höher springen! Daß ich nicht lache!"

Aber übermütig antwortete der Fremde: „Das Lachen wird Euch gleich vergehen." Und zu den Gästen gewandt, fügte er hinzu: „Ihr seid alle Zeugen, die Wette ist abgeschlossen und mit Handschlag besiegelt; wenn ich höher springe als das Haus, so ist es mein Eigentum. Es gibt kein Zurück mehr; ein Vertrag muß eingehalten werden."

Alle Gäste gaben ihm recht, und der Fremde ging mit ihnen und dem Wirt zur Tür hinaus, zog seinen Rock aus und sagte: „So, nun achtet genau, wie hoch ich springe!" Dann setzte er zum Sprung an, erreichte auch eine beachtliche Höhe, die aber freilich nur etwas über die Tischhöhe hinausging, und meinte lachend: „Die Wette ist gewonnen; Euer Haus gehört jetzt mir. Und damit Ihr seht, daß ich auch sonst noch etwas springen lasse, so bringt schnell für jeden Gast einen Krug vom besten Wein; den will ich gern bezahlen."

„Was", schrie der Wirt, „wollt Ihr einen Narren aus mir machen? Mein Haus soll Euch gehören, wo Ihr doch kaum so hoch gesprungen seid, als dies ebenerdige Fenster reicht! Es soll Euch bald vergehen, mit mir Eure Späße zu treiben. Die Wette habe ich gewonnen, und Ihr habt die Zeche zu bezahlen."

„Geduld, Herr Wirt", meinte der Magister. „Geduld! Ich bin gesprungen; nun mag Euer Haus springen: hüpft es höher als ich, dann habe ich die Wette verloren. Nun los, du alter Kasten, spring einmal!"

Da hatte der Student die Lacher auf seiner Seite, nur der Wirt murrte überrascht, so habe er nicht gewettet, und drohte im Ärger Rothard mit dem Gericht. Die Gäste aber meinten, was bei Gericht herauskomme, das wisse man schon, und redeten den beiden gut zu, sich gütlich zu einigen. Lange wollte der Wirt von einer Einigung nichts wissen, bis Rothard ihn bei der Hand ergriff und vorschlug: „Meister Wirt, ich will nicht starrköpfig sein und biete Euch meine Hand zur Versöhnung. Ich bin lange genug in der Welt herumgewandert und hätte gern ein Plätzchen, wo ich ruhig bleiben und eine friedliche Arbeit verrichten könnte. Nehmt mich in Eure Dienste, und Ihr sollt mit mir zufrieden sein."

So machte denn der Wirt gute Miene zum bösen Spiel und behielt den lustigen Springer im Haus. Er hatte es nicht zu bereuen; denn sein neuer Helfer hatte nicht nur den Mund auf dem rechten Fleck, sondern packte auch jede Arbeit mit geschickter Hand an. Die Gäste kamen auf ihre Rechnung; denn abgesehen davon, daß er sie sorgfältig bediente, war auch für ihre Unterhaltung aufs beste gesorgt. Und seine Geschichten und witzigen Einfälle lockten von weit und breit Gäste ins Haus, so daß oftmals nicht alle Platz fanden. Der Wirt aber hatte es dem lustigen Gesellen zu danken, wenn er reich wurde.

Als dann nach einigen Jahren eine Seuche im Land ausbrach und den lustigen Schankburschen tötete, war es allen, die ihn gekannt hatten, herzlich leid, und der Wirt weinte ihm so manche Träne nach.

Das Gasthaus aber heißt seit dieser Zeit „Zum Springerwirt".

BURG RANNARIEDL

Unterhalb Engelhartszell erhebt sich am linken Ufer der Donau ein steiler Bergrücken, an dem die munter dahinplätschernde Ranna dem Strom zu vorbeieilt. Kühn schaut inmitten der Wälder die stolze Rannaburg von dieser Höhe in das Tal hinab. Uralt ist der prachtvolle Bau; aber noch bevor diese Burg stand, erhob sich ein anderes älteres Schloß ein wenig oberhalb der Anhöhe, dort, wo heute die sogenannte Bastei steht.

Hier lebte ein angesehener Ritter in glücklichster Ehe mit seiner Ehefrau, dessen Glück vollkommen schien, als ihm seine Gemahlin ein Söhnchen schenkte. Doch die Zeiten waren unruhig, der Feind drang ins Land und brannte Dörfer und Städte nieder. Auch das sonst so ruhige Donautal widerhallte vom Lärm rauhen Kriegsgetümmels. Feindliche Scharen zogen vor die bisher so friedliche Burg und forderten den Ritter zur Übergabe auf. Aber der war nicht gewogen, sich mit Ehefrau und Kind auf Gnade und Ungnade den wilden Horden zu ergeben. Alles wurde zur Verteidigung der Burg instand gesetzt, und lange bestürmten die Feinde umsonst die stolze Burg. Immer erbitterter wurde der Kampf, und manche Bresche war schon in den Mauern geschlagen. Der Ritter erkannte mit Schrecken, daß das Schicksal der Feste besiegelt sei, aber er wollte im Kampf bis zum Letzten ausharren. Freilich, wenn er an sein Kind, an das winzige Söhnlein dachte, das mit ihm den Untergang finden sollte, füllte sich sein Herz mit bitterem Kummer, und er beschloß, wenigstens das Kindlein dem grausigen Tod zu entreißen.

Unter dem Burggesinde war eine kräftige, mutige Magd. Diese ließ der Schloßherr zu sich rufen und trug ihr auf, mit dem Kind donauabwärts zu flüchten und es in sicherer Obhut zu behalten. Noch in der gleichen Nacht ließ man die Magd mit dem Kind an einem Seil über eine steile, unzugängliche Stelle des Burgfelsens in die Tiefe hinab, und es war auch wirklich höchste Zeit gewesen, das Kind aus der Burg zu schaffen. Denn schon am nächsten Tag drang der Feind ein; der Burgherr fand im verzweifelten Kampf mit allen Schloßbewohnern den Tod, die Burg aber wurde in Brand gesteckt und bis auf die Grundmauern zerstört, kein Stein blieb auf dem andern. Der getreuen Dienerin gelang es wirklich, ungesehen von den Belagerern das Donauufer zu gewinnen, wo sie ein Boot fand, das sie in Sicherheit bringen sollte. Aber die Feinde streiften auch im Tal umher. Schon hatte die Magd das Kind unter die Ruderbank gelegt und den Kahn von der Kette gelöst, da traf sie ein heimtückischer Pfeil aus dem Dunkeln, und zu Tode getroffen stürzte die treue Beschützerin des Knäbleins lautlos in den gurgelnden Strom. Das Schifflein aber trieb schaukelnd in die Strommitte hinaus und verschwand, mit den Wellen abwärts ziehend, im Dunkel der Nacht.

Eine Strecke unterhalb der Rannaburg, dort, wo sich am Berghang das Schloß Haichenbach erhob, fand am andern Morgen ein alter Fischer ein Boot am Ufer angetrieben, in dem ein weinendes Knäblein lag. Der Alte hob das kleine Menschenwesen aus dem schwankenden Boot und brachte es in das Schloß Haichenbach, wo sich die Schloßfrau des armen Würmchens erbarmte. Sie zog es wie ihr eigenes Kind auf, es wuchs und gedieh prächtig. Auch der Burgherr fand Gefallen an dem fröhlichen Kind. Er unterwies ihn in allen ritterlichen Tugenden und sandte ihn, als er herangewachsen war, an den fürstlichen Hof, damit er höfische Zucht und Sitten erlerne. Frühzeitig schon wurde der Jüngling zum Ritter geschlagen und kehrte mit den goldenen Sporen, dem Gürtel und dem Wehrgehänge in die väterliche Burg Haichenbach zurück. Niemand hatte bisher von seiner wahren Abstammung erfahren, und er selbst hielt sich für einen Sohn des Burgherrn von Haichenbach.

Inzwischen hatte sich in der Gegend das Gerücht verbreitet, daß bei der Zerstörung der Burg Rannariedl ungeheure Schätze verschüttet worden seien, die aber niemand heben könne, da ein grimmiger Burggeist die verborgenen Schätze bewache und jeden verscheuche, der es wage, nach diesen

Reichtümern zu suchen. Mancher wagemutiger Geselle der es trotzdem versucht hatte, war nicht wieder zurückgekommen, der Burggeist hatte ihn unter Schutt und Mauertrümmern begraben.

Die Kunde von den geheimnisvollen Schätzen auf der Rannaburg kam auch dem jungen Ritter auf Haichenbach zu Ohren und ließ ihn nicht mehr zur Ruhe kommen. Und so zog er denn eines Tages aus, um der Sache auf den Grund zu gehen. Fröhlich trabte er das Donautal aufwärts. Er war zwar auf einen harten Kampf mit einem starken Gegner gefaßt, aber seinem ritterlichen Wagemut konnte diese Aussicht nicht erschüttern. Als er über Schutt und Geröll, durch Gestrüpp und Dickicht in das halbverfallene Gemäuer des Burghofes einritt, ergriff ihn ein seltsam wehmütiges Gefühl. Zögernd stieg er vom Pferd und entdeckte nach längerer Suche eine mit Moos und Flechten überwachsene Tür an einer Seite der Mauer. Während er sich noch bemühte, die Pforte zu öffnen, stand plötzlich ein kleines altes Männlein, mit Bart und grauer Kutte bekleidet, vor ihm, begrüßte ihn freundlich und sagte: „Lange habe ich auf dich gewartet, aber ich wußte, daß du einst kommen würdest. Geh nun mit mir! Ich will dir die Ruhestätte deiner Eltern zeigen und den Schatz deiner Ahnen, den ich lange Jahre hindurch hier gehütet habe."

Hierauf erzählte er dem staunenden Jüngling die Geschichte seiner Abstammung, zeigte ihm den Platz, wo die Leichen seiner Eltern verschüttet waren, und führte ihn bei Fackelschein zu einem reichen Schatz von Gold- und Silbermünzen, der in einem unterirdischen Gewölbe aufbewahrt lag.

„Dieses Gold", sage er schließlich, „sollst du benützen, um deinen Eltern eine würdige Ruhestätte zu errichten und die Burg deiner Ahnen in altem Glanz wiedererstehen zu lassen."

Als der junge Mann, wie aus einem Traum erwachend, um sich blickte, war der Alte verschwunden. Aber das Glänzen des Goldes, das im Schein der mitgeführten Fackel blinkte, bewies ihm, daß alles kein Traum war. Nachdenklich stieg er aus dem finsteren Gewölbe wieder in den sonnendurchglänzten Burghof hinauf, schwang sich auf sein Pferd und kehrte nach Haichenbach zurück.

Hier erzählte er sein Erlebnis, und die Pflegeeltern bestätigten ihm, daß er ein Findling sei, den man vor Jahren aus einem Kahn am Donauufer geborgen habe. Nach einigen Tagen ging man an die Hebung des Schatzes, der nach dem Willen des Burggeistes und dem Vermächtnis seiner leiblichen Eltern verwendet wurde.

Wenige Jahre später war Burg Rannariedl etwas unterhalb der Trümmer der alten Burg wiederaufgebaut, und der neue Schloßherr zog mit seiner Ehefrau, einer Tochter des Haichenbachers, der ihn so liebevoll erzogen hatte, in sein stolzes Schloß, das seitdem bis zum heutigen Tag stolz auf die Donau herabblickt.

DER MONDSEE

Tief unten am Grund des Mondsees erhebt sich ein kleiner Hügel. Hier stand früher, als es noch keinen See gab, ein wunderschönes Schloß, und an den Berghang gelehnt breitete sich inmitten fruchtbarer Äcker und Wiesen eine blühende Ortschaft mit einer zur Andacht ladenden Marienkirche aus. Die Bevölkerung des Dorfes waren gottesfürchtige, fleißige Bauern, die die ganze Woche hindurch fleißig ihrer Arbeit nachgingen, den Sonntag aber in frommer Gläubigkeit dem Herrn weihten. Der Ritter dagegen, der auf der Burg saß, war ein gottloser, grausamer Herr, der seinen Gefallen daran hatte, seine Untertanen zu schinden und zu bedrücken und die Nachbarburgen zu überfallen und auszuplündern. Die Sonn- und Festtage verbrachte er lieber bei großen Sauf- und Freßgelagen im Kreis gleichgesinnter Standesgenossen, als einen Fuß in die Kirche zu setzen. Doch die strafende Hand des Herrn schwebte schon über ihm.

Eines Nachts erschien dem Pfarrer des Dorfes im Traum die Muttergottes und forderte ihn auf, den Ort mit allen Bewohnern schleunigst zu verlassen, da der Zorn Gottes die Burg und den Ort in kurzer Zeit schwer treffen werde. Gehorsam vollzog der Pfarrer die himmlische Weisung und verließ mit seinen Pfarrkindern traurig das geliebte Heimatdorf. Mit all ihren Habseligkeiten beladen, zogen sie davon und siedelten sich an der Stelle an, wo heute der Markt Mondsee liegt. Der Ritter besah von der Burg aus mit seinen Trinkfreunden den Abzug der Dorfleute und rief ihnen höhnische, spottende Worte nach. Dann kehrte er mit seinen grölenden Gästen fluchend zur Tafel zurück und verbrachte wie üblich den Tag mit Saufen, Spielen und Lästern, bis die Nacht hereinbrach.

Aber während der Burgherr und seine üblen Gäste noch ahnungslos ihrem gottverhaßten Tun frönten, verfinsterte sich schon der Himmel, und das göttliche Strafgericht nahte. Ein schweres Unwetter zog auf, Blitz auf Blitz zuckte hernieder und schlug in die Burg ein. Flammen stiegen zum Himmel, Wasser quoll aus unterirdischen Spalten und erfüllte das Tal mit rasender Schnelligkeit. Das brennende Schloß versank mit dem Burgherrn und allen seinen Bewohnern und Gästen in einem sich öffnenden Schlund, die steigenden Wasser schlossen sich über der Burg und überfluteten auch die Häuser des Dorfes, das mit dem Schloß zugrunde ging.

Am andern Morgen aber breitete sich dort, wo Burg und Ortschaft gestanden waren, ein weiter See aus, der wegen seiner mondförmigen Gestalt den Namen Mondsee erhielt. Bei klarem Wetter soll man inmitten des Sees weit unten in den dunkelgrünen Fluten noch die Spitze des Kirchturms und die Zinnen der Burg sehen können. Zuletzt hat sie vor nahezu hundert Jahren ein Fischer gesehen, der auch die johlenden Stimmen von Trinkern zu hören vermeinte.

DIE ZWERGENHÖHLE BEI OBERNBERG

Ein Bauer aus der Gegend von Obernberg am Inn war in große Not geraten. Er hatte sich das ganze Jahr früh und spät in seinem kleinen Anwesen geplagt, mit großem Fleiß seine Felder bestellt, hatte gepflügt, gejätet und im Sommer im Schweiße seines Angesichts mit seinen Kindern sich um die Hereinbringung seiner Ernte bemüht. Aber der Frost hatte schon im Frühjahr die Blüten der Obstbäume vernichtet, der Hagel schlug die Körner aus den Ähren, und lang dauernde Regengüsse richteten schweren Schaden an der Heuernte an. Als er dann nach der Ernte den Ertrag des Jahres überblickte, sah er mit Schrecken, daß er kaum soviel hatte, um bis zur nächsten Ernte mit seiner Familie das Auskommen zu finden. In früheren Jahren hatte er regelmäßig einen Teil seiner Feldfrüchte auf dem Markt verkaufen und mit dem Erlös seine Schulden zahlen können. Diesmal aber verblieb ihm kein Hälmlein und kein Körnlein, das er zu Geld machen konnte. Und schon waren wieder die Steuern fällig, seine Gläubiger erwarteten die Bezahlung der rückständigen Zinsen, und in Haus und Hof waren viele Anschaffungen nötig.

Kummervoll machte er sich eines Tages auf den Weg, um in einem entfernt gelegenen Dorf die Verwandten seiner Frau aufzusuchen und um ein kleines Darlehen zu bitten, wovon er die dringendsten Schulden und die Steuern bezahlen wollte. Es war ein schwerer Gang, denn es kam ihm nicht leicht an, anderen Leuten seine Not zu klagen, auch machte er sich nicht allzu viele Hoffnungen über den Erfolg seiner Bitte, da die Verwandten selbst nicht gerade reich waren.

So schritt er, seine hoffnungslose Lage überdenkend, durch eine finstere Schlucht. Müde und verzagt setzte er sich auf einen Felsblock am Weg und murmelte vor sich hin: „Ach, wenn mir doch irgendein höheres Wesen, eine gütige Fee oder ein freundlicher Kobold, in meiner unverschuldeten Not zur Hilfe käme!“ Wehmütig sah er dem munteren Spiel der Eichhörnchen in seiner Nähe zu, hörte in der Ferne den heiteren Gesang der Vögel, da war es ihm, als vernähme er hinter seinem Rücken leises Stimmengewirr. Doch als er sich umdrehte, sah er niemand. Aber bald vermeinte er wieder Stimmen zu hören und erhob sich, um durch die Bäume zu spähen. Er sah zwar kein menschliches Wesen, aber die Laute waren jetzt deutlicher zu hören, und er zwängte sich in der Richtung des Schalles durch das Gebüsch. Das Geräusch verstärkte sich, und plötzlich sah er am Rande des Dickichts auf einer grünen Waldwiese Hunderte von kleinen Gestalten, die dort standen und saßen und unter fröhlichen Gesten und Reden herumsprangen, sich jagten und spielten. Inmitten des Platzes stand ein wunderschöner, weiß und goldig schimmernder Wagen, an den sechs weiße Ziegenböcke gespannt waren. Im Wagen aber saß ein alter, ehrwürdig aussehender Zwerg, in einen purpurnen Mantel gehüllt, eine glitzernde Krone auf dem Haupt. Es war der Zwergenkönig, der mit gnädigem Blick dem fröhlichen Treiben seiner Untertanen zusah.

Der Bauer blieb regungslos in seinem Versteck stehen und beobachtete das bunte Treiben, das sich vor seinen Augen entfaltete. Eine Weile hatte er unbemerkt hinter seinem Busch gelauscht, als plötzlich ein kleines Männlein im Spiel mit einem zweiten auf das Gebüsch zugelaufen kam. Mit einem lauten Schrei prallte es erschrocken vor dem großen Menschen zurück, der da mit einemmal vor ihm stand. Sogleich kamen die anderen Zwerge herbei und führten den Bauern zu ihrem König, der den fremden Eindringling auszufragen begann. Der Bauer klagte dem Zwergenkönig in bewegten Worten seine Not, und dieser schien von den offenen Worten des einfachen Mannes gerührt. Er ließ alle Zwerge vor seinen Wagen treten und befahl ihnen, zu einem nahe gelegenen niederen Hügel voranzugehen und das unsichtbare Tor aufzuschließen; er selbst fuhr mit seinem glänzenden Gespann hinterdrein und lud den Bauern ein, mitzukommen. Ein langer, nur schwach beleuchteter Gang führte ins Innere des Hügels zu einem zweiten eisernen Tor, dessen Flügel weit offenstanden.

Vor den Blicken des Bauern lag in strahlendem Lichterglanz ein riesiger Saal, in dem die Wände entlang große Haufen von Gold, Silber und Edelsteinen, aufs schönste geordnet wie die Haufen von Körnerfrucht auf dem Schüttboden eines reichen Bauern, aneinandergereiht lagen. Während er fassungslos noch diesen unermeßlichen Reichtum bestaunte, trat einer der Zwerge an ihn heran und forderte ihn mit freundlichen Worten auf, in den Nebenraum zu kommen, denn das Essen stehe bereit. Der Bauer folgte seinem liebenswürdigen Wirt in das anstoßende Zimmer, wo der König mit seinen Mannen an einer festlich gerichteten Tafel saß. Da wurden nun Speisen und Getränke aufgetragen, daß die Tische sich bogen, und ein leckeres Gericht folgte dem andern. So gute Sachen hatte der Bauer noch nie gesehen, geschweige denn gegessen; und immer, wenn er meinte, genug zu haben und nicht mehr weiteressen zu können, ermunterten ihn die freundlichen Zwerge zuzugreifen, und der Bauer aß und aß, wie er sein Lebtag noch niemals getan hatte.

Zwei Tage dauerte die festliche Schmauserei, die mit fröhlichem Geplauder und Gelächter gewürzt war. Am dritten Tag ließ der König seinen Gast rufen und fragte ihn, wie es ihm hier gefalle und ob er nicht auf immer dableiben wolle. Da fielen dem Bauern voll Sorge Ehefrau und Kinder ein, die von seinem Verbleiben nichts wußten, und alle Not, die ihn und seine Familie auf Erden erwartete, kam ihm wieder zu Bewußtsein. „Herr“, sagte er mit bebender Stimme, „in Eurem Reich ist es wunderschön, hier gibt es keine Not und keine Sorgen, und ich würde wohl gern für immer dableiben; aber droben auf der Erde leben meine Frau und meine Kinder in Not und Entbehrungen; sie wissen nicht, wo ich hingekommen bin, und warten gewiß mit Angst auf meine Heimkehr. Ich bitte Euch, laßt mich wieder zu den Meinen nach Hause gehen!“

Da nickte der Zwergenkönig würdevoll und sagte: „Morgen sollst du wieder zu deiner Familie heimkehren. Aber vorher darfst du dir zum Andenken aus meinen Schätzen auswählen, was du willst.“

Die Zwerge brachten ihm nun einen großen Sack und legten ihm Gold und Silber und verschiedene Kleinodien in Menge zur Auswahl vor. Der Landwirt aber packte in den Sack, soviel er glaubte schleppen zu können, vor allem Gold; denn das, dachte er, sei wohl am wertvollsten von allem.

Am andern Morgen nahm er Abschied vom Zwergenkönig, der ihm die Hand reichte, und von den freundlichen Zwergen und schritt, mit dem schweren Sack bepackt und von einigen Gnomen begleitet, durch den langen Gang zum Ausgang der Höhle. Bald sah er sich wieder auf der grünen Waldwiese, wo er die Zwerge vorgefunden hatte, und machte sich auf den Heimweg zu seiner Familie, die wegen seines langen Ausbleibens schon die ärgsten Befürchtungen gehegt hatte; denn er war nicht zwei Tage, wie er gemeint hatte, sondern volle acht Tage fort gewesen. Nun aber hatte alle Not ein Ende, und dankbar gedachte der Landwirt in seinem Wohlstand der hilfsbereiten Zwerge.

DIE GRÜNDUNG DER ABTEI KREMSMÜNSTER

Mehr als ein Jahrtausend ist vergangen, seit der Bayernherzog Tassilo Herr über jenen Landstrich war, wo sich jetzt im Tal der Krems der Prachtbau des Benediktinerstiftes Kremsmünster erhebt. Dichte Wälder erstreckten sich damals weithin, Bären und Wölfe, Hirsche und Eber waren dort zu Hause.

Als der Bayernherzog einst in Lorch weilte, vergnügte sich sein Sohn Gunter in den Wäldern mit der Jagd. Eifrig dem edlen Waidwerk hingegeben, drang er immer tiefer in den Wald vor und kam, sein Gefolge weit hinter sich lassend, bis ins Tal der Krems. Hier trieb er einen ungeheuren Eber auf und ging dem Tier mutig mit seinem Jagdspieß zu Leib. Er brachte dem flüchtenden Eber eine schwere Wunde bei, doch sein Speer zerbrach, und das verletzte Wild wandte sich wütend gegen seinen Verfolger. Mit seinen Hauern riß es dem Jäger eine große Wunde am Fuß, so daß Gunter stöhnend zu Boden sank und hilflos und einsam im Moos verblutete. Es war an der Stelle, wo heute der Gunterteich liegt.

Der treue Jagdhund des Knaben brachte die Jagdgefährten auf die Spur des Vermißten und führte sie zu der abgelegenen Stelle im Wald, wo sein Herr tot auf dem Waldboden lag. Eilends wurde ein Bote nach Lorch abgesandt, um dem Herzog die gräßliche Nachricht vom Tod seines Sohnes zu überbringen. Schmerzgebeugt machte sich der Herzog sofort auf den Weg zur Unglücksstätte. Gebrochen saß er bis tief in die Nacht hinein bei der Leiche seines Kindes und trauerte über den jähen Tod des Jünglings.

Da trat plötzlich ein schneeweißer Hirsch aus dem Dunkel des Waldes hervor, zwischen dessen Geweih rotglühende Flammen in Kreuzesform leuchteten, näherte sich dem gebrochenen Vater und verschwand hierauf wieder im Dunkel der Nacht – es war der St.-Hubertus-Hirsch.

Mit höchster Verwunderung hatte Herzog Tassilo diese wundersame Erscheinung gesehen; sie schien ihm eine Mahnung des Himmels, dem geliebten Sohn an der Stätte seines Todes ein Erinnerungsmal zu setzen. Er ließ an dieser Stelle zunächst eine hölzerne Kapelle erbauen, die später zu einer stattlichen Kirche erweitert und mit einem Kloster umgeben wurde. Sein Sohn Gunter wurde in der Kirche beigesetzt, in das Kloster aber wurden Benediktinermönche berufen, die seit der Gründung des Klosters im Jahre 777 bis heute an dieser Stätte wirken. Zum Gedenken an den Anlaß der Gründung führt das Stift den Eber im Wappen.

DAS „HOCHZEITSKREUZ" AM WOLFGANGSEE

Ein klarer Wintertag stand über der spiegelglatt gefrorenen Fläche des Wolfgangsees. Frau Methe, von den Ortsbewohnern die böse Marthe genannt, weil ihre Streitsucht und Bosheit allgemein bekannt und gefürchtet waren, und die man sogar des Bundes mit dem Teufel beschuldigte, traf die letzten Anstalten für die Hochzeit ihrer Tochter Käthe, um die der stattliche Junker Stollhammer aus St. Gilgen geworben hatte. Die Trauung sollte schon in acht Tagen stattfinden. Wohl war es ein gewagtes Unternehmen, Schwiegersohn der bösen Marthe zu werden, aber die Anmut und Schönheit des lieblichen Käthchens wogen alle Bedenken auf. Der verliebte Jüngling hätte noch mehr getan, als eine böse Schwiegermutter mit in Kauf zu nehmen.

Mit eifrigen Vorbereitungen vergingen die letzten Tage vor dem Fest, Verwandte und Freunde aus nah und fern wurden feierlich eingeladen, und alles war für die Hochzeit bereit. Da brach in der Nacht vor dem Hochzeitstag in der Scheune Frau Marthes ein Brand aus, der, genährt vom Wind, rasch um sich griff, so daß Haus und Hof samt allen Zurüstungen zum Fest ein Raub der Flammen wurden. Binnen weniger Stunden war das stolze Anwesen ein Trümmerhaufen, den die vergebens zur Hilfeleistung herbeigeeilten Dörfler zischelnd und flüsternd umstanden.

„Ja", meinte einer, der sich besonderen Ansehens zu erfreuen schien, „ich hab' mir's immer gedacht, unrecht Gut gedeiht nicht, und mit rechten Dingen ist es bei dem Reichtum der bösen Marthe gewiß nicht zugegangen; kein Wunder, daß es ein so erbärmliches Ende damit genommen hat."

„Sicher ist das ein Werk des Teufels", warf ein anderer ein, „der nun Abrechnung mit ihr halten will."

„Ach was", fügte ein dritter Mann hinzu, dem die Genugtuung über das Unglück, das die verhaßte Frau Marthe getroffen hatte, auf dem Gesicht geschrieben stand, „die Alte war ein Teufelsbraten und hat diese Strafe längst verdient."

So ging es von Mund zu Mund; keiner fand sich, der ein Wort des Mitleids für die schwer getroffene Frau gehabt hätte.

Da erschien plötzlich Marthe mit angebrannten Kleidern und verrußtem Gesicht mitten zwischen den rauchenden Trümmern. Ängstlich zog sich die Menge, den bösen Blick der gefürchteten Frau scheuend, weiter zurück. Diese aber erhob ihre Stimme und stieß die gräßlichsten Verwünschungen gegen den Himmel und sein Walten aus, verfluchte alles, was den Menschen teuer und heilig ist, und geriet in immer größeres Rasen. Vergebens beschworen sie einige der zum Fest geladenen Verwandten, sich zu mäßigen und so gräßliche Worte zu unterlassen. Das Weib war nicht zur Besinnung zu bringen und schloß mit dem vermessenen Ausruf: „Und das Hochzeitsfest meiner Tochter soll doch stattfinden! Wenn ich schon keine Kammer mehr habe, die Feier zu begehen, so will ich doch sehen, ob mir das Wasser ebenso feindlich gesinnt ist wie das Feuer. Dort auf der Eisdecke des Wolfgangsees wollen wir die Hochzeit halten."

Alle Einwendungen der Hochzeitsgäste blieben fruchtlos. Sofort ließ die Brautmutter die Vorbereitungen zum Tanz auf dem Eis treffen. Als der Junker Stollhammer mit seiner Begleitung eintraf, um die Braut abzuholen, war er nicht wenig bestürzt über die Zumutung, das Hochzeitsfest unter freiem Himmel auf dem Eis des abgrundtiefen Sees zu begehen. Er bat und beschwor seine Schwiegermutter, die Feier wegen des Brandes zu verschieben, aber die sture Frau wollte nicht hören; sie bestand auf ihrem Vorsatz, das Fest auf dem Eis abzuhalten.

Der Tanz begann. Bald herrschte ausgelassene Lustigkeit auf dem ungewohnten Tanzplatz; unter fröhlichem Jauchzen wirbelten die Paare über das Eis; eine der übermütigsten Tänzerinnen war Frau Marthe. Beim Felsenriff am Seeufer hatte die Musikkapelle Aufstellung genommen und ließ unaufhörlich muntere Weisen ertönen. Nur Junker Stollhammer hielt sich mit seiner schönen Braut, die wie Espenlaub zitterte, unmutig abseits. Bange Ahnungen erfüllten die Herzen des Paares.

„Als vorhin die Mutter jene entsetzlichen Verwünschungen ausstieß", flüsterte Käthchen mit Tränen in den Augen, „da schien es mir, als hebe sich eine schwarze Gestalt aus dem See und schüttle drohend die Faust gegen meine Mutter."

Noch hatte das Mädchen nicht zu Ende gesprochen, da begann es im See plötzlich zu brodeln und zu kochen, mit einem Knall zerbrach die Eisdecke, und die böse Marthe samt allen Hochzeitsgästen versank spurlos im See. Im letzten Augenblick war es dem Junker noch gelungen, mit raschem Sprung, seine Braut mit sich reißend, das Ufer zu erreichen, wo beide totenblaß den Untergang der anderen mit ansahen.

Aus der Tiefe des Sees aber drang eine dumpfe Stimme an das Ohr der entsetzt Lauschenden: „Marthe, das Maß deiner Frevel ist voll!"

Käthchen sank ohnmächtig zu Boden und verfiel in eine schwere Krankheit, von der sie sich nur langsam erholte. Erst als sie wieder völlig gesundet, die Brandruine geschleift und jede Spur von Marthens Wohnhaus beseitigt war, hielt Junker Stollhammer mit seiner Braut feierlich und gottergeben Hochzeit in der Kirche des heiligen Ägydius zu St. Gilgen.

Zur Erinnerung an jenes schreckliche Erlebnis, das so vielen Menschen das Leben kostete, sowie zur dankbaren Erinnerung an seine und seiner Braut Rettung ließ Hans Stollhammer am Seeufer ein Kreuz errichten, das man das „Hochzeitskreuz" nannte.

DER DONAUFÜRST IM STRUDENGAU

Der in dunklen Nächten oder an Tagen, wo dichter Nebel alles verhüllte und die Sicht behindert, im Strudengau das Ufer der Donau entlangwandert, der kann manchmal tiefes Seufzen oder auch dumpfe Klagerufe über den Wellen des Stromes vernehmen. Es sind die Klagen der Donaunixen, die ihren Herrn, den Donaufürsten, beweinen, den sie vor vielen Jahren verloren haben. Und das ging so zu:

Einst lebte ein alter Fischer mit seinem lieblichen Töchterlein am Donaustrand. Zufrieden ging der Alte frühmorgens auf Fischfang aus und kehrte erst spätabends in seine Hütte zurück, während das Mädchen das bescheidene Hauswesen führte. Als er eines Tages zur gewohnten Zeit die Netze einzog und wieder an Land stieg, fand er eine Menge Leute vor seiner Hütte, die sich aufgeregt unterhielten. Erschrocken fragte er, was es gegeben habe, und erfuhr zu seinem Entsetzen, daß der Donaufürst, als alter Mann verkleidet, seine Tochter geraubt und mit sich in die Tiefe des Stroms geschleppt habe.

Schmerzgebeugt über diesen Verlust, zog sich der Fischer von allen Leuten zurück und verließ nur mehr selten seine Hütte. Immer wieder dachte er darüber nach, ob es gar kein Mittel gäbe, seine Tochter dem Donaufürsten wieder zu entreißen. Er wußte, daß sich der Herr des Stromes in mondhellen, stürmischen Nächten dem Schiffer, der nichts Geweihtes am Leib trägt, auf dem Strom zeigt. So beschloß er denn, in einer solchen Nacht die Fahrt mit seinem Boot zu wagen und den Donaufürsten zu suchen. Kaum befand er sich in der Mitte des Donaustromes, als eine ehrfurchtgebietende Gestalt aus den Wellen vor ihm auftauchte. Blauschimmernde Kopf- und Barthaare, die über einen purpurroten Mantel bis in die Fluten wallten, hüllten die Erscheinung ein, eine dreieckige glitzernde Muschelkrone bedeckte das mächtige Haupt. Auf den Fischer zuschwebend, fragte der Donaufürst – denn er war es, der sich dem Alten zeigte –, was er für einen Wunsch habe. So pflegte er jeden zu fragen, der ihm begegnet, und zieht ihn dann hinunter in die Tiefe des Stromes, wo sich jeder Wunsch erfüllen werde.

Der Fischer sprach kein Wort, sondern blickte nur wie gebannt auf die strahlende Gestalt, die immer näher kam. Als der Fürst aber nach dem Rand des Bootes griff, hob der Alte sein Ruder und ließ es mit aller Wucht auf den Kopf des Donaufürsten niedersausen, daß vier große glänzende Steine aus dessen Krone in weitem Bogen in die Donau und an das Ufer flogen.

Auf dem Ruder war ein Rosenkranz angebracht, und das verlieh dem Fischer Schutz, sonst wäre er nach dem Schlag wohl unrettbar verloren gewesen.

Seit diesem Ereignis sind viele Jahrhunderte vergangen. Aber immer noch sucht der Herr des Stromes am Ufer und am Grund des Gewässers nach den Steinen, die ihm der Fischer damals aus der Krone geschlagen. Erst wenn er sie gefunden hat, darf er als Donaufürst wieder in die Wellen zurückkehren.

Weil der Fürst vier Steine verloren hat, darf jeder Mensch, der ertrinkt, vier Tage in seinem Palast weilen. Nixen bedienen ihn, die Fischerstochter aber windet einen Blumenstrauß und sendet ihn an die Oberfläche des Wassers hinauf, damit die Menschen dort oben wissen, daß wieder einer von den Ihrigen im Strom den Tod gefunden hat.

DIE ENTSTEHUNG DES IRRSEES

Wo heute das dunkle Gewässer des Zeller- oder Irrsees sich vor den Augen des Wanderers ausbreitet, erstreckte sich einst ein fruchtbares Gebiet, in dessen Mitte sich das prachtvolle Schloß eines bösen Zauberers erhob. Die armen Talbewohner, die in den Hütten rundherum wohnten, mußten sich manchen üblen Streich von dem Schloßherrn gefallen lassen, besonders aber hatte er es auf die Ischler Salz- und Bergarbeiter abgesehen. Die Arbeit der fleißigen Leute war ihm lästig, und er wollte diesen Maulwürfen, wie er sie nannte, seine Macht zu spüren geben.

Eines Tages ließ er ihnen durch einen Boten einen verschlossenen Topf überbringen, in dem sich Sole befinden sollte, die er prüfen lassen wollte. Die Ischler aber waren mißtrauisch genug, ihm den sonderbaren Topf ungeöffnet wieder zurückzuschicken; denn sie sagten sich, von dem bösen Zauberer könne nichts Gutes kommen.

Der Bote wanderte mit dem schweren Topf, dessen Gewicht ihm in der sommerlichen Hitze den Schweiß aus den Poren trieb, zu seinem Auftraggeber zurück. In der Nähe des Zauberschlosses setzte er sich ermüdet in den Schatten eines Gebüsches, um ein wenig zu verschnaufen. Dabei betrachtete er den Topf und dachte neugierig, ob sich wohl wirklich Sole drin befinden möge. Schließlich konnte er seine Neugier nicht mehr zügeln und öffnete den Topf. Da wallte es auf, ungeheure Wassermassen stürzten aus dem Gefäß, und jeder Versuch des armen Mannes, den Topf wieder mit dem Deckel zu schließen, war vergeblich. Das Wasser strömte und strömte, überflutete bald die ganze Gegend, unterwusch den Hügel, auf dem das Schloß des Zauberers stand, und zog es samt dem Schloßherrn zu sich in die Tiefe. So hatte sich über den boshaften Zauberer selbst das Unheil ergossen, das den Ischlern zugedacht war.

An der Stelle, wo einst das Schloß stand, breiten sich heute die Fluten des Irrsees aus. Ab und zu, an klaren Tagen, sieht man auf dem tiefsten Grund des Sees die Zinnen des Schlosses aufglänzen; zu Zeiten aber, in denen der Sturm über den See heult, will mancher Schiffer einem unheimlichen, graubärtigen Mann begegnet sein, der mit seinem Boot ziellos über den See fährt.

DAS RAUBGUT AUF SCHLOSS HAICHENBACH

Eine halbverfallene Ruine, die selten eines Menschen Fuß betritt, ist alles, was von der stolzen Raubritterburg Haichenbach an der Donau übriggeblieben ist. Einst war sie der Schrecken der Umgebung, und mancher Kaufherr, der die Straße entlangzog, manches Handelsschiff, das die Donau hinauf- oder hinunterfuhr, hat ihr seinen Tribut entrichten müssen. Eine lange Kette sperrte den Strom und zwang die Schiffe anzuhalten, worauf der räuberische Burgherr mit seinen Scharen aus dem Hinterhalt hervorbrach und die Schiffe ausplünderte. Die geraubten Waren wurden auf die Burg gebracht und verhalfen dem Haichenbacher zu Reichtum und sorglosem Leben.

Vergebens versuchte man, dem wilden Ritter das Handwerk zu legen; seine Burg auf der Donauhöhe war uneinnehmbar. Hatte man aber erfahren, daß der Ritter auf Raub ausgeritten war, und wollte ihm den Rückzug verlegen, so erkannte man aus den Hufspuren, daß er schon heimgeritten sein mußte. Wenn dann die Achtsamkeit nachließ, geschah es nicht selten, daß der Burgherr unvermutet mit seinen Knechten auftauchte und seine Verfolger niedermachte. Er hatte den Pferden die Hufeisen verkehrt aufnageln lassen und durch diese List seine Feinde getäuscht.

Der Bischof von Passau, dem das Land rundherum untertan war und der unter den Gewalttaten des Raubritters nicht minder zu leiden hatte als bürgerliche Kaufleute, suchte dem Ritter ins Gewissen zu reden und drohte ihm mit irdischen und himmlischen Strafen. Aber der Ritter lachte höhnisch über alle Bekehrungsversuche und setzte sein räuberisches Handwerk unentwegt fort, bis er eines Tages bei einem wagemutigen Ritt zu Sturz kam und sich das Genick brach. Während er in der Halle seines Schlosses aufgebahrt lag, brach Feuer in der Burg aus und vernichtete den stolzen Bau, so daß nur mehr die Mauern zum Himmel ragten. Die Leute aber meinten, der Satan habe zuerst die Seele, dann aber auch den Leichnam des Ritters in die Hölle geholt.

Kurze Zeit darauf träumte der Bischof von Passau, er stehe am Rand eines feurigen Abgrundes und höre eine Stimme aus der Tiefe, die rief: „Herr Bischof, erbarmt Euch meiner! Ihr allein könnt mir in meiner Qual helfen. In meinem Schloß liegt noch das geraubte Gut, deswegen ich hier in glühendem Gold rösten muß. Ich bitte Euch, schickt einen Brief mit geweihtem Siegel nach Haichenbach und laßt das Raubgut von dort holen!“ Der Bischof hielt den Traum für die Mahnung einer höheren Macht und schickte nach einigen Tagen eine Fähre die Donau hinunter, auf der der Bote mit Brief und Siegel stromabwärts fuhr.

Um Mitternacht legte die Fähre vor der Ruine Haichenbach an und wartete auf die kostbare Fracht, während der Bote zur Ruine hinanstieg. Kein Laut durchbrach die Stille der finsteren Nacht. Da bebte plötzlich die Erde, ein Krachen erklang, und die brandgeschwärzten Mauern der Burgruine schienen aufs neue in Glut und Flammen zu stehen. Aus dem Turm fuhren zwei glühendrote, gewaltige Truhen, auf denen zwei baumlange Teufel saßen. Schnell wie der Blitz fuhren die zwei Behälter mit ihren riesigen Wächtern den Berghang hinab und blieben knapp vor der Fähre stehen. Den Schiffern standen vor Grauen und Schrecken die Haare zu Berge. Die beiden Teufel aber faßten die Truhen, verluden sie eifrig auf der Fähre und setzten sich dann wieder darauf.

Unterdessen war auch der Bote wieder herangekommen und hatte das Fahrzeug bestiegen. Da stießen die Schiffsleute vom Land ab und riefen: „In Gottes Namen, fahren wir!“ Als die beiden Teufel den Namen Gottes hörten, sprangen sie entsetzt auf und stürzten sich kopfüber in die Fluten der Donau, die zischend und brausend, wie wenn ein Feuerbrand das Wasser berührt, über ihnen zusammenschlugen. Die Fähre aber trug ihre seltsame Fracht zum Bischof nach Passau.

DER SCHWARZE MÖNCH AUF WERFENSTEIN

Mitten im Donaustrom unterhalb der Stadt Grein erhob sich auf mächtigen Felsblöcken einst die Burg Werfenstein, der Sitz kühner Raubritter. Mit einer langen Kette, die über den Strom gezogen wurde, sperrte man den Fahrzeugen die Talfahrt, die Schiffe wurden geplündert, die Schiffsherren aber im Pein- oder Teufelsturm gefangengesetzt, bis sie sich durch reiches Lösegeld ihre Freiheit erkauften oder im Turm elend zugrunde gingen. Noch in späterer Zeit, als das Raubnest schon längst zerstört war, soll man in stürmischen Nächten das Wehklagen der Gemordeten vernommen haben, deren Geister dort auf Erlösung harrten.

In den Mauern dieses unheimlichen Turms lebte auch der Schwarze Mönch, dessen Seele zur Strafe für sein gottloses Leben dorthin gebannt war und keinen Frieden finden konnte. Sein Erscheinen zeigte Unglück an.

Als im 11. Jahrhundert Kaiser Heinrich III. mit großem Gefolge, darunter auch Bischof Bruno von Würzburg, donauabwärts fuhr und an Werfenstein vorbeikam, erschien der Schwarze Mönch dem Bischof, nur ihm allein sichtbar, und hob drohend die Hand. Entsetzt fragte der Bischof seine Begleiter, was das für eine Schreckensgestalt sei – doch niemand hatte etwas Besonderes bemerkt. Als man dann in Persenbeug an Land stieg, um in der Burg der Gräfin Richlita von Ebersberg zu rasten, hatte sich der Bischof von seinem Schrecken wieder erholt. Inmitten der anderen Gäste stehend, beteiligte er sich in einem Saal der Burg am Gespräch mit der Schloßherrin; da stürzte plötzlich der Fußboden des Saales ein, und der Bischof fiel mit allen Anwesenden in den daruntergelegen Raum. Während der Kaiser und alle anderen heil davonkam, fand der Bischof bei diesem Sturz den Tod.

Das Erscheinen des Schwarzen Mönchs hatte dieses Unglück angezeigt, ebenso wie es hundert Jahre später, zur Zeit der Kreuzzüge, geschah, als der gespenstische Mönch einem vorbeifahrenden Kreuzfahrerschiff erschien. Alle Schiffsleute sahen ihn bis auf einen Mann, und als das Schiff bald darauf an eine Klippe stieß und unterging, fand die ganze Schiffsbesatzung den Tod bis auf den einen, dem sich der Mönch nicht gezeigt hatte.

Kurz bevor die Türken im Jahre 1529 das erstemal Wien belagerten, konnte man auf dem Teufelsturm im Strudengau wiederholt den Schwarzen Mönch sehen. Mit einem großen Zweihänderschwert führte er wuchtige Hiebe durch die Luft. Bald darauf kamen türkische Streifscharen bis in den Strudengau und brachten Unglück und Not.

In späterer Zeit wurde der Turm abgebrochen, und die Steine fanden Verwendung beim Bau von Schanzen gegen die Napoleonischen Soldaten. Die Stelle aber blieb verrufen bis auf die heutige Zeit.

DAS TURNIER ZU LINZ

Im Jahre 1521 war die Stadt Linz der Schauplatz großer Festlichkeiten. Man feierte die Hochzeit Ferdinands I. mit Anna von Ungarn; von nah und fern waren Ritter und Adelige herbeigekommen, um Augenzeugen des Festes zu sein. Auf dem Hauptplatz der Stadt ging ein großes Turnier vor sich, an dem sich auch viele ausländische Ritter beteiligten. Die meisten Siege errang ein wagemutiger spanischer Ritter, den der Stolz über seine vielen Erfolge so siegessicher gemacht hatte, daß er übermütig die deutsche Ritterschaft zum Kampf herausforderte. Lächelnd rühmte er sich, er wolle jeden aus dem Sattel werfen, der gegen ihn antreten werde, und begann die einheimischen Ritter auszulachen und wegen ihrer Feigheit zu schmähen.

Da fanden sich zwei österreichische Ritter, die diese schändlichen Spottworte nicht länger mit anhören wollten und den angeberischen Spanier zum Zweikampf auf Leben und Tod herausforderten. Es waren dies Herr Sebastian von Losenstein und der Herr von Hohenberg. Da der Kampf auf oberösterreichischem Boden stattfand, wurde entschieden, daß der oberösterreichische Ritter Sebastian von Losenstein zuerst antreten und die Ehre der deutschen Ritterschaft verteidigen solle. Da nahm der Herr Sebastian sein Schwert, bestieg sein mutiges Pferd und ritt zum Kampf aus. Das Pferd trug einen Maulkorb und war so abgerichtet, daß es den Gaul des Gegners mit den Zähnen bei den Nüstern packte und zu Boden zog, sobald man ihm den Maulkorb abgenommen hatte.

Der Kampf begann. Die Gegner ritten aufeinander los und zerbrachen die Speere, doch blieben beide im Sattel. Nun drang der Spanier mit dem Schwert auf den Losensteiner ein, doch der wehrte jeden Hieb und Stich ab. Aber immer mehr drängte der spanische Ritter, und schon begannen die Zuschauer um das Leben des sich tapfer verteidigenden Herrn von Losenstein zu bangen. Plötzlich aber riß dieser seinem Pferd den Maulkorb herunter und stieß ihm die Sporen in die Weichen. Sogleich stürmte das Pferd wild auf den spanischen Gaul hin, schnappte ihn bei der Nase und zog ihn zu Boden. Und während der Spanier einen Moment überlegte, faßte Herr Sebastian seinen Zweihänder und ließ ihn mit aller Macht auf den Helm des Feindes niedersausen, daß er in Stücke sprang. Schwankend von der Wucht des Hiebes, vermochte sich der edle Spanier nur mit Mühe auf seinem Pferd zu halten.

Bevor aber der Ritter von Losenstein seinem Gegner den Todesstoß versetzen konnte, gebot Ferdinand Einhalt des Kampfes. Der Spanier mußte sich für besiegt erklären, der Sieger aber verließ umjubelt den Kampfplatz.

DER WILDSCHÜTZ VOM TOTEN GEBIRGE

In der Gegend von Hinterstoder in einem tiefen Wald, abseits von jedem Verkehr, lebte in einer bescheidenen Hütte ein armer Holzknecht mit seiner Familie und einem Gesellen. Freilich war es ihm weniger um das Holzfällen zu tun, denn die Bäume hätten von ihm aus ewig stehen können. Was ihm viel mehr am Herzen lag, waren die scheuen Rehe, die stolzen Hirsche und die flinken Gemsen, die die Wälder und Berge bevölkerten; er war nämlich ein verwegener Wildschütz, und seine Jagdleidenschaft kannte keine Grenzen. Jahraus, jahrein war er hinter dem Wild her, sein Kamerad genauso. Sie verstanden es, ihr verbotenes Treiben so schlau einzurichten, daß es keinem Jäger gelang, sie je auf frischer Tat zu ertappen, obwohl sie Tag und Nacht auf Lauer lagen.

Als der Wilderer einmal allein im Gebirge einen stattlichen Gemsbock anpirschte, stand, wie aus dem Boden gewachsen, der Satan in Gestalt eines schwarzen Jägers vor ihm.

„Nun, mein Lieber“, sagte der Schwarze zu dem Wilderer, „ich sehe, du jagst gern. Was würdest du mir geben, wenn ich dir ein Gewehr verschaffte, aus der jeder Schuß ein sicherer Treffer ist?“

„Das wäre allerdings eine Kunst, die sich sehen lassen könnte“, meinte der Wildschütz, und seine Augen funkelten verlangend. „Aber“, setzte er fort, „den Preis einer solchen Büchse kann ich wohl kaum bezahlen!“

„Du kannst es“, entgegnete der Satan, „der Preis ist nicht hoch und erst in zwanzig Jahren fällig.“

Weil dem Wildschütz nichts lieber war als die Kunst, nie sein Ziel zu verfehlen, begann er mit dem Teufel zu handeln. Schließlich wurden sie sich einig. Der Teufel übergab ihm seine nie fehlende Büchse und verlieh ihm außerdem die Gabe, daß er sich jedesmal, wenn der Jäger in seine Nähe käme, in einen Baumstock verwandeln könne. Dafür wollte sich der Teufel nach zwanzig Jahren zwischen zwölf und ein Uhr nachts an ebendieser Stelle die Seele des Wilderers holen. Nachdem der Wilderer den Vertrag mit seinem Blute unterfertigt hatte, verschwand der Teufel in einer Felsspalte.

Nun war der Wilderer König des Waldes, und kein Wild, das vor seine Büchse kam, entging der nie fehlenden Kugel. Kein Jäger konnte ihm etwas anhaben; denn sooft einer in seine Nähe kam, verwandelte er sich in einen Baumstock.

So trieb es der Holzknecht zwanzig Jahre hindurch und lebte sorglos und im Überfluß; denn sein Jagderfolg brachte ihm reichlichen Gewinn. Nun aber nahte der Tag, an dem der Teufel seinen Preis abholen wollte. Das aber machte dem Wildschütz nicht bange; er glaubte ein Mittel zu wissen, den Satan zu überlisten. Um elf Uhr in der vereinbarten Nacht ging er mit seinem Gesellen in den Wald und nahm ein Stück Kreide und Weihwasser mit. An der Stelle, wo ihm vor zwanzig Jahren der Satan erschienen war, verwandelte er sich in einen Baumstock. Der Knecht mußte mit der Kreide drei Kreuze darauf machen und Weihwasser darüber sprengen. So erwartete er seinen höllischen Vertragspartner.

Als die zwölfte Stunde gekommen war, trat der Teufel aus der Felsspalte und blickte sich nach dem Wildschütz um. Als er den Baumstock mit den drei Kreuzen sah, fluchte er grimmig, aber er bemühte sich vergebens, dem Wilderer im Baumstock beizukommen. Eine geschlagene Stunde tobte und wütete er vor dem geweihten Stock, aber er konnte dem Holzknecht nichts anhaben. Schlag ein Uhr mußte er seine Bemühungen aufgeben, und er fuhr zornsprühend in seine Felsspalte zurück, aus der er gekommen war.

Der Wilderer aber und sein Kamerad jagten ungehindert weiter und freuten sich diebisch, daß sie dem Satan ein Schnippchen geschlagen hatten.

DER KAMPF MIT DEM DRACHEN ZU LAUFEN IM OBERLAND

Im Oberland oberhalb Laufen hielt sich vor langer Zeit in einer düsteren Höhle ein mächtiger Lindwurm auf, der die ganze Umgebung mit Furcht und Grauen erfüllte. Wochen- und monatelang schlief das Untier in seiner vom Volk ängstlich gemiedenen Behausung und rührte sich nicht, nur das rasselnde Schnarchen des Ungeheuers drang nach außen. Wenn aber der Hunger den scheußlichen Lindwurm aus dem Schlafe weckte, kam er aus dem finsteren Loch gekrochen, und alle Lebewesen, ob Mensch oder Tier, die in den Bereich seines giftigen Pesthauches gerieten, waren verloren. Betäubt fielen sie zu Boden und wurden eine Beute des schrecklichen Drachen.

Um zu verhindern, daß das gefräßige Untier aus seiner Höhle herauskomme, in der Gegend umherstreife und so noch größeres Unheil anrichte, beschlossen die Bewohner, ihm sein Futter, Ochsen und Kühe, vor das Drachenloch zu bringen. Aber der Futterverbrauch des Drachen war so gewaltig, daß sich die Viehbestände auf den Almen bedenklich lichteten. Da entschloß man sich, den Versuch zu wagen, den Lindwurm zu töten.

Ein ausgehungerter Ochse, dem man einen Futtersack vor dem Maule anbrachte, sollte mit verbundenen Augen zum Drachenloch getrieben werden. Um den Leib des Ochsen wurden mehrere Säcklein mit ungelöschtem Kalk gebunden, in der Hoffnung, der Drache werde sie beim Fressen mit hinabschlingen und daran zugrunde gehen. Es erhob sich nun die Frage, wer den Ochsen in die Höhle des Lindwurms treiben sollte. Das war ein gefährlicher Gang; denn wenn der verderbliche Hauch des Untiers den Treiber erreichte, war er verloren; daher sollte das Los entscheiden. Es traf den Schulzen des Ortes, der sich unter dem Jammer seiner Familie anschickte, den gefährlichen Weg anzutreten. Da sprang ein junger Bursche vor, der die Tochter des Schulzen liebte, und erklärte sich bereit, an seiner Stelle den Gang zum Drachenloch zu unternehmen. Er hoffte im Falle des glücklichen Gelingens die Hand der Geliebten zu erringen.

Nachdem er eine lange Leine um einen Baum geschlungen und das andere Ende an seinem Gürtel befestigt hatte, trieb er, mit einem langen Spieß bewaffnet, den Ochsen vor sich her zur Höhle. Mit Bangen blickten ihm die Dorfbewohner nach und harrten auf den Ausgang des gefährlichen Wagnisses. Als der Ochse in die Nähe des Drachenloches gekommen war, witterte der hungrige Lindwurm seine Beute und kam aus der Höhle heraus. Noch ehe der Ochse sich umwenden konnte, hatte er ihn mit seinen Krallen gepackt und zog ihn in seine Behausung hinein. Der Jüngling hatte zwar seinen Speer gegen das Ungetüm abgeschleudert, aber wirkungslos prallte das Geschoß vom dichten Schuppenpanzer des Tieres ab.

Während aus der Höhle das Krachen der Knochen und das würgende Schlingen des Lindwurms zu hören war, verspürte der Jüngling, wie ihm allmählich die Besinnung schwand. Ein Hauch des verpesteten Atems war von dem Tier zu ihm gedrungen und drohte ihn zu betäuben. Rasch suchte er sich an der Leine nach rückwärts zu ziehen, jedoch schon nach wenigen Schritten brach er bewußtlos zusammen. Aber die Dorfbewohner, die am Ende der Leine standen, hatten den Vorfall bemerkt und zogen ihn, allen voran die Tochter des Schulzen, an der Leine aus dem vergifteten Bereich auf sicheren Boden zurück.

Von der Höhle herab vernahm man das Schlürfen und Schmatzen des Drachens, der aus einer Lache seinen Durst stillte. Dann erscholl ein Heulen und Brüllen, ein Schlagen und Toben; der Kalk tat seine Dienste. Als nach einiger Zeit Ruhe eintrat, wußte man, daß der Lindwurm verendet war. Aber die Gefahr war damit noch nicht vorüber. Das Wasser, das aus der Höhle floß, führte Unrat von dem verwesenden Drachen mit und brachte die Pest unter die Leute.

Erst als die Seuche erloschen war, kehrten Ruhe und Frieden wieder ins Land. Der junge Bursche, der den Weg zur Drachenhöhle getan, erholte sich bald wieder; er war noch rechtzeitig dem tödlichen Wirken des Pesthauches entgangen. Er erhielt die Tochter des Schulzen zum Lohn für seine mutige Tat.

DAS PFERD DES TEUFELS IM HAUSRUCKVIERTEL

Es mag wohl schon recht lange her sein, da schritt eines Abends ein Maurergeselle auf dem Heimweg von der Arbeit mit zwei Kameraden durch den düsteren kleinen Wald, der die Straße zwischen Wendling und Winkling am Hausruck einsäumt. Der Maurer hatte früher bei der kaiserlichen Reiterei gedient und erzählte seinen Begleitern manches kühne Reiterstücklein, das er einst geliefert habe. Dabei sparte er nicht mit Prahlereien und Gotteslästerungen und vermaß sich während seiner Reden, jedes Pferd zu zähmen und es mit jedem Reiter aufzunehmen.

„Und wenn das Pferd vom Teufel selbst wäre“, rief er und warf sich dabei in die Brust, „ich würde es meistern, daß ihr eine Freude daran hättet.“ Er hatte noch nicht zu Ende gesprochen, als sie plötzlich am Waldrand einen prächtig gesattelten Schimmel erblickten, der dort ruhig graste.

„Da kannst du gleich deine Kunst vorführen“, meinte vergnügt einer seiner Gefährten, „steig auf und zeige, was du kannst!“ Auch der andere munterte ihn auf, jetzt die Probe aufs Exempel zu machen. Der Maurer ließ sich das nicht lange sagen und sprang in den Sattel, um wieder einmal einen ordentlichen Ritt zu tun. Das Pferd aber warf den Kopf auf und raste mit ihm gegen Osten davon. Im Nu entschwand es mit seinem Reiter den beiden Männern aus den Augen, die voll Angst vergebens auf seine Rückkehr warteten.

Erst nach drei Tagen kam der großsprecherische Maurer hinkend und zerschunden wieder nach Hause. Das Pferd war mit ihm die ganze Nacht in wildem Lauf kreuz und quer durch Feld und Wald gerannt, kein Zaum, kein Schenkeldruck hatten es zähmen können. Als dann am frühen Morgen die Aveglocken vom Linzer Kalvarienberg erklangen, hatte der Mann unwillkürlich ein Kreuz geschlagen. Da schleuderte ihn das wilde Pferd von seinem Rücken an eine Felswand, an der sie gerade vorüberrasten, daß der Reiter glaubte, alle Knochen im Leib seien ihm zerbrochen. Mühselig schleppte er sich nach seinem Heimatort. Das Lästern und Prahlen aber gab er auf.

Der Wald erhielt nach diesem Ereignis den Namen „Toifling“, da das Pferd, wie man meinte, sicher der Satan selbst, der „Toifl“ gewesen war.

DER SCHUSTERSTEIN BEI GREIN

Vor vielen hundert Jahren lebte in Grein ein Schustermeister, der zwar sehr viele Schuhe zum Sohlen und Flicken, aber wenig Lust zur Arbeit und zum Stillsitzen in der Werkstatt hatte. Viel lieber rutschte er in den Wirtshäusern umher und doppelte dort anstatt der Schuhe zu Haus manchen Krug edlen Gersten- und Rebensaftes. Dabei wurde sein Verdienst stets kleiner, seine Zechschuld aber bei allen Wirten der Stadt immer größer, bis ihm schließlich das Saufen verging, weil ihm nichts mehr eingeschenkt wurde. Da ließ er trübsinnig den Kopf hängen; denn das Trinken konnte er nicht lassen, die Arbeit aber haßte er wie einen Feind. Vergebens zerbrach er sich lange den Kopf, wie er Geld auftreiben und sein früheres Lotterleben wiederaufnehmen könnte.

Aber eines Tages erschien er vergnügt wieder im Wirtshaus, bezahlte unaufgefordert seine Schulden und bestellte, mit dem Geld in seiner Tasche klimpernd, einen Humpen vom Besten. Und nicht genug damit, lud er auch eine im Gasthaus anwesende Zechergesellschaft zu Gast und übernahm als freigebiger Spender den Vorsitz. Der Wirt machte große Augen, als er sah, daß der früher so knapp mit Geld versehene Kunde nun über einen vollen Beutel verfügte. Doch ihm sollte es recht sein, wenn sein Verdienst sich nur lohnte. Tag für Tag erschien der durstige Schuster in der Schenke, oft beehrte er mehrere Wirte an einem Tag; aber immer war es spät in der Nacht, wenn der ausdauernde Zecher die Stätte seines Wirkens verließ, und immer kam der Wirt bar auf seine Rechnung. Da machte man eines Tages die unliebsame Entdeckung, daß das Gnadenbild der Jungfrau Maria in der Greiner Pfarrkirche seines wertvollen Schmuckes beraubt worden war. Alle Nachforschungen über den Hergang des frevelhaften Raubes waren erfolglos. Der freche Täter blieb unentdeckt, obwohl der Rat der Stadt einen hohen Preis für die Ergreifung des Verbrechers ausgesetzt hatte.

Unterdessen zechte der Schuster lustig weiter, graste alle Wirtshäuser ab und bezahlte überall mit klingender Münze. Eines Nachts machte der Nachtwächter wie gewöhnlich seine Runde durch die Stadt. Er war ein armer Mann und hatte Weib und Kinder zu erhalten. Während er so durch die finsteren Gassen dahinschritt, dachte er daran, wie notwendig er die hohe Belohnung brauchen könnte, die für die Ergreifung des verwegenen Kirchenräubers ausgesetzt war. Da schlug es vom nahen Kirchturm Mitternacht. Aus dem gegenüberliegenden Gasthaus aber kam ein später Zecher herausgetorkelt, während der Wirt hinter ihm die Haustür absperrte. Es war der letzte Gast, der trinkfrohe Schuster, der, seinen Hut ins Genick schiebend, mit wankenden Schritten quer über den Platz nach Hause ging. Er mußte wohl wieder tief ins Glas geschaut haben; denn er plauderte lustig vor sich hin und rülpste mehrere Male laut.

Als er an der Kirche vorüberging, ohne den Nachtwächter zu bemerken, der in einer Nische lehnte, blieb er stehen, lachte laut auf und rief übermütig: „Heute, Maria, hast du wieder meine Zeche bezahlt, aber morgen, lieber Petrus, kommt dein Opferstock dran." Der Nachtwächter horchte auf, wußte sogleich, wieviel die Glocke geschlagen hatte, und packte den Betrunkenen am Arm, um ihn hinter Schloß und Riegel zu setzen. Am nächsten Tag wurde der Übeltäter vor den Richter geführt und mußte, da er durch seine eigenen Worte überführt war, seine Schandtat eingestehen. Er wurde nach dem Recht der Zeit wegen Kirchenraubes zum Tod verurteilt und erwartete sein letztes Stündlein.

Verzweifelt flehte seine Frau, die ihn noch immer liebte, bei dem obersten Richter, dem Landgrafen, um Gnade für ihn. Der Graf, den die Frau mit ihren Kindern dauerte, milderte das Urteil und versprach die Begnadigung des Schusters, wenn er es zuwege bringe, auf dem über den Donaustrudel hinausrangenden Felsen ein Paar neuer Schuhe anzufertigen. Das war nun allerdings ein halsbrecherischer Auftrag; denn nur eine schmale Felskante erhob sich über dem Strom, und bei der geringsten unvorsichtigen Bewegung konnte der, welcher da oben saß, aus dem Gleichgewicht geraten und in den Strom hinunterstürzen, der mit rauschendem Wirbel tief unter dem Felsen dahinbrauste.

Man gab dem Schuster Leder und Nägel sowie das nötige Werkzeug, und mutig bestieg er seinen schmalen Schustersitz. Während das neugierig herbeigeeilte Volk schaudernd zur Höhe emporsah, machte sich Meister Knieriem an die Arbeit, schnitt und nähte und hämmerte und tat keinen Blick in die gräßliche Tiefe. Noch nie war ihm wohl eine Arbeit so rasch vonstatten gegangen wie diesmal auf seiner luftigen Höhe. Mit einem Freudenschrei hielt er schließlich das fertige Paar in die Höhe, damit alle sähen, daß er seinen Auftrag glücklich zu Ende geführt habe. Hierauf ging er vorsichtig daran, den schweren Weg nach unten anzutreten, langte glücklich auf ebenem Boden an und eilte freudestrahlend unter dem Jubel des Volkes zu seiner bang auf ihn wartenden Familie.

Von Strafe und Sühne durch die Gnade des Grafen befreit, änderte der Schuster von Stund an sein Leben und wurde ein anderer Mensch. Er mied den Wein und die Gasthäuser, saß fleißig über seiner Arbeit und gelangte zu Wohlstand und Ansehen. Der Felsen, auf dem er gesessen war, erhielt den Namen *„Schusterstein"* und führt ihn noch heute.

DAS GEFANGENE WASSERMÄNNCHEN VON FREISTADT

An einem Tümpel der Aist bei Freistadt, den man für grundlos hielt, hauste ein Wassermännchen. Niemand wagte es, dort zu baden; man fürchtete sich vor dem kleinen Wicht, obwohl das Männchen noch niemandem etwas zuleide getan hatte. Es war nicht größer als ein fünfjähriges Kind, aber auf dem kleinen Rumpf saß ein mächtiger Schädel, den dichtes weißblondes Haar wie ein Strahlenkranz umgab; große feuerrote Augen leuchteten aus dem gutmütigen Gesicht. Man traf es oft nahe beim Ufer schlafend an, wo es sich wohlig von der Sonne bescheinen ließ.

Als der Zwerg wieder einmal am Rande des Tümpels schlief, ging gerade der Schloßherr von Weinberg vorüber. Erstaunt betrachtete er das seltsame Wesen, und weil er sich allerhand Kurzweil von ihm versprach, packte er es und nahm es mit sich auf das Schloß.

Der Schloßherr hielt den Kleinen wie sein eigenes Kind, und das Männchen wurde bald lustig und guter Dinge; es fing zu reden an, machte allerlei Späße und unterhielt die Leute aufs beste. Manchmal erzählte er auch Dinge, die anderen verborgen waren.

Einmal nahm es sein Herr in die Kirche mit, wo es verwundert lauschend umherblickte. Aber plötzlich – es war gerade mitten unter der Wandlung, und in der Kirche herrschte andächtige Stille – schlug das Männchen zum Ärger aller Kirchenbesucher ein helles Gelächter an. Als es sein Herr zornig fragte, warum es während der heiligen Handlung gelacht habe, sagte es fröhlich: „Wenn das aber so lustig war, was ich gesehen habe!"

„Und was hast du gesehen?" fragte der Herr von Weinberg.

„Gerade hat der Teufel am Seitenaltar die Kuhhaut zerrissen", erwiderte der kleine Wicht, „und sich am Taufbecken daneben fürchterlich den Schädel angestoßen."

„Ja, was hat denn der Teufel in der Kirche mit einer Kuhhaut zu tun?" erkundigte sich verwundert der Weinberger.

„Nun", antwortete der Kleine, „er hat sich auf eine Kuhhaut die Namen aller Leute aufgeschrieben, die während der Messe nicht andächtig waren. Die Haut wurde ihm aber zu kurz, weil ihrer so viele waren; da hat er mit aller Macht daran gezogen, um sie zu dehnen, damit alle darauf Platz hätten. Dabei ist sie mitten auseinandergerissen, und er ist mit dem Schädel an den Stein gefahren, daß es einen ordentlichen Krach getan hat." Und er lachte neuerlich fröhlich auf.

Seit dieser Zeit unterließ es der Herr, das Wichtlein mit sich in die Kirche zu nehmen.

Ein anderes Mal sah er vor der Kirche ein Weib sitzen, das eine neue Schürze trug und eitel damit prunkte. „Wie würde sie erst stolz sein", sagte das Männchen, „wenn sie wüßte, worauf sie sitzt!" Da grub man an dieser Stelle nach und fand einen Schatz, der ausreichte, eine stattliche Kirche davon zu erbauen.

Der kleine Wicht wäre gern wieder in seine nasse Behausung zurückgekehrt, fürchtete aber, zuviel von seinen Geheimnissen ausgeplaudert zu haben und dafür bestraft zu werden. Als ihm aber der Herr von Weinberg schließlich die Freiheit schenkte, nahm er freundlich Abschied von allen Bekannten und rief: „Geht nun mit mir zum Tümpel und schaut, wie es mir ergehen wird! Wenn das Wasser schwarz aufwallt, sobald ich hineingesprungen bin, dann steht es gut um mich; wenn es aber im Wasser rot aufsteigt, so ist es um mein Leben geschehen." Er sprang in den Tümpel, und wirklich stieg es im Wasser blutrot auf. Da bedauerten alle den kleinen Mann; denn er war ihnen mit der Zeit recht ans Herz gewachsen.

DER DANK DER DONAUNIXE IM STRUDENGAU

Am Hößgang, unfern der Insel Wörth, lebte einst ein junger Schiffer, der die gefahrvolle Überfahrt nahe beim „Strudel“ und „Wirbel“ besorgte. Er bewohnte mit seiner Mutter eine kleine Hütte am Donauufer. Eines Tages führte er einige Bauernburschen in seinem Boot über den Strom, die voll des frischen Mostes waren und allerlei Unfug trieben. Sie neckten sich gegenseitig, schaukelten übermütig mit dem Boot und bespritzten einander. Als sie bei der Insel Wörth vorüberkamen, tauchte plötzlich bei einer Sandbank eine Donaunixe auf, die sich dort sonnen wollte. Kaum hatten die Burschen die Nixe erblickt, brachen sie in ein johlendes Gelächter aus, verspotteten die arg Erschrockene und riefen ihr wüste Schimpfnamen zu. Als ihres Übermutes kein Ende war, konnte der junge Schiffer nicht länger an sich halten und fuhr sie ergrimmt an: „Wenn ihr nicht augenblicklich eure Schandmäuler haltet, sollt ihr mich kennenlernen. Den nächsten, der noch ein Spottwort sagt, hänge ich in den Strom, daß ihm der Weindunst aus dem hohlen Schädel vergeht.“ Ernüchtert schwiegen die Burschen; denn sie kannten den Fährmann und wußten, daß mit ihm nicht zu spaßen sei. Die Nixe aber verschwand in den Fluten des Stromes.

Es war damals die Zeit, in der die Türken ins Land eingebrochen waren und kleinere Scharen der Feinde überall sengend und mordend umherzogen. In einer düsteren, stürmischen Nacht klopfte es an der Hütte des Fährmanns, und als er aufsprang und vor die Tür trat, um nach dem späten Gast Ausschau zu halten, erblickte er eine vornehm gekleidete Frau, die mit ihren drei Kindern vor der Hütte stand und ihn händeringend bat, sie nach dem anderen Ufer zu bringen. Die Türken hätten ihr Heim zerstört, und mit knapper Not sei es ihr gelungen, ihr und ihrer Kinder nacktes Leben zu retten und bis hierher zu flüchten. Doch sei ihr der Feind auf den Fersen, und sie fürchte für das Leben ihrer Kinder.

Obwohl der Schiffer glaubte, daß die Türken wohl kaum seine abseits gelegene Hütte auffinden würden, ging ihm die Angst der bebenden Frau zu Herzen. Er nahm seine Laterne und hieß die Frau mit ihren Kinder in sein Schifflein steigen. Ein wütender Sturm tobte das Donautal entlang, und die hochgehenden Wellen des angeschwollenen Stromes verhießen eine gefahrvolle Überfahrt im nächtlichen Dunkel. Doch den mutigen Schiffer schreckte die Gefahr nicht. In Gottes Namen stieß er vom Ufer ab und fuhr in das rasch dahinschießende Wasser hinaus. Aber bald verlöschte ein mächtiger Windstoß seine Laterne, die starke Strömung drückte das Boot aus seiner Richtung, und das warnende Rauschen des gefährlichen Strudels drang immer näher an sein Ohr. Der Schiffer mit seinem Nachen schwebte in höchster Gefahr. Da ertönte eine Stimme vom anderen Ufer: „Hierher!“ Der Ruf wiederholte sich mehrmals, und entschlossen steuerte der Fährmann in jene Richtung, aus der die Stimme erklungen war. Bald sah er sich bei der richtigen Landungsstelle und setzte seine Fahrgäste ans Land, wo er die fremde Frau mit ihren Kindern in eine nahe gelegene Schifferhütte führte, damit sie hier, geschützt vor Sturm und Unwetter, den Morgen erwarte. Sie dankte ihrem Retter aus vollem Herzen und versprach ihm eine hohe Belohnung.

Der Sturm hatte indessen sein Wüten noch gesteigert. Trotzdem bedachte sich der Jüngling keinen Augenblick, wieder über den Strom zurückzufahren; denn ihm bangte um seine Mutter, die er bei der Türkengefahr nicht die ganze Nacht allein in seiner Hütte lassen wollte. So stieß er wieder vom Lande ab und ruderte hinaus in den finsteren Strom. Aber er war noch nicht weit gekommen, als er neuerdings die Führung über sein Fahrzeug verlor. Der leichte Nachen drehte sich in die Richtung der Strömung, und er war nicht imstande, die Herrschaft über das Boot wiederzuerlangen, das von den sturmgepeitschten Wogen hin und her geschleudert wurde. Allmählich erlahmte seine Kraft; er ließ das Ruder sinken, und es war ihm, als treibe er rettungslos dem Untergang im wild rauschenden Strudel zu.

Als er aber, in sein scheinbar unausbleibliches Schicksal ergeben, den Blick erhob, stand mit einem Male eine hohe Frauengestalt vor ihm, von der ein schimmerndes Leuchten ausging. Während er die wunderbare Erscheinung wie gebannt anstarrte, berührte sie mit leichter Hand das Ruder. Wie von unsichtbarer Hand gezogen, wendete sich das Boot und strebte, unbeirrt von den rasenden Wogen, dem sicheren Ufer zu. Noch hatte der Schiffer seine Fassung nicht wiedergewonnen, da lag das Boot schon am Strand. Und ehe er seinen Dank für das sichere Geleit aussprechen konnte, war das zauberhafte Wesen lautlos in den Wellen verschwunden.

So dankte es ihm die Nixe, daß er sich ihrer damals angenommen hatte, als die Bauernburschen sie beschimpften. Man sah sie seitdem niemals wieder. Die fremde Frau aber kehrte nach dem Abzug der Türken wieder in ihr Heim zurück und belohnte den Fährmann reich für seine mutige Tat; er war mit seiner Mutter fortan jeder Not enthoben.

DIE VERWUNSCHENE JUNGFRAU VON KÖNIGSWIESEN

Unweit des Marktes Königswiesen erhebt sich tief im Wald ein steiler Felsen, bei dem es nicht recht geheuer sein soll. Einmal kamen zwei junge Burschen aus Königswiesen zu dem Felsblock und sahen droben eine Frau mit silberweißen Haar sitzen. Erstaunt betrachteten sie die seltsame Erscheinung. Dann aber begann der eine zu spotten: „Schau dir einmal das seltsame Geschöpf an; das muß gewiß schon eine sehr alte Jungfrau sein!"

„Ja, das bin ich", erwiderte das weibliche Wesen mit ernster Miene. „Dreimal schon habe ich den Wald wachsen und abholzen gesehen. Ich bin verwunschen, hier auf diesem Stein zu sitzen, ihr aber könnt mich erlösen, wenn ihr morgen um die gleiche Zeit wieder zu dem Felsen kommt. Dann werdet ihr mich auf diesem Steinblock als feurige Schlange sehen, die einen glühenden Schlüssel im Maul hält; zugleich wird ein furchtbares Gewitter losbrechen, daß ihr glauben werdet, der Weltuntergang sei gekommen. Erschreckt aber nicht darüber, es wird euch nichts geschehen. Tretet nur mutig an die Schlange heran und reißt ihr den Schlüssel aus dem Rachen. Getraut ihr euch aber nicht, das zu tun, so muß ich auf meine Erlösung wieder warten, bis der kleine Schößling, den ihr dort am Boden seht, zu einem mächtigen Baum herangewachsen ist, aus dessen Brettern eine Wiege gezimmert werden kann. In dieser Wiege soll das Kind liegen, das mich erlösen wird." Nach diesen Worten verschwand die Jungfrau.

Die beiden Burschen eilten nach Hause, fest entschlossen, am nächsten Tag das Wagnis zu unternehmen. Als sie dann wirklich zur Stelle waren, geschah alles, wie die Jungfrau angekündigt hatte. Kühn traten sie an die Schlange heran; schon wollten sie den Schlüssel aus ihrem Maul nehmen, da brach ein so furchtbarer Sturm los, und es blitzte und krachte so entsetzlich, daß die beiden das Weite suchten.

Hinter ihnen aber tönte das leise Weinen der Jungfrau, die nun wieder viele Jahrzehnte auf jenen Jüngling warten muß, der sie vielleicht erlösen wird.

DER RIESENHANS IM MÜHLVIERTEL

Aus einer Riesenfamilie stammte der Riesenhans, der im oberen Mühlviertel lebte. Mit siebzehn Jahren verdingte er sich bei einem Bauern als Pferdeknecht, und der Bauer glaubte, mit dem ungeschlachten, riesigen Burschen einen guten Fang getan zu haben. Aber schon beim ersten Frühstück verging ihm die Freude an dem neuen Knecht; denn dem hungrigen Riesen konnte die Schüssel nicht oft genug mit Suppe gefüllt werden, dazu aß er zwei mächtige Brotlaibe auf. Nachher nahm ihn der Bauer zum Holzfällen in den Wald mit. Er bezeichnete die Bäume, die gefällt werden sollten, und wollte sodann darangehen, sie mit Hilfe seines Begleiters umzuschneiden. Aber dem eifrigen Knecht mochte dieses Verfahren als zu zeitraubend erschienen sein; er machte es viel einfacher, riß die Bäume mit der Wurzel aus und warf sie auf einen Haufen zusammen. Da wandelte den Bauern das Grauen an.

Beim Mittagessen hatte die Bäuerin schon mit dem tüchtigen Hunger der Holzfäller und auch mit dem Appetit des riesigen Knechtes gerechnet und in doppelter Menge angerichtet. Aber Hans war mit Fleisch und Knödel so rasch fertig, daß die Bäuerin nochmals auftragen mußte und bald entsetzt in die leeren Töpfe starrte. Nun begann der Bauer sich vor seinem Knecht zu fürchten und hätte ihn am liebsten aus dem Hause gejagt. Allein er getraute sich nicht, dem starken Burschen zu sagen, er möge sein Bündel schnüren und sich einen andern Dienstposten suchen; daher wollte er ihn ums Leben bringen. Am Nachmittag befahl er dem Knecht, am Hang eine tiefe Grube auszuheben. Hans fragte nicht warum und wozu, sondern machte sich gleich mit Fleiß und Eifer ans Werk. Als er schon drei Meter tief gekommen war, wälzte der Bauer große Steinblöcke herbei und ließ sie in die Grube rollen, um den unerwünschten Knecht zu erschlagen. Hans aber rief, der Bauer solle mehr achtgeben und nicht so viel Sand in die Grube rieseln lassen, denn das hindere ihn zu sehr. Der Bauer, der den Riesen schon für erledigt hielt, erschrak und meinte kläglich, es werde nicht wieder vorkommen. Er sah keine Möglichkeit mehr, den Riesen zu beseitigen, und gab jeden Versuch auf, sich seines Knechtes auf mörderische Weise zu entledigen.

Ob es dem Bauern schließlich doch gelungen ist, ihn loszuwerden, weiß niemand mehr zu sagen.

SALZBURG

DER RITTER VON TOLLENSTEIN

Das Schloß Leopoldskron bei Salzburg war einstmals im Besitz der Ritter von Tollenstein. Eine mächtige Burg ragte an Stelle des Schlosses damals zum Himmel, und weitumher waren die Macht und der Reichtum der Tollensteiner bekannt und geachtet. Aber als der Letzte seines Stammes, Ritter Burkhard von Tollenstein, auf der Burg saß, war nichts von dem einst so berühmten Reichtum der Tollensteiner mehr übriggeblieben, Schmalhans war Küchenmeister in den ehemals reichlich gefüllten Vorratshallen der Burg geworden. Trotzdem warb der verarmte Ritter um die Liebe der schönen und reichen Gräfin Juliana von Hort; denn heiße Liebe zu der gefeierten Frau hatte sein Herz ergriffen. Doch die schöne Juliana hatte kein Verständnis für die Liebe des armen Ritters. Sie wies seine Werbung zurück; „denn", meinte sie, „was nützen mir eine lange Reihe von Ahnen und ein uraltes Wappen, Herr Ritter, wenn der Hunger in Eurer Burg täglicher Mittagsgast ist."

Außer sich über diese spöttische Abweisung und zornig über sein Schicksal und seine trostlose Lage, verließ der Ritter die Burg der Geliebten, schwang sich auf sein Pferd und jagte wie verrückt über Stock und Stein, daß die Funken stoben. Da bäumte sich plötzlich das Pferd mit schrecklichem Schnauben und war nicht von der Stelle zu bewegen. Vergebens gebrauchte der Ritter in wildem Zorn seine Sporen, es rührte sich nicht und stand da wie aus Erz gegossen. Da stieg Burkhard wütend vom Pferd, um nach der Ursache dieses sonderbaren Verhaltens zu forschen. Und siehe da, ein Männlein war's, bekleidet mit stahlgrünem Wams und Mäntlein, das vor dem Pferd ruhig auf einem moosigen Stein saß und mit blitzenden Augen zu dem Ritter emporschaute. Diesen aber befiel ein unheimliches Gefühl; denn erst jetzt bemerkte er, daß er in den Bereich des gespenstischen Untersberges geraten war, der das Heim so vieler zauberhafter Wesen bildet. Schon wollte er eilig sein Pferd zur Flucht wenden, als der Gedanke an die schöne Juliana und seine eigene Armut wie ein Blitz durch sein Gehirn zuckte.

Jetzt oder nie, dachte er und rief dem Zwerg mit kräftiger Stimme zu: „He, Kleiner, was stellst du dich mir in den Weg und hältst mein Pferd an?"

Mit spöttischem Lächeln erwiderte der Zwerg: „Was treibst du dich in dieser Stunde in meinem Gebiet herum? Wisse, du schwacher Erdenwurm, ich bin Pypo, der Herr dieses Berges; mir gehören alle die Schätze, die seit Jahrtausenden in seinem Innern ruhen. Wer nicht dazu berufen ist, darf sich meinem Reich nicht nähern."

„Bist du wirklich der Herr dieses Berges“, rief in barschem Ton der Ritter, „so hilf mir, wenn es in deiner Macht steht! Gib mir nur einen Teil deiner Schätze, und mir wird geholfen sein; ewig will ich dir's danken.“

„Ha“, sprach der Zwerg, „Dank begehre ich nicht von dir, aber einen Tauschhandel will ich eingehen, sofern dich der Tausch nicht gereut. Ich bin zufrieden, wenn du mir für jeden Beutel mit tausend Goldgulden, den ich dir gebe, nur ein Haar deines Hauptes überläßt.“

„Ein Haar nur“, meinte zweifelnd der Burgherr, der glaubte, nicht recht gehört zu haben, „einen ganzen Zopf kannst du bekommen; gib mir nur Gold genug, damit Juliana die Meine wird!“

Doch ernst wiederholte das Zwerglein: „Ich nehme nicht mehr als ein Haar für jeden Beutel“, und drohend setzte es hinzu: „Aber achte wohl, Burkhard, daß du nur genug Haare hast!“ Dem Tollensteiner aber schien ein Haar für die goldene Gegengabe zu wenig; er griff zum Schwert, schnitt sich eine Locke ab und warf sie dem Zwerg in den Schoß.

„Nein, nein“, sprach dieser, „ich brauche deine Locke nicht, ein Haar von dir genügt mir vollauf.“ Bei diesen Worten stand er auf, näherte sich dem Burgherrn und riß mit eigener Hand ein Haar vom Haupt des Ritters.

Grinsend rief er dann dem Edelmann zu: „Hab Dank dafür, du schmucker Rittersmann!“ und eilte mit schnellen Schritten dem Berg zu, wo er hinter den Felsen verschwand. Zu Füßen des Ritters aber lag ein wohlgefüllter Beutel, aus dessen Maschen ein goldiger Glanz strahlte. Schnell nahm Burkhard die erwünschte Last an sich, bestieg sein Roß und ritt mit frohem Mute seiner Burg zu. Und Tag um Tag schleppte er nun Beutel um Beutel nach Hause, und der goldene Haufen in seiner Burg wuchs und vermehrte sich, bis er endlich genügend Schätze angesammelt glaubte, um die Habgier der schönen Juliana zu befriedigen. Nun erneute er seine Werbung und fand auch Gehör; bald war sie seine angetraute Ehefrau und folgte ihm auf seine Burg Tollenstein.

Nach wenigen Jahren konnte Juliana in Gold wühlen, aber nur mehr ein spärlicher Silberkranz umrahmte den Kopf des früh gealterten Ritters. So vergingen die Jahre. Da wollte die Schloßfrau eines Tages ein großes Turnier in der Burg geben und befahl ihrem Gatten mit harten Worten, er möge Gold hiefür herbeischaffen.

Kummervoll ritt der Herr von Tollenstein dem Untersberg zu. „Meister Pypo", rief er verzagt, und schon stand das grüngewandete Männchen vor ihm und fragte: „Was ist dein Begehr?"

„Gib mir Gold!" stöhnte Burkhard, „doch ich habe nichts mehr zu tauschen; ich vermag dir kein Haar mehr zu bieten, denn siehe, mein gealtertes Haupt ist kahl!" Dabei nahm er seinen Helm ab und hielt dem Zwerg den Kopf hin, der kahl wie eine Kugel glänzte.

„Siehe da", rief grinsend der Zwerg, „habe ich dir nicht gesagt, du mögest achten, daß dir die Haare nicht zu wenig werden! Nun ist diese Zeit gekommen; umsonst aber bekommst du nichts von mir!"

„So hab doch Erbarmen!" jammerte der Burgherr. „Verlange, was du willst, und was ich vermag, will ich tun." Und traurig fügte er hinzu: „Nur verlange kein Haar mehr von mir; denn die hast du mir alle schon abgenommen!"

„Dann ist unser Handel zu Ende!" lachte das Zwerglein.

Da faßte den Ritter entsetzliche Wut. „O du Elender", brüllte er zornig, „nun verstehe ich dein höllisches Werk. Du wolltest nur meinen standhaften Sinn untergraben, alles Gute in mir vernichten, mich zum seelenlosen Werkzeug teuflischer Gier erniedrigen. Gib mir meine Haare wieder, die du mir schändlich für Gold geraubt hast, oder du sollst die Hand des mächtigen Tollensteiners kennenlernen."

„Der mächtige Tollensteiner!" lachte der Zwerg. „Wo ist deine Macht, dem ich allein zum Gold verholfen habe, das du nicht mehr besitzest? Deine Haare willst du wieder haben, du feiger Schwächling? Nun wohl, hier sind sie, ich brauche sie nicht länger!" Bei diesen Worten zog er ein kleines Zöpflein, aus den Haaren des Ritters geflochten, aus seinem Wams hervor und warf es dem Ritter mit gräßlichem Lachen vor die Füße. Und mit höhnischem Gelächter verschwand er unter großem Getöse in den Klüften des Berges. Der Ritter aber ritt mit verhängten Zügeln seiner Burg zu, eilte in sein Schlafgemach und schloß sich dort ein.

Schon waren alle Vorbereitungen zum festlichen Turnier getroffen, schon hatten sich die Festgäste versammelt, und die Trompeten zeigten den Einzug der Ritterschaft an, aber noch immer war Ritter Burkhard nirgends zu erblikken. Zornig stieg die Schloßherrin selbst zum Zimmer des Ritters empor, um den vergeßlichen Burgherrn zu holen. Aber die Tür war fest verschlossen und spottete allen Bemühungen, sie zu öffnen. Kein Laut drang aus dem

Gemach. Erst mit Gewalt gelang es, die Tür aufzusprengen. Entgeistert starrten die Gemahlin des Ritters und mir ihr alle Eintretenden auf den grausigen Anblick, der sich ihnen da bot. Mit entsetzlich verzerrtem Gesicht lag der Ritter aus seinem Bett, erdrosselt von einer Haarschnur, seine Rechte hielt einen Beutel mit tausend Goldgulden.

Das war das Ende des letzten Sprosses der mächtigen Ritter von Tollenstein. Juliana aber floh, von Gewissensbissen geplagt, aus der Burg und fand bald darauf einen unvorhergesehenen Tod.

DER WEINFUHRMANN

Es mag mehr als 150 Jahre her sein, da brachte ein Weinfuhrmann mit seinem Wagen eine Ladung Wein von Tirol nach dem Land Salzburg, um sie in der Stadt Hallein zu verkaufen. Als er zur Albrücke bei Niederalm, einem Dorf am Fuß des Untersberges, kam, trat ihm ein Zwerg entgegen, der aus dem Wunderberg stammte, und fragte ihn, was er da führe. Der Fuhrmann erwiderte, er wolle eine Ladung Wein nach Hallein zum Verkauf bringen. Da sagte das Männlein: „Fahre mit mir, ich will dir den Wein mit barer Münze bezahlen, du sollst mehr dafür erhalten, als du in Hallein dafür bekommen würdest."

Der Fuhrmann weigerte sich entschieden mitzukommen und meinte: „Ich muß doch den Wein dem Herrn bringen, der ihn bestellt hat." Dabei knallte er mit der Peitsche und wollte die Pferde antreiben, ihren Weg wieder fortzusetzen.

Aber das Männchen fiel den Pferden in die Zügel und rief dem Mann zornig zu: „Fuhrmann, wenn du nicht mit mir fahren willst, sollst du auch nicht nach Hallein kommen. Ich will dich so in die Irre führen, daß du Weg und Richtung verlierst."

Diese Drohung schüchterte den Fuhrmann ein. Er wußte nicht, wie er dem Männlein entkommen noch was er anfangen solle. Der von dem Zwerg versprochene Kaufpreis für den Wein schien ihm zwar sehr unsicher und nebelhaft, aber um nicht alles zu verlieren, fügte er sich schließlich ins Unvermeidliche und gab dem Kleinen zu verstehen, daß er sich eines Besseren besonnen habe und mitfahren wolle.

Zufrieden mit dem Kopf nickend, bestieg das Männchen den Kutschbock, und der Furhmann setzte sich daneben. Nun ging's in flotter Fahrt geradewegs dem Berg zu, und so glatt und eben schien der Weg, als führen sie auf der schönsten und ebensten Straße. Als sie schon ganz nahe am Berg waren, überkam den Fuhrmann große Müdigkeit; er war nicht imstande, sich wach zu halten, und schlief ein.

Als er wieder erwachte, fuhr der Wagen gerade auf ein prächtiges Schloß zu, das sich auf einem steilen, künstlich behauenen Felsen erhob. Aus rotem und weißem Marmor waren die Mauern erbaut, und eine lange Reihe kristallener Fenster unterbrach die marmorne Front, über die ein mächtiger Turm hinausragte, dessen kupfernes Dach sich leuchtend vom Abendhimmel abhob. Rings um das Schloß lief ein breiter, tiefer Graben, und außerdem verwehrte eine mächtige Ringmauer, die sich vor dem Graben erhob, den

Zugang zum Schloß. Wollte man aber hineingelangen, so mußte man sieben Brücken und Tore und ebenso viele Fallgitter passieren.

Staunend lenkte der Fuhrmann seinen Wagen durch all diese Befestigungen hindurch und kam ins Innere des Schlosses in einen weiten Hof, wo sich an allen Fenstern Gesichter zeigten, die neugierig auf den Ankömmling mit seinem Fuhrwerk hinabschauten. Es schien dem Mann, als wäre in all diesen Gesichtern große Freude über seine Ankunft zu lesen. Bald kamen auch viele Männchen aus dem Gebäude in den Hof gelaufen, manche in schönen Röcklein, andere nur halb bekleidet; sie mochten zur Dienerschaft oder zum arbeitenden Volk gehören. Einer von den Zwergen machte sich durch sein Gehabe bald als Kellermeister erkenntlich. Ein grauer Bart wallte bis über sein dickes Bäuchlein herab, und die eisgrauen Haare reichten weit über die Schultern; an der Seite trug er eine Tasche und einen Schlüsselbund.

Schwerfällig trat er an den Wagen heran und schaute mit Kennerblicken die gerngesehene Ladung. Dann wandte er sich an den zitternden Fuhrmann und sprach: „Willkommen, lieber Freund! Hab keine Angst; du sollst reichlich bewirtet werden. Ich will dir zu essen und zu trinken herbeischaffen lassen, was dein Herz begehrt." Aber trotz der freundlichen Worte schlotterten dem Fuhrmann die Knie, und er konnte vor Angst keinen Laut hervorbringen.

Auf einen Wink des Kellermeisters sprangen flink ein paar der Männlein heran, spannten die Pferde aus und führten sie in den Stall; andere nahmen den Fuhrmann in ihre Mitte und begleiteten ihn in eine freundliche Stube im Erdgeschoß des Schlosses, wo sie ihn nötigten, sich an einem sauber gedeckten Tisch niederzulassen. Tüchtig eilten sie hin und her und brachten blitzblank geputztes Zinngeschirr auf den Tisch. Es dauerte nicht lange, so schleppten wieder andere Speisen und Getränke in Hülle und Fülle herbei, daß er sich wohl satt essen konnte. Als sich der Fuhrmann nach dem guten Essen zurücklehnen wollte, luden sie ihn freundlich ein mitzukommen; sie wollten ihm das ganze Schloß und alle Schätze und Herrlichkeiten zeigen.

Nun wäre der Mann wohl lieber noch ein wenig sitzen geblieben, um das gute Mahl zu verdauen und auszuruhen, aber er wagte keinen Widerspruch und folgte seinen liebenswürdigen Wirten. Diese führten ihn zunächst über eine Stiege von 35 mattvergoldeten Stufen in einen großen, prächtigen Saal, dessen Wände kostbare Stickereien bedeckten. Durch hohe, breite Fenster, die unverglast waren, fiel Licht in den weiten Raum. Von hier aus wandten sie sich in einen zweiten Saal, der den ersten an Schönheit weit übertraf. Der Fußboden war mit blanken Marmorplatten belegt, in denen sich das leuchtende Gold der Wände und die prächtigen Zieraten der hochgewölbten Decke in hellem Glanz spiegelten; das Kristall der mächtigen Bogenfenster zerlegte die einfallenden Sonnenstrahlen in vielfältigen Schimmer, daß die ganze Halle in allen Farben glänzte. Das Merkwürdigste aber in dem ganzen Saal waren vier aus edlem Metall gegossene Standbilder, die ein riesiges Ausmaß hatten und mit höchster Kunst gearbeitet waren. Die riesigen Gestalten trugen goldene Ketten an den Armen, als ob sie Gefangene wären. Ein kleines Männlein, das eine goldene Krone trug, hielt die vier Enden der Ketten.

Der Fuhrmann betrachtete die vier metallenen Männer eine Zeitlang. Da fragte ihn einer seiner kleinen Begleiter: „Fuhrmann, verstehst du, was diesen Riesen mit den goldenen Ketten und das kleine Männchen mit der goldenen Krone für die Zukunft bedeuten sollen?“ Jener aber meinte, das wisse er nicht; da sagte das Männchen nichts weiter, und niemand hat später dieses Rätsel gelöst. Manche meinen, die vier Riesen und das Bergmännchen bedeuten, daß einst in vier Weltteilen sich Krieg erheben wird oder daß die vier größten Herrscher von dem kleinsten abhängig werden.

Im Weitergehen sah der Fuhrmann in diesem Saal noch eine große Menge kostbarer, mit Gold und Edelsteinen verzierter Rüstungen, Helme und Schwerter sowie viele unbekannte Geschosse. An den Wänden sah er viele Tische, ob aus Stein oder edlem Metall, konnte er nicht unterscheiden, doch waren alle reich mit blinkendem Gold und funkelnden Edelsteinen verziert.

Nun traten sie in einen dritten Saal, der sich an Schönheit und Pracht mit dem soeben verlassenen wohl messen konnte. Da standen in Reihen wohlgeordnet prächtige Lagerstätten, die zierliche Schmiedearbeit aufwiesen und mit edelsteinglänzenden Verzierungen geschmückt waren.

Hier machten sie halt, und einer der Zwerge setzte sich an den Tisch und lud den Furhmann ein, neben ihm Platz zu nehmen. Dann zog er einen großen Beutel mit Gold aus der Tasche, zählte dem freudig überraschten Mann 180 Dutzend Dukaten vor und sagte: „Hier hast du den versprochenen Kaufpreis. Verschaffe dir damit einen anderen Wein, du wirst damit dein Leben lang Handel treiben können, und alles wird dir immer gut ausgehen! Von dem, was du hier im Berg erlebt hast, sprich aber, solange du lebst, zu keinem Menschen ein Wort!"

Der glückliche, reich beschenkte Fuhrmann verwahrte sein Geld, dann begleiteten ihn die Zwerge in den Schloßhof hinaus, wo schon andere Männchen dabei waren, die Pferde des Mannes aus dem Stall zu ziehen und an den geleerten Wagen zu spannen. Als sie bemerkten, daß eines der Pferde blind waren, nahmen sie einen Stein, der einen roten und blauen Glanz ausstrahlte, und strichen damit über die Augen des Pferdes. Sogleich wurde es wieder sehend. Den Stein schenkten sie dem Fuhrmann und sagten, er möge damit anderen blinden Pferden helfen. Hierauf verabschiedeten sie sich von dem Mann und kehrten in das Schloß zurück.

Aber gleich danach traten drei andere Zwerge zu ihm, die schwarze Kleider, auf dem Kopf aber grünsamtene Mützen mit roten Federn trugen. Diese sagten zum Fuhrmann: „Du hast recht getan, den Wein, den du führtest, uns zu verkaufen. Ermahne auch deinen Bruder, daß er von dem Wein, den er im Überfluß hat, uns verkaufen möge!"

Voll Staunen und Verwunderung über all das, was er gesehen und gehört hatte, fuhr der Mann weiter und sah sich plötzlich wieder an dem Ort, wo er mit dem ersten Männchen zusammengetroffen war. Glücklich erreichte er seine Heimat und konnte von nun an ein sorgenfreies Leben führen. Die 180 Dutzend Dukaten vemehrten sich zwar nicht, aber sie gingen auch nie zu Ende, obwohl er den Armen viel gab.

Getreu dem Gebot der Bergmännlein sprach er niemals ein Wort von dem, was er im Wunderberg gesehen und gehört hatte. Erst als er auf dem Sterbebett lag, offenbarte er alles, was ihm damals zugestoßen war.

DAS LOFERER FRÄULEIN

Bei Lofer ist eine große Höhle in den Steinbergen, das Loferer Loch, in dem ein verzaubertes Fräulein wohnt, das große Schätze besitzt. Die Schöne darf ihre Behausung nicht verlassen und muß den Schatz bewachen, bis es einmal einem Menschen gelingt, zu ihr vorzudringen und sie von ihrer Verzauberung zu erlösen. Manche haben es schon versucht, aber noch keinem ist es gelungen. Vor dem Eingang der Höhle dehnt sich nämlich ein weiter, tiefer Tümpel aus, der jeden verschlingen würde, der sich darüber wagt; denn nur sündenreine Menschen dürfen ohne Gefahr das Wagnis unternehmen. Aber einmal wäre die Erlösung fast doch geglückt. Und das kam so:

Im Dorf lebte ein armes Ehepaar, das Not und Sorge genug hatte und manchmal nicht wußte, wie es den Hunger seiner beiden Kinder stillen sollte. Oft blieb den armen Eltern nichts anderes übrig, um das Elend zu lindern, als ihre Kinder in Begleitung eines alten Bettlers von Haus zu Haus zu schicken, damit sie die Leute um milde Gaben anflehten. Einmal nun führte der Bettler die Kinder zum Loferer Loch und sagte, sie möchten da hineingehen, sie würden drinnen gewiß eine große Gabe erhalten. „Ich selbst kann nicht mitgehen", meinte er; „denn mir ist der Eingang durch das Wasser verschlossen, ihr aber werdet ganz sicher hindurchkommen. Ich will euch hier draußen erwarten." Die Kinder, die noch keine Sünde kannten, kamen auch richtig trockenen Fußes zur Höhle hinein und gelangten bald zu einer schönen grünen Wiese, auf der zwei prächtige Häuser standen. Nicht lange darauf zeigte sich eine liebliche Jungfrau, an die sich die Kinder mit der Bitte um eine kleine Gabe wandten.

Die Jungfrau hörte ihre Bitte lächelnd an und lud sie freundlich ein, ins Haus mitzukommen, wo sie die beiden Kinder in ein wunderschön gestaltetes Zimmer führte, wie es die Kleinen noch nie gesehen hatten. Sie setzte ihnen zu essen und zu trinken vor, munterte sie auf, nur fest zuzugreifen, und sagte: „Für heute kann ich euch nichts mehr geben; aber bleibt die Nacht über bei mir, dann sollt ihr morgen so viel bekommen, als ihr nur tragen könnt, und euren lieben Eltern wird damit geholfen sein. Und merkt euch gut: Was immer ihr auch bei Nacht sehen und hören werdet, und sei es noch so gräßlich, habt keine Angst und fürchtet euch nicht; denn der liebe Gott ist mit den guten Kindern, und euer Schutzengel behütet euch! Wenn ihr tut, was ich euch morgen sagen werde, könnt ihr mich sogar erlösen, und ihr werdet reich und glücklich werden."

Nach dem Essen führte die Jungfrau die beiden Kinder in ihr eigenes

Schlafzimmer, wo schon zwei schöne Bettchen für die Kleinen bereit gemacht waren und sie auch gleich einschliefen. Um Mitternacht weckte sie lautes Flammengeprassel und heller Feuerschein aus dem Schlummer auf. Als sie erschrocken auffuhren, sahen sie das Bett des Fräuleins in lodernden Flammen stehen; sie selbst aber wälzte sich schmerzlich stöhnend in den Flammen hin und her. Und sooft das Feuer zu verlöschen drohte, bemerkten sie unheimliche Spukgestalten, die den Brand wieder anfachten und mit schrecklichen Gesten um das glühende Lager herumsprangen. So schaurig war dieses fürchterliche Geschehnis anzusehen, daß die Kinder vor Angst wie von Sinnen waren und weinend aus dem Bett sprangen, bis eine wohltätige Ohnmacht sie von dem schrecklichen Anblick erlöste.

Als sie am Morgen wieder erwachten, war alles wie am Tag zuvor; das Bett der lieblichen Jungfrau war unversehrt, und sie selbst blickte die Kinder heiter und milde an. Da meinten sie, einen schweren Traum gehabt zu haben. Die Jungfrau aber sagte, sie hätten richtig gesehen, und jede Nacht müsse sie solche Qualen durchmachen. „Nur unschuldige Kinder wie ihr", fügte sie hinzu, „können mich von meiner Qual erlösen." Hierauf nahm sie die Mehlsäcklein der Kinder, füllte sie mit Goldstücken an und befahl ihnen, heimzugehen und das Geld ihren Eltern zu geben.

„Und sagt euren Eltern", fuhr sie fort, „sie sollen auch allen wahrhaft bedürftigen und würdigen Armen in ihrer Not mit dem Geld beistehen. Nur dem alten Bettler, der euch hierhergeführt hat, dürfen sie nichts geben; denn er ist ein böser, schlechter Mensch. Ihr dürft auch nicht dort hinausgehen, wo ihr hereingekommen seid; denn der böse Bettler wartet auf euch; er würde euch das Geld wegnehmen und euch töten. Nun merkt euch meine Worte und richtet euch genau danach! In dreimal sieben Tagen aber kommt wieder hierher, dann wollen wir weiter darüber reden, wie ihr mich erlösen könnt."

Die Kinder versprachen, alles getreulich auszurichten, und machten sich auf den Heimweg. Die Jungfrau begleitete sie über die Wiese hinweg und zeigte ihnen einen verborgenen Gang ins Freie, wo sie, ungesehen vom Bettler, die Höhle verlassen konnten.

Nun liefen die Kinder mit freudig klopfenden Herzen nach Hause, stellten mit glänzenden Augen ihre Goldsäcklein auf den Tisch und erzählten abwechselnd, was sie erlebt und was das schöne Fräulein ihnen aufgetragen hatte. Mit frohen Gesichtern hörten die armen Leute die Erzählung ihrer Kinder und gedachten dankbar der gütigen Spenderin, als sie ihren Reichtum sahen. Nun hatte alle Not ein Ende, und ein nie gesehener Überfluß herrschte in Küche und Keller. Auch die Armen erhielten reichlich ihren Anteil, nur der böse Bettler ging leer aus. Der aber wußte jammervoll zu weinen, tat so, als ob er der rechtschaffenste Mensch wäre, und sprach anklagend vom Undank der Leute, die durch ihn reich geworden seien, daß die Kinder und ihre Eltern schließlich ganz gerührt wurden und meinten, es geschähe dem armen Mann bitteres Unrecht. Und so schenkten sie ihm aus Dankbarkeit eine schöne Summe Geld.

Als dreimal sieben Tage um waren, gingen die Kinder, wie die Jungfrau gesagt hatte, wieder zur Höhle. Aber diesmal stand der Eingang tief unter Wasser, und sie vermochten nicht durchzukommen. Auf der anderen Seite des Tümpels stand die Jungfrau und rang schmerzlich die Hände. Der Bettler aber, der den Kindern nachgeschlichen war, stand hinter den Kindern und stieß ein boshaftes Gelächter aus. „Nun ist's mit der Erlösung zu Ende", schrie er, sich die Hände reibend; „denn schon euer Ungehorsam gegen das Verbot des Fräuleins, mir Geld zu geben, ist Sünde, und sündige Menschen können nie die Höhle betreten." Schadenfroh kichernd ging der Alte davon.

Seit dieser Zeit ist es noch niemand gelungen, die „Höhle bei Lofer" zu betreten. Das schöne Fräulein wartet immer noch auf das reine, unberührte Menschenkind, das es von seinen Qualen erlösen wird.

KÖNIG WATZMANN

Vor undenklich langen Zeiten herrschte über Salzburg und das angrenzende Bayern ein mächtiger König, Watzmann genannt. Er war seinen Untertanen kein gnädiger Herr. Hartherzig und grausam ließ er ihnen seine Macht fühlen, wo er nur konnte, bedrückte und quälte sie über alle Maßen und verhängte bei den unwichtigsten Anlässen die härtesten Strafen. Sein Schloß erhob sich nahe dem Königssee hoch in die Lüfte.

Eines Tages trieb ihn die teuflische Lust, die armen Bauern vor den Pflug spannen zu lassen und die Hunde hinter ihnen drein zu hetzen, damit die Arbeit rascher vor sich gehe. Während dieser menschenunwürdigen Arbeit, die sonst durch die Tiere geleistet wurde, stieß ein Bauer zufällig mit dem Fuß an eine größerer Erdscholle. Plötzlich sprang hinter der Scholle ein kaum spannenlanges Männchen hervor und hüpfte dem Pflügenden auf die Hand! Der erschrockene Landwirt konnte nur mit Mühe einen Aufschrei unterdrücken, aber das Männlein legte warnend den Finger an den Mund und sprang dann rasch in des Mannes Rocktasche.

Zu Hause angekommen, zog der Landwirt den Kleinen aus der Tasche und stellte ihn vor sich auf den Tisch. Da fing das Männchen mit gar feiner Stimme zu reden an: „Bauer, passe auf, was ich dir jetzt sagen will. Ich bin Heinzel, der König der Erdmännchen, und will dem verruchten und lästerlichen Treiben des Königs Watzmann nicht mehr länger ruhig zusehen. Ich werde eurem Leiden ein Ende machen und euch von dem grausamen Wüterich befreien. Rufe mir sofort deine Leidensgenossen herbei!“

Der Bauer befolgte sogleich diesen Befehl und eilte fort, um seine Kameraden zu holen. Bald waren alle um das Erdmännlein versammelt. Nun sprang König Heinzel auf einen Holzklotz und begann: „Ihr armen Leute, hört: Bevor ihr morgen zur Arbeit geht, füllt eure Taschen mit Kieselsteinen. Hetzt Watzmann wieder die Hunde auf euch, so werft kühn die Kieselsteine auf ihn. Fürchtet euch nicht, denn ich bin in eurer Nähe.“

Während das Männlein diese Worte sprach, war es immer kleiner geworden, bis es endlich vor den Augen der Bauern verschwand.

Am anderen Morgen fanden sich alle wie gewöhnlich zur Arbeit vor dem König ein. Dieser war nicht besser gelaunt als an den früheren Tagen und begann sofort mit lauten Schreien die Hunde hinter die Bauern zu hetzen. Diese aber griffen sogleich in die Taschen, wie ihnen das Männchen befohlen hatte, und schleuderten ihre Kiesel auf den König. Im Flug vergrößerten sich die Steine, wurden zu gewaltigen Felsbrocken und sausten auf den König und seine Hunde nieder, die sich heulend um ihren Herrn geschart hatten. Bald waren Meute und Herr unter der Last ungeheurer Felsblöcke begraben. Nun begannen auch die Steine auf dem Boden sich zu bewegen, rollten auf die geworfenen Felstrümmer hinauf, wälzten sich übereinander, und bald türmte sich an der Stelle, wo eben noch König Watzmann gestanden war, ein mächtiger steinerner Bergriese in die Lüfte.

Die Landwirte verließen bald darauf die Gegend, die ihnen zuwider war, und zogen in das nahe Tirol. Von dem Erdmännlein sah und hörte man von dieser Zeit an nichts mehr. Wenn aber um die Klüfte des Watzmanns der Sturmwind braust, sagen die Leute, es seien König Watzmanns Hunde, die heulend um ihren Herrn springen.

DIE DRACHENJUNGFRAU IN DER GERLOSWAND

Viele Jahre ist es her, da lebte im Pinzgau eine stolze Jungfrau, eines Grafen Kind, die von der Natur mit allen Vorzügen des Geistes und des Leibes bedacht war. Sie fühlte sich daher auch über alle Menschen erhaben, war anmaßend und hochmütig, und sie verachtete sogar ihre eigene Mutter, die sich über die Kälte und Lieblosigkeit ihrer Tochter zu Tode grämte.

Nun aber brach die Strafe des Himmels für dieses unkindliche Verhalten über die Jungfrau herein. Schwer und lang war die Buße, die ihrem Hochmut auferlegt wurde. Eine mächtige Bergfrau verwandelte sie in ein Wesen, halb Drache, halb Weib, und bannte sie in eine Felsenhöhle im Inneren der Gerloswand. In großer Einsamkeit, dem Licht der Sonne entrückt, hat sie nun Zeit zu bereuen, was sie verschuldet, und darf nur alle hundert Jahre einmal aus der Tiefe emporsteigen, um auf den zu warten, der sie erlösen soll. Erlösung kann sie aber nur finden, wenn ein beherzter Jäger ihr den Kuß der Liebe weiht.

Einmal ist sie schon aus ihrer Höhle hervorgekommen. Glockengeläute im Tal verkündete ihr Erscheinen, aber niemand getraute sich in ihre Nähe. Endlich faßte ein mutiger Jägersbursche den Entschluß, das Erlösungswerk zu wagen. Tapfer schritt er auf die Felswand zu, wo die furchtbare Schrekkensgestalt ihm schon von weitem entgegenrief: „Zittere nicht, du Lieber! Erscheine ich dir auch jetzt noch schrecklich und grauenhaft, so wird dein Entsetzen weichen und Freude und Glück dich erfüllen, wenn deine Lippen meinen Mund berührt haben. Weichst du aber von mir zurück, so sind wieder hundert Jahre Elend und Einsamkeit mein Schicksal."

Mutig versprach ihr der Jäger, vor nichts zurückzuweichen. Als er sie aber in der Nähe in ihrer ganzen furchteinflößenden Häßlichkeit sah, wich er entsetzt zurück. Wohl versuchte er ein zweites und drittes Mal näher zu treten, aber als der eisige Hauch ihres Mundes sein Gesicht umgab, taumelte er schwindelnd zurück und lag im nächsten Moment zerschmettert unten am Rand der Felswand.

Mit einem Jammerschrei wandte sich die Drachenjungfrau dem Felsen zu und muß nun wieder in ihrer finsteren Höhle, in Grauen versunken, hundert Jahre warten, bis sich vielleicht dann ein tapferer junger Mann findet, der sie ihrem Gefängnis entreißt und wieder in einen Menschen verwandelt.

DER ZWERG HAHNENGICKERL

Eine vornehme, reiche Frau wurde jahrelang von einem bösen Leiden gequält, gegen das kein Mittel helfen wollte, kein Arzt Rat wußte. Da erreichte sie die Mitteilung, daß der berühmte Arzt Theophrastus Paracelsus in Salzburg sich aufhielt und vielen als unheilbar geltenden Kranken durch seine Wunderkuren ihre Gesundheit wiedergebe. Hoffnungsvoll reiste die Frau nach Salzburg, nahm im „Goldenen Schiff" Quartier und ließ sogleich den Wunderarzt holen. Der untersuchte sie gründlich, schüttelte bedauernd den Kopf und sagte: „Liebe Frau, so leid es mir tut, muß ich Euch sagen, hier versagt meine ärztliche Kunst; gegen dieses Leiden habe ich bisher noch kein Mittel gefunden."

Es war dem Meister sichtlich sehr unlieb, sein Unvermögen einzugestehen; die Frau aber war trostlos, daß ihre letzte Hoffnung zunichte geworden sei. Verzweifelt ging sie in ihr Zimmer und wälzte sich jammernd auf ihrem Bett; denn nun war ihr die letzte Hoffnung genommen, je wieder gesund zu werden. Da öffnete sich plötzlich die Tür, und mit stolzer Miene betrat ein kleiner Wicht den Raum. Er gehörte zu jenen seltsamen Wesen, die in großer Zahl das Innere des Untersberges bevölkern, kluge Zwerge, die manche Kenntnisse haben, von denen sich die Weisheit der Erdenmenschen nichts träumen läßt. Mit pfiffigem Lächeln trat der Wicht an das Bett der Kranken und sagte: „Ja, bis zur letzten Weisheit sind auch die Menschen noch nicht vorgedrungen. Euer berühmter Paracelsus hat versagt, ich aber weiß ein Mittel, das Euch gesund machen kann, und werde Euch helfen. Dafür sollt Ihr aber ein Jahr lang an mich denken und meinen Namen nicht vergessen. Ich heiße Hahnengickerl, merkt es Euch wohl, Hahnengickerl. Nach einem Jahr komme ich wieder, und wenn Ihr dann nicht mehr wißt, wie ich heiße, müßt Ihr mir als meine Ehefrau in den Untersberg folgen."

Die Frau dachte, der Name sei wohl nicht schwer zu merken, Gesundheit aber könne ihr niemand verschaffen; sie war mit dem Handel einverstanden, der Wicht murmelte seinen Gesundspruch und schritt dann mit gewichtigen Schritten zur Tür hinaus. Von der Stunde an war die Frau wieder gesund und freute sich ihres Lebens. Glücklich und ohne Sorgen, dachte sie nicht einmal mehr daran, daß sie so lange krank gewesen, und bald war ein Jahr seit ihrer Heilung vergangen. Eines Tages erinnerte sie sich an den Zwerg, aber, o Schreck, seinen Namen hatte sie vergessen. Sie riet hin und her und kam doch nicht darauf. Immer näher rückte der Tag, an dem der Zwerg wieder erscheinen sollte. Sie fragte alle Leute um die Namen von Zwergen, hörte die seltsamsten Worte, aber das vergessene war nicht darunter. Da ließ die Frau bekanntmachen, ihr halbes Vermögen wolle sie geben, wenn man ihr den richtigen Namen des Zwerges sage. Doch niemand konnte ihr helfen.

Da ging eines Tages ein armes Mädchen, dessen Mutter schwerkrank zu Hause lag, auf den Untersberg, um heilkräftige Kräuter für ihre Mutter zu sammeln. Durch das Dickicht schlüpfend, kam das Mädchen zu einer Felsspalte, aus der jubelnde Laute herausdrangen. Als sich die junge Kräutersammlerin neugierig vorbeugte, um den lustigen Sänger zu erblicken, bemerkte sie im Hintergrund der Spalte ein kleines Männchen, das wie toll im Kreis herumhüpfte und, in die Hände klatschend, ein über das andere Mal jubelnd ausrief:

„Juchhe, bin ich froh,
weil die Frau nicht weiß,
daß ich Hahnengickerl heiß!"

„Hahnengickerl?" dachte das Mädchen, das von dem Wunsch der fremden Frau, einen seltsamen Zwergennamen zu wissen, gehört hatte; vielleicht war das der Name, den die Frau zu erfahren wünschte! Sie ließ alles liegen und stehen und lief, was sie laufen konnte, ins „Goldene Schiff" nach Salzburg, wo sie sich gleich bei der Fremden anmelden ließ. Rasch erzählte sie der verwundert aufhorchenden Frau, was sie auf dem Untersberg gehört hatte.

„Ja, Hahnengickerl, so war der Name des Zwerges“, rief die Frau, und Tränen der Freude rannen über ihre Wangen. Reich beschenkt kehrte das Mädchen zu seiner Mutter zurück, und von Armut und Sorge war ab jetzt keine Rede mehr. Der Zwerg Hahnengickerl aber mußte wohl irgendwie erfahren haben, daß sein Name verraten sei und er mit langem Gesicht abziehen müßte; denn als der bewußte Tag herankam, ließ sich kein Hahnengickerl sehen.

Die Frau aber reiste geheilt und glücklich von Salzburg ab und lebte gesund bis ins hohe Alter.

DER MOOSHAMER IM LUNGAU

Auf dem alten Schloß zu Moosham im Lungau lebten vor langen Jahren zwei Brüder, die ein Herz und ein Gedanke waren. Was sie einander von den Augen ablesen konnten, tat einer dem anderen zu Gefallen. Nichts schien dieses traute Verhältnis stören zu können.

Da geschah es einmal, daß beide Brüder an einem Turnier teilnahmen, bei dem der eine einen goldenen Ring als Preis davontrug, während der andere leer ausging. Dieses an sich geringfügige Ereignis hatte die schlimmsten Folgen. Neid und Haß keimten im Herzen dessen, der beim Turnier übergangen worden war, und bittere Feindschaft trat bald an die Stelle brüderlicher Liebe. Hatten sie bisher gemeinsam im oberen Schloß gewohnt, so trennten sie sich nun, indem der eine oben wohnen blieb, während der andere im unteren Schloß seinen Wohnsitz nahm. Sie wichen sich aus, wo sie nur konnten, und ließen schließlich alle Fenster und Türen vermauern, so daß keiner den anderen zu sehen oder ihm zu begegnen brauchte.

Jahre vergingen, nichts änderte sich im Verhalten der Brüder. Da kam einmal ein fahrender Sänger vor das Schloß und ließ zur Harfe seine Lieder erklingen. Er sang von Liebe und Freundschaft und fand so herzliche Worte und rührende Töne, daß sich die in Zorn erstarrten Herzen der Brüder zu erweichen begannen. Sie blickten einander freundlich ins Auge, sie neigten sich schon, um den Versöhnungskuß zu geben, als der Glanz des goldenen Ringleins, das an der Hand des einen Bruders blitzte, den kaum erstorbenen Haß des andern von neuem und heftiger als vorher erweckte. Wütend griffen sie zu den Schwerten, wild schlugen sie aufeinander ein, und nach kurzem Kampf sanken beide, einer von des anderen Hand getroffen, sterbend zu Boden. Noch im Tode verzerrte unauslöschlicher Haß die erstarrenden Züge.

Seit jener schrecklichen Stunde steht das verfallene Schloß leer, kein Lachen dringt mehr aus seinen Mauern, niemals sind Frieden und Glück dort wieder eingekehrt. Des Nachts aber, wenn finsteres Dunkel das Land einhüllt, steigen zwei unheimliche Gestalten aus ihren Gräbern auf, ein feuerrotes Ringlein schwebt über ihnen, jener Ring, der die brüderliche Liebe getötet. Drohend starren sie einander an und schlagen mit den Schwertern los, daß die Funken sprühen. Der nächtliche Wanderer, der das schaurige Tosen hört, sucht schnell das Weite.

Niemand wagte das verrufene Schloß wiederaufzubauen. Erst in einiger Entfernung erhebt sich tapfer über dem Tal ein neues Grafenschloß.

DIE WEITMOSER AUS DEM GASTEINERTAL

Mit dem Namen der Familie Weitmoser ist die Erinnerung an den reichen Bergsegen verknüpft, der einst im Gasteinertal und in der Rauris den Bergen entströmte.

Erasmus Weitmoser war ein einfacher Bauer, der zu Gadaunern im Gasteinertal jahraus, jahrein den Pflug über seine Felder führte und der kargen Scholle ihren dürftigen Ertrag für sich und die Seinen abrang. Aber da er bei seiner täglichen Arbeit genügend Zeit hatte, seinen Gedanken Raum zu geben, wandte sich sein Blick immer öfter nach den Bergen, und so kam ihm die Idee, den Segen nicht mehr in seinem Acker zu suchen, sondern dort, wo er nach seiner Meinung in reichlichem Ausmaß zu finden war, wo das Gold in reiner Gestalt verborgen sein mußte, in den Bergen. Er vertauschte seinen Arbeitsrock mit dem Bergmannskittel und begann nach Gold zu graben.

Seiner sicher und überzeugt, sein Ziel zu erreichen, grub und grub er, warb Arbeitskräfte und förderte vielversprechendes, erzführendes Material zutage. Aber die goldhaltigen Gänge lagen tiefer; bevor er noch Gold aus den tiefen Schächten schöpfen konnte, erschöpften sich seine Geldmittel, eigene sowie geborgte, und es fand sich kein Mensch mehr, der in diese unsichere Sache Geld gesteckt hätte. Ja, seinen Gläubigern wurde angst um das gute Geld, das sie ihm bisher vorgestreckt hatten, und sie hörten nicht auf, ihn zur Rückzahlung zu drängen. Vergebens bat er um eine kurze Frist, um ein wenig Geduld noch, um ein weiteres Darlehen; sie lehnten alle seine Bitten ab und bestanden auf Rückgabe des Darlehens. Schließlich kam die ganze Sache auch dem Salzburger Erzbischof, Leonhard von Keutschach, zu Ohren.

Dieser ließ den Weitmoser in seine Residenz rufen, ließ sich über die Arbeiten und Pläne des aufrechten, ehrlichen Mannes genauen Bericht erstatten und streckte ihm aus eigenem eine größere Summe Geldes vor, damit er die eingestellte Arbeit wiederaufnehmen und vollenden könne. Erasmus ging sofort wieder ans Werk, schürfte und förderte, und seine beharrliche Ausdauer sollte ihren Lohn finden. Noch bevor das geliehene Geld zur Gänze aufgebraucht war, kam edles Erz zutage. Die Knappen brachten ihm freudestrahlend reichen Ausbruch und Handstein entgegen, die Gold und Silber enthielten. Immer freigiebiger spendete der Berg seine Gaben; das Gold häufte sich, und bald war Erasmus Weitmoser der reichste Mann im Tal geworden. Sein ganzes Leben lang nahm der Segen kein Ende, und selbst auf dem Totenbett wurde ihm noch die Nachricht zuteil, daß neue mächtige Goldadern entdeckt worden seien.

Das Bergmannsglück blieb auch seinem Sohn Christoph treu. Für so groß hielt das Volk seinen Reichtum, daß man erzählte, auf der Erzwiese beim Walde habe Herr Christoph Weitmoser einen ungeheuren Schatz vergraben, und der Haufen Goldes, den er besitze, sei so groß, daß man darunter ein Pferd samt seinem Reiter verstecken könne. Überall erwarb er Gruben und Besitzungen, kaufte stattliche Höfe und prunkvolle Schlösser und wurde so reich, daß er jeder seiner Töchter, um deren Hand sich Grafen und Fürsten bewarben, viele tausend Goldgulden in die Ehe mitgeben könne. Seinen drei Söhnen aber soll er eine Million Goldgulden als Erbe zugedacht haben. Sein eigenes Ansehen war so hoch gestiegen, daß er selbst Fürsten zu seinen Freunden zählen konnte. Aber schon nahte das Verderben dem Hause der Weitmoser.

Christoph Weitmosers Ehefrau war ein schönes, doch stolzes, hartherziges Frauenzimmer. Statt der Vorsehung dankbar zu sein für die Fülle der Gaben, die sie mit freigiebiger Hand den Weitmosern zuteilte, brüstete sich die hochnäsige Frau in ihrem Stolz über ihren Reichtum; statt Arme und Bedürftige mild zu beteilen, Not und Elend zu lindern und wie der alte Weitmoser in redlichem Bestreben den einfachen Sinn zu bewahren, sah sie mit kaltem Blick auf das einfache Volk herab, verschloß ihr hartes Herz für jedes Mitgefühl und verfiel in ein üppiges, ausschweifendes Leben. Sie stolzierte nur in den kostbarsten Kleidern einher und trug dazu herrlichen, wertvollen Schmuck, um den sie jede Fürstin beneidet hätte. Ihre Eitelkeit und ihr Hochmut waren im ganzen Land bekannt, und bald war sie als die stolzeste und hartherzigste Frau weit und breit verrufen.

Eines Tages ritt sie auf ihrem weißen Pferd im vollen Prunk ihrer edelsteingeschmückten Gewänder durch die Klamm die schäumende Ache entlang nach Gastein. Wie eine Königin saß sie hoch zu Roß und gönnte den ihr Entgegenkommenden in stolzer Erhabenheit nicht einen Blick. Da tat ihr Pferd einen jähen Sprung; es hatte vor einer Bettlerin gescheut, die neben dem Wege saß und die Hände hob, bittend um eine milde Gabe. Der reichen Weitmoserin war dieser Anblick lästig. Verächtlich blickte sie vom Pferd herab und rief unwillig: „Pack dich, freche Bettlerin! Kann man denn nirgends Ruhe haben vor diesem unverschämten Bettelvolk!"

Damit wollte sie ihr Pferd an der Alten vorbeidrängen. Diese aber erhob sich mühsam und sagte mit zitternder Stimme: „Bettlervolk beschimpfst du mich und weißt doch nicht, ob du nicht trotz deiner prachtvollen Gewänder morgen an meiner Stelle sitzen wirst. Heute mir, morgen dir!"

Da hielt die stolze Weitmoserin wütend nochmals ihr ungeduldig drängendes Pferd an. „Du armselige Kreatur", stieß sie hervor, „was fällt dir ein? Eine Weitmoserin und betteln gehen! Da schau her! Siehst du es blitzen!" Damit zog sie einen kostbaren Ring mit funkelnden Diamanten vom Finger, ließ ihn einen Augenblick in der Sonne erglänzen und warf den Ring sodann in die neben dem Weg wild dahinschießende Ache. Und grell auflachend setzte sie hinzu: „Fort ist der Ring, für immer! Sowenig dieser Ring wieder zum Vorschein kommt, ebensowenig wird eine Weitmoserin je zum Bettelstab greifen." Mit hochrotem Gesicht gab sie dem Pferd die Sporen, daß es mit schnellen Hufen davonlief.

Einige Zeit war seit diesem Auftritt verstrichen, da ließ sich eines Morgens der Fischer vom Weitmosergut im Herrenhaus melden und brachte eine Forelle von nie gesehener Größe, die er tags zuvor in der Ache gefangen hatte. Er wollte die ungewöhnliche Beute für den Herrschaftstisch übergeben. An diesem Tag gab Christoph Weitmoser für seine Mitarbeiter ein Festmahl, bei dem dieser prächtige Fang die Tafel zieren sollte. Als man den Fisch zerteilte, fand sich in seinem Innern ein herrlicher Diamantring, den die Weitmoserin als jenen Ring erkannte, den sie vor kurzem in die Fluten der Ache geschleudert hatte. Und etwas, das sie nie gekannt, begann in ihrem Herzen zu keimen: die Furcht vor kommendem Unglück. Sollte das Schicksal sie beim Wort nehmen? Wäre es denkbar, daß sie ein Verhängnis heraufbeschworen hätte? Dies schien ihr unfaßbar.

Aber von diesem Moment an begannen Glück und Segen zunächst allmählich, dann immer rascher vom Haus der Weitmoser zu weichen. Die Ergiebigkeit des Bergwerks verminderte sich, reiche Goldadern versiegten, Stollen und Schächte stürzten ein, Wildwasser stürzten in die reichsten Gruben, ein Unglück folgte dem andern. Das Glück hatte die Weitmoser zur Gänze verlassen. Ihre weitläufigen Höfe und Schlösser verfielen, sie gerieten in Schulden, verarmten, und schließlich gab nur Ruinen Zeugnis von ihrem einstigen Reichtum und Wirken.

Mit ihnen ging ein Geschlecht zugrunde, das berufen war, zu seiner Zeit Großes zu vollführen. Aber nur die Sage hat ihr Schaffen und Wirken überlebt und läßt die alten Weitmoser leben bis in unsere Zeit. In den Hängen und Schluchten des Gamskarkogels zeigt sich den Jägern oftmals ein alter Gemsbock. Aber sooft der verfolgende Schützen ihn vor dem Korn zu haben glaubt und sein Gewehr anlegt, verwandelt er sich in irgendeinen bekannten Talbewohner. Es ist, wie man glaubt, einer der Weitmoser, der in dieser Gestalt ruhelos um die grauen Felsen des Gamskarkogesl streift, um vergrabene Schätze zu suchen und den alten versunkenen Goldlagern nachzuspüren. Erst wenn er diese gefunden hat, kann er zur ewigen Ruhe eingehen.

DIE EULENMUTTER VON ZELL AM SEE

Einst lebte in Zell am See ein reicher Bauer, der wegen seines Fleißes und seiner Rechtschaffenheit im ganzen Ort und weit im Umkeis angesehen und beliebt war, während man seiner Frau nicht gerade das Beste nachsagte. Ihre Nachlässigkeit und Verschwendungssucht waren allgemein bekannt, besonders aber ließ sie es an der gebotenen Sorge und Liebe für ihre zwei Kinder gar oft mangeln. Da befiel den Bauern eine schwere Krankheit, der er in kurzer Zeit erlag.

Nun übernahm die Frau die Führung der Wirtschaft und hatte es durch ihren grenzenlosen Leichtsinn, mit dem sie das Geld mit vollen Händen um sich warf, bald soweit gebracht, daß Haus und Hof überschuldet waren und zuletzt versteigert wurden. Die Frau mußte zu fremden Leuten ziehen und war auf die Mildtätigkeit gutherziger Menschen angewiesen. Die Kinder zwang sie, betteln zu gehen, und was sie von ihren Bettelgängen nach Hause brachten, war bald wieder vertan. Doch nicht genug damit, peinigte die herzlose Mutter die armen Kinder auf alle erdenkliche Weise und überhäufte sie mit den rohesten Schmähworten, wenn sie einmal weniger Geld erbettelt hatten, als die Rabenmutter wünschte. An solchen Tagen erhielten die beiden auch nichts zu essen.

Eines Tages hatten die Kinder wieder nicht genug nach Hause gebracht und wurden daher von der Mutter zum Fasten verurteilt. Als dann der Hunger übermächtig wurde und die Kinder um ein Stücklein Brot baten, schalt die unmenschliche Mutter: „Wenn doch dieses unaufhörliche Gejammer ein Ende nähme! Ich wollte, ihr wäret von Stein, dann hätte ich endlich Ruhe!"

Kaum hatte sie diese lieblosen Worte gesprochen, als sich der Himmel plötzlich mit dichten schwarzen Wolken bedeckte. Ein fürchterliches Unwetter brach los, ringsherum zuckten die Blitze, und schwere Donnerschläge rollten ohne Unterlaß. Als das Toben der Elemente sich beruhigt hatte, lagen an der Stelle, wo eben noch die beiden Kinder gestanden waren, zwei Steinblöcke, die an Gestalt und Aussehen diesen ähnlich sahen. Ein Schreckensruf entrang sich dem Mund des unvernünftigen Weibes; jetzt erwachte die Mutterliebe in ihr, aber es war zu spät. Alles Jammern, Weinen und Klagen half nichts mehr; zu Stein geworden, wie sie vermessentlich gewünscht hatte, starrten ihr die beiden Kinder entgegen.

Die Frau verschwand aus dem Ort. Einige Tage später aber sahen die Dorfbewohner eine Eule, die die beiden Steinbilder unaufhörlich umkreiste und dabei ein mißtöniges, unheimliches Geschrei ausstieß. Es war die unglückliche Mutter der beiden bedauernswerten Kinder, die verurteilt ist, bei Tag als Eule die Steine zu umflattern, bei Nacht aber in menschlicher Gestalt ruhelos umherzuwandern. Mancher späte Wanderer soll gesehen haben, wie sie in finsteren Nächten klagend bei den Steinen umherhuschte.

KAISER KARL
IM UNTERSBERG

Reich an Geschehnissen, wunderbaren Wesen und sagenhaften Gestalten ist der mächtige Untersberg, der unweit Salzburg stolz sein majestätisches Haupt zum Himmel erhebt. Im hohlen Innern des Berges lagern unermeßliche Schätze; Zwerge und Riesen, Helden und Fürsten haben dort ihren Sitz aufgeschlagen, und auch die wilden Frauen, den Menschen wohlgesinnt, sind im Berg daheim. Doch das erhabenste Geheimnis, das der Berg bewahrt, ist der greise Kaiser, der im Untersberg schläft, bis seine Zeit gekommen ist. Nur selten, alle hundert Jahre einmal, glückt es einem Sterblichen, sein Antlitz zu schauen.

Einst weidete ein armer Hirtenknabe seine Herde am Fuß des Untersberges. Frohgemut saß er auf einem bemoosten Stein und schnitzelte an seinem Weidenpfeiflein, ab und zu einen wachsamen Blick auf die weidenden Lämmer und Ziegen werfend. Plötzlich stand wie aus dem Boden gewachsen ein zierliches Zwerglein vor ihm und fragte mit heller Stimme: „Heda, lieber Junge, willst du wohl den Kaiser Karl im Untersberg schauen?“

Unerschrocken erwiderte der Knabe: „Das will ich wohl!“ Er hatte sogleich erkannt, daß er einen der Untersberger Zwerge vor sich habe, die damals gar nicht so selten den Menschen über den Weg liefen.

„So komm mit mir!“ forderte ihn das Männlein auf und ging, dem Knaben winkend, voran. Dieser folgte ihm ohne Zaudern durch Gebüsch und über

Felsgeröll, Schluchten aus und Schluchten ein, tief hinab gegen das Innere des Berges zu, bis sie endlich bei einer eisernen Tür anlangten, die fest verschlossen schien. Aber nirgends war daran ein Schloß oder ein Schlüssel zu sehen. Gespannt wartete der Hirtenjunge, was wohl jetzt geschehen werde und wie der Zwerg sich Eintritt verschaffen würde. Doch der machte nur eine Bewegung mit der Hand; da gab es einen donnerähnlichen Krach, die Tür sprang auf, und ehe der Hirte sich's recht versah, befand er sich im Innern einer großen, prächtigen Halle, deren weitgeschweiftes, glitzerndes Gewölbe auf vielen hundert mächtigen Säulen ruhte. Die Wände der Halle erglänzten von reinstem Silber, und dazwischen strahlten hellleuchtende Karfunkelsteine. Ringsherum standen Wächter, stumm und starr, gleichwie aus Granit gehauen, und ebenso regungslos, ehernen Bildsäulen gleich, lagerten Ritter und Landsknechte in der weiten Rundung des Raumes.

In der Mitte des ungeheuren Saales aber sah er den greisen Kaiser auf goldenem Stuhl sitzen, ein mächtiger Tisch stand vor ihm mit schwerer marmorner Platte. Eine funkelnde Krone schmückte das Haupt des Kaisers, seine Augen waren wie im Schlummer geschlossen. Ein silberweiß glänzender Bart floß breit vom Antlitz des Herrschers herab und hatte sich schon zweimal um den marmornen Tisch herumgeschlungen. Viele edle Herren, Grafen, Fürsten und geistliche Würdenträger, in glänzender Rüstung und kostbaren Gewändern, saßen um ihn herum, die Häupter in die Hände gestützt, aber auch sie stumm und ohne Bewegung und gleich ihrem Kaiser in schweren, tiefen Schlaf versunken.

Staunend schaute der Knabe all die Pracht und Herrlichkeit, die sich hier seinen Blicken bot, und in banger Ehrfurcht beugte er die Knie vor des Kaisers Majestät. Da hob der Herrscher müde sein Haupt, seine Lider taten sich halb auf, und ein traumverlorener, verschleierter Blick traf den erschaudernden Knaben. Langsam öffneten sich die Lippen unter dem schneeweißen Bartgewoge, und eine ehrfurchtgebietende Stimme sagte: „Sprich! Fliegen wohl zur Stunde die Raben noch um den Berg?" Und der Knabe erwiderte demütig: „Sie fliegen immer noch umher!"

Da senkte der Kaiser schmerzerfüllt sein Haupt, und mit klagender Stimme sprach er: „So muß ich noch weiter schlafen hundert Jahr!" Seine Augen schlossen sich wieder, er versank in den alten Schlummer, und mit ihm erstarrten alle Ritter und Herren, die die Häupter erhoben hatten, als ihr Kaiser erwacht war.

Der Zwerg aber winkte dem Knaben, daß er ihm folge, und führte ihn stillschweigend aus der Halle hinaus und den Weg zurück, den sie vorher genommen, bis sie wieder bei der Herde anlangten, die ruhig auf ihren Hüter gewartet hatte. Zuletzt übergab das Männlein dem Hirtenknaben ein reichliches Geschenk und verschwand so plötzlich, wie es erschienen war.

THEOPHRASTUS PARACELSUS IN SALZBURG

Allerlei sonderbare Geschichten sind über das Leben und Wirken dieses Mannes im Umlauf, der sich als Arzt einen berühmten Namen gemacht hat und einen großen Teil seines Lebens in Salzburg verbrachte, wo er auch begraben liegt. Sein Ruf drang weit über die Grenzen Salzburgs hinaus, und von allen Seiten kamen Kranke und Leidende nach Salzburg, um bei ihm Rat und Hilfe zu finden. Da ihm die schwierigsten Kuren glückten, hieß er im Volk bald, Paracelsus wirke Wunder, verfüge über geheime Zauberkräfte, besitze ein wundertätiges Lebenselixier, von dem ein Tropfen genüge, alle Krankheitskeime zu vernichten, die halberloschenen Lebensgeister aufs neue zu entflammen und das Leben auf hundert Jahre zu verlängern; er könne Gold machen und verstehe die Sprache der Tiere und Pflanzen. Seine Feinde und Neider dagegen sagten ihm alles Üble nach und behaupteten sogar, er stehe mit dem Teufel im Bunde.

Als Theophrastus noch in Innsbruck studierte, ging er häufig des Morgens in den Wald, um sich in Gottes Einsamkeit sinnend zu ergehen. Wie er einmal so dahinwanderte, hörte er, ohne jemanden zu sehen, seinen Namen rufen.

„Wer ruft mich da?" fragte er.

„Ich", erscholl es zur Antwort. „Erlöse mich aus dieser Tanne, in der ich eingeschlossen bin!"

„Wer ist dieses Ich?" erkundigte sich Theophrast.

„Man nennt mich den Bösen", gab die Stimme zur Antwort, „aber du wirst sehen, daß ich zu Unrecht so heiße, wenn du mich befreist."

„Wie kann ich das?"

„Schau dort rechts an der alten Tanne empor, da wirst du ein Zäpfchen mit drei Kreuzen bemerken, das ich von innen nicht herausstoßen kann. Ein Geister-beschwörer hat mich da hineingezwängt."

„Und was soll mein Lohn sein, wenn ich dich befreie?"

„Was verlangst du denn?"

„Erstens eine Arznei, die jede Krankheit zu heilen vermag, und zweitens ein Mittel, das alles zu Gold verwandelt, was ich damit berühre."

„Beides sollst du haben!"

„Wer bürgt mir aber dafür, daß du mich nicht betrügst?"

„Ich, so wahr ich der Teufel bin!"

„Nun gut, dann will ich dich befreien, wenn ich das Zäpflein herauszuziehen vermag."

Theophrast trat an den Baum heran, lockerte das Zäpfchen mit seinem Messer und zog es mit vieler Mühe aus dem Stamm heraus. Dann harrte er gespannt, was sich weiter ereignen werde. Da kroch langsam eine große schwarze Spinne aus dem Loch heraus, ließ sich an einem Faden auf das Moos herab und war plötzlich verschwunden. Dafür stand ein langer, hagerer Mann mit grinsender Teufelsfratze vor ihm, dessen langer roter Mantel nur schlecht den Pferdefuß seines Trägers verbarg.

„Komm mit!" rief der Teufel, riß sich eine Haselrute ab und schritt mit Theophrast zum nächsten Felsen, der zwischen den Tannen emporragte. Auf einen Schlag mit der Gerte spaltete sich das Gestein. „Warte hier eine Weile, ich bin gleich wieder da", meinte der Satan zu seinem Begleiter und trat in die entstandene Kluft hinein. Schon nach wenigen Minuten erschien er wieder und hielt dem Doktor zwei Fläschchen entgegen, wobei er erklärte: „Hier sind die versprochenen Mittel! In dem gelben Fläschchen ist die Goldtinktur, im weißen die Arznei." Dann fügte er noch hinzu: „Gehst du mit nach Innsbruck? Ich möchte mir nur rasch den Mann holen, der mich in den Baumstamm hineinbeschworen hat. Der denkt sicher nicht, daß ich so rasch aus dem Loch wieder herausgekommen bin."

Theophrast tat dieser Mann leid, und er wollte ihn retten. Aber er konnte ihn nicht warnen; denn er wußte ja nicht, wie er heiße und wo er wohne; auch war der Teufel viel flinker als er! Da kam ihm ein guter Gedanke: er wollte den Teufel bei seiner Eitelkeit packen. Als sie wieder an der Tanne vorüberkamen, worin der Teufel gesteckt hatte, sagte er: „Dieser Geisterbeschwörer muß aber viel Macht haben, daß er imstande war, Euch in ein so kleines Löchlein hineinzuzwängen. Von selbst brächtet Ihr es wohl kaum zuwege, Euch in eine so kleine Spinne zusammenzuziehen."

„Mein Lieber, da irrst du gewaltig", erwiderte der Böse, überlegen grinsend. „Der Teufel kann manches, wovon ihr armseligen Erdenkinder keine Ahnung habt. Was gilt's, daß ich mich vor deinen Augen sogleich in eine kleine Spinne verwandle und wieder in das Löchlein krieche?"

„Ja, wenn Ihr das imstande seid", versetzte der Doktor, „sollt Ihr die beiden Fläschchen wiederhaben, die Ihr mir soeben gebracht habt; denn ein solches unbegreifliches Kunststück zu sehen, wäre mir kein Opfer zu groß."

„So schau her und staune!" rief der Teufel und verwandelte sich flugs in eine schwarze Spinne, die den Stamm des Baumes hinaufkrabbelte und in dem kleinen Loch verschwand.

Kaum war er drinnen, ergriff Theophrast das Zäpflein, trieb und hämmerte es mit aller Kraft in den Baumstamm und schnitzte mit seinem Messer drei neue Kreuze drauf. Dann verließ er schleunig den Wald, den Teufel seinem Schicksal überlassend. Draußen auf der blumigen Wiese aber blieb er stehen und sagte bei sich: „Jetzt möchte ich doch einmal sehen, ob mich der

Teufel nicht etwa betrogen hat." Er öffnete das gelbe Fläschchen und ließ ein Tröpflein daraus auf seine Hand fallen. Und wirklich, das Tröpflein nahm zu an Schwere in seiner Hand und wurde zu gediegenem Gold. Da freute sich Theophrast und dachte, das andere Fläschchen wolle er beim nächsten Kranken probieren, der ihm unterkommen werde. Unweit dieser Stelle lag in einer einfachen Hütte ein armer Jäger krank danieder. Einige Tropfen der Medizin, die Theophrast ihm reichte, genügten, den Mann von seiner Krankheit zu heilen.

Froh über die Wundermittel, die er dem Teufel entlockt hatte, schritt der Doktor nun heimwärts und wurde in kurzer Zeit der berühmteste Arzt des Landes.

THEOPHRASTUS BOMBASTUS
VON HOHENHEIM

Jahrelang übte Theophrastus seine Kunst und machte viele Menschen, die von andern Ärzten schon aufgegeben waren, wieder kerngesund. Sein Ansehen und sein Ruhm wuchsen und drangen in immer weitere Kreise; freilich wuchsen auch der Neid und der Ärger der übrigen Ärzte in der Stadt, die allmählich ihre ganze Kundschaft verloren. Wiederholt trachteten sie, ihn aus dem Weg zu räumen, aber nie glückte der abscheuliche Plan. Schließlich aber fiel er doch der Tücke seiner Rivalen zum Opfer. Es gelang ihnen nämlich, dem Doktor zerriebene Diamantenkörner beizubringen, gegen deren tödliche Wirkung kein Mittel bekannt war.

Als Theophrast nun sterbenskrank in seinem Wohnhaus am „Platzl“ in Salzburg daniederlag und fühlte, daß sein Ende nahe sei, rief er seinen Diener, gab ihm ein Fläschchen mit gelber Flüssigkeit und befahl ihm, es sogleich in die Salzach zu schütten. Der aber meinte, das Fläschchen enthalte den Zaubertrank, mit dem sein Herr so viele Wunderkuren ausgeführt hatte, und dachte: Das Fläschchen behalte ich mir. Ich wäre doch ein Narr, wenn ich mir die Gelegenheit entgehen ließe, reich und angesehen zu werden. So kehrte er nach kurzer Zeit, ohne den Befehl auszuführen, an das Krankenbett seines Herrn zurück und sagte: „Herr, ich habe getan, was Ihr mir befohlen habt.“

„Und was sahst du“, fragte Theophrast, „als die Flüssigkeit ins Wasser rann?“

„Nichts“, entgegnete verwundert der Diener.

Da fuhr der Kranke von seinem Lager auf und rief: „Nichtswürdiger Mensch, so vollziehst du meine Befehle. Du wolltest mich betrügen und bedachtest nicht, daß ich alles erfahre. Geh sofort und führe meinen Befehl aus oder, bei Gott, du sollst meinen Zorn noch einmal zu fühlen bekommen!“

Erschrocken eilte der Diener, der den Zorn seines Herrn fürchtete, so rasch er konnte zur Salzach und tat, wie ihn Theophrastus geheißen. Als sich der Wundertrank mit den Fluten der Salzach vermischte, glänzte lauteres Gold zu dem erstaunt in den Fluß hinabschauenden Diener empor. Seitdem führt die Salzach Goldkörner auf ihrem Grund.

Theophrastus aber wollte sich noch nicht mit dem Tod abfinden und ein letztes Mittel gegen die vernichtende Wirkung der Diamantenkörner versuchen. Er gebot dem Diener, aus der Krankenstube zu gehen und sich vor Abend nicht mehr blicken zu lassen, fing zwei Spinnen und zwang sie, in seinen Schlund hinabzukriechen, um die Diamantenkörner heraufzuholen. Schon hatten die Tiere sie beinahe bis in den Mund heraufgebracht, und im nächsten Augenblick wäre der Kranke gerettet gewesen, da öffnete der Diener zur Unzeit die Tür. Das Knarren der Angeln erschreckte die Spinnen, sie ließen die Körner wieder in den Magen hinabfallen, und nun war das Schicksal des Wunderdoktors besiegelt. Theophrastus war unrettbar dem Tod verfallen und starb nach wenigen Tagen in seinem Wohnhaus am „Platzl“ in Salzburg.

DAS BERGMÄNNLEIN AUF DER GERLOSPLATTE

Auf der Gerlosplatte zwischen dem Gerlosberg und dem weit höheren Plattenberg hauste vorzeiten ein Bergmännlein. Seine Kleidung war einfach, eine graue Tracht und ein graues Mäntelchen umhüllten seine kleine, gedrungene Gestalt; ein kleines rundes Hütlein bedeckte den Kopf mit dem klugen Gesicht und dem großen grauen Bart. In der Rechten trug es gewöhnlich einen starken Birkenstock.

Dem Männchen mochte es wohl in seiner abgelegenen Behausung zu einsam sein; denn es suchte gern menschliche Gesellschaft auf und stieg oft ins Gerlostal, selbst ins Zillertal hinab, um mit den Hirten und Bauern allerlei Kurzweil zu treiben. Da saß es dann mitten im Kreis der biederen Landleute und sang mit ihnen „Schnadahüpfeln" um die Wette, wobei man wohl nicht sosehr seinen schönen Gesang bewunderte – denn es hatte eine gar rauhe, krächzende Stimme – als viemehr den treffenden Witz, der ihm eigen war. Das Männchen war aber nicht nur gesellig, es erwies sich auch als äußerst hilfreich und gefällig gegen die Leute, die ihm freundlich entgegenkamen. Leicht geriet es in Zorn, und da es eine wahre Bärenkraft besaß, hatte der nichts zu lachen, der sich den Kleinen zum Feind gemacht hatte.

Einem Senner geschah es einmal, daß sich ein paar Kühe aus seiner Herde auf der Madersbacherwand verstiegen hatten. Es war ein sehr stürmischer, regnerischer Tag; der Melker und Hannes, der Kühbub, hatten unter Lebensgefahr alle Hänge und Steige abgesucht, um das verlaufene Vieh aufzufinden. Aber alle Mühe war umsonst gewesen; mißmutig saßen sie nun in der Hütte in Angst und Sorge über das Schicksal der ihrer Obhut anvertrauten Tiere. Besonders der Kühbub war dem Heulen nahe; denn der Melker schob ihm alle Schuld zu, und er mußte daher fürchten, seine Stellung zu verlieren.

Die Dämmerung war schon hereingebrochen, da bemerkte der Junge einige dunkle Gestalten über die Matte her auf die Almhütte zukommen. Im gleichen Augenblick aber jauchzte er auch schon laut auf vor Freude, denn er hatte die beiden verloren geglaubten Kühe erkannt, die soeben wohlbehalten dem Stall zutrabten. Hinter ihnen aber trippelte ein kleines Männchen daher, das nun, das Regenwasser von seinem runden Hütlein schüttelnd, auf die Hütte zuschritt und zur Tür hereinkam.

Melker und Kühbub sahen verwundert den sonderbaren Besucher an; der aber sagte, sich vergnügt die Hände reibend: „So, da wären wir nun; schaut mich nur an wie die Kuh das neue Tor; kannst mir glauben, lieber Hannes, es war keine Kleinigkeit, die Kühe von der steilen Madersbacherwand herab und hierher zu treiben. Weil du mir aber in der vergangenen Woche eine so tüchtige Schüssel voll guten Grießbreis gekocht hast, dachte ich, eine Liebe ist der andern wert, und habe eure Kühe vom sicheren Verderben gerettet." Dann winkte er beiden freundlich zu und verschwand.

Aber nicht alle Leute lernten das Gerlosmännlein von seiner guten Seite kennen. Es gab auch solche, die seinen Zorn zu fühlen bekamen; doch hatten sich diese die üble Erfahrung, die sie mit dem kleinen Wicht machten, selbst zuzuschreiben.

RITTER TANNHÄUSER AUS DEM LUNGAU

In der Kirche zu Maria Pfarr im Lungau erinnert ein Grabstein, der einen Helm mit geschlossenem Visier, einen Schild und den Fuß eines großen Raubvogels mit gespreizten Krallen zeigt, an den Ritter Konrad den Tannhäuser, von dem eine unheimliche Geschichte erzählt wird.

Dem Ritter wurde vorgeworfen, sich schwer vergangen zu haben. Vor Gericht gestellt, beteuerte er zwar seine Unschuld, wurde aber trotzdem zum Tode verurteilt. Immerhin ließen sich die Richter so weit zu einer Milderung des Urteils herbei, daß sie den letzten Entscheid einem Gottesgericht anheimstellten. Man trug dem Ritter auf, um die Mitternachtsstunde mit seinem Streitroß den babylonischen Turm zu durchreiten. Dieser maß zwölf Stunden im Umkreis und drei Stunden im Durchmesser und war der Aufenthaltsort zahlreicher greulicher Tiere, verbannter Seelen von Übeltätern und Verbrechern, die in Gestalt von Tigern, Drachen, Molchen, riesigen Schlangen, Geiern und Adlern und des schrecklichen Vogels Greif dort hausten. In der Mitte des Turmes hatte der oberste Herr aller dieser scheußlichen Wesen, der Höllenfürst Luzifer, in eigener Person seinen Sitz aufgeschlagen. Seinem Willen beugten sich alle Bewohner des Turms und harrten ängstlich seines Befehls, mit wildem Geheul durch den weiten Turm zu rasen. Tagtäglich erging dieser Befehl, und Tag für Tag mußten die Geister der Verdammten mit schauderlichem Getöse die wilde Jagd antreten. Nur in der Stunde vor Mitternacht ruhte alles, um mit dem Glockenschlag zwölf aufs neue zu beginnen.

Wenn daher jemand das Wagnis unternehmen wollte, diesen gräßlichen Höllenpfuhl zu betreten, so mußte er dies in der Ruhestunde der Geister tun und trachten, vor Beginn der neuen Jagd wieder das Freie zu erreichen, wollte er nicht rettungslos verloren sein.

Das tat auch der Ritter. Genau eine Stunde vor Mitternacht trat er seinen unheimlichen Ritt an. Mit Windeseile suchte er den düsteren Raum zu durchqueren, in dem lautlose Stille herrschte. Neben seinem Weg reihte sich ein Ungeheuer ans andere, scheußlich anzusehen, aber regungslos, noch im Schlaf befangen. Erst der mitternächtliche Ruf ihres Herrn sollte sie zu neuem Leben erwecken.

Der Ritter spornt sein Pferd, treibt es zu höchster Eile an, trachtet auf jede Weise, den jenseitigen Ausgang des Turmes zu erreichen. Nur mehr zwei Minuten fehlen, dann ist die ihm gebotene Frist abgelaufen. Schon sieht er das Tor, schon glaubt er sich gerettet, da ertönt ein Hornruf, und mit einem

Schlag sind alle die grimmigen Bestien ringsumher erwacht. Entsetzt stachelt der Ritter sein Pferd zur äußersten Kraftanstrengung auf – aber immer näher und näher kommt das gräßliche Geheul des wilden Heeres; Drachen, Tiger, Schlangen drängen von allen Seiten heran. Noch einmal gelingt es dem kühnen Reiter auf seinem wild dahinrasenden Pferd, dem wütenden Griff der heranstürmenden Ungeheuer zu entrinnen. Schon fühlt er sich sicher, denn mit einigen Sprüngen muß sein Pferd den Ausgang erreicht haben: da braust es durch die Lüfte, und zwei mächtige Pranken krallen sich in den Rücken des in Todesnot aufwiehernden Pferdes. Es ist der Vogel Greif, das schrecklichste aller Raubtiere, das den Reiter erreicht hat. Wild bäumt sich das arme Pferd in fürchterlichem Schmerz, mit schrecklichem Geheul schießen die anderen Untiere herbei, und der Ritter scheint verloren.

Da reißt er mit kräftigem Ruck sein Schwert aus der Scheide, holt aus zu mächtigem Schwung und trennt mit einem Hieb die eingekrallten Pranken vom Leib des schrecklichen Vogels. Mit letzter Kraftanstrengung macht das Pferd einen gewaltigen Sprung, und im nächsten Augenblick stehen Roß und Reiter gerettet im Freien.

Gott hat für den Ritter entschieden.

DER ZWERGENSTEIN AM UNTERSBERG

Es gab einmal eine Zeit, da kamen die Untersberger Zwerge noch häufig aus ihren Behausungen im Inneren des Berges heraus und ließen sich ohne Scheu mit den Menschen ein. Damals begab sich ein armer Bauer, der sich sein Leben lang schwer genug geplagt hatte, auf den Untersberg, um Holz zu fällen. Wie er so mitten in seiner Arbeit war und auf gar nichts anderes acht hatte, stand auf einmal ein eisgraues, langbärtiges Männchen vor ihm, in grauer Gewandung, ebensolcher Zipfelmütze, ein zierliches Stäblein in der Hand, und fragte ihn, wie er heiße. Der Bauer zeigte sich über das unvermutete Auftauchen des Zwerges gar nicht erschrocken und nannte seinen Namen, wobei er ruhig weiterarbeitete. Da machte der Kleine mit seinem Stab ein paar sonderbare Zeichen in die Luft und stieß drei gellende Pfiffe aus. Als der Bauer verwundert aufschaute, sah er sich auf einmal von Hunderten Zwergen umringt, als ob sie urplötzlich aus dem Boden hervorgekommen wären. Nun bekam es der biedere Landmann aber doch mit der Angst zu tun, besonders als die lautlose Schar der grauen Männlein sich immer näher herandrängte und ihn neugierig betrachtete. Schon überlegte er, ob es nicht ratsam sei, sich davonzumachen, da sagte das zuerst erschienene Männlein: „Du brauchst keine Angst zu haben, es wird dir kein Leid geschehen; sag mir nur, ob du uns Zwergen nicht einen Dienst erweisen möchtest."

Aufatmend erwiderte der Bauer: „Recht gern, wenn es mir möglich ist!" Da lächelte das Männlein freundlich und meinte: „Nun, so folge mir!" Auf kaum erkannbaren Pfaden schritten sie den Berg hinan, kamen durch düstere Schluchten und standen nach langem Marsch vor einer himmelhohen, steilen Felswand, wo es kein Weiterkommen mehr gab. Da schlug der Zwerg mit seinem Stab dreimal an den Felsen, der lautlos auseinanderrückte und einen langen, dunklen Gang freigab. Vorangehend bedeutete der Zwerg seinem Begleiter mitzukommen. Und wieder hatten sie einen langen Weg vor sich, bis sie zu einer eisernen Tür kamen, die von selbst vor ihnen aufsprang. Nun aber war es zu Ende mit der Finsternis. Ein Saal lag vor ihnen, woraus dem überraschten Bauern der Glanz von tausend Lichtern entgegenstrahlte, die sich in den marmornen Wänden und in den silbernen Fliesen des Bodens widerspiegelten. Mitten im Saal stand ein goldener Thron, von dem funkelnde Strahlen in allen Farben des Regenbogens ausgingen; so prächtig war das Leuchten der edlen Steine, die den erhabenen Sitz zierten.

Auf dem Thron saß ein altes, ehrwürdiges Männchen, die Schultern von einem wallenden Purpurmantel umhüllt, auf dem Haupt eine edelsteinfunkelnde Krone und ein goldenes Zepter in der Hand. Es war der König der Zwerge, den zwölf seiner vornehmsten Untertanen umstanden.

Soviel Glanz und Herrlichkeit hatte der Bauer noch nie in seinem Leben gesehen. Er starrte wie gebannt auf die funkelnde Pracht und wagte es nicht, auch nur einen Schritt weiter zu tun; bangend wartete er, was nun mit ihm geschehen würde. Da winkte ihm der König auch schon und rief: „Komm näher, mein Sohn!"

Der Bauer schritt zögernd an die Stufen des Thrones heran und verbeute sich ehrfürchtig. „Bist du bereit und auch mutig genug", fragte der König, „uns den berühmten Zwergenstein zu bringen?" Als der Bauer bejahte, setzte der König hinzu: „Dieser Stein hat nämlich die Eigenschaft, alle Zwerge, die ihn berühren, in Menschen zu verwandeln."

Dann teilte er dem ehrfurchtsvoll Lauschenden noch mit, wo der Stein vergraben sei und wie er sich bei der Arbeit zu verhalten habe, riet ihm auch eindringlich, vorsichtig zu Werk zu gehen, wenn er den Stein aus der Erde heraushole; denn ein Riese bewache ihn. „Die Hauptsache aber ist", schloß der König seine Unterweisung, „daß du in längstens drei Tagen zurück bist und während der ganzen Zeit auch nicht ein Wort sprichst; sonst ist alle deine Mühe und Plage vergebens, und es kann dich das Leben kosten. Gelingt dir aber deine Aufgabe, so will ich dich zum reichsten Mann der Welt machen."

Der Bauer versprach, die Anweisungen des Zwergenkönigs genau zu befolgen, und begab sich sogleich auf den Weg.

Nach kurzer Zeit erreichte er die Stelle, an der der Stein vergraben sein sollte, und machte sich eifrig an die Arbeit. Schon hatte er ein ziemlich tiefes Loch gegraben, da sprangen plötzlich drei Zwerge aus der Grube heraus und fragten ihn, was er da mache. Fast hätte er ihnen Antwort gegeben, aber zum Glück fiel ihm noch rechtzeitig ein, daß er ja kein Wort sprechen dürfe. Daher schüttelte er nur abweisend den Kopf und setzte seine Arbeit stillschweigend fort. Aber die Zwerge ließen ihm keine Ruhe, sie neckten und fragten ihn immerfort und suchten ihn zum Reden zu bringen, so daß er schließlich, von Zorn übermannt, einen Prügel ergriff und die drei Kobolde niederschlug.

Nun ging die Arbeit eine Weile rüstig vonstatten; die Grube wurde immer tiefer, und er hoffte, nun bald in den Besitz des gesuchten Steins zu kommen. Aber neue Hindernisse und Schwierigkeiten verzögerten sein Werk, bald hemmte eine riesige Steinplatte, die auszugraben ihm viel Mühe machte, die Arbeit, bald wieder mußte er sein Werkzeug schärfen, das schadhaft geworden war, und so kostete es ihm manchen Schweißtropfen, bis er endlich doch ans Ziel gelangte. Freudestrahlend hob er den Stein aus der Grube und eilte, so rasch er konnte, um die Frist nicht zu versäumen, zum König der Zwerge zurück.

Knapp vor dem Eingang der großen Halle kamen ihm ein paar Zwerge entgegen, die ihm schon von weitem zuwinkten und ihn gleich mit der Frage empfingen: „Bringst du den Stein?“ Da dachte der Bauer nicht an das Verbot und rief laut: „Ja!“

Nun war das Unglück geschehen. Kaum war das Wort seinen Lippen entschlüpft, erscholl ein furchtbarer Donnerschlag, daß der Boden erzitterte. Der Stein entfiel seiner Hand und fuhr tief in die Erde hinein, fast bis zur Mitte des Untersbergs, wo er heute noch stecken soll. Der Bauer aber stürzte tot zu Boden. Erst einige Zeit darauf, da man ihn suchte, fanden die Leute seinen Leichnam in einer tiefen, unwegsamen Schlucht.

DER PUTZ VON NEUKIRCHEN IM PINZGAU

Unweit des freundlichen Örtchens Neukirchen im Pinzgau erstreckt sich die dichtbelaubte, fichtenbewachsene Dürrnbachau, die der murmelnde Dürrnbach durchströmt.

In längstvergangener Zeit, als das Faustrecht herrschte, als überall Fehden und Kämpfe tobten und das Land unsicher machten, lebte auf der Burg Neukirchen ein Ritter, der in den Krieg fortziehen mußte. Da nahm er alles, was ihm lieb und teuer war, Schätze und Reichtum, trug es in die Dürrnbachau und vergrub es an einem versteckten Platz.

Der Ritter kehrte aus der Fremde nicht mehr in die Heimat zurück, er war im Kampf gefallen. Da er aber zu Lebzeiten ein arger Geizhals und Bösewicht gewesen war, konnte er auch im Grab seine Ruhe nicht finden. Er wurde zur Strafe für seine Sünden in ein kleines graues Männchen verwandelt und verdammt, seine Schätze zu hüten.

Seitdem treibt dieser Kobold, der „Putz", wie ihn die Leute heißen, in der Dürrnbachau sein Unwesen, äfft den Wanderer und führt ihn irre, indem er bald als zuckende Flamme, bald als kleines, kaum drei Spannen langes Männchen vor seinen Füßen hin und her hüpft. Er liebt es, den Menschen jeglichen Schabernack anzutun, und ist auch schon manchem als grunzendes Schwein eine Strecke weit nachgelaufen.

Jahrelang hatte sich der Putz nicht mehr gezeigt, und man dachte schon, er sei für immer verschwunden, da kam einst ein Bauer in die Dürrnbachau, um ein paar Stämme für Brennholz zu fällen. Eben wollte er sich an einem Baum heranmachen, als ihm eine Stimme zurief: „Den nicht – geh nur weiter!" Erschrocken schaute der Mann umher, wer ihn da angeredet habe, sah aber niemand. Er ging ein Stück weiter und kam an eine freie Stelle, die rings von Fichten umgeben war. Da ertönte wieder die Stimme: „Hier schlag Holz, daß die Späne fliegen!"

Wieder spähte der Bauer umher, gewahrte aber diesmal auf einem Fichtenast zusammengekauert ein kleines graues Männchen, das er sogleich als den Putz erkannte, von dem man ihm als Kind so viel erzählt hatte. Nichts Gutes ahnend, war er schon im Begriff, schleunig das Weite zu suchen, als ihm der Kleine zurief: „Bleib nur, ich bin doch dein Taufpate und meine es gut mit dir. Darum habe ich dir heute einen einträglichen Platz zum Holzfällen zugewiesen. Schau nur, daß du den richtigen Stamm erwischst!"

Der Holzhauer besah sich die Stämme im Umkreis und ging zuletzt auf den Baum zu, in dessen Ästen das Männlein saß. Weil er glaubte, der Kleine könne nicht herabklettern, gedachte er diesen Baum zu fällen, um dem Männlein zu helfen. „He, Pate“, sagte er, „wenn ich mich an diesen Baum mache, um dir von da oben herabzuhelfen, so gibt das wohl ein tüchtiges Stück Arbeit, aber ich hoffe, es wird dir dann um einen guten Schluck Wein nicht leid tun!“

Doch der Putz machte ein so bitterböses Gesicht, daß dem Mann alle Lust zum Scherzen verging und er in seinem Entschluß wankend wurde. Endlich aber faßte er sich doch ein Herz und begann auf den Baum loszuhauen, der sich schon beim dritten Streich neigte und krachend zu Boden stürzte. Der Stamm war hohl, aus dem Loch aber kollerten glänzende Dukaten heraus. Mit kühnem Sprung ließ sich der Kobold aus dem Geäst zur Erde fallen, schrie dem Holzfäller zu: „Nimm dir, was du kannst!“ und saust in wilder Hast davon, dem Dorf zu.

Der Holzhauer aber ließ sich das nicht zweimal sagen und füllte sich alle Taschen mit den funkelnden Münzen. Dann setzte er seine Arbeit fort. Aber da ihn das Gold in seinen Säcken am Hacken und Spalten der Stämme behinderte, leerte er alles auf die Erde – das hätte er aber nicht tun sollen! – und überließ seinem Hund die Bewachung. Als am Abend die Arbeit beendet und der Holzstoß aufgerichtet war, füllte er, höchlichst zufrieden mit seinem Tagwerk und dem klingenden Taglohn, der ihm da zugefallen war, wiederum seine Taschen, pfiff seinem Hund und trabte frohgemut heimwärts. Schwer hing die Last an seinen Kleidern.

Als er jedoch daheim die Hosen- und Rocksäcke umstülpte, brachte er statt der Dukaten nur taube Haselnüsse zutage. Dazwischen lag ein Zettel, auf dem etwas geschrieben stand. Mit Mühe buchstabierte der Bauer: „Die Erde verschlingt den Menschen und ebenso auch das Erz. Menschen und Erz bilden den Samen, aus dem eine Fichte wachsen wird, die in ihren Zweigen ein Kreuz trägt. Erst wenn sich einmal diese Fichte in ihrem Wuchs so weit gedreht hat, daß das Kreuz nach der Kirche schaut, hat die Stunde meiner Erlösung geschlagen. An dir wäre es heute gewesen, mich zu erlösen, wenn du das gewonnene Gold nicht wieder zur Erde gelegt hättest.“

Kaum hatte der Holzfäller das letzte Wort gelesen, sank er zu Boden und war eine Leiche. Der Putz aber muß auf seine Erlösung warten, bis jene Fichte gewachsen ist, die auf dem Zettel beschrieben stand.

FRAU PERCHTA ALS BETTLERIN BEI RADSTADT

Weitverbreitet im ganzen Salzburgerland war seit jeher der Glaube an das gütige und segensvolle Wirken der Frau Perchta. Sie war den Menschen wohlgesinnt, wenn man ihr nicht in vorwitziger oder frevelhafter Weise nahte.

Einst war am späten Nachmittag ein armer Bauer auf dem Heimweg von Radstadt. Unterwegs stieß er auf ein altes Weiblein, das am Wegrand saß und, auf einen alten Tragkorb gestützt, kummervoll vor sich hin schluchzte.

„Ja, wo fehlt's dir denn, Mütterchen?“ fragte gutmütig der Bauer und blieb neben der Alten stehen. „Dir ist wohl dein Korb zu schwer geworden! Nun, komm mit mir, ich werde ihn dir tragen.“

„Freilich, freilich“, seufzte das Weiblein, „der Korb ist gar schwer; aber ich kann dir doch nicht zumuten, den Korb zu tragen! Was würden denn die Leute sagen, wenn du dich mit dem Korb eines alten Bettlerweibleins abschlepptest!“

„Das soll mich nicht kümmern“, meinte der Bauer, nahm den Korb auf den Rücken und ging langsam weiter, während das Weiblein an seiner Seite dahinkeuchte.

Als sie nach Altenmarkt kamen, wunderten sich die Leute nicht wenig, den Bauern mit einem halbdurchlöcherten Tragkorb auf dem Rücken Seite an Seite mit der zerlumpten Alten daherkommen zu sehen. Manche blieben stehen und schauten lachend dem ungleichen Paar nach. Doch der Bauer achtete nicht auf die spöttischen Worte, die ihm nachklangen, und schritt ruhig seinem Haus zu. Schon von weitem rief ihm sein Weib, das ihn herankommen sah, verwundert entgegen: „Ja, Alter, sag, wen bringst du denn heute daher?“

„Nur ein armes Bettelweiblein“, erwiderte der Bauer, „das gerne ein Nachtquartier möchte.“

„Nun, wenn es weiter nichts ist“, sagte die gutherzige Bäuerin, „da kannst du schon hereinkommen, Mütterchen, und ein wenig zum Essen wird sich auch noch finden, du bist gewiß hungrig.“ Sie wies der Alten einen Platz auf der Ofenbank an, setzte ihr eine Schale Milch und einen Teller Rohrnudeln vor und hieß sie ordentlich zugreifen. Nach dem Abendessen führte sie das müde Mütterchen in eine kleine Kammer, wo ein Lager für die Frau bereitstand. Dann legten sich alle zur Ruhe.

Als der Bauer am nächsten Morgen aufstand und sich nach dem Weiblein umsehen wollte, war die Alte verschwunden, nur ihren Korb hatte sie zurückgelassen. Bauer und Bäuerin glaubten fest, sie würde wiederkommen und ihr Eigentum holen.

Aber Tage und Wochen vergingen, und das Mütterchen ließ sich nicht mehr blicken. Da gaben sie die Hoffnung auf, daß sie sich je wieder zeigen werde, und wollten nun einmal in dem zurückgelassenen Korb Nachschau halten, ob sich kein Anhaltspunkt über ihren Namen oder Wohnsitz drinnen finden lasse.

Neugierig griff der Bauer in den Korb, bekam aber nur alte Lumpen in die Hand, die er hervorzog und zu Boden warf; zugleich gab es einen merkwürdigen Klang. Nun untersuchte er das Lumpenbündel genauer, und da glänzte ihm auch schon ein Silbertaler entgegen, und da noch einer und wieder einer, und schließlich lag ein stattliches Häuflein von Talern vor dem freudig erstaunten Blick des wackeren Landmannes. Nun hatte die Armut der guten Leute ein Ende, und beide dankten der guten Fee, in der sie jetzt Frau Perchta erkannten, aus tiefstem Grund ihres Herzens.

VORARLBERG

DIE WEISSE FRAU VON ROSENEGG

Auf dem Schloß Rosenegg bei Bürs ließ sich zeitweise ein verzaubertes Burgfräulein sehen, das auf seine Erlösung wartete und die Menschen, mit denen es zusammentraf, inständig bat, das Erlösungswerk zu vollbringen. Einen reichen Schatz versprach es seinem Retter als Lohn. Ein Bürser Büblein soll der letzte gewesen sein, dem es sich zeigte.

Der Knabe war eines Abends knapp vor dem Dunkelwerden hinter dem Schloß eben dabei, ein Bündel Holz, das er gesammelt hatte, zusammenzubinden und nach Hause zu tragen. Da stand plötzlich das Burgfräulein in schneeweiß leuchtendem Gewande vor ihm, schaute ihn freundlich an und sagte: „Büblein, lade dein Bündel noch einmal ab, du könntest mir einen großen Dienst erweisen. Jahrelang muß ich schon hier leben, du aber könntest mich heute erlösen; du wärst gerade der richtige Mann dazu."

Das Büblein entgegnete: „Es ist schon recht spät; das Abendläuten ist auch lange vorüber, und meine Mutter wartet zu Hause auf das Holz für die Küche. Darum muß ich jetzt schnell heimlaufen und ihr das Holz bringen. Aber nach dem Nachtmahl will ich, weil gerade Mondschein ist, noch auf einen Sprung heraufkommen."

„So geh jetzt", meinte das Fräulein hierauf, „aber komm bestimmt wieder und vergiß nicht, drei geweihte Ruten mitzunehmen!"

Als der Junge sein Abendbrot verspeist hatte, sprang er rasch in die Oberstube, nahm drei geweihte Palmzweige und lief damit wieder zur Burg hinauf. Das Schloßfräulein kam ihm schon entgegen, lächelte ihn dankbar an und führte ihn ins Schloß hinein. Tapfer ging der Knabe hinter der hohen Gestalt einher, als es über eine steinerne Stiege zwölf oder fünfzehn Stufen tief in ein Gewölbe abwärts ging. Im hintersten Winkel des finsteren Kellers stand eine große eiserne Truhe, auf deren Deckel regungslos ein großer schwarzer Hund saß.

„Jetzt schau, lieber Knabe", erklärte nun das Fräulein, „diesem Hund mußt du mit jeder deiner geweihten Ruten einen Schlag geben. Nach dem dritten Streich wird der Hund von der Kiste herabspringen, ich werde dir von meinem Schlüsselbund den Schlüssel zur Truhe reichen, und du kannst die Truhe aufsperren. Der Schatz, der drinnen ist, gehört dir, und ich bin erlöst."

Der Knabe hörte aufmerksam zu und nickte verständnisvoll. Gleich nahm er eine Rute und gab dem Hund einen Schlag. Da begann das Tier bösartig zu knurren, daß es im ganzen Gewölbe widerhallte, rollte seine Augen und schwoll zu unheimlicher Größe an. Obwohl den Knaben ängstliches Grauen beschlich, griff er doch zu der zweiten Rute und schlug nochmals auf den Hund los. Aber nun wurde es noch ärger. Der Hund fletschte die Zähne und knurrte so laut, daß dem armen Jungen ein Schauer nach dem andern über den Rücken jagte. Die Augen des Tieres leuchteten wie Feuerräder, und sein Rücken wuchs bis zur Decke des Gewölbes an. Da war es um die Tapferkeit des Jungen geschehen. Die dritte Rute noch in der Hand, lief er weinend hinaus aus der Burg und über Stock und Stein bis nach Hause.

Hinter ihm aber kam das Burgfräulein aus dem Schloß heraus, rang jammernd die Hände und klagte: „Nun muß ich aufs neue hundert Jahre warten und hier leben, bis einer kommt, der mich erlöst."

EHRGUTA VON BREGENZ

Es war im Jahre 1407. Die Appenzeller, ein derbes, tüchtiges Schweizer Bergvölklein, hatten sich mit anderen Städten in der Schweiz und im Rheintal zusammengetan und bedrängten Schlösser und Städte des Bodenseegebietes. Schließlich waren sie bis in die Nähe von Bregenz vorgedrungen und berannten und beschossen Stadt und Festung, die dem Grafen Rudolf von Montfort gehörte. Der oberschwäbische Adel, durch den etwaigen Fall der Stadt selbst aufs ärgste bedroht, schloß auf Betreiben des Grafen von Montfort einen Schutz- und Trutzbund und bildete den sogenannten „Sankt-Georgen-Schild", der gegen die Schweizer zu Feld ziehen wollte. Ungeduldig warteten Graf Montfort und der Rat der Stadt auf das Herannahen des Ersatzheeres.

Inzwischen hatten die Führer der Appenzeller vom Heranrücken der Ritterschaft Mitteilung erhalten und waren in einem Gasthaus zu Rankweil zusammengetreten, um sich bei verschlossenen Türen zu beraten, wie sie dem drohenden Kampf mit den Rittern zuvorkommen könnten. Nach langer Beratung kamen sie überein, Bregenz zu überrumpeln und die Bürger der Stadt zu einem Bündnis gegen den stolzen schwäbischen Adel zu zwingen. Man bestimmte hiezu den St.-Hilarius-Tag.

Die ganze Beratung war ziemlich lebhaft und lärmend vor sich gegangen, da sich die Eidgenossen in der Stube allein und unbelauscht glaubten. Erst als sie sich von ihren Sitzen erhoben, um wieder zu ihren Leuten zurückzukehren, bemerkte einer hinter dem großen Ofen eine anscheinend schlafende Frau.

„Hallo", rief er, „Kameraden, wir sind belauscht worden, tötet die elende Verräterin!"

Fluchend und schreiend drangen die Männer auf die Frau ein. Diese aber suchte den Verdacht zu entkräften und wehrte die Wütenden ab. „Nein, nein", rief sie, „ich habe nicht gehorcht; ich habe geschlafen. Todmüde bin ich vor längerer Zeit ins Haus gekommen, die Wirtin hat mir dieses Plätzchen hier eingeräumt."

Nicht ganz davon überzeugt, daß die Frau die Wahrheit spreche, ließen die rauhen Männer von ihr ab, doch mußte sie schwören, keinem Menschen ein Wort von dem zu sagen, was sie in der Stube vernommen habe. Dann stieß man sie unter wilden Drohungen vor die Tür hinaus. „Im Stall ist dein Platz!" schrie ihr einer noch nach, „und wehe dir, wenn du nur ein Wort zu einem Menschen sagst!"

Einen Moment horchte die Frau noch auf den Lärm, der aus der Wirtsstube ins Freie drang und immer mehr anzuschwellen schien, warf einen suchenden Blick in die Runde, ob nirgends das Gesicht eines Wächters auftauche, und war dann im Nu um die Ecke verschwunden. Alle Kräfte einsetzend, lief sie durch die tiefverschneite Winterlandschaft, nur von dem Gedanken getragen, den Schweizern zu entfliehen und rechtzeitig den bedrohten Bregenzern die Nachricht von dem bevorstehenden Überfall zu bringen. Die eisige Kälte drang ihr durch Mark und Bein, ein grimmiger Wind drohte ihr den Atem zu nehmen, aber ohne Unterbrechung lief sie weiter, bis sie fast am Ende ihrer Kräfte die Stadt erreichte. Keuchend kam sie zum Rathaus und schleppte sich erschöpft die Stufen empor zu Ratsstube hin, wo gerade der Stadtrat versammelt war.

Ohne sich von den Ratsdienern aufhalten zu lassen, drang sie in den Ratssaal ein und wärmte sich am Feuer. Entrüstet und verwundert über dieses sonderbare Verhalten, schüttelten die Stadtväter die Köpfe, und der Amtmann rief ihr zornig zu: „Weib, bist du von Sinnen? Wie kannst du dich unterstehen, hier einzudringen! Was starrst du wie eine Verrückte das Feuer dort an?“

„Herr“, antwortete, nach Atem ringend, die Frau, „ich komme aus Rankweil. Da ich durch einen furchtbaren Eid verpflichtet bin, keinem Menschen ein Wort von dem zu sagen, was ich dort gehört habe, will ich dem Feuer da erzählen, was ich mit eigenen Ohren gehört und mit eigenen Augen gesehen habe.“ Und sie berichtete, zum Kamin gerichtet, ausführlich und laut, was sich in der Wirtsstube zu Rankweil zugetragen hatte.

Staunend hörte der versammelte Rat diese wichtige Nachricht, und der Amtmann fragte, als sie geendet hatte, um ihren Namen. „Ich heiße Guta“, sagte sie, „und alles nennt mich die alte Guta.“

Sofort benachrichtigte man den Grafen von Montfort, und dieser schickte einen Eilboten an die Ritter vom Sankt-Georgen-Schild mit der Bitte, mit größter Eile zu Hilfe zu kommen. Der Hilferuf des Grafen hatte Erfolg. Achttausend Mann, Ritter und Knappen, rückten am Sankt-Hilarius-Tag zur Rettung der Stadt Bregenz heran, und die siegessicheren Schweizer wurden, anstatt die Stadt zu überrumpeln, durch die unvermutete Herankunft des Ersatzheeres selbst überrascht und erlitten eine völlige Niederlage. Sie wurden vernichtet, nur drei von ihnen entkamen.

Nun erst fand man Zeit, die mutige Frau zu fragen, welche Belohnung sie sich wünsche. „Nichts anderes“, antwortete die Retterin der Stadt, „als Nahrung und ein Dach über dem Kopf mein Leben lang. Und außerdem sollen die Nachtwächter der Stadt von Martini bis Lichtmeß jede neunte Abendstunde mit dem Ruf anzeigen ‚Ehret die Guta!‘“

Dieser Wunsch des armen Frauenzimmers wurde in der Stadt Bregenz, der die mutige Tat der furchtlosen Frau großes Unglück erspart hatte, durch Jahrhunderte treu befolgt. „Ehrguta, Ehrguta“, erscholl es noch bis vor wenigen Jahrzehnten, wenn der Nachtwächter die neunte Stunde ausrief.

DIE TEUFELSBRÜCKE IM MONTAFON

Im Montafon lebte einmal ein armer Zimmermann, der gern reich geworden wäre. Aber mit dem Reichwerden war es eine eigene Sache. Zwar verstand sich der Mann auf seine Arbeit, war flink und geschickt und von früh bis spät auf den Beinen, aber der Lohn war gering, und die fünf Kinder daheim brauchten an einem Tag mehr, als er in zwei Tagen schaffen konnte. Es war also nichts mit dem Reichwerden, ja, Sorgen und Not waren häufige Gäste im Haus.

Nun hatte eines Tages ein gewaltiges Hochwasser im Dorf die Brücke über den Bach weggerissen, und man wollte sie sogleich herstellen lassen, um den Weg nach Schruns wieder gangbar zu machen. Die Ortsobern kamen zu dem Zimmermann und fragten, ob er sie in drei Tagen fertigbringen könne, sie böten hundert Taler dafür. Das war nun ein schönes Stück Geld und hätte dem tapferen Handwerker für etliche Zeit aus der Not geholfen. Es war aber auch eine gewaltige Arbeit, und der Zimmermann wußte, daß es kaum möglich sei, in so kurzer Zeit ein so großes Werk zu vollenden. So bat er denn um einen Tag Bedenkzeit.

Den ganzen Tag bis spät in die Nacht hinein dachte und studierte er, verwarf seine Berechnungen und stellte wieder neue an, um schließlich doch zu dem Schluß zu kommen, daß es in der verlangten Frist nicht möglich sei, die Brücke zu bauen. „Das mag der Teufel imstande sein", rief er, verärgert mit der Faust auf den Tisch hauend, „ich bring es nicht fertig."

Traurig darüber, daß ihm der schöne Verdienst entgehen sollte, wollte er gerade zu Bett gehen; es war schon Mitternacht. Da klopfte es an die Tür, ein kleines Männchen trat ein und grüßte ihn, sein grünes Hütlein ziehend, mit freundlicher Miene; „Zimmermann", setzte es hinzu, „warum denn so traurig?"

„Da soll man nicht ärgerlich werden", meinte der Handwerker zornig, „wenn Arbeit und Verdienst in Aussicht stehen und man das Werk nicht bewältigen kann", und erzählte dem Männlein, worum es sich handle.

„Da kann leicht geholfen werden", meinte es lachend. „Ich baue dir die Brücke in drei Tagen fix und fertig, freilich nur unter einer Bedingung: die erste Seele, die aus deinem Haus über die Brücke kommt, gehört mir!"

Den Zimmermann graute es; denn nun hatte er erkannt, mit wem er's zu tun habe. Aber das Geld lockte, und nebenbei fiel ihm ein guter Gedanke ein. Mit dir will ich fertig werden, dachte er und ging den Vertrag ein.

Wirklich war das Werk in drei Tagen vollendet, fest und stark gebaut, und der Teufel stand grinsend mitten auf der Brücke und wartete auf seinen Lohn, die erste Seele, die aus des Zimmermanns Haus über die Brücke kommen würde. Anscheinend dauerte es ihm zu lang. Siehe, da kam der Mann, und der Teufel kicherte vergnügt in sich hinein. Doch der Zimmermann war diesmal nicht allein; mit lustigen Sprüngen hüpfte eine Ziege vor ihm her, die er sich rasch aus dem Stall geholt hatte. Und als er zur Brücke kam, jagte er die Ziege vor sich hinüber und rief dem Teufel schadenfroh zu: „So, höllischer Meister, hier hast du dir erste Seele aus meinem Haus!"

Verblüfft schaute der Satan auf das spöttisch meckernde Tier; dann aber faßte ihn der Zorn, daß er um seinen Baulohn geprellt sein sollte; heulend suchte er die Ziege zu ergreifen, um sie in Stücke zu reißen, erwischte aber nur den Schwanz des ausgelassen davonspringenden Tieres, der ihm in der Hand blieb.

Davon rührt es nun her, daß die Ziegen so kurze Schwänzlein haben.

Der betrogene Höllenfürst mußte sich mit dem Ziegenschwanz abfinden, der Zimmermann aber bekam seine hundert Taler und war für lange Zeit aller Sorgen enthoben.

DAS NACHTVOLK

Wenn der Sturm durch die Wipfel der Bäume braust, zieht das Nachtvolk aus seinen Behausungen, die auf Alpenhöhen und Bergkämmen liegen, oft unter Tosen und Heulen, oft aber auch unter dem Klang lieblicher Musik, durch Schluchten und Klüfte in die Täler und Niederungen herab und scheut sich auch nicht, die Wohnstätten der Talbewohner zu betreten. Die Menschen sollen im Freien dem Zug der meist unsichtbaren Gestalten ausweichen, daheim aber Türen und Fenster verschließen, wenn der nächtliche Spuk vorübersaust; denn wohin das Nachtvolk kommt, bringt es Übel und Krankheiten mit. Oft sind es scheußliche, abschreckende Gestalten, die der eine oder andere im Zug dieses Volkes gesehen hat.

Ein Jäger saß einmal des Nachts unter einem dürren Tannenbaum und schlief. Gegen Mitternacht wurde er durch ein sich näherndes Sausen und Tosen aus dem Schlaf gerissen und sah das Nachtvolk gerade auf sich zukommen. Erschrocken sagte er zu sich selbst: „Mit diesem Volk ist nicht gut Kirschen essen; es wird am besten sein, ich drücke mich etwas auf die Seite“, und sprang rasch unter den nächsten Strauch. Das Nachtvolk aber kam näher und stellte sich im Kreis um das Bäumlein auf, das der Mann soeben verlassen hatte. Und wie der Jäger verwundert hinsah und horchte, ob nichts zu vernehmen sei, da fing das Bäumchen auf einmal von selber an, gar lieblich aufzuspielen, daß es eine Freude war; das eine Ästlein blies die Flöte, das andere die Klarinette, und die kleinen Zwerglein machten die Pfeiflein; das Nachtvolk aber begann einen Reigen und tanzte um das Bäumchen herum. Paar um Paar schwang sich im Kreis, daß der Staub aufwirbelte.

Während der Jäger, belustigt von diesem seltsamen Anblick, dem Tanz des Nachtvolkes zusah, hörte er plötzlich auf der anderen Seite des Hanges etwas heranmiauen. Und als er sich erstaunt vorbeugte, um über die Lehne hinabzuspähen, da sah er ein Rudel Katzen mit durchdringendem Geschrei den Berg heraufkrabbeln, und jede Katze zog ein Fäßchen Wein am Schwanz nach. Als diese sonderbare Weinfuhre zum Tannenbaum kam, stellte das Nachtvolk sogleich den Tanz ein. Nun wurde angezapft und eingeschenkt, aber nur in hohle Kühhufen, und alle tranken einander zu; bis zum Morgengrauen währte das nächtliche Gelage. Da waren aber auch alle Fäßchen bis zum letzten Tropfen geleert, und Nachtvolk und Katzen samt dem leeren Geschirr verschwanden im dämmernden Tag. Unbehelligt von dem nächtlichen Treiben konnte der Jäger seinem Dienst nachgehen.

ZEHN AUF EINEN STREICH

Es war einmal ein Schuster, der in seiner Werkstatt fleißig über seiner Arbeit saß. Vor ihm auf dem Fensterbrett lagen drei schöne rote Äpfel. War es die schöne rote Farbe, war es der Obstgeruch, kurz, die Äpfel schienen den Fliegen in der Werkstatt ein willkommener Ruhepunkt. Scharenweise kamen sie herangeflogen und ließen sich auf und neben den Äpfeln nieder. Unwillig sagte der Schuster: „Was haben denn die vielen Fliegen auf meinen Äpfeln zu schaffen?“ und verscheuchte sie mit seiner Lederkappe, einmal, zweimal, aber immer wieder kamen sie zu den Äpfeln zurück.

Endlich wird es dem Schuster zu dumm, er reiß sein Lederkäpplein vom Kopf und schlägt damit auf die Äpfel. Und wie er das Lederkäppchen wieder aufsetzt, sieht er zehn Fliegen mausetot auf den Äpfeln kleben. Auf dieses Meisterstück bildete sich der gute Mann viel ein: er rückte sein Käpplein zur Seite, stemmte die Arme unternehmend in die Hüften und rief stolz: „Bin ich nicht ein baumstarker Kerl, habe ich nicht zehn auf einen Streich erschlagen? Wenn das unter die Leute kommt, die werden Augen und Maul aufreißen.“

Gleich kommt ihm ein guter Gedanke; er läuft zum Goldschmied und gibt ihm seine Kappe, damit er ihm mit großen Goldbuchstaben draufschreibe, „Zehn auf einen Streich erschlagen“.

Der Goldschmied blickte den eigenartigen Kunden groß an, denkt sich: Der hat wohl ein Rädlein zuviel im Hirn; tut aber nichts dergleichen und verspricht dem Schuster, die bestellte Arbeit schnell fertigzustellen.

Zur ausgemachten Zeit kommt der Schuster wieder zum Goldschmied, fragt nach seinem Käpplein, und es ist richtig fix und fertig. Gleich probiert er's, und es steht ihm gut; die Goldbuchstaben funkeln nur so, daß es eine helle Freude ist. Man kann sich leicht vorstellen, daß das Funkeln und Glänzen dem Herrn Meister bald den Kopf ganz verdrehte; es dauert gar nicht lang, so kommt er auf den Gedanken, das Handwerk ganz aufzugeben, die Arbeit liegenzulassen und dafür als ein zweiter Goliath in der Welt herumzuziehen. Gedacht, getan. Er wandert durch Dörfer und Städte und kommt in aller Herren Länder.

Eines schönen Tages legte sich der Goldkäppler auf seiner Wanderung ins grüne Gras am Fuß eines kleinen Berges und schlief ein. Auf dem Hügel aber steht ein Schloß, und der Schloßherr schaut gerade beim Fenster heraus. Er ist traurig und bedrückt; im Wald lebt nämlich ein Einhorn, das seine Felder verwüstet und schon manches Vieh erstochen hat. Er hätte wohl gut und gern einen großen Sack Taler drangegeben, wenn ihm einer das gefährliche Untier erlegt hätte. Aber bisher hat noch jeder, der das Unternehmen wagte, sein Leben dabei verloren. Das alles geht dem armen Schloßherrn immerzu durch den Kopf, und deshalb ist er gar so traurig. Wie er eines Tages so beim Fenster hinausblickte, sticht ihm auf einmal ein heller Glanz in die Augen. Er weiß zuerst nicht, was es ist, und erst als er sich mit einem Tüchlein die Augen auswischt und schärfer hinschaut, sieht er am Fuße des Hügels einen Mann liegen, von dessen Kopf der Glanz ausstrahlt.

Wer das sein mag, denkt er sich, nimmt das Fernrohr zur Hand und schaut. Nun kann er's genau sehen: Da liegt ein Mann im Gras und schläft; auf dem Kopf trägt er eine lederne Kappe, auf der in Goldbuchstaben geschrieben steht, „Zehn auf einen Streich erschlagen".

Der gute Graf meint nicht anders, als es seien zehn Männer gewesen, läuft eilig den Schloßberg hinab, rüttelt den Schlafenden sanft am Ohr, bis er erwacht, und sagt: „Höre, du starker Mann, nichts für ungut, daß ich dich wecke, aber ich hätte ein großes Anliegen an dich. In meinem Wald lebt schon Jahr und Tag ein gefährliches Einhorn, das mir großen Schaden zufügt, meine Felder verwüstet und mein Vieh zugrunde richtet. Ich würde ein schönes Stück Geld dafür geben, wenn mich einer von dieser Plage befreien könnte und das Untier töte; mancher hat auch schon um das angebotene Geld sein Glück versucht, aber bisher ist's noch keinem gelungen, das Tier zu erlegen, jeder hat das Wagnis mit dem Leben bezahlen müssen. Wärest du nicht der rechte Mann, mich von dieser Plage zu befreien? An meiner Erkenntlichkeit sollte es nicht fehlen."

Der mutige Schuster hörte zu, denkt nicht lange nach und gibt zur Antwort: „Ja, freilich, den Gefallen kann ich dir leicht tun, dem Vieh will ich's schon zeigen!"

Er hängt sich ein scharf geschliffenes Schwert um und wandert guten Mutes dem Wald zu, wo das Einhorn leben soll. Kaum ist er unter die ersten Tannen getreten, rauscht es vor ihm, und das Ungeheuer stürzt auf ihn los. Er aber, nicht faul, springt hinter die Tanne, die gleich hinter ihm steht, und das Einhorn kann seinen Lauf nicht mehr so rasch abbremsen und bohrt sein spitzes Horn in die Tanne hinein.

Da zieht der Goldkäppler sein Schwert, führt damit einen kräftigen Schlag um die Tanne herum und schlägt dem Ungeheuer den Kopf ab. Den abgehauenen Schädel des Tieres unter dem Arm, wandert er wieder dem Schloß zu, wo er seine Beute als Siegeszeichen vorweist. Voll Freude über den Tod des Einhorns macht der Schloßherr den Schuster zum reichen Mann, behält ihn bei sich im Haus und gibt ihm zuletzt sogar seine liebreizende Tochter zur Ehegattin.

DAS FRÄULEIN VON RUCKBURG

Auf der Ruckburg lebte vor langen Jahren ein Ritterfräulein, das schönste Mädchen im Land. Viele Ritter und Adelige kamen aus fernen Gegenden, ließen sich den weiten Weg nicht verdrießen und warben um sie. Aber die Jungfrau hatte einen gar ernsten, weltabgewandten Sinn, wollte von den Männern nichts wissen und wies alle Werber ab.

Eines Abends ging das Fräulein nahe der Burg auf einem Anger spazieren, und wie sie in Gedanken versunken so vor sich hin schritt, saß da eine Bettlerin am Weg, hatte ihr Strickzeug in der Hand und sprach die junge Maid an. Mit bewegten Worten schilderte sie von Not und Elend in der Welt und erzählte, was für traurige Tage sie im Leben schon mitgemacht habe. „Ihr könnt Euch nicht vorstellen, Fräulein“, jammerte sie seufzend, „was ich im Leben schon gelitten habe; Ihr wißt ja gar nicht, was Kummer und Sorge heißen!“

„So sag mir doch“, meinte das Fräulein betroffen und reichte der Alten eine kleine Gabe, „was Kummer und Sorge sind!“

Da hielt das Weiblein dem Fräulein ein Knäuel Garn hin und rief: „Nehmt dieses Knäuel, edles Fräulein, und geht damit in den Tannenwald hinauf; laßt den Faden abrollen, so lange, bis Ihr die Seele im Knäuel drinnen seht, dann werdet Ihr bestimmt erfahren, was Kummer und Sorge sind!“

Das Fräulein griff lächelnd nach dem Knäuel und stieg munter zum Tannenwald hinauf, vor sich her den Faden abwickelnd. Inzwischen brach langsam die Dämmerung herein, und wie es dunkler und dunkler wurde, war der Faden zu Ende, und das Fräulein hielt eine Nuß in der Hand, um die das Knäuel gewikkelt war; das war die Seele des Knäuels.

Das Mädchen erfuhr aber nun wirklich, was Kummer und Sorge seien; denn die Dämmerung war der Nacht gewichen, und das zarte Mädchen stand mutterseelenallein im finsteren Tannenwald, wußte weder Weg noch Steg zum Schloß zurück, hatte Hunger und Durst, doch nichts zu essen und zu trinken, war müde und matt und hätte sich gerne schlafen gelegt, aber nirgends fand sich ein Lager. Kühl strich die Luft unter den Bäumen dahin, aber kein Haus, keine Hütte nahm sie auf, kein lustiges Feuer erwärmte die froststarren Glieder. Nie gekannten Kummer und ängstliche Sorge im Herzen, begann das arme Mädchen bitterlich zu weinen und gelobte, ins Kloster zu gehen, wenn es aus dieser Not errettet würde und wieder zu Menschen käme. Mit Tränen in den Augen ging es unter den dunklen Tannen und den unheimlich rauschenden Bäumen weiter, der Wind zerzauste ihre Locken, Zweige und Äste ritzten das zarte Gesicht.

Auf einmal sah die verängstigte Jungfrau ein Lichtlein durch die Bäume schimmern und eilte mit einem Freudenschrei darauf zu. Eine kleine Hütte war's, die da mitten im Wald stand; eine alte Frau öffnete auf ihr Klopfen und trat, mit einem Licht in der Hand, auf die Schwelle.

„Laß mich bei dir Unterschlupf finden die Nacht über", rief bittend das Fräulein, „ich habe mich in der Dunkelheit verirrt und finde den Weg nach Hause nicht mehr!"

„Armes Kind, komm nur herein", sagte das alte Mütterchen und führte das Fräulein in eine bescheidene Stube. „Ich will dich gern bei mir behalten; wenn nur der Jäger heute nicht nach Hause kommt, sonst kann es dir übel ergehen! Das ist nämlich ein wilder, ungestümer Kerl, der keinen Menschen um sich sehen will, nur mir tut er nichts; denn, sagt er, ich sei schon geschlagen genug mit meinem Buckel. Oft bleibt er viele Tage lang aus, wenn er im Wald dem Hochwild nachjagt. So Gott will, kommt er heute nacht nicht mehr."

Das Mädchen horchte ängstlich auf die Worte der Alten, Kummer und Sorge machten sich aufs neue in ihrem klopfenden Herzen breit. Da hörte man auch schon Hundegebell und wütendes Rufen, und der Jäger stand schimpfend auf der Schwelle. Schreckensbleich sprang das Fräulein auf, um zu flüchten, rannte aber geradewegs dem wüsten Jäger in die Arme, der seinen Hirschfänger zog und einen Schlag gegen den Kopf des Mädchens führte. Aber nur die flatternden Locken fielen der scharfen Schneide zum Opfer; unverletzt entwischte das Mädchen dem rauhen Griff des wütenden Unholds und rannte, Gott dankend für die Errettung, blindlings in den tiefen Wald hinein.

Das hatte sich im Herbst zugetragen. Aber seit dieser Zeit ließ der Gedanke an diese Tat den Jäger, dessen Zorn bald verraucht war, nicht mehr zur Ruhe kommen. Das Bild des liebreizenden Mädchens stand immer vor seiner Seele. Oft nahm er ihre blonden Locken zur Hand, steckte wohl auch als Zier eine Blume dazwischen und dachte wehmütig, wo sie wohl sein möge. Eines Tages sagte er entschlossen zu der Alten: „Weib, mich zieht es fort von hier. Nun gehe ich und suche das Mädchen und will nicht aufhören zu suchen, bis ich sie gefunden habe; denn ohne den Engel kann ich nicht mehr leben."

So macht er sich auf den Weg, mitten im Winter, und zog allein und ohne sichere Richtung von Ort zu Ort, von Schloß zu Schloß und suchte das Fräulein. Aber nirgends fand er eine Spur des Mädchens. Endlich kam er ins Schwabenland und stand eines Abends bei einer Klosterpforte, wo er um Suppe bat. Und wer gab sie ihm? Es war das Fräulein von Ruckburg, das Mädchen, nach dem er so lange gesucht hatte. Vor Schrecken erblaßten beide, schnell schlug die Klosterfrau die Tür zu, den Jäger aber fand man am anderen Morgen erfroren vor der Klosterpforte.

DIE DREI SCHWESTERN VON FRASTANZ

Westlich von Frastanz zieht sich von Feldkirch gegen die Grenze des Fürstentums Liechtenstein ein malerischer Gebirgszug hin, aus dem seltsam geformte kahle Steingebilde, die „Drei Schwestern“ genannt, emporragen.

Hierher kam vor langer Zeit öfter ein Welscher, ein Venediger, wie die Leute sagten, und hielt sich tagelang in dem damals unbewohnten Saminatal auf, das am Ostfuß des Gebirgsstockes hinstreicht. Sooft er dann die Gegend verließ, war sein Behälter bis zum Rand mit Gold gefüllt.

Der Mann kam mit einem großen Krug in der Hand durch die Luft von Venedig bis in das Saminatal gefahren, wo er eine Goldquelle wußte. Dort stellte er seinen Krug unter den goldführenden Wasserstrahl, der aus dem Innern der Erde Goldkörner mitriß. Sobald der Krug voll war, fuhr er durch die Luft wieder nach Venedig zurück. Einmal, als er gut gelaunt war, hatte er den Krug voll Gold einigen Hirten gezeigt. Die aber hatten sich bekreuzigt und waren schnell davongerannt, denn sie hielten den Mann für einen bösen Zauberer, der seine Kunst mit Hilfe des Satans ausübe.

Nun lebten damals in Frastanz drei leichtsinnige, tändelsüchtige Schwestern, die einmal an einem hohen Feiertag schon frühmorgens in das Gebirge gegangen waren, um Beeren zu pflücken und sie im nahen Feldkirch zu verkaufen. Von dem Erlös gedachten sie sich Schmuck oder schöne Kleider zu beschaffen.

Mitten im Wald trafen sie plötzlich den Venediger, der sie schroff anschrie: „Was macht ihr heute, an diesem hohen Feiertag, hier im Wald?"

„Nichts, nichts!" riefen die drei Schwestern wie aus einem Munde erschrokken aus; das Gewissen schlug sie, weil sie nur aus leichtsinniger Tändelsucht Geld erwerben wollten.

„So sollt ihr auch zu nichts werden", schrie der Zauberer mit rauher Stimme, „nichts sollt ihr sein als drei kahle Felsen, ohne Gras und Laub, ohne Baum und Strauch; unter diesen Felsen soll verborgen der Goldquell rinnen, und kein Mensch soll ihn finden."

Starr standen die drei Schwestern auf der Stelle; zu Stein geworden, konnten sie sich nicht mehr vom Platz bewegen. Der Zauberer aber hatte sich dadurch, daß er Macht über sie gewonnen, von seinem Fluch erlöst, den sie an seiner Stelle übernehmen mußten.

Man sah den Venediger nie mehr in der Gegend, den Goldquell hat bisher kein Mensch gefunden, die Treiben der Menschen im Rheintal hinab.

DIE WINDSBRAUT AUF DER SCHRÖCKER ALM

Einmal war ein Bauer mit seinem Gesinde an einem heißen Sommertag auf der Schröcker Alm eifrig bei der Heuernte beschäftigt. Man hatte das Heu auf Haufen zusammengeschichtet, um es bündelweise in die Scheune zu schaffen. Da zogen schwarze Wolken am Himmel auf, es drohte, wie nicht selten im Hochsommer, ein Gewitter. Ein plötzlicher Wind erhob sich, der neben den Heuern wirbelnd in einen Heuhaufen fuhr und ein großes Bündel Heu in die Höhe entführte. Das wäre nun an und für sich nichts so Seltsames gewesen, und doch starrten die Leute verwundert der Heuwolke nach; denn es schien ihnen, als sei mitten in der über ihnen schwebenden Windhose im Heubündel ein dunkler Körper enthalten, den sie vergebens zu erkennen suchten. Sie vermochten sich diese Erscheinung nicht zu enträtseln.

Da nahm ein junger Bursche sein Weidmesser heraus und rief halb im Ernst, halb im Scherz: „Wir werden gleich sehen, was für ein Wesen da oben steckt!“ Damit schleuderte er sein Messer hoch in die Luft, der geheimnisvollen Heuwolke nach. Aber o Wunder! Niemand sah das Messer wieder zur Erde herabfallen, und man konnte es auch trotz vielen Suchens nirgends finden. Der Wirbelwind ging rasch vorüber, und dann war alles wie bisher.

Im nächsten Frühjahr wanderte ein Trupp junger, kräftiger Leute, bei dem sich auch jener junge Bursche befand, in die welsche Schweiz*); sie wollten sich dort als Maurer oder Handlanger verdingen. Als sie nicht mehr weit von ihrem zukünftigen Arbeitsort entfernt waren, kehrten sie in der Straße in einem Wirtshaus ein, um nach langer Wanderung eine Stärkung zu sich zu nehmen. Da sah der vorjährige Messerwerfer ein Weidmesser auf dem Fensterbrett liegen. Er erkannte an der eigentümlichen Form der Klinge und des Heftes sogleich sein Messer, das er im vergangenen Sommer nach der aufsteigenden Heuwolke geworfen hatte.

Überrascht, sein Eigentum hier zu finden, nahm er das Messer, um sich zu überzeugen, ob er sich nicht täusche. Während er das Messer noch in der Hand hin und her wandte, trat der Wirt in die Gaststube, und als er das Messer in der Hand des jungen Mannes erblickte, fragte er, ob er es vielleicht kenne. Eine dunkle Ahnung sagte dem Jüngling, er dürfe es nicht als sein Eigentum bezeichnen. Daher erklärte er dem Wirt, es sei ihm nur die merkwürdige Form des Messer aufgefallen, auch habe er sich das eingeritzte Wappen genauer besehen wollen.

Darauf erwiderte der Wirt: „Mit dem Eigentümer dieses Messers habe ich nämlich noch ein Wörtchen zu reden. Im vorigen Sommer hat es meine Tochter mit nach Hause gebracht. Als sie einmal eine Fahrt über Land unternommen hatte, wurde ihr dieses Messer von einem unbekannten Burschen in den Leib gestoßen. Ihre Verletzung war so schwer, daß sie nur mit Mühe und Not das Haus erreichte, mir gerade noch das Unglück, das sie betroffen hatte, mitteilen konnte und bald darauf den Geist aufgab. Das Messer habe ich absichtlich auf das Fensterbrett gelegt. Vielleicht erkennt es einmal einer der vielen Durchreisenden als sein Eigentum und verrät sich dadurch als Mörder meiner Tochter."

Der junge Bursche von der Schröcker Alm aber war froh, daß er erklärt hatte, das Messer nicht zu kennen. Er wußte jetzt aber auch, daß die dunkle Erscheinung in dem Heubündel, das die Windsbraut auf der Schröcker Alm damals davongetragen hatte, keine Täuschung gewesen war.

*) Italienischer Teil der Schweiz, Tessin.

DER RING AN DER KIRCHENTÜR VON ANDELSBUCH

Wenn Kriege die Länder verheeren, suchen die Bewohner ihre wertvolle Habe den spähenden Blicken der Feinde zu entziehen. Sie verstecken und vergraben Schätze, um sie nach Abzug der Fremden wieder ans Tageslicht zu bringen. Wenn aber ihre Besitzer während der Kriegszeit den Tod finden, mag es oft vorkommen, daß das vergrabene Gut in Vergessenheit gerät.

So soll auch ein Kessel voll Gold während eines Krieges auf der Höhe zwischen Bezau und Andelsbuch vergraben worden sein. Die Eigentümer starben, bevor die Feinde abzogen; nur ein alter Diener wußte um das Geheimnis des Schatzes, wollte aber aus Neid keinem Menschen die richtige Stelle verraten. Er starb und nahm sein Wissen mit ins Grab. Zur Strafe dafür mußte er nach seinem Tod den Schatz hüten, bis es einem Glücklichen gelingt, ihn zu heben. Oft sieht man um Mitternacht ein schwaches Flämmchen um die Höhe geistern und hört in stürmischen Nächten manchmal auch ein ängstliches Stöhnen, das aus der Erde dringt. Es ist die Seele des verwunschenen Schatzhüters, die keine Ruhe findet.

Einmal beschlossen zwei mutige Burschen aus Andelsbuch, den vergrabenen Schatz an sich zu bringen. Mit Hauen versehen, machten sie sich in einer stockfinsteren Nacht auf den Weg nach dem Platz, wo das Lichtlein aufflackerte. Um Mitternacht zeigte sich wirklich ein kleines Flämmchen. Sogleich begannen sie wortlos – denn nur unter dieser Bedingung durften sie auf Erfolg hoffen – an der Stelle, wo das Licht erschienen war, nach dem Schatz zu graben.

Es dauerte nicht lange, so stießen sie auf etwas Hartes, und als sie die Erde weggeräumt hatten, lag ein Kessel vor ihnen, der bis zum Rand mit Goldmünzen gefüllt war. Schweigend griffen sie nach dem Kesselring und zogen den Behälter aus der Grube. Nun war der Schatz in ihren Händen! Im Übermaß der Freude entschlüpfte aber einem von ihnen der Ruf: „Bei Gott, jetzt haben wir ihn!" – und verschwunden war der Kessel samt den Goldmünzen, nur der Ring blieb ihnen in der Hand und soll noch heute an der Kirchentür zu Andelsbuch zu sehen sein.

DER LOHN DES VERRÄTERS VON BREGENZ

Südlich von Bregenz befindet sich auf einem gegen den Bodensee vorspringenden Felsrücken des Pfänders die Bregenzer Klause, ein schon vor alters stark befestigter Bergpaß, der im Dreißigjährigen Krieg mit neuen, mächtigen Schanzen umgürtet wurde, die sich bis in die Gegend von Lochau erstreckten. Bregenz galt daher als ein so sicherer Platz, daß viele Fürsten und Klöster ihre Schätze hierher in vermeintliche Sicherheit brachten. Das reizte die Raubgier der schwedischen Truppen; General Wrangel rückte im Jahre 1646 mit beträchtlicher Heeresmacht heran, um seine leeren Kriegskassen mit neuer Beute zu füllen. Kempten fiel, Ravensburg wurde bis auf den letzten Knopf ausgeplündert, doch Bregenz war nicht zu bezwingen.

Da fand sich ein ortskundiger Mann aus Lochau, der die Schweden auf versteckten Wegen und Pfaden an die Stadt heranführte, die bald mit unermeßlicher Beute dem Feind in die Hände fiel.

Um guten Lohn hatte er sich erbötig gemacht, die feindlichen Scharen auf Umwegen ins Tal vor das Städtchen zu führen. Die Schweden gingen darauf ein, und die Stadt fiel in die Hand der Feinde. Nun kam der Verräter zu General Wrangel und bettelte um den zugesicherten Lohn. Der aber sagte: „Dein Taglohn soll dir wohl werden. Geh auf den Schloßberg hinter die Felsen; dort ist ein Sumpf, da haben die Grafen von Bregenz im Appenzeller Krieg, wie man mir sagte, ein goldenes Kegelspiel vergraben; das ist dein Lohn, das kannst du dir holen. Geh nur dorthin mit Hacke und Schaufel und such dir's!“

Da ging der Mann hin zum Sumpf und grub und grub immerzu, aber er fand kein goldenes Kegelspiel, er fand aber auch keine Ruhe mehr nach seinem Tod. Berggeister und böse Gesellen zerren ihn um Mitternacht durch Wasser, Schilf und Moor. Und so geistert er dort noch zur Stunde herum und muß zum Lohn für einen Verrat graben und graben auf ewige Zeiten. In düsteren Nächten, um Mitternacht, wankt der Verräter, in der Hand Laterne und Schaufel, trübselig an die Arbeit und gräbt, bis es zwei schlägt. Da aber verlöscht ihm sein Lichtlein, und was er gegraben hat, fällt wieder in sich zusammen.

DIE BREGENZERWÄLDLERINNEN IM SCHWEDENKRIEG

Nach der Einnahme der Stadt Bregenz durch die Schweden im Jahre 1646 blieb eine kleine schwedische Besatzung in der Stadt zurück. Als die Schweden auf einem Streifzug einmal bis gegen das Dorf Alberschwende gekommen waren, erblickten sie plötzlich an den vor ihnen liegenden Hängen weißgekleidete Gestalten und meinten, es seien himmlische Wesen, die zum Kampf gegen sie heranrückten.

Die weißgekleideten Wesen ließen den Schweden aber nicht lange Zeit, zu überlegen oder sich von ihrem Schrecken zu erholen, sondern stürzten mit einem Wutgeschrei über die Soldaten her und erschlugen alle bis auf den letzten Mann.

Es waren Frauen und Mädchen aus dem Bregenzerwald, die sich auf die Kunde vom Anmarsch der Schweden zusammengerottet und mit Sensen, Hauen und Gabeln bewaffnet hatten, um den verhaßten Feind zu vertreiben. Daß sie weiße Kleidungsstücke trugen, war weiter kein Wunder, denn die Tracht der Bregenzerwälderinnen war damals weiß und soll erst später gegen eine dunkle vertauscht worden sein, gleichsam als Dank für die Hilfe des Himmels, der sie den Schweden als himmlische Wesen hatte erscheinen lassen.

Wegen dieses Sieges haben die Frauen des Bregenzerwaldes lange das Vorrecht gehabt, beim Opfergang in der Kirche vor den Männern um den Altar zu gehen und ganz vorne mit dem Pfarrer zu beten.